劉君祖易經世界

身處變動的時代，易經教你掌握知機應變，隨時創新的能力。

易經六十四卦的全方位導覽

易經密碼 第二輯

劉君祖——著

目錄

以小博大——小畜卦第九（䷈）

履險如夷——履卦第十（䷉）

國泰民安——泰卦第十一（☷☰）

儉德避難——否卦第十二（䷋）

通志成務——同人卦第十三（䷌）

世界大同——大有卦第十四（䷍）

有終之美——謙卦第十五（䷎）

以小博大——小畜卦第九（䷈）

由占例看師、比、小畜的卦序發展

演卦容易斷卦難，對《易經》每個卦的瞭解除了參考具體的卦辭、爻辭，還必須全面瞭解其錯、綜、變、序、交、互的關係，斷卦時才不會誤判形勢。因此，在進入小畜卦之前，先看看它在卦序發展的相對位置，我們就會發現，第九卦小畜卦與第十卦履卦（䷉）是接著衝突與合作的第七卦師卦、第八卦比卦來的。

記得我們在講大衍之術時講過一個占例，就是中國大陸二〇一〇年的經濟形勢有師卦的象，只不過這個師卦是藏在蠱卦裡面的。因為這一波的世界經濟發展，中國將承擔更大的責任、發揮更大的能量，所以需要繼續深化改革，革除一些跟不上時代的僵化體制，以因應更進一步的經濟發展需求。也就是說，必須在政治、經濟各個領域保持更開放的態度。蠱卦三爻、六爻齊變就有一個師卦的象，師卦就是勞師動眾，不僅要打一場經濟戰，也會牽動政治體制的改革。

還有一個占例是中信金控辜家大少出事一例，睽卦「貞悔相爭」變師卦（下頁圖），辜老先生還得憑老經驗帶頭設法打贏這一場生存之戰，跟以前到處擴充插旗的氣勢，已不可同日而語。為什麼會出現這樣一個生存之戰的師卦，而且還要老將重披戰袍呢？就因為年輕人挺不住了，使原本親如蜜的政商關係反目成仇，一旦翻臉，民怎麼能與官鬥？一旦「睽」，馬上轉成激烈的生存戰爭。這些豪門大少會有今日也不足怪，皆是因「習氣深、底蘊淺、難伺候」造成的。

這兩例中有師卦的象，都是牽扯到大事，因此我們要根據所占的問題來理解師卦所指為何，不能單方面僅從流血戰爭去想。戰後就是比卦的國際合作。在比卦的結構中，有大國、小國，有實力弱的，也有實力強的。這樣一來，接下來的小畜卦，就是小國、大國之間勾心鬥角的較量與合縱連橫，那就是以小博大，或者以小事大。不論小國、大國，同樣都是國際區域聯盟的一分子，既要考慮自己的利益，又要考慮整體利益，然後還要和衷共濟、互利合作，這是一個「密雲不雨」般的環境，很悶。這裡面全是鬥智手段，最終都是為了維持和平。可是大國、小國的每一個實體各不相同，中間有各種錯綜複雜的互動，所以不見得能和平解決，還有可能流血。小畜卦跟需卦一樣，既有和平的期盼——用剛柔互濟、陰陽和合才會下雨象徵和平；也有「龍戰于野，其血玄黃」的流血可能。所以小畜卦卦辭講「密雲不雨」，不一定能充分合作互補；第四爻「血去惕出」還有流血的可能，直到上爻「既雨既處」，終於和平解決。所以小畜卦充滿戰爭與和平、衝突跟合作的不確定性。大家都希望和平，可是沒有明確的保證，因為夾雜著小國跟大國之間的矛盾關係。就像中美兩國，表面上是正常的邦交合作關係，私底下的國際佈局卻是各不相讓，像在布希政權時，美國就

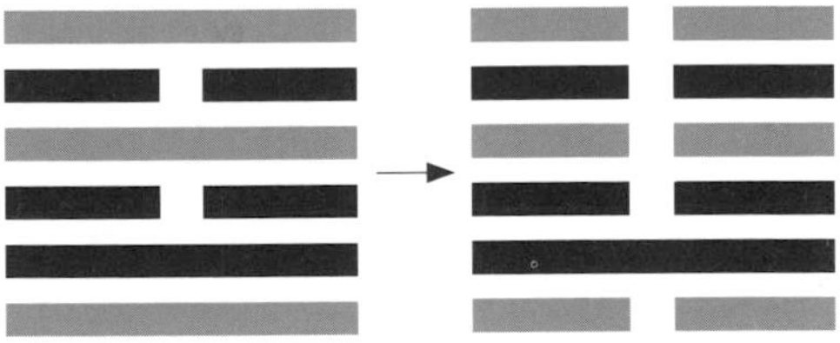

睽卦　　師卦

盡量扶植印度以制衡中國。每個國家在發展過程中為了爭取朋友，常需拉攏次要敵人，打擊主要敵人。所以即使成立比卦的國際合作聯盟，裡面還是充滿勾心鬥角；可和可戰，動向不明。這就是小畜卦的「密雲不雨」。

小畜——以小博大

在一個國際合作的機構或聯盟中，實力較弱的小國要維護自己的最高利益，尋求更大的國際發展空間，就要善用「以小博大」的智慧。如同槓桿原理一般，只要找到一個槓桿的支點，就可能發揮超出一個小國的實力。我們都知道槓桿，槓桿不是只有財務槓桿，還有運用在人際、國際處事的智慧槓桿。所以「以小博大」之「博」不能寫成「搏鬥」之「搏」，「搏」是不自量力，你那麼弱小，怎麼能跟強大的一方搏鬥硬拼？所以小畜卦的「博」是「我敢跟你博」，鬥智不鬥力，利用錯綜複雜的關係找平衡，像走高蹺一樣，風險雖高，但是你敢冒險，運用智慧，抓準對方因為心理需求產生的弱點。在「博」的時候雙方過招，會比較清楚該如何應付，絕對不能硬碰硬；因為前面是比卦，既然打不過，又不得不交往，所以「比」之後是「小畜」，要鬥智才能取勝。所以不是搏鬥，而是博弈。

在中國歷史上，這種「以小博大」的例子，尤以春秋戰國時期的合縱連橫為最典型。不是六個實力弱小的國家一起對付強大的秦國，就是一個弱小的國家依附秦國，對付其他小國。是和是戰，翻雲覆雨，都是為了爭取最大利益，可見在那個時代，「小畜」的博弈是非常具有時代感的。

孟子就曾明確表示：「惟仁者為能以大事小，是故湯事葛，文王事昆夷。惟智者為能以小事大，故太王事獯鬻，勾踐事吳。以大事小者，樂天者也；以小事大者，畏天者也。樂天者保天下，畏天者保其國。」戰國時期小國要在大國虎視眈眈的環境下生存，就要運用智慧，利用大國之間的矛盾苟延殘喘，或是爭取較高的利益。而且孟子講，不只小國要以小博大，大國也要以大博小。因為大國還是需要小國的市場，或是把淘汰的產品賣過去，或是偶爾需要找一些小國為自己吶喊助威。所以大小之間其實是互相需要的互補關係，這種平衡關係就非常值得研究，不僅考驗一個人的創造力和愛心——「仁」，還考驗他的智慧，亦即「仁」、「智」這兩種德行。你的實力小，為了爭取奧援，必須侍奉強大者，這是「以小事大」，是智者之事也；以大事小則是仁德愛心之舉，如果大的一天到晚打小的，既無氣量，也是沒有智慧的表現。所以孟子還特別強調說，以小事大，是畏天者，因為自己實力不如，當然戰戰兢兢，不敢亂來，但這樣就可以確保國家安全。以大事小，是樂天者也，坦蕩蕩，不會一天到晚欺負弱小，這樣做可以保天下，整個世界都會自然歸向他。孟子的分析很透徹，縱觀歷史，確實是千古不變的定律。所以小國、大國或者小團體、大團體，不能只從實力較量的勝負看問題，還要考慮種種可能，並努力做到，對雙方都有利。

老子在《道德經》中有云：「大國以下小國，則取小國；小國以下大國，則取大國。故或下以取，或下而取。大國不過欲兼畜人，小國不過欲入事人。夫兩者各得所欲，大者宜為下。」這裡就提到「以小事大」、「以大事小」的概念。大國吞併小國，搞得天下大亂；大公司吞併小公司，惡意併購，市場競爭非理性爆發，它們到底要什麼呢？為什麼不能和平相處呢？所以老子指出，「小國不過欲入事人」，只要不做附庸，就可以和平互動；「大國不過欲兼畜人」，它只是需要拓展資源，使國家正常發展。所以要建立穩定的國際秩序，雙方最好都客客氣氣的，但是關鍵不在小國，而在大國是否願意謙和地照顧小國。所以老子說「大者宜為下」。

以上是老子與孟子針對春秋戰國那種錯綜複雜、戰爭連綿的國際環境提出的睿智看法；這個看法直到現在，甚至未來，都可以做為處理國際外交或商場合作關係的基本思路。這種思路在小畜卦尤為重要。不管是卦是爻，都彷彿置身在「密雲不雨」的狀態中，烏雲密佈，雨要下不下，搞得人焦灼不安；接下來到底是流血還是下雨？完全不清楚。這是最要命的。不過別擔心，「小畜」的階段不會持續太久，下面就會發展到一切明朗化的履卦，大家按約履行權利義務。由小畜卦的狀況不明變成履卦的態勢明確。如果大家照章執行，「履」下面就是「泰」。所以小畜卦、履卦、泰卦也可以做為觀察兩岸關係未來發展的指標，目前看來似乎已經往履卦移動了，雙方都希望以和為貴，不僅關係明朗化，還可以數量化，一步一步來。如果大家肯照約落實執行，慢慢就有「泰」的可能。

「小畜」與「大畜」的比較分析

我們在上文講過，「小畜」可說是小大之間的關係，或以小博大、以小事大，或者倒過來以大事小。這說明之前比卦將衝突化為談判所達成的國際合作、策略聯盟仍非究竟，因為它的結果也就是小畜而已，還是有翻臉、流血，產生各種利益衝突的可能，要到達泰卦的局面，還得一段時日。

《易經》當中除了小畜卦，還有一個山天大畜卦（䷙）。小畜卦是在夾縫中求生存，很苦、很悶，形勢不明朗。從卦象來看，一陰五陽，唯一的陰爻第四爻，剛好在「四多懼」的人位，可想壓力有多大。「六四」是小畜卦的主爻，非常值得重視；整個小畜卦的成敗關鍵，就看第四爻處在這個上下都是陽剛的位置上，如何使出渾身解數，鬥智不鬥力，以小博大，在夾縫中爭取生存利益。雖然費盡辛苦所達成的任務，也就是小畜卦上爻——終於下雨了，血戰的危機解除，階段性的生存問題獲得解決；但是，求生存是人生的第一步，若生存無虞，就要求發展，希望能吸收更多資源以壯大自己。發展是大畜卦的事。大畜所畜者大，小畜所畜者小。能生存就很不容易了，特別是在弱肉強食的時代，弱小者的生存更不簡單。像瑞士長期遠離戰禍，那麼小的一個高山國家，全世界很多人都把錢存到瑞士銀行，他們是怎麼辦到的？新加坡以彈丸之地成為國際要角，又是怎麼辦到的？以色列也很小，一定有一套辦法，才能夾處在伊斯蘭世界中。可見「小畜」的智慧非常重要，說穿了就是求生存；若要發展，得到大畜卦才有資格談，那時候形勢開朗多了，發展的空間倍增。

我們來看這兩卦的比較。按照卦序，小畜卦是從比卦來的。「比」的結果會產生「小畜」的局面，所以「比」無法徹底解決問題。比卦六爻全變產生的錯卦，是脫胎換骨的火天大有卦（䷍）；那是和平、王道，世界大同的局面，這才可能真正解決了問題。師卦與比卦是不折不扣的霸道，不管是談是打，都是國與國之間的關係。按《易經》的文明發展順序，國家的誕生是第七卦到第八卦之間發生的事。師卦最後一爻「大君有命，開國承家」，戰爭形成國際槓桿，然後到比卦「建萬國、親諸侯」的分封，國家就產生了。至於前面的乾、坤、屯、蒙、需、訟六個卦，都還在茹毛飲血的狀態，國家的型態尚未出現，也還不需要國家；直到第六卦訟卦，類似城邦的組織——「邑人三百戶」才首次出現。幾乎沒有例外，一定是先有城市聚居，然後通常會有兼併戰爭，最後才有了國家組織。可見，《易經》的卦序是按照文明發展的階段排列的，由草莽到鄉村、都市，再到建立國家、成立國際組織，到世界大同的同人、大有，層次嚴密。那麼從卦序可以看到，戰爭產生了國家，雖然武力第一，但不免落入生生滅滅的歷史鐵律，所以，這樣打來打去顯然不是結果；「比」完還是「小畜」，「小畜」之後還要經過履卦的高風險考驗，並歷經泰極否來的波折，到最後才有同人、大有。同人、大有就是談民族、文化，談世界了，不只限於師卦、比卦所談的一個國家的問題，有可能超越霸道的思維，而往更為寬闊的王道方向發展。由師（䷆）、比（䷇）的霸道，到同人（䷌）、大有（䷍）的王道，是經過六爻全變的錯卦而來的，那可是脫胎換骨的大變化。然而，若沒有前面的師、比，絕不會有後面的同人、大有，這是歷史的必經階段；沒有戰勝國的實力，王道完全是空談。所以從卦序來看，我們對「比」的期待不必太高，別以為什麼問題都談好、談完了，枱面下不知還有多少較量呢！畢竟它的結果只是「小畜」而已。若要有「大畜」的格局，不但能生存，還能有發展，那就需要更開闊的視野和通暢的國際合作。

此外，從卦序的定位上，也可以對小畜和大畜做出對比分析。大畜卦前面是无妄卦（䷘），不要輕舉妄動，不要起妄念，外面有多少強權的朋友可能都是假的，內在的修為實力最重要。所謂「靠山山倒，靠人人倒」，靠比卦交朋友，最多只是「小畜」；靠自己的真誠無妄，才會有「大畜」。

比、小畜、履、泰發展的卦序

比必有所畜也，故受之以小畜。物畜然後有禮，故受之以履。履而泰，然後安，故受之以泰。泰者，通也。

——《易經・序卦傳》

「比必有所畜也」，合作互助的關係，可以利用外援壯大自己，一定能蓄積相當的資源。「故受之以小畜」，但因為矛盾還是存在，資源的運用有限。「物畜然後有禮」，既然是大、小團體之間互助互動的關係，一定要制訂往來的規矩禮法、典章制度，不然何以相處、互動呢？就像國際貨幣組織對於各國的金錢往來交易，都有既定的規範。這種制度化的規範，就是有「禮」，大家照章施行，就不會亂來。在古代，「理」和「禮」是互通的，在訂立「禮」的時候必須合「理」，充分考慮彼此的實力、需要，定出互動的規範，所以序卦傳說「故受之以履」。《說文解字》說：「禮，履也。所以事神致福也。」「禮」和履卦（䷉）的「履」字義相近，道理相通。根據人理、天理訂立禮儀規範，並且要腳踏實地照章履行，那就是「履」。「履」是「足所依也」，本意是鞋子，鞋子是走路用的，腳踏實地才能走得好。像我們現在所說的「履歷」，就是人生的實幹經驗。履行職責、任務、承諾、權利、義務，都是實幹，時間久了經驗漸豐，這就叫「履歷」。應徵工作要呈交「履歷表」，你的經驗所長，履歷上一覽無遺，可做為接受新工作或轉進人生下個階段的重要參考。可見，「履」是要實際去幹的。國有國法，家有家規，公司也有公司的倫理，這就是「禮」；這套禮一定是合理的，而且是要履行、實踐的。所以「禮」、「理」、「履」的字義，在古代是互訓的，也是知行合一的。如果大家都腳踏實地去幹，「履而泰，然後安」，那就國泰民安了。泰卦（䷊）當然很好，三陽開泰，天下太平，上下的氣都通了。但是我們回過頭看，泰卦前面經過了師卦、比卦、小畜卦、履卦，好不容易才到國泰民安、世界太平的泰卦。關鍵就在「履而泰，然後安」，必須先把前面幾個卦總結的慘痛經驗和寶貴的智慧落實，「履」才能「泰」。所以履卦是非常重視實踐的卦，講一千句話不如做一件實事，老實修行就是履卦，「故受之以泰」。泰是靠腳踏實地掙來的。

按照〈序卦傳〉，到第十一卦才出現「泰」的榮景，可見「泰」不容易，經濟繁榮、景氣暢旺，需要歷經十個卦的風險跟努力，像乾、坤之後的六個卦就沒離過坎卦（䷜），小畜卦「密雲不雨」，還有流血的可能；履卦「履虎尾」，踩老虎尾巴，也有很高的風險。這一路上，必須度過重重危機和考驗，好不容易才平安到達「泰」的境地；可是，從泰卦的高峰到摔到谷底的否卦（䷋），卻只要一下下。

「履」字跟復卦也有關，因為它裡面就藏了一個「復」字。我在《易經之歌—易經繫辭傳》一書中就提到過「憂患九卦」，履卦（䷉）、謙卦（䷎）、復卦（䷗），亂世的前三個卦，關係太密切了。「天澤履」的履卦，錯卦就是第十五卦「地山謙」的謙卦——《易經》中最得善終的卦。「謙」就是面對天地人鬼神要謙虛、要重視均衡，才能得善終。履卦就是把復卦一元復始、生生不息的創造原理實踐出來。「履」字上面是「尸」，我們在師卦講過，「尸」是做主，以什麼為主的意思；所以「師或輿尸」不以大將的意見為主，大家七嘴八舌去分他的權，一定打敗仗。「履」就是要以「復」為主去實踐。復卦是生命的基本原理，無窮的創造力，一代傳一代，生生不息，以這個為主，把它實踐出來，那就叫「履」。

小畜，寡也；履，不處也

「小畜，寡也；履，不處也」，這是〈雜卦傳〉對這兩個卦的精簡評價。「寡」字很值得研究。為什麼小畜卦會在「密雲不雨」的夾縫中？因為它是小國寡民、資源有限，不是那種幅員遼闊、資源充沛的大國，所以有現實條件的限制。「寡」就要有「寡」的立足之道。如果你真的是「寡」，現實的資源不能自給自足，絕對不能鎖國，必須「匪寇婚媾」，跟外界主動接觸，以世界的市場為市場、世界的資源為資源，如此你的「寡」就不寡了。可見，小國寡民、資源不足，只要運用智慧，「眾」可以為「寡」所用。說到底，還是坤卦的智慧——以柔克剛、以弱擊強、以小博大。

那麼，「小畜，寡也」，在小畜卦中，唯一的陰爻「六四」就是「寡」。其餘環伺在陰爻周圍的都是實力強大、資源充足的陽爻。可是「六四」為什麼可以站在這麼高的位置上，成為戰略要地？因為陽爻需要陰爻互補，唯一的陰爻就成為一家有女百家求的寶貝，「寡」反而佔便宜。「六四」既然是唯一的陰爻，萬綠叢中一點紅，就可以運用這個優勢跟陽爻們互動，承乘應與各方面都處理好，那不就是個寶嗎？雖然是「寡」，反而取得相對的優勢，大家都爭相跟你來往，所以一個小國夾處在眾強之間依然可以生存。換言之，你雖然是「寡」，本身資源不夠，但是善於運用「眾」的矛盾，善用「眾」的資源，你可能會爭取到最高的發展條件。因為寡，所以要懂得裝可愛、發揮特色。小公司跟大公司競爭，小國跟大國合作，小的一方一定要有特色，才有獨立的價值。如果小的跟大的完全一樣，要小的幹什麼？一陰五陽的奧妙就在這裡。你看「六四」跟「九五」的關係，「九五」是小畜卦的君位強權，擁有龐大的資源，可是「六四」靠著陰承陽、柔承剛的關係，跟它和平相處，五爻的資源就可以為四爻所用，倒過來也是一樣。為什麼一定要抗爭呢？然後「六四」還有一個優點，它跟小畜卦的初爻——廣大的基層——「初九」相應與，所以它上承「九五」，下應「初九」，左右逢源，兩個陽爻都兜得轉。一個是小畜卦的基層，一個是最高層，它都可以處理得很好，都有利於「六四」的生存發展。可見，「寡」不足為患，天地間有那麼多資源，不一定什麼資源自己都得具備，只要那個資源可以藉著好的關係供自己調度，哪會是「寡」呢？

從師卦、比卦到小畜卦、履卦、泰卦、否卦，一直到同人卦、大有卦，總共八個卦，將來讀完這八個卦之後，我們會發現裡面包含政治、經濟、文化發展的大方向、大原則，在《論語．季氏篇》第一章，孔子全部都講出來了，而且用字、用詞也在這八個卦裡面出現過。這是歷代經典中千錘百煉的一段話：「丘也聞有國有家者，不患寡而患不均，不患貧而患不安。蓋均無貧，和無寡，安無傾。夫如是，故遠人不服，則修文德以來之……」我們具體分析這一段。「有國有家者」，師、比二卦說的不就是國家嗎？「不患寡而患不均」，「均」即平均、均衡，這個「均」不僅體現了同人、大有兩卦的精神，後面的謙卦、豫卦也強調均衡發展的概念。國家有大小，資源有多寡，這很正常，所以不要擔心「寡」，應該擔心「不均」；所以要致力於促進國際勢力的平衡發展。「不患貧而患不安」，不擔心資源不足，就擔心不安定。一個理想的國家，就是後面這九個字：「均無貧，和無寡，安無傾」。做到了「均」就沒有貧窮可言；和平相處、和諧互動，就沒有「寡」的問題；能讓社會安定，國家就不會滅亡。這段話把師卦、比卦到同人卦、大有卦，甚至一直到謙卦、豫卦十個卦的精神都串起來了；不論是經營企業、經營國家、立足世界，全部都照應到。所以不要怕「寡」，要發揮「寡」的優勢，以寡擊眾、以小博大。

我們回到〈雜卦傳〉。〈雜卦傳〉說：「履，不處也。」「履」是腳踏實地，一步一步往前進，不會停止不動；幹一天就有一天的收穫，修行一天就有一天的蘊養，這就叫「履」。正如「讀萬卷書，行萬里路」；又如老子所云「千里之行，始於足下」。「處」就是停著不動，像沒有官位、不在崗位上繼續累積履歷的，那就叫「處士」。「處士」者，因為不在其職，所以發表言論就比較自由，像古代就有「處士橫議」的說法。相反的，還在崗位上，講話就要注意立場、分寸，因為你是團隊的一部分，不能因為言論而影響大局。

「履」就是還在崗位上累積工作經驗，還在組織中履行職責，所以叫「不處也」。小畜卦最後一爻就有「處」字——「既雨既處」。因為前面「密雲不雨」，五個爻繃得好緊，差一點擦槍走火、爆發流血衝突，到最後雨下下來了，和平解決，大家可以歇口氣，有一個短暫的閒暇進行停頓休養。但這是小畜卦最後一爻，周旋得不錯，所以有一段休息時間；可是沒多久，下面馬上進入履卦，又得開始做事了，而且從初爻到上爻一直往前走、一直在實踐。這就是人生的節奏。所以從小畜卦最後一爻再到履卦，人生的路還長呢！「不處也」，繼續奮鬥。

以上就是〈雜卦傳〉分別對小畜卦和履卦的精簡概括。此外，小畜卦與履卦都是竭力希望和平的，因為下面要準備開「泰」了。《易經》從師、比、小畜、履，到泰，甚至到最後的同人、大有、謙，始終不放棄和平的呼籲。所以它是一以貫之的，從乾卦的天理「萬國咸寧」，到坤卦「龍戰于野、其血玄黃」的衝突，最後還是要「和」，和平依然是最高的追求。

一陰五陽——小畜卦與履卦的差別分析

小畜卦（䷈）和履卦（䷉）都是一陰五陽、陰衰陽盛的卦。眾「陽」之間夾一「陰」，就看這個「陰」怎麼耍計謀了。小畜卦的陰爻是「六四」，這個陰爻位置不錯，陰居陰位，是正位、當位，而且它上承五爻、下應初爻，關係都處得不錯，所以不必犯錯而善用陰陽互動的關係，爭取最好的結果。履卦陰爻的位置就擺得不大好，所以它的爻辭很慘，不像小畜卦的「六四」雖然「四多懼」，但最後可以「无咎」；履卦的「六三」一方面是「三多凶」，加上陰居陽位，不中不正，又是內卦、下卦兌卦（☱）的情欲開竅口，是會亂講話、只求一時痛快的；很有可能踩到老虎尾巴，搞得粉身碎骨。不管怎麼講，這兩個卦一陰跟五陽之間的互動情形，確實值得研究。

在處理人際關係、組織關係、國際關係時，這兩個卦的很多道理都用得到；把範圍縮小，也可以應用到我們的身心小宇宙上面。人體直立身軀的六大關節，從下往上的踝、膝、胯、腰、椎、頸六個關節處剛好就是六爻的結構。我們看，小畜卦的弱點第四爻和履卦的弱點第三爻，剛好就是在腰、胯的位置，履卦會有那麼高的風險，是因為繃得太緊，沒法放鬆，有可能會被「老虎」咬死。武術訓練強調「鬆腰柔胯」，要上下通泰，就得在腰胯處練基本功，因為腰部與胯部最容易「藏汙納垢」，導致僵硬，運轉不靈、氣機不通，那是人身上最大的弱點。要是不能把它鬆透，運轉自如，下面要通泰，想都不要想。小畜卦「密雲不雨」，體現在「六四」的僵硬、沉悶、不通上；能不能突破，就表現在腰部斡旋的能力上，要把那個弱點變成強點。履卦「履虎尾」的「六三」更嚴重，那是在胯部。如果這兩個地方都做到了，從練身體的觀點來看，它們就可能產生六爻全變的變化，脫胎換骨、轉弱為強。履卦六爻全變是謙卦（䷎），「謙亨，君子有終」，謙卦一陽五陰，內卦是艮卦（☶），不動如山，下盤特別穩，像山一樣推都推不倒；然後上卦是坤卦（☷），像楊柳順勢用柔。上虛下實，完全符合中醫的理想狀態。小畜卦六爻全變就是豫卦（䷏），也是一陽五陰的卦，上卦是震卦（☳）要怎麼動，下卦坤卦都順著去配合，然後腰部就像豫卦第四爻那樣變成是最強的旋轉支點，那就會很快樂。小畜卦很悶，豫卦很爽，身體從閉塞不通的僵硬狀態變成徹底通暢。小畜卦跟履卦是在泰卦前面，只要弱點突破，進入同人、大有之後，就出現謙卦、豫卦的象。身體修為的標準也是如此，一點突破，氣通了，什麼都順了，原先的弱點變為強點，腰胯修成了，就進入打通任督兩脈的泰卦。從身體修煉的角度看，這些卦爻結構不言自明，裡面都有無窮的資訊，這一點倒不是吹牛。

小畜卦卦辭

䷈

小畜。亨。密雲不雨，自我西郊。

小畜卦的卦辭第一個字就是「亨」，亨者，嘉之會也，暢通之意。就現狀看來，小畜卦當然還沒有亨通，但絕對有亨通的可能。瞭解這個道理，只要照著做，未來的亨通是可以預期的。就像蒙卦先告訴你「亨」，讓你安心，告訴你即使現在蒙，也不必擔心沒有出路，只要做到了「初筮告、童蒙求我、匪我求童蒙」等等，「利貞」，最後啟蒙成功，「亨」就會到手。小畜也是一樣，它是一個未來式，教你在「小畜，寡也」的條件下，如何「亨」、如何不用怕「寡」，好讓你對症下藥。

為什麼目前不能亨通呢？因為小畜卦的現狀——「密雲不雨」，這種壓力帶來的僵局是怎麼來的呢？下雨前一定有雲，雲行雨施、品物流形，這是乾卦的天理。沒有雲，哪來的雨？但是有了雲不一定會下雨，甚至雲層很低、很密，也不保證會下雨；就像有些人天天放話、打高空，並沒有落到實處，只聞樓梯響，不見人下來。看見一大團密雲，應該要下雨了，可是等了個半天，迫切希望得到生長所需的雨水，它就不下來。這種狀況可謂苦極、悶極。

雨下不來跟風向有關。風是看不見的，雲的聚集看得見。「自我西郊」告訴我們原因了。雲是造勢的必要條件，但不一定是充足條件，還需要一個無形的推手，那就是風向。為什麼和平沒有到來？因為政治風向所致。一般人總是憑著看得見的表象下結論，可是對真正影響會不會下雨的風向若沒有搞清楚，所有的結論都是誤判。「密雲不雨」時，不能只看雲，還要穿破雲層，看看後面的風吹向何方？如果是「自我西郊」，當然「密雲不雨」。「郊」是郊外、曠野，人比較少的地方，在中國來講，是西北內陸的乾旱區域。所以「自我西郊」的風是從內陸往海洋吹；從無人的郊野，吹向東邊人口密集處，當然不會下雨。如果風向不是「自我西郊」，是「自我東邑」，從臨海充滿水氣的地方往西部吹，不需要密雲就會下起傾盆大雨。這個道理從地理氣候判斷是很簡單的，這句爻辭可能也是農耕時期古人經過幾千年的觀察得來的。因為農業社會看天吃飯，下不下雨很重要。可見，要使預期無誤，不要看表面，譬如政客的諾言，要看那看不見的實際推動力量，例如時代風潮、社會大氣候。研究看不見的風向，就是小畜卦上卦巽卦（☴）的概念。二〇〇八年的金融風暴從西方世界往東方吹，席捲全球，這也是一個風向。兩岸能不能和解，也得看政治的風向往哪裡吹？為什麼臺灣當局從李登輝到陳水扁時代，兩岸關係一直是密雲不雨呢？也跟政策的基本風向有關。因為他們就是不希望產生接觸，所以有時候就會放空話，那都是不會「下雨」的「密雲」。政客為了保持模糊空間，讓民眾保有一些期待，好爭取他渾水摸魚的最大利益，所以他真正的政策就是不希望和解。二〇〇八年馬英九上台，政治風向改變，「密雲」開始鬆動，雨就下來了。

明末大學士徐光啟編的《農政全書》，堪稱中國幾千年來農業生活經驗的百科全書。古代中國以農立國，幾千年來，積累了大量的農業天象觀察資料，留下很多關於「風吹雲走，雨會不會下來」的諺語，非常寶貴。可見農民都有那個智慧，要判斷下不下雨，除了看雲，還會研究風向，這才是看問題的根本思路。總之，「亨。密雲不雨，自我西郊」，告訴我們，看表面現象找不到合理的解釋，要有穿透力，看到後面主導的力量，才能搞清楚風向。倘若世界的風潮、行業的風潮都搞不清楚，不就糊里糊塗等著被騙嗎？

小畜卦〈彖傳〉

〈彖〉曰：小畜，柔得位而上下應之，曰小畜。健而巽，剛中而志行，乃亨。密雲不雨，尚往也；自我西郊，施未行也。

〈彖傳〉是針對小畜卦的結構來說的。我們在上文也提過，小畜卦最重要的爻就是唯一的陰爻「六四」，就看「六四」如何表現坤卦的本領、魅力。「小畜，柔得位而上下應之。」「柔得位」，指「六四」當位；陰居陰位，又居於高位，有戰略優勢。「而上下應之」，這也是「六四」的優勢；上面兩個陽爻，下面三個陽爻，看著都比她強，可是因為異性相吸的道理，都想跟她產生呼應關係；何況她又是唯一的陰爻，她的優勢就更明顯了。「曰小畜」，就是鄭重其事地告訴你，這種結構情境就叫「小畜」。因為「柔得位而上下應之」，所以不要老覺得自己沒有實力，充分瞭解自己的處境，善用「柔得位」、「上下應之」的角色，借助那些有實力的，把他們都變成好朋友，說不定他們還搶著跟你建立良善的互動關係，並且可以利用陽爻之間的矛盾、衝突，爭取最好的發展條件。這就是「小畜」的情境。

要謀得這種優勢，就要動腦筋，那就是「健而巽，剛中而志行，乃亨。」「乃」代表歷盡艱難轉折，不容易，必須具備相當的見識、智慧，才有後面的好結果——「健而巽」（下健而上巽，內健而外巽）。下卦是天行健的乾卦，代表內卦已經發展飽和；外卦像風一樣見風轉舵、無孔不入，深入、低調發展。乾卦的「健」充滿實力，要往外發展；外卦是巽，很陰柔、很低調、很深入，所以你的志向、想法都能完成。可見，內健而外巽，外面很低調、很柔軟，故可以求得發展。「剛中而志行」這一點很重要，「剛中」就是「九五」。在互動關係中，光是「六四」有見識、有智慧還不行，一定得「九五」也有「大者宜為下」的風度與仁心，願意跟弱小的鄰國和平互動。如果「九五」與「六四」關係不好，「六四」很有可能被毀滅；如果關係好，它和強鄰「九五」，就可以做良性的資源互補。這就是「志行」——雙方的意志都能實現，沒有任何障礙。而這樣的合作「乃亨」，必能達到亨通。

「密雲不雨，尚往也」，「尚」就是雖不能至，心嚮往之。現在雖然密雲不雨，但我們不會放棄希望，根據既定主張繼續往前奮鬥。現狀這麼悶，是因為風向不對，「自我西郊」，所以「施未行也」，還沒有「雲行雨施」，但遲早會突破。「施」就是雨下來了，有實際的政治措施。好，這就是〈彖傳〉的大致意思。

小畜卦〈大象傳〉

〈大象〉曰：風行天上，小畜。君子以懿文德。

小畜卦的〈大象傳〉提出一個很重要的觀念，即「文德」，就是不動武，不搞軍事衝突，反面就是「武備」。「文德」二字貫徹在比卦、小畜卦之中，希望國際間發生利益衝突時，能夠和平解決。要達到這個目標，就得修文德，不然，就停留在師卦的窮兵黷武，迷信武力可以解決紛爭，於是大力購置軍備，以擴充武裝對抗力量。小畜卦強調「懿文德」，「懿」就是「修」。那麼修武備的剛好就是小畜卦的錯卦——六爻全變的豫卦（䷏）。「豫」就是備戰，「利建侯行師」，這也是《易經》錯綜複雜的卦際關係的精妙處，兩個徹底相反。豫卦預測到形勢險惡，很可能引發衝突，為了保護自己，於是添購武備，做好預防措施。所以豫卦就是保持戰備的象。小畜卦是它的錯卦，偃武修文，希望能以「修文德」來解決問題，鬥智不鬥力。小畜卦的上卦是風，風行於乾卦的天道之上，風吹雲行，希望能下雨，和平解決國際紛爭。

小畜的象是「風行天上」，那麼君子就要「以懿文德」。《論語・季氏篇》說：「遠人不服，則修文德以來之。既來之，則安之。」一個大國，如果遇到「遠人不服」，偏遠小國不願意加入大國所建構的國際安全體系，該怎麼辦呢？一般就會用師卦的方式解決，但是，就像美國對伊拉克用武，問題卻越來越嚴重。所以以力服人這種霸道的做法永遠不如以心服人、以德服人的王道文化。孔子主張「遠人不服，則修文德以來之」。「修文德」就是要修和平解決問題的能耐。「既來之，則安之」，既然修文德，遠人願意來，就要好好照顧他；「則安之」，建立國際安全體系，大家可以平起平坐、互助合作，這才是大國風範。總的來說，「既來之」，已經發揮招徠的效果，但接下來還要兌現承諾，「則安之」，一定要給他安頓，保障他的安全。

下面我們重點分析一下「懿」這個字。「懿」是動詞。「和平」，通常都是柔軟的、溫和的，像坤卦般具有厚德載物的包容性。「懿」雖然也是「修」，但卻是很高的修為境界，有別於普通的修。「懿」通常是一種柔性的，可以至柔克至剛的修為，像舊社會的皇太后，她們的旨意通常叫懿旨。以前那些大戶人家的老太太，都用「懿」字來形容，因為「懿」有以母德、坤德正天下、正家風之意。可見，「懿」是修到了坤卦的最高境界，可使百煉鋼化為繞指柔。所以，「以懿文德」才是天下共主真正能促成國際和平的修煉方式。

「懿」的造字也很美，「壹次心」，心為什麼能夠那麼柔軟、那麼包容、那麼慈祥？因為懂得調和其心，用心專一；精誠所至，金石為開。「壹」就是專注，「次心」，就是把心安頓。「壹次心」就是把心安頓在「壹」的狀態，如此，文德就練成了。我們平時讀那麼多佛經，請老佛降伏我們的心，使我們得到安頓，這也是「壹次心」。練氣功的人強調以意導氣，就是以意念主宰體內的真氣流行。孟子曾說：「夫志至焉，氣次焉。」我的主張、我的志向到哪裡，我的氣就跟著到哪裡安頓下來，完全聽從意念的指揮。「至」不能解釋成「最高」，「次」也不能解釋成「次要」。所以說一個人的志向到哪裡，所有的生命力量——氣就跟著到哪裡；就像以乾領坤、以理導勢、以志帥氣。

總之，文德要修，才能以柔克剛，碰到「密雲不雨」的時候，才不會暴跳如雷，敗事有餘。只有「以懿文德」，把文德修到一個絕高的境界，才能處理「密雲不雨」這樣一個紛擾的局面。

小畜卦六爻爻際關係分析

小畜卦六爻最重要的是「六四」跟「九五」這一對陰承陽、柔承剛的爻。「六四」是一個處在高壓下的小國，一方面要面對鄰國「九五」的強大壓力，一方面它又是站在戰略樞紐的高位上。因為陰承陽，柔承剛，而且「九五」中正，「六四」陰居陰位也正，陰陽互動的雙方都正，所以他們很有可能和平互動。「六四」之所以能跟「九五」互動而不受其害，因為它也是有底氣的，它有來自下卦乾卦「初九」的強力支持。「初九」與「六四」陰陽相應與，絕對相互支持。「六四」因為有「初九」的基層民意支持，就可以用這個籌碼去平衡與「九五」的關係，讓「九五」不敢為所欲為，以促使雙方展開和平互動。如果「六四」善於運用「承乘應與」的關係，這就是有智慧的做法，就像需卦一樣，可以避免流血衝突。

需卦與小畜卦只差在最後一個爻。小畜卦「上九」如果變成陰爻就是健行遇險，摸著石頭過河的需卦，「有孚，光亨。貞吉，利涉大川」。小畜卦與需卦的前面五個爻完全相同，只是用不同的爻辭，敘述同一個事物的發展。例如需卦初爻「需于郊」，跟小畜卦的「初九」幾乎是同一回事，都強調走自己該走的路，充實自己的實力，那是一切的本錢。所以需卦初爻是「需于郊，利用恒，无咎」；小畜卦則是「復自道，何其咎？吉。」（下圖）

然後需卦「九二」是「需于沙，小有言」，但是「終吉」；小畜卦第二爻是「牽復，吉」。第三爻「需于泥，致寇至」，敬慎才能不敗，得要小心了！

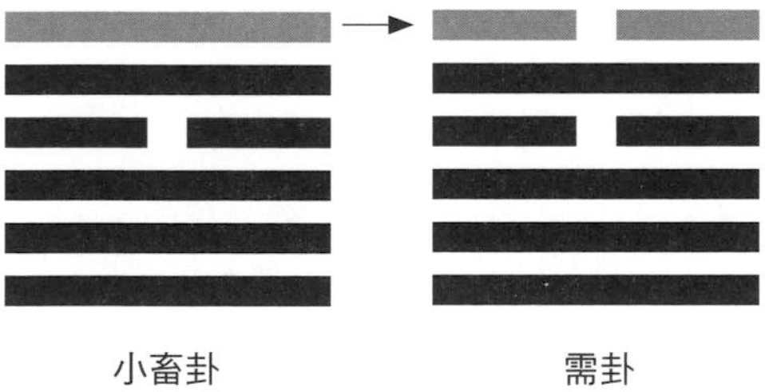

小畜卦第三爻的處境也非常危險：「輿說輻，夫妻反目」，出狀況了，它跟「需于泥」一樣，陷入泥沼，站都站不穩，人家打過來也沒法還手，因為那時「婚媾」變成「寇」，「朋友」變「敵人」，一根火柴就可能引爆，擦槍走火就有流血的可能；所以那個爻就很緊張。需卦第四爻是「需于血，出自穴」，小畜卦是「有孚，血去惕出，无咎」，都有流血的象，可能會發生衝突、引發戰爭，需要設法化解，才能「无咎」。需卦第五爻是資源的中心：「需于酒食，貞吉。」有大國風範，願意分享資源。小畜卦則是「有孚攣如，富以其鄰」，也是一樣。

經過爻辭的對比，我們發現兩個卦前五爻根本是同一回事，不同的階段可能引爆衝突，如何化解衝突，並看清大勢走向，不致迷失方向。總之不論大國、小國，都要設法爭取最高利益。「大國以下小國，則取小國」，大國對小國好，那麼小國的資源可以供大國所用；倒過來也是一樣，「小國以下大國」，只要你客客氣氣，甘居人下，結果大國的資源可以為你所用，你的資源也可以幫助大國發展。這就是小畜卦前面五個爻按照需卦那樣一步一步推進的邏輯，兩者如出一轍，不同的只有第六爻。然後小畜進入履卦，那是認真兌現諾言的階段。

小畜卦「六四」一陰對五陽的卦象分析

我們在需卦講過，第四爻跟第五爻的關係要處理得好，必須能夠「順以聽也」，不硬碰硬，以避開「需于血」的危機。這跟初爻「利用恒，无咎」長期發展基本實力有關，它才有有本錢跟「九五」周旋。小畜卦的道理也是一樣，「六四」善用槓桿原理，藉著「初九」的支持、呼應，就可以順利化解上壓下擠、在夾縫中求生存的不利處境。正因為它的身段靈活，就像一個人若腰部強壯、柔軟，可做全身的槓桿支點，那麼就施力小，成功機會卻大增。而「六四」一陰對五陽的槓桿支點就在「九五」。只要能擺平「九五」，跟「九五」和平互動，不但「六四」平安，其他陽爻也全擺平了。本來下卦乾卦正面臨內部發展已達到飽和、必須往外發展的瓶頸，但這個問題卻被「六四」解決了。

另外，「六四」是唯一的陰爻，其餘五個陽爻都想跟「六四」發生良好的互動關係，這就會造成陽爻之間的矛盾，為了陰陽和諧，「九五」也要把「六四」當成槓桿的支點，扮演好君位天下共主的角色，協調眾陽之間的矛盾，不要為了搶「女朋友」而傷了彼此的和氣。所以「九五」也要善於處理「六四」的問題，然後才能獲得全部的安定。可見，「六四」和「九五」互為槓桿支點。一般人看「六四」太虛弱，「九五」太強大，就覺得沒轍了，其實仔細分析就會發現，「九五」若不妥善處理和「六四」的關係，包括它自己在內的五個陽爻為了爭「六四」這個「大美人」的青睞，一定引發一場激烈的競爭，那就不得安寧了。

小畜卦單爻變與卦中卦

首先看爻變。小畜卦「初九」爻變為巽卦（䷸），巽為風，這一下變成兩個風了。「九二」爻變為風火家人卦（䷤），成為不分彼此的一家人了。「九三」爻變為中孚卦（䷼），正因為欠缺誠信，才會「夫妻反目」，所以要強調誠信，剛變成柔，用中孚的「信望愛」，化解爻辭提醒的分裂危機。「六四」爻變為乾卦（䷀），大家都一樣。「九五」爻變最有意思，為山天大畜卦（䷙），由勉強生存的「小畜」變成大有發展空間的「大畜」。這一爻變告訴我們，「九五」爻辭如果發揮作用，就可以擴大生存空間，擴大市場，所以大者宜為下，「九五」一旦變成「六五」，「小畜」就變成「大畜」了。上九爻變為需卦（䷄）。

再看卦中卦。小畜卦裡面藏了五個卦。第一個是二、三、四、五爻典型的中間四爻構成火澤睽卦（䷥）。小畜卦中間藏著反目成仇的睽卦，可見小畜卦是高度不穩定的；現在是合作的聯盟，將來可能翻臉、內鬥，所以要謹慎應對。小畜卦到最後一爻雨下下來，問題解決了，正因為有中間四爻構成的火澤睽這個危機。第二個是三、四、五、六爻構成的風火家人卦（䷤），「歷盡劫波兄弟在，相逢一笑泯恩仇。」經過「睽」的階段，如果最後化解矛盾，又可以變成相親相愛的一家人。上爻因為有家人卦，最後也有可能出現和平解決的象，就像需卦「不速之客三人來，敬之終吉」一樣。第三個是初、二、三、四爻構成的澤天夬卦（䷪），是剛決柔、陰陽大對決的象。由夬卦、睽卦、家人卦可知，小畜卦裡面有各種互動的可能，主要看如何爭取到最好的結果，避免流血，讓它下雨。還有兩個是由五個爻組成的卦中卦，其一是初、二、三、四、五爻構成的火天大有卦（䷍），「大有」就是和平共存，大家都有，小國、弱國也有獨立自主的生存空間；其二是二、三、四、五、六爻構成的中孚卦（䷼），可見在小畜的環境下，也必須講信修睦。

從以上五個卦中卦來看，小畜卦處境複雜，有各種潛在的可能性。

好，我們也像來知德一樣，把單爻變和卦中卦列舉出來，這些不是重點，重點是理解它的意思。要知道，即便是來知德，最多也只能列出每一個單爻變，如果把每一個爻的爻變都算出來，這個變化就太大了，因為還有兩爻變、三爻變、四爻變、五爻變或六爻變的錯卦變化。所以，一個卦有六十四種變化的可能，六十四乘以六十四，多達四千零九十六種的變化；如果不是占卦，實際生活中可能一輩子都不會碰到這些爻變的問題，就是把所有人的經驗合起來，也不見得都能完全經歷過。只有真正碰到了，才會知道這個卦該怎麼斷，跟自己的問題一結合起來，才發現妙不可言。平常我們讀書，窮盡一切可能瞭解每個卦的每一種變化，因為沒有跟實際經驗結合，這種理論的探討意義不大，收穫也不大。所以我們才要「藉占學《易》，藉《易》修行」。

小畜卦六爻詳述

初爻：獨立自覺

初九。復自道，何其咎？吉。

〈小象〉曰：復自道，其義吉也。

我們看「初九」，「復自道」，像需卦第一爻一樣，沒事別找事，只需「潛龍勿用」，做好自己的事，發展自己的基本實力，不管將來如何天翻地覆，如何「密雲不雨」，都有應對的底氣和基本功。相應的「六四」與「九五」那麼艱難地周旋，也得把「初九」的底子打好；畢竟「初九」無法直奔前線，只有把自己做好，就是幫「六四」最大的忙。這也是小畜卦雜處在有大有小、有強有弱，還有表面的合作關係時，最要緊的是守住初爻的基本實力。古往今來，弱國無外交，外交實力都得建構在國家實力上，否則只有挨打的份。所以「初九」要好好建設自己，「復自道」，儘管環境這麼悶，少管閒事，把心收回來，好好建設自己，那麼就是「何其咎？吉」，不但沒有「咎」，還「吉」。

〈小象傳〉說：「復自道，其義吉也。」這是天經地義的，因為懂得在「密雲不雨」的時候低調行事、沉潛自省，就抓穩風向了。「初九」爻變為巽卦（下圖），說明「初九」像巽卦那樣埋頭苦幹，像風一樣無形，不會引起注意，就不會受到打擊。這就是「復自道」，知道自己的「道」在哪裡，當然「其義吉也」。

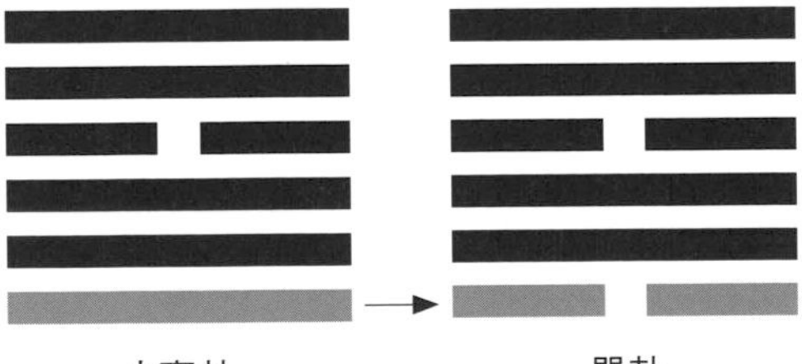

另外，「何其咎」的「何」，照一般講法，就是「為何」的「何」，這是一種講法；其實還有另外的講法。「何」就是「負荷」的「荷」；也就是「人之所可」，能承擔多少？在經文爻辭的時代，「何」與「荷」同用「何」字，到後來才有分別。所以「何其咎」就是「荷其咎」，「其」就是自己；「咎」就是瑕疵、過錯。「復自道，荷其咎？」就是自己造業自己擔，勇於面對失敗過錯而設法調整。「復」本來就是做錯了再調整，在小畜這樣的局面，「初九」藉著「復」回歸正道，並且把過去所犯下的「咎」承擔起來。如此勇於面對，這人就有希望。把「荷」當做動詞，這個解釋更好，所以能獲「吉」，善莫大焉，與「其義吉也」完全相合，同時還會影響第二爻——「牽復，吉」。如果不肯「復自道」、「荷其咎」，就永遠回不到真理之路，當然不會「吉」。像陳水扁到現在都沒有「復自道，何其咎」，不見棺材不掉淚，不到黃河心不死。韓國的盧武鉉同樣是太太讓他毀於一旦，但他敢於承認錯誤，好漢做事好漢當，這就是「荷其咎」。這樣看來，盧武鉉似乎「老實」多了，哪像陳水扁習氣太深，執著太甚，驕傲到極點。

二爻：見賢思齊

九二。牽復，吉。

〈小象〉曰：牽復在中，亦不自失也。

「初九」基本做對了，腳跟站穩了，「九二」就在此基礎上，繼續往內走「復」的路子，所以「牽復，吉」。「牽」就是大家綁在一起、手牽手。「初九」的「復」是完全獨立自覺的，所以它懂得「自道」。二爻跟初爻是綁在一起的，都屬內卦乾卦，所以初爻一旦扎穩腳跟，二爻就得到了動能，手牽手一起「復自道」，當然是「吉」。「九二」爻變為家人卦（下圖），是最親密的合作關係。所以，既然「初九」選了一條正確的路，「九二」就會像牽手一樣，死心塌地跟著回到基本面，去做「復」的動作，恢復元氣、生生不息；將來不管外面如何天翻地覆、「密雲不雨」，都有一定的實力應對。

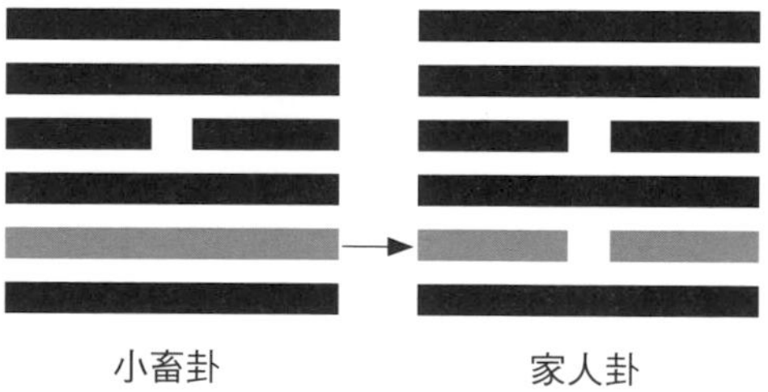

值得強調的是，「牽」是被牽動的，是有樣學樣、見賢思齊，跟「初九」採取同一步調，所以是「牽復」。〈象傳〉說「牽復在中」，指的是「九二」剛而能柔，陽居陰位，因受「初九」的影響，也做「復」的努力，不去無謂的往外妄求。「在中」，是指在下卦內卦乾卦之中。「亦不自失也」，沒有離開自己該走的路、喪失該堅持的立場。為什麼說「亦」呢？因為「初九」先做到了，「九二」亦步亦趨。所以「初九」是首先「不自失」，「九二」則是「亦不自失也」。「初九」、

「九二」連動，跟比卦的「交朋友是交朋友，絕對不能喪失自己的立場」是同樣的。比卦第二爻說：「比之自內，貞吉。」〈小象傳〉說：「比之自內，不自失也。」這裡講「亦不自失也」，都是同樣的調子。可見人生在世，不管外在環境如何，一定要堅持自己的方向，做自己該做的事，這就是有修為、有智慧的人。

總之，「初九」、「九二」就是回歸基本面，走「復」的路子，所以兩個都「吉」。如果「初九」跟「九二」兩步都做對了，兩個爻都動，整個小畜卦就會形成一個新的氣象，那就是風山漸卦（下圖）循序漸進的雁形團隊，有分工、有主從，而且實力強大，自保絕對有餘。因此，小畜卦雖然整體還是「密雲不雨」，但因為「復自道」、「牽復」，就有機會步上正軌，發展成強大的雁行團隊。

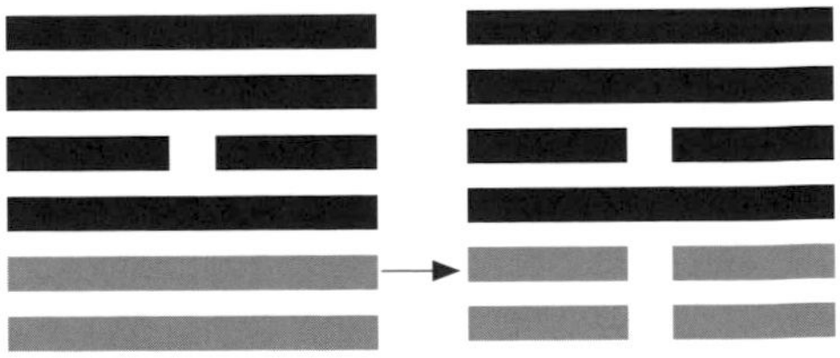

小畜卦　　漸卦

三爻：夫妻反目

九三。輿說輻，夫妻反目。

〈小象〉曰：夫妻反目，不能正室也。

我們看第三爻：「輿說輻，夫妻反目」。後果很嚴重！反目就是睽卦（䷥），一個眼睛看這裡，一個眼睛看那裡，目光沒有交集。過去那麼親近的關係，現在翻臉了，看都不看你。這代表緣份已盡，「睽」字中有「癸」象，「癸」是最後一個天干，代表走到末運，關係將要結束。這一爻以兩人對看的目光，代表家變、內鬥、窩裡反的象；推擴至小國、大國的關係，就是過去如膠似漆的聯盟關係，現在卻反目成仇了。

「輿說輻」的「說」即「脫」，「輻」即「輻輳」。老子云「三十輻共一轂」，三十根輻射出去的輻條必須集中在「轂」上，才能帶動車輪往前走；只要有一根輻鬆脫，車子就走不動了。所以「脫輻」就是支撐車輪的「輻」斷掉了，力量不能集中，邊緣與中央失去聯繫，車子就在崎嶇不平的坎坷路上拋錨了。假定一個組織的領導中心像轂，組織成員是輻輳，向心力就會很強；如果「脫輻」，向心力出問題，整體的聯繫力量就潰散了。一台機器、一個組織、一個家庭構成的共同體皆是如此，因為內鬥、內耗導致「脫輻」，彼此沒有共識，沒有向心力，整個團體就停擺了，哪還能談什麼競爭力呢？

「輿說輻」，車子不能動了，原本的親密關係反目成仇，如何共禦外侮？所以車子一定要穩固，絕對不能「脫輻」，這是「九三」爻辭的基本情況。

「九三」爻變是中孚卦（下圖），必須重建互信機制，才能化解「輿說輻，夫妻反目」的僵局。〈小象傳〉對「夫妻反目」的解釋是：「不能正室也。」「室」是家室。小畜卦的親密關係，到了「三多凶」的第三爻，因為「九三」陽居陽位，剛愎自用，不服管教，也不肯接受不同的意見，就可能造成分裂、交惡的局面，導致「夫妻反目」、「不能正室」，還會家醜外

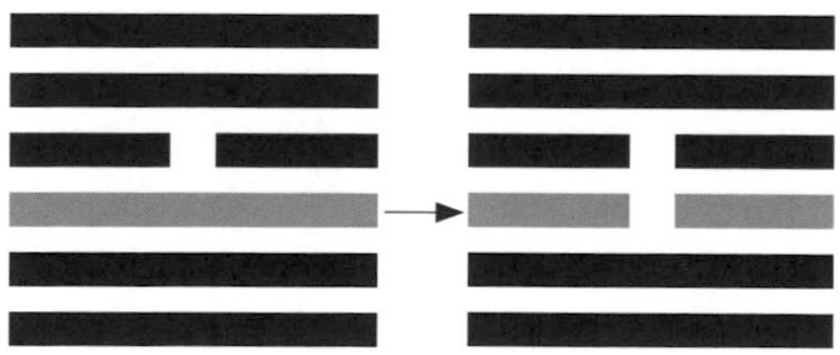

小畜卦　　中孚卦

揚。〈小象傳〉的描述很絕，有廣泛的適用性。我的一個老同學就遇到「夫妻反目」的事了，無法和解，最後只能離婚。當時我那同學的丈夫決定把家裡的車歸給太太，但要求折錢補償他。我們那位女同學一想不行，還是用《易經》算一算要不要花錢補償？一占就占到這一爻這個象：「輿說輻，夫妻反目。」車子不能要，不多久就會「說輻」。真的很妙！看來《易經》什麼都管得到，居然連他們夫妻反目也會知道。

可見，「輿說輻，夫妻反目」的滋味不好受，但有時也是在劫難逃，就因為「九三」太剛烈、太強硬了。小畜卦不是叫你「懿文德」，要柔嗎？夫妻也是一種大小、強弱的關係，一樣希望「下雨」，不喜歡「流血」，可是「九三」就太剛了，跟需卦「九三」的「需于泥，致寇至」完全一樣，不但自己造成悲劇，跟「六四」的關係也不和諧；因為「六四」跟「九三」是陰乘陽、柔乘剛，欲望蒙蔽理智的象。

四爻：互信機制

六四。有孚，血去惕出，无咎。

〈小象〉曰：有孚惕出，上合志也。

我們看第四爻。第三爻之後的第四爻，就一定得有智慧、有修為，設法恢復誠信，因為「孚」太重要了，唯有「信望愛」才有可能化解流血衝突或夫妻反目的對立分裂，所以「有孚」在「六四」出現了，讓「龍戰于野，其血玄黃」這種慘烈衝突的可能性不再發生，這就是「血去惕出，无咎」。如果流血衝突的可能性一直都在，那只有「君子終日乾乾，夕惕若，厲」，一天到晚都得緊張兮兮地保持警惕戒備。在朝不保夕、不知道下一步是戰是和的高壓狀態下，就得買武器、雇保鏢，這種「惕」的生活，怎麼會舒服呢？如果雙方建立互信，關係改善，血去了，惕就出了，流血衝突的可能性不再，戒慎恐懼的狀況也永遠消失了，當然就可以「无咎」了。

站在「六四」的角度，他當然要想辦法促成這個局面，而且必須表態，展現大局觀，並且跟「九五」保持合作關係。這就是〈小象傳〉所說的「有孚惕出，上合志也」。「上」就是「九五」，上下一心，共同合作。如此，生存危機自然大幅改善。所以第四爻爻變為乾卦（下圖）。

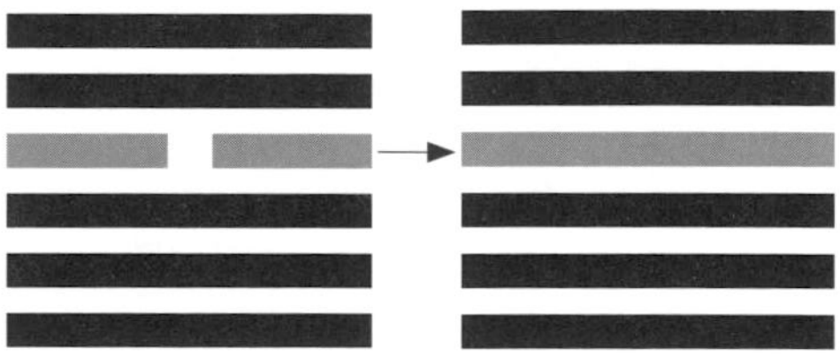
小畜卦　乾卦

小畜卦第四爻是真正的以小博大、以小事大之道。當然，我們一直把它擺在強弱、大小、國際的角度來談，其實無論在哪個組織，或是公司、家庭，「六四」跟「九五」為了整體的雙贏兩勝，本來就要和諧相處、互信互愛，才能讓彼此得到最高的利益。「九五」是君位，是組織的領導者，「六四」是大臣之位，也是主要的助手；「九五」如果是總統，「六四」就是中央執政內閣或國會，對「九五」要有一定程度的尊重與配合。「九五」對「六四」也不能頤指氣使，才能陰陽互補。純粹站在「六四」的角度，最好能有「有孚」的體認，若能表示誠意，釋放善意，誠懇地共同開發合作，對一個美好的未來有所盼望，就有機會免掉血戰的危機。所以重點是找出雙方可以共同合作的專案，這就是「上合志也」。

如果「六四」這個高幹面對「九五」這個老闆，事事唱反調，而且因為跟「初九」相應與，自恃有初爻基層民意的支持，功高震主，桀驁不馴，肯定沒有好下場。舊社會就有這麼一句話：「事事不由東，累死也無功。」「六四」幫東家「九五」做事，若不聽話，就算做到死，也不會有功，甚至會被一腳踢開。這是很簡單的道理。所以在「六四」這個角色上，一定要在倫理制度，以及互相需要的事實上，建立一個友善發展的關係，也就是剛才講的槓桿支點，不然，再怎麼苦幹都沒用。這就是「六四」，「有孚」就「血去惕出」，就「无咎」，與上合志。

五爻：富利共享

䷈

九五。有孚攣如，富以其鄰。

〈小象〉曰：有孚攣如，不獨富也。

「九五」更重要了，強大的一方才是真正的關鍵點。「六四」對「九五」釋出善意，「九五」發現六四「有孚」，就要用溫暖的擁抱，快速給予回應，這就是「有孚攣如」。「攣如」就是愛的擁抱，像孿生兄弟一樣關係親密。也就是說，當「六四」「有孚」，「九五」也以「有孚」回應，這就產生「信用連鎖」、「愛心連鎖」的效應。小畜卦居高位的四爻、五爻都是動見觀瞻的關鍵角色，若能大徹大悟，一個「有孚」，一個「有孚攣如」，那就是大大的互信了。而且，五爻的表態更為重要，小畜卦的結果就是「攣如」，整個串成一氣，合為一體，成為不分彼此的生命共同體。有趣的是，中孚卦的君位「九五」，爻辭也叫「有孚攣如」，同樣是最強大的信用倍數保證，像孿生兄弟般，那麼，雙方的關係就很穩固了。

為什麼中孚卦的「九五」和小畜卦的「九五」都是「有孚攣如」呢？從卦的理氣象數上看，本來就是如此。我們在講小畜卦的卦中卦時，提到由二、三、四、五、六爻即可構成中孚卦的象。小畜卦的「九五」，在卦中卦剛好就是中孚的「九五」，兩者根本就是二而一的東西。將來我們讀到中孚卦的「有孚攣如」時，同樣會有用無私的大愛擁抱一切就「无咎」的感覺。《易經》主要就是追求「无咎」。「有孚攣如」有什麼好處呢？在小畜卦這種充滿矛盾的生存競爭環境中，富利共用，大家發財。哥哥賺錢，弟弟也跟著賺，魚幫水，水幫魚；做為資源富足的「九五」，在陽富陰不富的整體格局中，「九五」就要大方、熱忱地支持「六四」，「六四」才有發展空間，這就是「富以其鄰」。「六四」跟「九五」相比為鄰，通過「六四」跟「九五」的交流，「九五」的「富」慢慢也變成「六四」的「富」了。孔子曾說：「德不孤，必有鄰。」有德行的人必定有志同道合的人和他比鄰而居。如果夫妻反目、咫尺成天涯，兄弟、夫妻都處不好，對身邊的人都沒有愛心，談什麼博愛？

所以「九五」表現出好兄長的樣子，「富」就可以擴散開來。「以」是「因、用、及」的意思，只要有資源，我就可以憑藉它、運用它、開發它、擴大它。由因而用而及，水漲船高，富會傳播，正如〈小象傳〉所云「不獨富也。」「六四」做為「九五」的芳鄰，因為「九五」富了，「六四」也跟著富。鄰居關係好得不得了，雙方都富、都成長，不會互相打壓，而且充分合作，自然會「富及其鄰」，從一個圓心往外擴散，中心點的富擴大為整個圈子全富。好的東西會經過緊密的合作關係而擴散、推廣，結果雨露均沾，大家都往上提升。所以「九五」如同一個火車頭，拉動所有的鄰居跟著發展。

我們由「不獨富」，擴及「不獨親其親，不獨子其子，使老有所終，壯有所用，幼有所長，鰥寡孤獨廢疾者皆有所養」，這不就是〈禮運大同篇〉的境界嗎？在當今世界，「不獨」可謂作用大矣，像北半球的歐美國家富了，南半球的非洲國家卻一堆饑荒，這是很自私的行為。做為小畜卦的君位「九五」，要化解「密雲不雨」的局面，就得「不獨親其親，不獨子其子」，把你的富——不管是精神還是物質，富有之謂大業，盡可能跟所有人建立「攣如」的關係，讓大家分享，這才是偉大的行為，如此，世界和平才有希望。「九五」爻變為大畜卦（下右），一下由四爻的一點點空間，擴充為格局開闊的世界，「小畜」變「大畜」，讓大家都鬆了一口氣。

「鄰」字在很多卦的爻辭出現過。小畜卦第五爻有「富以其鄰」。泰卦第四爻有「不富以其鄰」。像金融風暴這種讓大家財富蒸發的「不富」，也會以鄰為壑，擴散到全球，讓你跟著倒楣。所以「富」跟「不富」，只要有一個強大的發源點，都會往外擴散，像病毒的傳播，快得不得了。另外，謙卦第五爻也是「不富以其鄰」。所以一定要搞清楚，「富以其鄰」和「不富以其鄰」是怎麼回事，這也是當今世界面臨的問題。

總的來說，「九五」跟「六四」是整個小畜卦中決定是戰是和、是大家富利共享還是拼得死去活來的關鍵，所以這兩個爻必須做出好的示範。如果「六四」跟「九五」有默契，兩爻都動，就變成象徵均富的火天大有卦（下

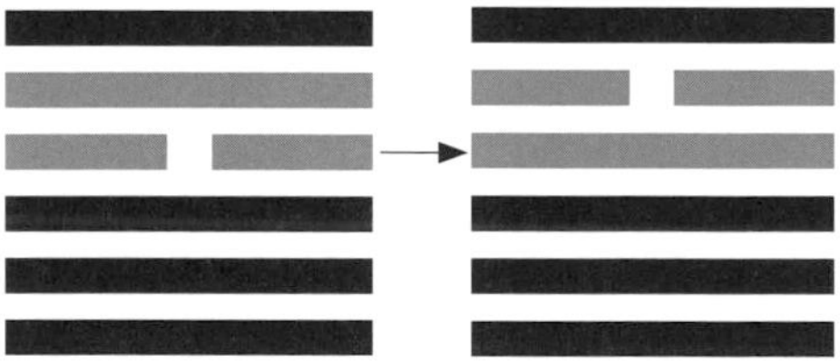

小畜卦　大有卦

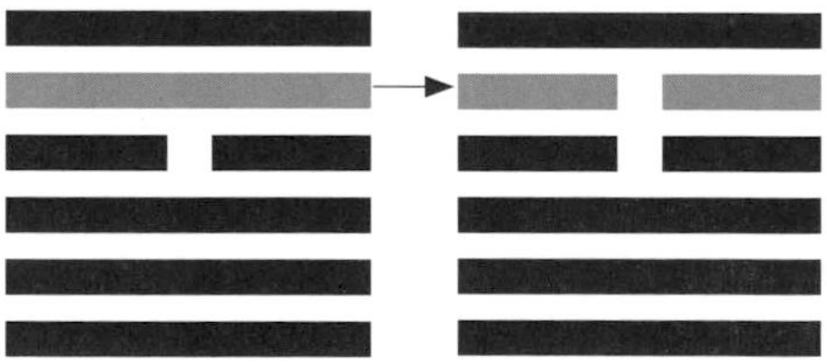

小畜卦　大畜卦

左），四、五兩爻齊變，比單純的「九五」爻變為大畜卦更實惠。換句話說，五爻、四爻的互信關係一旦建立起來，力量很強，對整個區域都有影響。

上爻：自我節制

上九。既雨既處，尚德載。婦貞厲。月幾望，君子征凶。

〈小象〉曰：既雨既處，德積載也。君子征凶，有所疑也。

我們看第六爻。假定經過前面五個爻的反反覆覆、考量來考量去，中間還有血戰的危機，和「輿說輻」的雙方怒目相視，到最後透過建立互信，「有孚攣如，血去惕出，富以其鄰」，下面就會堂而皇之地進入「上九」的坦途。

「既雨既處」，「既」是已經實現的意思，實現和平共存的理想。「處」即安定，大家都歇口氣了。到「上九」，雨終於下來，一片欣欣向榮。「尚德載」，這個階段的成就，功德無量，值得讚美、紀念、尊重。「德」就是「君子以懿文德」之「德」。「載」有車子裝東西的象。「上九」與「九三」相應，「九三」劍拔弩張，夫妻反目，車子都不能動了；到「上九」的「既雨既處」，夫妻和好，車子又開始動了，而且車上裝滿了「德」。所以「既雨既處」是雨過天晴的概念。從「輿說輻，夫妻反目」的失控狀態，經過四爻、五爻歷盡艱難，一點一點重新建立互信，到了「上九」才可以「既雨既處」，而且如〈小象傳〉所說的，是「德積載也」。這個「德」就是「君子以懿文德」的「德」，所以能扭轉局勢，恢復互信，回到和平共處的局面，使大家雨露均沾。這是值得崇尚的事情。

值得一提的是，「尚」字與〈彖傳〉講的「密雲不雨，尚往也」一樣，都是「雖不能至，心嚮往之」。在「密雲不雨」的大環境中，不論處境多麼艱難，因為有「尚」，對於和平解決都懷抱堅定的理想。然後知道風向是「自我西郊」，就會坦然接受「施未行」、「密雲不雨」的現狀，一點也不擔心。不過，「既雨既處」、「德積載也」，階段性的成就完成了，下面呢？是不是馬上就進入天下太平、國泰民安的泰卦了？沒有。「既雨既處」可能只是簽了一些合同，大家照不照做又很難說了。空口說漂亮話不算，要實幹，所以下面就有「履虎尾」的履卦（䷉），看你如何經過風險的考驗。

可見，即便到了小畜卦「尚德載」的成就，也只是一個階段性的成就，後面還是得小心翼翼，不管是強大的、弱小的，還是吵架的夫妻雙方，都得高度節制，因為過去的傷疤還在，一個應對不當，舊瘡疤被揭開，局面又趨於惡化。所以大家要珍惜這個得之不易的關係，自我節制，好好地修，不要以為一切都妥當了，還有很多問題等待著雙方共同合作處理。像兩岸如果和平解決，不只是有經貿方面的問題，還有文化、政治經濟體制、軍事等諸多歷史因素須待解決，還是要小心謹慎。

我們接著看爻辭。「婦貞厲」，說的是「六四」這個婦，是比較弱小的一方，終於爭取到和平共存的處境，下面就要「貞」了，發揮坤卦的本領，「利牝馬之貞」，不要再搞怪翻新，走出別的路子來。「厲」就說明「貞」的不容易。「月幾望」的「望」是農曆十五月亮大放光芒時，但月亮也要借太陽光才能發光，所以千萬要處好和太陽的關係，要低調，不要太滿。「幾望」就是將滿未滿，不要讓它滿，這樣才有擴充的空間；如果滿了，就開始走下坡。農曆十三、十四的月亮象徵人生還沒到最圓滿的境界，反而更好，就算有圓滿的實力，也不要大放光明，這會傷到與光源之間的關係，要收斂、低調，要感念。「月幾望」是對「婦」的要求。因為夫妻之間才剛剛吵過架，再有什麼不愉快，太太也得「幾望」，忍著，不要太滿；太太要是太強悍，就很難跟先生相處。「月幾望」這種低調的智慧很重要，尤其是比較陰柔、弱勢的一方。中孚卦第四爻也是「月幾望」，歸妹卦（䷵）第五爻也要求「月幾望」。只要「月幾望」出現，就是提醒你特別注意自己的態度，以免在人生的關鍵處功敗垂成。畢竟這個世界不是只有你這一邊，還要考慮另一邊，要成就一個和的格局，必須取得各方面的體諒才行。

「君子征凶」，君子就是「夫」，從三爻到六爻，君子征凶，你夠強大，有攻擊人家的實力，但提醒你千萬別打，否則就會「凶」。婦人要「貞」、要守，但還是「厲」，很不容易；男人要低調，「月幾望，君子征凶」，好不容易有了和平的局面，若還出手欺負人，「征」一定凶，脆弱的關係馬上瓦解。所以雙方都得自我節制。為什麼君子會「征」，而且會「凶」，造成悲劇呢？〈小象傳〉說「有所疑也」。陰陽、剛柔、夫妻之間缺乏互信，我懷疑你，你懷疑我。以前關係好的時候，一天打六個電話回家，現在六天不打一個電話，幹什麼去了？中午去哪裡了？這一疑就糟了，什麼都想得出來，尤其已經撕破臉，好不容易復合，更要小心翼翼。如果「君子征凶」不就是「龍戰于野，其血玄黃」的「陰疑于陽必戰」嗎？陰陽相疑，就是乾坤大戰。在小畜卦來說，這種可能性還是存在的，所以《易經》要再三告誡，復合之後更要小心處理雙方的關係，所以上九

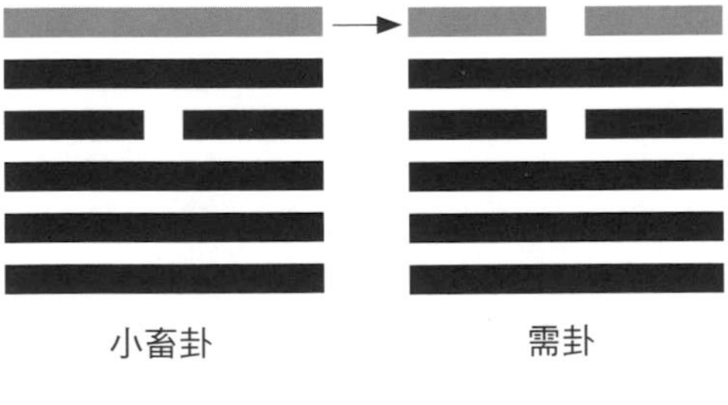

小畜卦　　需卦

爻變為需卦（上頁圖），雙方還是互相需要。需卦健行遇險，還得一路摸著石頭把河過完，從卦序上來講就要接受履卦六爻的實際錘煉，讓它落實了，才能真正到達「泰」。

小畜卦要身歷其境，不管是個人的感情生活、事業，或者是對大形勢的觀察，如果經歷過那種處境，就會發現爻辭寫得高度精確，一個字都沒有錯。「既雨既處」只是暫時和解，所以更要小心維持「尚德載」的後續發展。雙方都要高度冷靜，互相節制，而且還不能「有所疑」，疑心一起就麻煩了。好，這是小畜卦的上爻。

占卦實例1：小畜卦六爻全變——臺灣企業在上海的發展

這是一個小畜卦六爻全變為雷地豫的占例，由小畜卦的悶，變成豫卦的爽。這是幾年前占算的，一個台商企業在上海投資，由於競爭激烈，賠錢多年，賠到沒信心了，到底要撤還是繼續挺下去？就占未來的發展。結果占到小畜卦六爻全變成豫卦（下圖），說明還是有前景。豫卦是「利建侯行師」，要有行動，但要先熬過小畜卦從初爻到上爻的每一個階段，甘苦備嚐；從「密雲不雨」當中的「復自道」和「牽復」，好好加強本身的實力。中間可能還會出現「輿說輻，夫妻反目」的種種挫折，股東之間可能會鬧意見，你還得「有孚」，去外地投資，恢復信心，「血去惕出，无咎」；然後「有孚攣如，富以其鄰」，那邊有主導地位的人有了善意的回應，不會把你

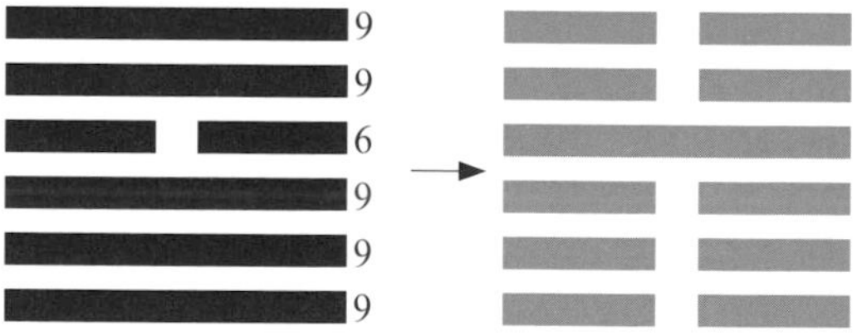

小畜卦　　豫卦

吞了，所以最後「既雨既處，尚德載」，遠來是客，還得自我節制。六個爻的辛苦全部經歷過了，最後就有可能換來一個不錯的未來——豫卦。這是一個卦象，也是很切合實際的。

占卦實例2：上海二〇〇一年—二〇一一年的發展分析

二〇〇一年，《中國時報》邀請我去上海，當時覺得上海日新月異，心血來潮就占了一卦，問上海做為大陸發展經濟的指標櫥窗，未來十年的發展會如何呢？結果是小畜卦三爻、五爻、六爻動；根據天地之數點到第六爻「既雨既處」（下圖）。所以上海二〇〇一～二〇一一十年之間的發展，基本上是一個小畜的格局。小畜就是以小博大，以小事大。上海要吸引天下的人才、錢財去拼搏投資，得要盡快地國際化、商業化，以強大的吸引力，構成聚寶盆效應。另外，上海怎麼會小呢？其實這是相對於全世界來講的。上海要儲備資源，累積小博大的功夫。第五爻動，所以「富以其鄰」；而且上海的市政單位要「有孚攣如」，提供富利共用的保證，熱烈「擁抱」外人。尤其在這十年之間世界各國普遍不景氣，上海要崛起，當然要塑造一個有吸引力的環境。這是第五爻。第三爻則說明，在這十年之中，仍有「輿說輻，夫妻反目」的遺憾，在發展步調上，將會面臨不同的意見衝擊，可是在「有孚攣如」的有力保證之下，「富以其鄰」，自然就會吸引全世界都往上海跑，因為那裡充滿致富的可能，是冒險家的樂園；然後自然而然地進入

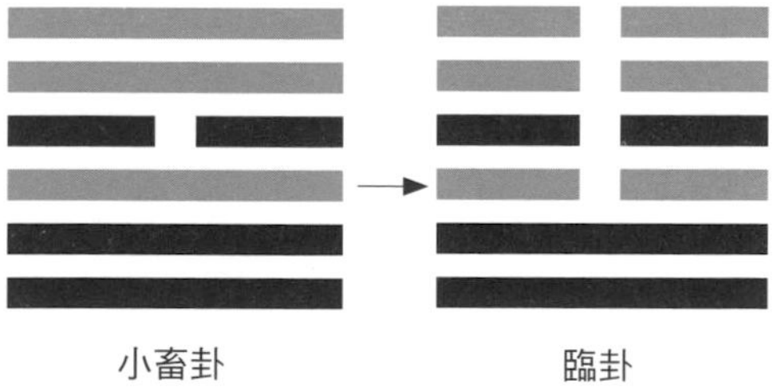

小畜卦　　臨卦

上九這個最主要的宜變之爻：「既雨既處」。上海經過這十年的和平發展，不會發生流血衝突的事件，於是整個就往上躍升了——「尚德載」。然而，「婦貞厲，月幾望，君子征凶」，主客之間的關係還是有問題存在。「上九」爻變為需卦（䷄），能發展到這個地步，算是不錯了。然後因為上爻、五爻、三爻三個爻齊變為君臨天下的臨卦（䷒），貞悔相爭，臨卦就是「容保民無疆，教思無窮」，自由開放、國際化、創意無窮。全世界最有競爭力的品牌都在上海設點、較量，使得上海這長江口的一隅之地，從原本只是一個「小畜」的戰略佈局，經過十年發展，最後居然養成了一種君臨天下的氣勢，元亨利貞、自由開放。小畜卦卦序是第九卦，臨卦是第十九卦，只要三、五、六爻的幾個關鍵點做對了，就可以迎頭趕上，一次跨越十個卦，有飛躍式的成長。

占卦實例3：二〇〇九年兩岸關係分析

這也是一個小畜卦的占例。第五爻、第六爻動，然後點到第五爻。五爻、六爻齊變為地天泰的泰卦。從小畜到泰，本來中間還要經過履卦的歷練，現在不必了，小畜卦五爻動，就有可能從小畜變大畜；兩爻齊變就是泰卦。由小畜而大畜，就是由小而大，資源越蓄越多，到最後自然就三陽開泰了。對於二〇〇九年來說，這是最切實的占例了。兩岸關係就看小、大之間能不能做到「有孚攣如」？「九五」是大陸，「有孚攣如」，把臺灣當兄弟般妥善照顧，兩岸經濟打成一片，這就叫「富以其鄰，有孚攣如」；把大家綁到一起，「不獨富也」。從小畜卦可以看出，二〇〇九年的兩岸關係肯定是要開展的。第五爻應該會很堅定地推動，所以小畜變大畜；然後五、六兩個爻一起推動，就是泰。泰就是小往大來、兩岸關係通暢的局面。

占卦實例4：聲音的奧秘——小畜四爻爻變復卦實例分析

這個卦象是小畜卦二爻、三爻、五爻、六爻四個爻動，四爻齊變變成復卦的一元復始、萬象更新。這個卦象就有一點「怪力亂神」了，卦象的前因就不講了，就講這個卦是怎麼來的。這個卦象是我的一個出自豪門的學生，家裡不大安寧，出了鬧鬼事件，大概「千金之子」先天就有了麻煩；因為在他們搬家之前，經常有個小女生的鬼魂到夢裡來「拜訪」他們的小兒子，十年如一日。小男孩長大了，可是經常來看他的小女生，樣子卻沒變。他們家反正資源雄厚，要處理這種問題，什麼神通、法門都找過了，不管用，大概是前世冤孽的情執太深了，非來看他不可，連很多傭人都在夢裡見過，這就透著詭異了，總之是搞得家宅不安。後來他們決定搬家，那個小女生又「來」了，說你們要搬家，怎麼不跟我講一下呢？你看，還要跟「她」打招呼哩！這下我的學生真煩了，怎麼化解呢？結果另外一個學生就建議，試一試念《楞嚴經》的〈楞嚴咒〉吧！〈楞嚴咒〉是專門化解男女孽緣的，買來聽聽化解化解，不要搞得「密雲不雨」，幾十年、幾百年、幾千年還在那邊糾纏。結果一個學生手腳快，馬上去請來一張〈楞嚴咒〉的CD和一部《楞嚴經》送給他。結果天天在那兒念，那個小女生晚上不來了，搬家之後也不來了。為什麼會這樣子呢？為此我們也占

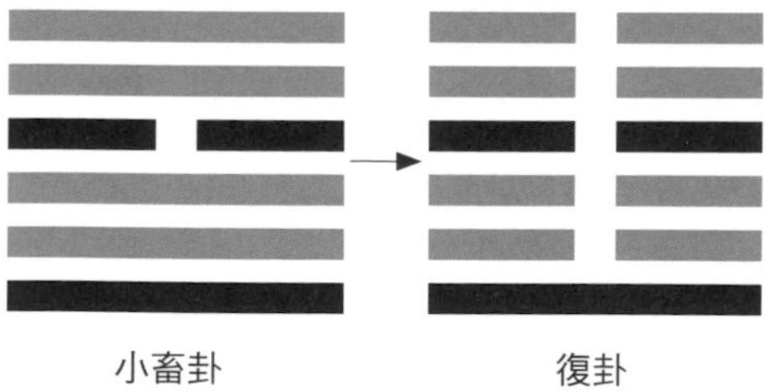

小畜卦　　復卦

了一卦問，持〈楞嚴咒〉能否化解呢？結果就是小畜卦四爻齊變，變成復卦（上頁圖）。從「密雲不雨」的四個爻變成「復見天地之心」的剝極而復、一元復始、萬象更新。所以，持〈楞嚴咒〉確實可以化解這段情愛的恩怨。我們看，小畜的二爻、三爻、五爻、六爻，顯現一個從下而上、從內而外的化學變化，第二爻叫「牽復，吉」，牽手的恩怨，然後「復」——回歸基本面，也就是四爻齊變之後變成復卦，回歸原點，才能化解業障情執；第三爻點出他們前輩子的關係——「輿說輻，夫妻反目」，所以千萬不要鬧到夫妻反目，要是想不開，幾輩子、幾百年、幾千年之後他（她）還會來找你。這是前世因緣的內在原因造成「密雲不雨」，持〈楞嚴咒〉之後，一方面顯現因果，接著產生第五爻、第六爻的化解效果。第五爻「有孚攣如」，「孚」就是信仰，一個君位的偉大信仰，就像中孚卦的「有孚攣如，无咎」一樣，那個大愛如果「攣如」了，「富以其鄰」，「富」就是精神上的效力，「不獨富也」則是五爻針對第二爻、上爻針對第三爻，完全對症下藥。所以持〈楞嚴咒〉的結果是五爻、上爻對二爻、三爻的愛恨全部化解，所以「有孚攣如，富以其鄰」。然後「輿說輻」變成「既雨既處，尚德載」。當然我們還提醒這個學生，處理到一個階段，雖然效果不錯，但還是要小心，因為「婦貞厲，月幾望，君子征凶」，可見這種冤孽有多難弄。但是如果能按照小畜卦二、三、五、六爻變的發展，最後的結果一定是「復」。果然，在那之後的一年半沒有發生任何事情，搬了新家也沒事。

因為這個案例，弄得我好奇心大增，也買了一張〈楞嚴咒〉的CD回去聽，心裡蠻安定的。《楞嚴經》裡面有「咒」的那一段，我們一般人是看不懂的，但相信是聲音的共鳴具有不可思議的力量，這是很深的智慧，不能看成是迷信；因為聲音的頻率對了，就可以變成一個溝通的介面。

我們將來在謙卦、豫卦可以看到，謙卦面對天地人鬼神，豫卦面對上帝、面對祖宗，「豫」也是音樂的象徵。以韻律節奏與天地人鬼神取得共鳴，看起來奧妙，其實有其道理。像《詩經》的〈風〉〈雅〉〈頌〉，一般人都會注意〈風〉的民歌民謠，那裡面的男女之情自然很美；〈雅〉因為涉及士大夫、朝廷，就讓人覺得很莊重；到了〈頌〉，很多人根本就看不懂，因為〈頌〉是跟天地鬼神祖先溝通，那是宗廟祭祀。所以我們讀《詩經》，讀過前面的民謠、情詩這些很美的東西，再讀到〈頌〉，就會覺得文學價值不高，不夠美，也很難理解。可是真懂的人才知道，這是循序漸進的，從國風的民歌角度切入，是正常的性情發揮；然後到治國平天下的〈小雅〉，以及局面再大一點的〈大雅〉。由俗而雅，由雅而通天，那就叫〈頌〉。〈頌〉據說是最高的境界，恐怕還是跟韻律、聲音有關，就像祈禱持咒一樣。唸誦的聲音跟現代讀音肯定不同，若能用古音唸誦，才能和那種厚重、莊嚴、肅穆的境界產生共鳴。據說閩南語就保留不少中原古韻古音，讀者不妨試試吧！

占卦實例5：二〇一五年美國與歐洲經濟

金融風暴後，美國好幾次印鈔紓困，美其名為量化寬鬆。這明顯是治標而非治本，且有以鄰為壑之嫌。無論如何，經過幾年多管齊下的調整，美國經濟漸有起色。二〇一五年初，算當年美國宏觀經濟的卦象為小畜，初、上爻動，齊變有井卦之象。小畜密雲不雨仍悶，「初九」復自道吉，基層民生有改善，「上九」既雨既處，旱象紓解，仍非徹底解決，須小心應對。井卦前為困、後為革卦，代表遭逢困局之後研發轉型以求突破。

同年的歐洲經濟呢？為蒙卦初、上爻動，齊變有臨卦之象。

蒙卦外艮阻內坎險，情勢仍蒙昧未開，「初六」桎梏未脫，基層民生困苦，「上九」擊蒙，可能會祭出強力的整頓手段以刺激經濟復甦。希臘賴帳不還，歐盟印鈔救市，卦象都已應驗。

履險如夷——履卦第十（䷉）

履，德之基也……履，和而至……履以和行……

——《易經．繫辭傳》

憂患第一卦

小畜卦與履卦都要求和，對內要和，對外也要和。〈繫辭傳〉提到處亂世憂患的九個卦，履卦是第一卦。人生以實踐為第一要義，不能腳踏實地落實去幹的事，都沒什麼價值；因為實幹才能有所開展，尤其是在混亂的末法時期。

「履，德之基也」，會背書沒有用，實際的做事經驗才是一切基礎。「履，和而至」，「履以和行」，「和」字被抬出來了。人生在世，不管地位高低，都要「以和為貴」，這也是《論語．學而篇》強調的——「禮之用，和為貴。」「禮之用」，正好就是「物畜然後有禮」，禮儀規範的作用就是「和為貴」。這話很多人都會講，但是要做到不樹敵、不衝突，儘量化敵為友就很難。而且必須從上到下一體奉行：「先王之道斯為美，小大由之。」不論個人、公司團體或國家，不論大小尊卑，統統都要走「和為貴」的路子，這是很美的治世思想。

「和而至」，「至」就是心想事成、說到做到，也就是坤卦的創造力——「至哉坤元」——空中的飛鳥看準目標，一衝而下，直接啄住獵物。履卦最重要的原則就是和平發展、和諧互動，不然，一天到晚跟人打架，搞得遍體鱗傷，根本沒有餘力往既定目標邁進。唯有「和」可以免於戰爭，還可以吸收資源，大家互相幫助，一起達到「止於至善」的境界。所以說「和而至」，「和」才能「至」，這就是履卦的處世智慧。

「履以和行」，整個履卦都要秉持「和」的精神行事。在多災多難的實踐過程中，保持心平氣和；「和」就有得吃，打仗可能就沒得吃。「履以和行、履和而至」，這個道理經過幾千年的文化滲透，已直達民心底層，有驚人的影響力。這種精神是做人處世的基本功——「德之基」，我們在民間的一些春聯、牌坊到處看得到，像是被徽商應用到極致的「履道含和」，就是勉勵人行事做為要像天地之間的和氣，腳踏實地、坦蕩蕩。所以我們一定要重視「和」的價值，跟別人衝突越少越好，心平氣和，才能走得長。

當然，履卦也是「履險如夷」，踩老虎尾巴，有高度的危險，絕對不是平安無事的環境。換言之，要練到即使踩到老虎尾巴，老虎也不會回頭把你咬死的境界。所以，萬一遇到如臨深淵、如履薄冰的危險處境，不必迴避，如果能練成履險如夷的功夫，人生的基本功就算ＯＫ了。如果迴避最敏感、最困難的老虎尾巴，表示你尚未通過風險的磨練，那就不可能修成正果，抵達後面的「泰」了。

「人位」以柔克剛的智慧

在師卦、比卦軍事、外交合縱連橫的大形勢下，國際衝突一觸即發，因此，才會有「小畜」和「履」的對應策略，以小博大，在夾縫中求生存。從卦象上來看，小畜卦和履卦的確如此。夾縫就是唯一的陰爻，陰爻代表資源不足。在小畜卦（☴☰）是「六四」，在履卦（☰☱）就是「六三」，整個卦象在「人位」好像塌下去了，形成一個典型的夾縫，但夾縫之所在，正好可以靈活運用坤卦順勢用柔的智慧，尤其涉及到廣土眾民的棘手事務，正好以柔克剛、以小博大、以弱擊強，在多方壓力排擠下應付自如，不僅可以生存，還有餘裕求發展。這就是這兩卦的要義。不管是小畜卦的第四爻，還是履卦的第三爻，很明顯它們是「三多凶、四多懼」的人位。人事不濟、是非多、壓力重，自然多凶多懼。三爻、四爻偏偏又是沒資源、沒實力的軟腳蝦，在面臨上壓下擠的情況下，剛好考驗它如何運用坤卦的智慧，以柔克剛，化解和對手硬碰硬的衝突，甚至與之建立和諧互動的關係，並從陽剛那邊取得發展的資源。從陽剛那一面來看也是如此，反對「大」吃「小」、硬碰軟，這才合乎長期的最高利益。也就是說，即便是實力強大的陽剛那一面，也要爭取和平共存的機會。我們從乾、坤兩卦一開始就不斷強調，只有乾卦所代表的陽剛跟坤卦所代表的陰柔，陰陽和合、剛柔互濟，才能生生不息，讓雙方互蒙其利。換言之，乾、坤兩卦如能避免「龍戰于野，其血玄黃」的衝突，接下來才有屯卦、蒙卦、需卦、訟卦一路下來的生生不息。把這個概念推擴出去，就是《易經》最基本的思維——陰陽、雌雄、男女、剛柔之間的互補模式。

由兩岸關係的發展說小畜卦和履卦

從二〇〇八年五月二十日到二〇〇九年五月二十日，馬英九主政臺灣滿一週年，整體來講差強人意，但其中評分最高的，還是小畜卦與履卦的問題，也就是兩岸關係有大幅進展，而且在往下幾年，如果沒有特別的因素出現，開展的速度、深度、幅度，有可能出乎意料之外。

我們在「大衍之術」一章教占卦的時候就算過，二〇〇七年年底有關兩岸三通的事，已經是勢不可擋了，而且不會有任何問題，一定會是全方位的關係開展。這個結果我們現在都看到了。我們把小畜卦、履卦列為高風險的卦，兩岸過去從國共鬥爭到現在長達半個世紀以上，現在雙方要全面接觸，當然有風險；可是不能因為有風險就不接觸，那就像鴕鳥把頭鑽到沙堆裡，非但不合時宜，而且也是不負責任的做法。所以，就像履卦踩老虎尾巴，風險當然不低，但是唯有面對風險、並且對風險做出客觀審慎的評估，就能經營、駕馭風險。換句話說，若把這兩個卦的理氣象數鑽研透徹，小畜卦如果「履」得好，下面就是陰陽、剛柔、大小之間充分溝通交流的泰卦，而且可以用和平手段得到「泰」。從師卦、比卦這種劍拔弩張、勾心鬥角的合縱連橫，再到泰卦，中間必須經過小畜卦、履卦，可謂舉步維艱，風險非常高，但是不能逃避，必須面對。這時候，老子講的「至柔克至剛」，就有很大的啟示，就看你怎麼運用。

由小畜卦到履卦，我們剛才講到馬英九當局的表現，不管是經濟的基本面、還是臺灣內部的一些問題，甚至長遠發展的大方向，都還看不出有什麼可以讓人心激勵的現象，甚至有些乏善可陳，但是兩岸關係的改善則稍可讓人感到欣慰。對兩岸關係來講，從師、比到泰卦之間，小畜卦和履卦是非常重要的階段，若風險評估與控管得宜，同時還可以處理短期、中期、長程的規劃，如果走得好，「履而泰，然後安」，不然，對雙方來說，風險絕對不低。

從小畜到履，其間的差別，大致來講，就是一切大小、強弱、剛柔之間的互動，比較有規範，也比較穩定、明確，很多條約也都定出來了。以兩岸關係來講，大陸願意釋出善意，促進經貿往來，使兩岸關係趨於和諧；對臺灣來講是很迫切的，像高雄市的陳菊是民進黨的死硬派，不也到大陸去了嗎？只要她去了，其他那些表面上喊什麼什麼口號的，心裡也會急得個要死，就怕排不上去大陸的班。所以這就是一個不容置疑、也不容忽視的形勢。

履險如夷

已經過去半個世紀了，除了兩岸對峙不相往來的階段，包括到後來蔣經國的默契、李登輝開始推動兩岸交流，兩岸之間絕大部分還是處在小畜卦「密雲不雨」，甚至可能流血的階段。「密雲不雨」就是充滿模糊的不確定性；那個模糊的空間其實方便很多人、很多政治團體有意、無意、或者故意趁機謀取利益。所以他們根本就不希望它太清楚，越是灰濛濛的越好，這對臺灣民眾來說當然比較辛苦。因為搞不清楚是和是戰，然後「妾身」未明，缺乏明確的投資保障協定，這都是小畜卦中自然會出現的現象。但是到履卦的時候就不是這樣了，長期累積的互動關係，不管是商業、文化或其他方面，都有了較為明確的規範，這就叫「履」。用明確的規範讓兩岸關係正常化，對一般民眾來講，當然是極大的便利。

如此一來，原來踩著老虎尾巴的風險，就有可能履險如夷了，這是小畜卦所沒有的，大家都要小心翼翼地看政治風向往哪裡吹。而且履卦很重要的一點是「和」——「和而至」，這是一切的基礎。「和」才能止於至善，達到下一卦泰卦天下太平、國泰民安的終極目標，使各方都能充分溝通、交流。我們在小畜卦也提過，「至」字的內涵就是坤卦創造力的核心——「至哉坤元」，說到做到。履卦也是一樣，貴在能落實執行。像「履以和行」，就是強調實際行動、實際形勢，所以履卦上下內外的互動關係，要有合理的規範，才能趨於穩定。當然形成規範之前，必然要經過小畜卦的長期摸索。

由此，我們幾乎可以斷言兩岸關係已經從小畜卦過渡到履卦，但是並不能百分之百保證之後一定是「泰」，還得經過履卦六個爻，必須有正確的應對態度。如果履卦六個爻都能做到，下面就到了泰卦的階段。履卦是實踐、腳踏實地的修行，重行不重言。另外，還有一個基本的依據就是履卦與復卦有關。《易經》除了乾、坤兩卦，最重要的就是復卦了，這是一元復始、萬象更新的核心創造力。只要有復卦的能耐與智慧，不管人生碰到什麼「剝」的狀況都不會怕，因為你永遠可以重生再造，這就是復卦「生生之謂易」的能耐。履卦就是「主於復」，因為上面的「尸」字就是以什麼作主的意思。「履」字的造型，就是以復卦生生的目的與原理為主的實踐修行，所以都要以「復」做為目的和規範。如果差之毫釐，在履卦中就要馬上校正，不可偏離以致失之千里。

另外，小畜卦跟履卦是一體相綜的卦，這兩個卦都跟復卦有極深刻的聯繫。除了履卦，我們看小畜卦第一爻、第二爻就講「復自道、牽復」。這不是暗示，而是明示。也就是說，即使是在小畜卦比較模糊、不穩定、不確定的階段，都要掌握復卦的基本創造力，努力「復自道、牽復」，結果絕對是吉。然後小畜卦由「既雨既處」進入「履虎尾」的履卦，整個履卦更是以復卦的精神為核心；把復卦的理念、想法落實，後面當然就是「履而泰然後安」。從這個角度，我們就搞清楚這兩卦完全是事在人為，儘管三爻、四爻本來就是「多凶、多懼」的人位，只要有「復」的決心，一定可以過得去。

從卦象本身我們再提醒一下，整體來講履卦比小畜卦的環境更明確、更穩定，往泰卦又走近了一步，而且強調「和為貴」。可是從卦的結構、從唯一的陰爻來看，履卦的「六三」遠遠不如小畜卦的「六四」，所以一點也不能掉以輕心。小畜卦雖然悶、不確定，但是「六四」陰居陰位，本身正，而且居於高位，跟「九五」周旋、跟「初九」互相呼應，都沒有太大問題，所以需要修文德。履卦雖然整體條件都改善了，日子稍微好過一點，可是在實際履行的過程中，一不小心就會得意忘形，甚至原形畢露、情欲掛帥、利益薰心等等。所以從更深處看，履卦比小畜卦可能更危險，更需要老成持重、小心注意。因為履卦的「六三」不中不正，陰居陽位，而且它是下卦內卦兌卦（☱）情欲的開口，不能像小畜卦「六四」那樣左右逢源。小畜卦的「六四」是「有孚，血去惕出」，最後是「无咎」；只要掌握「上合志」的關鍵，就可以周旋到「既雨既處」。履卦「六三」是有名的凶爻，從單爻的操作來講，因為「六三」居於兌卦的開竅口，又是不中不正的位置，萬一說得不恰當、做得不恰當，感情用事，一廂情願，有可能把大好形勢糟蹋掉，所以凶得一塌糊塗。日子苦的時候大家咬牙苦撐，好像還沒什麼問題，一旦壓力解除，反而可能「生於憂患，死於安樂」。所以從「小畜」到「履」再到「泰」的過程中，履卦還是得特別注意才行。

履卦的卦中卦

履卦的卦中卦有三個和小畜卦是重複的。換句話說，這三個卦還在持續發揮作用，還有潛在的影響。我們先看二、三、四、五爻這個最典型的卦中卦，與小畜卦的三、四、五、上爻都是構成家人卦（䷤），這說明小畜卦往「既雨既處」走，就往一家人親善和樂的關係發展；小畜卦二、三、四、五爻構成的是火澤睽卦（䷥），在履卦的時候就往家人卦發展了。就像兩岸原來是「睽」，現在越走越近，將來就可能像一家人一樣關係親密。整個小畜卦的努力，也是從二、三、四、五爻的「睽」往三、四、五、上爻的「家人」推動。

履卦的二、三、四、五爻是「風火家人」，那初、二、三、四爻呢？就變成火澤睽卦了。這是第二個與小畜卦相同的卦中卦；一樣由「睽」的形同陌路，互相猜忌、缺乏互信、反目成仇，慢慢往二、三、四、五爻的家人卦改善調整。為什麼履卦可以從卦中卦的睽卦進入下一個階段的卦中卦家人卦呢？這是因為有「中孚」。履卦初、二、三、四、五爻就是中孚卦（䷼）。這是第三個與小畜卦相同的卦中卦。正因為有了一個中孚的背景，互信逐漸擴散，使得所有的「睽」都有可能逐漸改善，成為一「家人」。

這兩個卦不同的卦中卦是什麼？從小畜卦來講，初、二、三、四爻構成的是夬卦（䷪）。有可能剛決柔，翻臉、攤牌，進入一個劍拔弩張的夬卦階段；後來才慢慢改善，從夬卦一步一步推進，大家慢慢建立共識，就是初、二、三、四、五爻構成的火天大有卦（䷍），還要考慮大家都有，這是與履卦不同的兩個卦中卦。那麼履卦呢？除了雙方共有的從「睽」往「家人」走，建立在「中孚」的互信基礎上，還有兩個卦中卦跟小畜卦不一樣。一個是天風姤的姤卦（䷫），夬姤相綜，「小畜」跟「履」也相綜，這都是必然的，這是由履卦的三、四、五、上爻所構成，姤卦代表顛覆現狀，這不一定是壞事，有可能是新的發展機遇，不然履卦下面就不會是泰卦。姤卦既然代表毀滅破壞，但是毀滅的另外一面就是創造，創造的另一面就是毀滅，就看你如何把握這個難得的機遇。處理得不好，「姤」會要了你的命；處理得好，化危機為轉機，就可以大大獲利，創造全新的美麗空間。另一個不同的就是履卦二、三、四、五、上爻構成的天火同人卦（䷌）。同樣都是人，人同此心，心同此理，「同人」就是希望以善意的互動，大家成為朋友。履卦中有同人、小畜中有大有，這就是這兩個卦甘冒風險而不怕接觸的主要原因，希望能促成同樣是人、理應人人都有的「大同之世」。

履卦卦辭

䷉

履虎尾，不咥人，亨。

「履虎尾」，踩老虎尾巴。「不咥人」。「口至」曰「咥」，老虎的大嘴直接逼到面前要吃人了！「不咥人」，就是不會被老虎咬死。做為貓科動物，老虎的尾巴是最敏感的痛點，萬一踩到它，麻煩就大了。這就代表履卦所面臨的人生重大風險無從迴避，必須面對。同時，不要迴避重點而只著眼於一些枝枝節節，那是沒有用的。所以履卦要到泰卦，絕對要掌握最重要、最難克服的部分，如果能履險如夷，那就修成正果了。如果你看到老虎尾巴這個最敏感、最容易產生劇烈反應的部位，你不敢動它，就像人生的情欲——「貪嗔癡慢疑」一樣，時時刻刻都存在，都在製造我們的憂悲煩惱。這是最核心、最難處理的，如果避開不敢碰，你的修行就不算數。

兇殘的老虎是獸性的表徵，象徵生命中的種種危險，或者與生俱來的欲望，能不能在心平氣和的情況下把它化解掉，而且敢於面對，真的去「踩」（「踩」就是落實執行），或者能不能戰勝欲望？都是重要的歷練。國際互動也是一樣，你要瞭解對方的「老虎尾巴」在哪裡，對方最在乎、最敏感的是什麼？那是不能迴避的，迴避了就開不了後面的「泰」，遲早都要面對。最敏感的部分可能一碰就流血，若能妥當處理，讓老虎不咬你，這就可以亨通，「亨者，嘉之會也」，後面就可以進入泰卦了。這是一個自然而然的結果，只要在最危險的階段，把最棘手的問題處理好，雙方獲得共識，就有這個結果。

特殊的修辭：卦名與卦辭不分開

《易經》從履卦開始，有一個特殊的修辭，即卦名與卦辭不分開，把卦名直接當成主動詞。像「履虎尾」，就是告訴我們，人生修行實踐的功夫，一定要克服的就是老虎尾巴；一定要經過這一關，所以「履」是主動詞，「虎尾」是受詞。「履虎尾」，剛開始可能會有很大的風險，練到最後，好像有輕功了，踩上去若無其事，還剛好能搔到癢處，「不咥人」，那你就亨通了，可以跟老虎相處。這是第一個。

第二個是否卦。卦辭是：「否之匪人。不利君子貞，大往小來。」也是卦名與卦辭不分開，這是有創作上的考量的；讓我們瞭解「否」與「匪人」幾乎是等同關係，這樣就會瞭解否卦這種黑暗的、人性沉淪的環境，為什麼「不利君子貞」。

第三個就是否卦的下一卦同人卦。一樣也是把「同人」當成主動詞，「同人于野」，沒有人講「同人于朝」，沒有要跟當權派靠近。「野」就是廣大的，不管多麼地廣人稀的地方，統統可以同人，無所遺漏。「同人于野」的智慧正好化解「龍戰于野」的衝突，一個是全球和平，跟所有人都能相處；一個是世界大戰，「其血玄黃」。很多人就是急功近利，再不然就是攀援富貴，他才不願意同人于野呢，只想「同人于朝」、「同人于富」，或者「同人于貴」，眼光從來不看廣大土地中的平民百姓。這種眼光，一開始就錯了，只會製造矛盾和衝突。

第四個卦名與卦辭不分的就是艮卦。「艮其背」，「艮」是止欲修行，剛開始要從背對誘惑開始，練面壁的功夫。因為開始可能定力不夠，等到一步一步循序漸進，「不獲其身」，面壁有成了，再進一步修煉「行其庭不見其人」的功夫。

所以這四個卦都是「功夫論」，而且很明確，直接把卦名引入卦辭。在《易經》篇幅有限的經文中，這種創意修辭法，傳遞更多豐富的資訊。

履卦〈彖傳〉

〈彖〉曰：履，柔履剛也。說而應乎乾，是以履虎尾，不咥人，亨。剛中正，履帝位而不疚，光明也。

以柔履剛

「履，柔履剛也」，這裡說的是唯一的陰爻「六三」，也是全卦之主。「柔履剛」，柔要掌握主動，以柔克剛。「六三」為柔，要跟其他五個陽爻接觸，就像踩老虎尾巴一樣，充滿風險。但是「六三」就必須「柔履剛」。我們一生都在「履」之中，只有實踐經歷，才會積累經驗智慧。俗話說「不經一事，不長一智」，等到各個不同位階的工作都有實際經驗時，你的人生就有履歷了。履卦從初爻基層的歷練，一直到「九五」君位領導人的歷練，以及上爻退休的歷練；從基層到高層、內部到外部、國內市場到海外市場，積累充足而豐富的履歷，這才可貴。所以沒有履，沒有實際走一遭，後面是無法到達「泰」的。在小畜階段醞釀的那些理論沒有落實，是不行的。這就是講人生經驗的重要性，幹過什麼和沒幹過什麼絕對不同。所以，即使碰到難纏的人、難纏的事都得去處理；如果沒有實際接觸過，單靠想像是行不通的。另外，以柔履剛，你是柔，人家是剛，始終把持著柔的精神去履剛，不硬碰硬，這就是練達做事的智慧。

「說而應乎乾」，「說」即「悅」，外卦乾代表剛。不管它怎麼剛、怎麼強，我都是悅，都能歡歡喜喜、和顏悅色地面對，這樣就不會有任何問題。如果愁眉苦臉，帶著擔憂恐懼或憤恨，絕不會有好下場。

做到了「說而應乎乾」，掌握內卦兌的「悅」字訣，「是以履虎尾，不咥人，亨」，就這麼簡單。「兌」也有「兌現」的意思，我們剛才一直強調「履」，就是不能老開空頭支票，要兌現。換句話說，履卦〈彖傳〉的作者根本不囉嗦，他一看這個卦象結構，就直接提出「為什麼有卦辭這麼好的結果——履虎尾，不咥人」？是因為「悅而應乎乾」，「柔履剛」。除了「六三」柔履剛之外，還有另一個重要的爻，就是「九五」，履卦的君位，「剛中正」，「履帝位而不疚」，履行帝位職責，一切行事做為都依照上卦「乾」的天理而行，所以沒什麼好慚愧的，不必「外慚清議，內疚神明」。「光明也」，這幾個字真是簡練。「大明終始」是乾卦的境界。「含弘光大」是坤卦的境界，所以《易經》提到的光明，包含乾卦發光的內涵，與坤卦發散出來的光，是很圓融的境界。從乾到坤，從理到勢，從自強不息到厚德載物，在履卦的「九五」中充分表現出來。艮卦也講「其道光明」，修行止欲到最高境界，都有佛光再現，這到底是怎麼回事？

剛中正，履帝位而不疚，光明也

〈彖傳〉從卦的整體結構來看，對唯一的陰爻「六三」賦予極高的期許，希望它能好好地「柔履剛」、「說而應乎乾」，創造「履虎尾，不咥人，亨」的好結果。可是笑臉對人，和顏悅色，還要看人家如何回應。那就要看上卦乾卦的剛，領導中心第五爻的態度了。既然「九五」中正，而且處在履卦，那麼就要大氣，所以〈彖傳〉對「九五」的期許是：「履帝位而不咎」。人家和顏悅色的釋出善意，那麼「九五」不但要接納，還要有加倍的善意回饋，這樣才能「不疚」，不辜負履卦帝位的身份；然後就可以「光明也」，剛柔互濟，得到光明。

艮卦〈彖傳〉云：「時止則止，時行則行，動靜不失其時，其道光明。」這句話講得非常清楚，「光明」是修來的。我們一直強調履卦與復卦的關係，復卦就能產生光明，剝極而復，一元復始，萬象更新。復卦初爻是「見天地之心」。像老子《道德經》也講：「用其光，復歸其明。」這就說明「光」與「明」是不同的，「光」是已經發散出來，為什麼會發光？因為裡面有明。道家的這種修行「用其光，復歸其明」就是「復」。「其」都是指自己，不是說別人。也就是說用你在社會人群的表現，追溯本心自然的明。

可見，履卦就是希望剛跟柔能夠相處得好，大的不欺負小的，小的跟大的能夠和睦相處；如此就是「其道光明」。但是「六三」即便是「說而應乎乾」，能否達到好的效果，還得看「九五」站在全卦君位的立場，或者站在上卦乾卦中心的立場，有沒有好的回應？如果它能「剛中正，履帝位而不疚」，當然是前途光明。但也不排除「九五」對「六三」的善意不予回應，那就不會光明了。所以，卦的觀點和爻的觀點是容許不同的，吉凶禍福迥異。

履卦「六三」爻辭充滿凶險，很可能以悲劇收場。但是〈彖傳〉希望它好，它有可能這樣好；只是實際操作爻的時候，不一定能做到，因為怕它為了私人利益而感情用事，情欲蒙蔽理智。雖然落實在人生實踐時，爻會有很多不理想的表現，但是卦還是會給它一個整體的、善的預期。因為卦是從整體看，爻是落實操作，不可能不涉及到每一個爻的私人利益，以及自身認知的局限。所以，「剛中正，履帝位而不疚，光明也」是卦的觀點，整體希望履卦好。「履而泰然後安」，希望「九五」要表現得有風度，大人有大量，能夠促成整體和諧；可是落到實際的爻上卻沒那麼容易。所以「九五」爻辭是「夬履，貞厲」，充滿動盪不安的危險因素。

從卦到爻，就是從整體到局部，落實到每一個個體細微的部分。哪一個爻裡面是非多、困難多，這也是很實際的；不能說哪一個觀點錯了，卦的觀點正確，爻的觀點也正確。我們要不斷地轉換觀點，先對卦有一個初步的整體印象，提出一些預期，做出像〈彖傳〉那樣的結構形勢分析；實際落實到每一個爻時，就要瞭解爻的觀點，以及實際執行上的困難。所以爻辭的吉凶悔吝等各方面的評估，與整體的卦相比若有差距，那是很正常的。等到全程歷盡，完成每一個爻的階段修煉，再回顧時，還是可以回到卦的觀點，從整體形勢去看。

這一點可以和禪宗的「三階段論」相互印證。最早的卦辭或〈彖傳〉是「見山是山，見水是水」，這是初期第一層的整體印象。像少年時期看世界都很單純，等到投入實際人生現實歷練，會發現人生好苦。那就是爻的觀點——始壯究、始壯究，你會感受到很多限制，很多不和諧。這是第二層印象——「見山不是山，見水不是水」。等到這兩層觀點都體悟了，由卦、由爻再回頭檢視一路走來的歷練，你會發現卦的觀點還是有其正確性，那麼在爻所經歷的種種滋味，就沒什麼好在乎了；而你的境界也由此得到昇華——「見山又是山，見水又是水」。這就是很多人學《易經》想不通的地方，為什麼卦的吉凶和爻的吉凶不一樣？怎麼會一樣呢？有時候一樣，有時候不一樣，這是絕對允許的。可是最後經過卦、爻、卦的輪迴，可能依舊是圓融的。換句話說，少了哪一個環節，這個卦所象徵的人生處境都不完整。因此我們一定要從整體、局部做面面觀，理想、現實、大環境、小階段都歷練過，人生的學分才算修完。我們看履卦〈彖傳〉就很明顯，都是講正面的，希望亨通，希望光明，可是隨後進入每一個爻就會發現：爻的壓力怎麼那麼大？甚至，怎麼會出那種狀況呢？

另外，也可以從家庭倫理關係、陰陽互動的關係去理解為什麼「履虎尾」有可能「不咥人，亨」、有可能履險如夷、標榜「和為貴」？很簡單，履卦下卦兌卦是少女，上卦乾卦是父親，在八卦之中這兩卦的地位和分量是天差地遠的兩個極端。乾卦至剛至健，是父親，兌卦是最小的女兒。相差最遠的兩個極端，反而有可能處得很好，而且最小的女兒還佔盡優勢——柔履剛，可以把老爸當馬騎。老爸乾卦不是沒有摧毀兌卦的實力，但因為實力差太多，他愛都來不及，怎麼會想去摧毀？這也是人情倫理很自然的體現。少女一定是吃定老爸的，兌卦一笑一撒嬌，乾卦再強，不僅一點剛性都沒有了，還得想辦法取悅他的小女兒。我講這樣的話絕對有代表性，因為我們自己就根本跳不出如來佛的手掌心——《易經》講的這種先天人情人性的道理。我們在外面也是會「擊蒙」的，不會隨便讓人的，可是在外面再怎麼兇悍，回到家裡看到女兒，全完了，一點轍都沒有，那就是我們的「罩門」。履卦就是運用少女吃定老父這一套，不管實力差距，金錢收入差多少，反正他賺多少都是你的。這就是世間的上下懸隔，一物降一物，少女吃定老父。這種至柔克至剛的智慧就這麼來的，很有道理。大家有這個認識，就懂得世間沒什麼不可能，以後看事情，就可以從各種角度去看。

履卦〈大象傳〉

〈大象〉曰：上天下澤，履。君子以辨上下，定民志。

我們接著看〈大象傳〉。〈大象傳〉把上下內外和平相處的權利義務都明確化了，沒有例外，只要照做就好。履卦是一個組織，不同的爻位代表從低層到高層、從內到外的不同階層。絕不是上面剝削下面，下面諂媚上面，而是每一個爻位各盡其責，這才是一個和諧的社會。所以履卦非常強調上下，因為「上天下澤」，「乾」本來就高高在上，「兌」本來就低低在下，這就凸顯履卦的上下關係。任何組織能把這種上下關係處得好，這就叫「履」。

「君子以辨上下」，在互動關係中，一定要分清楚彼此的權利義務，如此才能「定民志」。這正是履卦比小畜卦強的地方。老百姓的想法、志向都是安定的；小畜卦的「密雲不雨」，一切都是模糊不定的，讓人焦慮不安。履卦明確規範上下內外的互動關係，權利義務才得以保障執行。「君子以辨上下」，就像兩岸之間到底是國與國的關係，還是中央與地方的關係？實質是什麼？都可以明確地討論，不必迴避。有些過去怕觸犯忌諱、難以開口的，現在雙方慢慢都可以開誠佈公、互相尊重。這就是「小畜」到「履」的明顯變化。

所以，在一個「和為貴」的情況下，雙方關係明朗化，老百姓也安定了。臺灣過去因為兩岸分立的特殊處境，長期處在「密雲不雨」的狀態下，未來如何不知道，很多事情都缺乏保障；有時候政治風向變了，環境趨於險惡，百工百業很難做出需要長期耕耘才能回收獲益的規劃與投資。每次兩岸關係緊張，就有些人馬上賤賣產業，跑路去了；等到發現沒事，再悔不當初跑回來。幾次這麼一來一回，大半輩子就這麼耗完了，不無聊透了嗎？可是人在這種「密雲不雨」的環境中，你要做三、五年，甚至十年樹木、百年樹人的長期發展計畫，是可望不可及的，只能且戰且走。現在兩岸關係明朗化，雖然還沒到「泰」，但至少已經看得到跡象了，這時候就可以「辨上下」、「定民志」，坦然面對。像老虎尾巴這種敏感的忌諱都可以碰了，大家敢做長期規劃，不論投資、搞教育，或者中長期的地區發展。

這就是〈大象傳〉「辨上下，定民志」的意義所在。上下內外如果充滿不確定因素，那麼誰都沒法腳踏實地長期實踐。就像如果一個公司岌岌可危，哪一天會倒、會歇業都不知道，那麼公司裡的人怎麼會有心思好好做事呢？做一天和尚撞一天鐘雖然可以暫時應對，但有很多重大的事情，有時一代人做不完，要好幾代人接著做，那就非得要有長期規劃不可。「辨上下、定民志」之後，就有可能進入「泰」的環境，國泰民安。我們將來學泰卦會看到〈彖傳〉說「小往大來」，小跟大之間往來了，「上下交而其志同」，因為「定民志」了，大家有志一同，就「上下交」，有上有下，上下之間互動交流，創造一個「泰」的環境。所以在上下交之前，先得「辨上下，定民志」，規範一個健康互動的關係，大家照著遊戲規則玩，就會由履卦進入泰卦。

《易經》還有其他涉及「上下」的地方，我們簡單整理一下。履卦與泰卦強調上下，履卦的交卦澤天夬卦（䷪）〈大象傳〉也講上下：「澤上於天，夬。君子以施祿及下，居德則忌。」上游積滿了水就要往下傾洩，讓中下游可以灌溉農田；同樣的，在上位的君子擁有豐富的資源，就要「施祿及下」，將資源釋放出來照顧下面的百姓。這樣上下之間的關係就可以和諧相處，讓彼此獲利。所以不管是「上天下澤」的「履」，還是「澤上於天」的「夬」，都強調上下之間的互動交流。再一個就是夬卦六爻全變產生的剝卦（䷖），也強調上下。剝卦〈大象傳〉說：「山附於地，剝。上以厚下安宅。」意思是說，上位者要厚待下位者，要是下面的基礎不穩，上面也維持不了多久。在剝卦這麼岌岌可危的狀況下，〈大象傳〉還是從上下互利的角度，要求我們趕快修德彌補；因為「民為邦本，本固邦寧」，沒有下面哪有上面？

全履之象

在進入履卦六爻之前，再跟大家提一下履卦六爻全變的錯卦——謙卦（䷎）。謙卦是六十四卦中最得圓滿善終的，而且不光是人間得善終，面對宇宙整體的存在——天地人鬼神，都是「謙。亨，君子有終」。要達到「謙。亨，君子有終」的終極目標，第一步功夫還是「履」。謙卦同時也是憂患九卦第二卦，履卦是第一卦；沒有「履」哪裡來的「謙」？況且從「履」到「謙」，中間還得經過泰、否、同人、大有四個卦。這是什麼意思呢？我們在乾卦一章就說過，乾卦是創造、是天理的象徵，乾卦第三爻爻變是履卦。乾卦第三爻「君子終日乾乾，夕惕若，厲，无咎」。第三爻是在日夜奮鬥的人位，人行天道，就是「履」。謙卦感通天地人鬼神，又是履卦的錯卦，我們結合乾卦第三爻的人行天道，和履卦六爻全變，觸類旁通到謙卦的天地人鬼神，整個就是在講人想要通天地人，甚至加上鬼神，必要的條件就是通過「履」的行道修行。所以「履」、「謙」兩卦的彖傳都提到「光明」，其義在此。

履卦包括卦辭和六個爻的爻辭都有「履」字，這就叫「全履」，不管是初爻以初生之犢在社會基層歷練，還是到上爻退休了，都不能不「履」，可謂無所逃於天地之間；人生只要一息尚存都在「履」，否則一切不算數。初爻「素履」，「履」的時候貴在保持本色，不要搞那麼多華而不實、五顏六色的包裝。二爻「履道坦坦」更有意思，開始行道了。三爻「跛能履」，即使跛腳了，走起來很慢，也很難看，但還是得履。

四爻「履虎尾」，這是直扣卦辭核心，觸碰最高的風險。第四爻是行政高層，如同「履虎尾」一般，天天得戰戰兢兢，唯恐一出錯就會影響初爻基層民眾的福利。此外四爻「踩老虎尾巴」也是功高震主的意思，因為上面就是履卦的君位「九五」，離權力核心太近了，兩剛相持，正是「或躍在淵」與「飛龍在天」的緊張關係。所以「九四」必須「陽居陰位，剛而能柔」，面對伴君如伴虎的局面，身段要柔軟，掌握「和為貴」的原則，仔細揣摩「九五」這條大老虎不能碰的罩門在哪裡，免得一不小心踩到老虎尾巴，怎麼死的都不知道。「飛龍在天」這種最高領導人很難伺候，那個位置壓力大，猜忌心強，所以離核心越近越危險。我們從乾卦、坤卦開始一直都在強調這個危險性，履卦更重要的是要摸清楚「九五」的罩門在哪裡。法家韓非子有一篇傳誦千古的文章〈說難〉，說明下卦兌如何說服上卦乾，「說而應乎乾」。韓非子在這篇文章中說到，想要說服君王，先要從很多方面去瞭解他，這並不容易；因為很多表面的東西僅供參考，有時候「寡人有疾」，有弱點、有「罩門」，所以要仔細揣摩君王的性格好惡。韓非子以「龍」為例：「夫龍之為蟲也，柔可狎而騎也；然其喉下有逆鱗徑尺，若人有嬰之者，則必殺人。人主亦有逆鱗，說者能無嬰人主之逆鱗，則幾矣。」高手可以駕馭龍，就像「時乘六龍以御天」，就是騎在龍身上也沒關係，好比騎在老虎背上，老虎不會咬你。龍身上其他鱗片你順著摸沒事，在龍的咽喉下面有一片鱗不能隨便碰到，那就叫「逆鱗」。你要是得意忘形，騎在龍身上亂摸亂拍，不小心碰到逆鱗——就像虎尾一樣是最敏感的痛點，不管平常跟你關係多好，牠跳起來就會殺人。所以「履虎尾」、「批逆鱗」是做為高幹的「九四」最痛苦、最沉重的隱憂。所以履卦「九四」在實際履行職責時，最難的就是伺候老闆。

五爻叫「夬履」，履卦的交卦是夬卦（下圖），這一點很有意思。履卦君位跟交卦有關係，我們可以把履卦「九五」當做是夬卦與履卦的交集，既有夬卦的內涵，又有履卦的內涵。夬是做決斷、做決策，履卦君位雖然不用

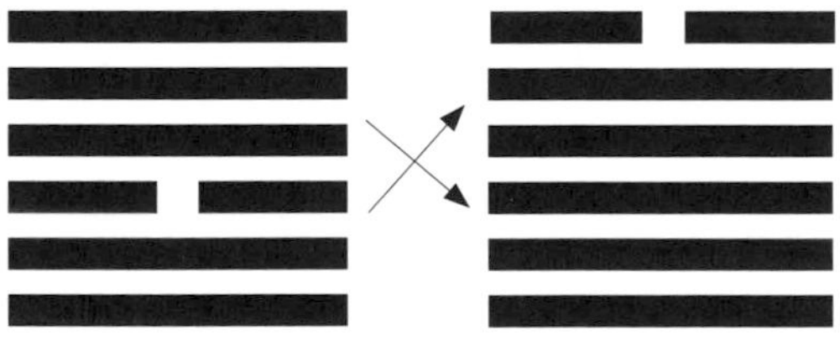

夬卦　　履卦

去忙那些瑣碎的事，但他要履行的職責不就是做正確的決策嗎？夬履就是「九五」不可逃避的責任，既要光明，還要「履帝位而不疚」，決策錯了，下面怎麼認真執行都是錯的。所以拍板定案、最終決策就是「九五」不可迴避的天職。「九四」不是最後決策者，只能提案、參與討論。所以「夬履」的壓力很大，要敢做決策、當機立斷。上爻是離開職場、退休了，但還是要「履」——「視履考祥，其旋元吉。」這句話真正的意思我們在具體的爻辭中再講述。

總之，不管是初爻還是上爻，不管是在職還是退休，任何一個位置都在「履」之中，需要終生學習，終生實踐，這就叫「全履」，這是履卦的特性。

均無貧，和無寡，安無傾

《論語‧季氏篇》有一段話：「有國有家者，不患寡而患不均，不患貧而患不安。蓋均無貧，和無寡，安無傾。夫如是，故遠人不服，則修文德以來之。既來之，則安之。」這段話我在小畜卦講過，也是孔門對政治、經濟、社會、文化全方位的觀點，對後世影響很大。前面一句話已經詳細講過，這裡只結合幾個卦，談談後面的三個結論——「均無貧，和無寡，安無傾」。

「均無貧」，不論財富、資源、地位，合理的分配可能比生產總量還重要。經濟學講生產和分配，如果生產造成社會分配不均，整個社會環境就不可能安定；就像上下地位懸殊，只准州官放火，不准百姓點燈，自然會產生危機。所以國家、社會在各方面都調整到一個均衡的狀態，當然就沒有貧；大家日子都過得不錯，自然沒有那麼多怨。「均無貧」是謙卦最強調的，一個國家的綜合國力發展，絕不容許某方面獨強，其他方面卻很弱。所以前蘇聯垮臺了，美國繼續稱霸，因為美國社會在文化、政治、社會、經濟各方面都有均衡的發展。養生也是如此，不論胖瘦，均衡是最重要的。

「和無寡」就是小畜卦與履卦，〈雜卦傳〉說「小畜，寡也」。「小畜」的問題就是資源不足，小國寡民，備受欺負。要如何消除「密雲不雨」、「小畜，寡也」的問題呢？就是履卦的「和」。只要落實「履以和行」、「履和而至」，小大之間能「和」，就沒有小國「寡」的問題。

「安無傾」，「履而泰然後安」，小畜卦跟履卦解決了「和無寡」的問題，下面就是「安無傾」的問題。泰卦最後一爻泰極否來，「城復于隍」，那是傾城傾國的象，好不容易得來的泰在旦夕間傾覆了。傾覆就代表不安，如果泰卦能做到「安」，就不會由「泰」變成「否」。如果真正安定，國家不會滅亡，公司不會倒閉，這就是「安無傾」。

「均無貧，和無寡，安無傾」，在《易經》的卦序上，大概就是這幾個卦串在一起，要是都做到了，那就是太平盛世、和諧社會。

履卦六爻詳述

初爻：特立獨行

初九。素履。往无咎。

〈小象〉曰：素履之往，獨行願也。

「素履」，保持本色曰「素」，不加工，不加添加劑，沒有人為的矯揉造作，就是樸素。在講人生實踐修行的履卦之中，第一步就強調「素」字，這是頗有深意的。「初九」是「潛龍勿用」的位置，越樸素、越自然越好，不要誇張，不要虛浮，該怎樣就怎樣，保持本色，去履行、實踐。有些人需於名、需於利，急功近利，違反素志，就履行不下去了，結果當然不可能變成泰。「往」是根據既定的主張、志向往前奮鬥，自然「无咎」，要立於不敗之地，絕不會有大問題。如果不能自然樸素地「履」，就不會有後面的「往」跟「无咎」。一開始就不學好，不肯腳踏實地，沾奸取巧，巧言令色，那就完了。

〈小象傳〉說：「素履之往，獨行願也。」這句話意思更深刻了。每個人都有自己的志願，就像「定民志」，基層民眾也是各有所願，想要安居樂業，想要子女健康快樂成長。只是小願、大願之別，即使大菩薩、大佛、老佛也各有他們的願；觀音菩薩救苦救難、大慈大悲，也是願，但都得從初爻幹起。人人都想行願，都希望人生滿足，可是不能老想，要一步一步地做。俗話說：「不怕慢，只怕站。」所以一開始就講行願，「素履之往」就是這個意思。「獨行願」，就是你一個人做，特立獨行，不受影響，像「潛龍勿用」一樣，「遯世无悶，不見是而无悶。樂則行之，憂則違之，確乎其不可拔，潛龍也。」不是做給人家看，而是自己做了心安。腳踏實地在基層歷練，因為我心中有願，要以實踐驗證真理。剛開始一定要耐得住寂寞，可能沒什麼同志，因為初爻是「獨行願」，自己對自己負責。

簡單提一下「獨」這個字。「獨」是名詞，「慎獨」的獨，在人生行道的履卦第一爻，就把「獨」這個內在生命獨一無二的特色拈出來了。任何人、任何生命都不會完全一樣。蒙卦第四爻

「困蒙吝」的〈小象傳〉就說：「困蒙之吝，獨遠實也。」所以蒙卦（䷃）第四爻爻變就是火水未濟卦（䷿），不能成功渡彼岸，因為「獨」沒有開發出來，只是暴殄天物，再高的位置也沒有用，白忙活一輩子。在《中庸》、《大學》，「獨」字也很重要。過去對「慎獨」的理解是很迂腐的，所謂君子不欺暗室，可說完全錯過了中國心性之學一個重要的發明。這個「獨」是名詞，就是「乾道變化，各正性命」的主要內涵。也就是說，任何一個自然生命，都有它共通的、也有它獨特的地方，而那與眾不同的特點才是最重要的。所以蒙卦最重要的是建立獨立自主的人格；一個組織要有發展，不可被取代的獨門絕活，才是真正的競爭力。

我們將來學到復卦就會看到，不只傳文講「獨」，經文也講「獨」，如復卦第四爻「中行獨復」。我們剛剛講蒙卦第四爻的〈小象傳〉「獨遠實」跟履卦初爻〈小象傳〉的「獨行願也」，都還是《易傳》，但是復卦四爻的「中行獨復」卻是經文，這是很值得注意的。要行中道，恢復那個「獨」——生命最內在的特質。「在身曰心，在己曰獨」，「心」跟「獨」的不同在於，心是共通的，所以說「人同此心，心同此理」。同人卦能夠「同人」，就是大家有同理心，我們不說「人同此獨」，因為「獨」是與眾不同的，是「各正性命」、每個人都要修行完成的部分。有共通性，也有與眾不同的地方，這才是真正的核心競爭力。所以在強調內省修行的「素履，往无咎」，〈小象傳〉就用「慎獨」的思維告訴我們，不要迴避生命中的各種風險，所謂「不入虎穴，焉得虎子」？倘若你自己的「獨」沒有開發出來，修一輩子都是白修；因為人云亦云，沒有自我，多一個你不多，少一個你也不少。

〈小象傳〉的「獨行願也」，可謂語重心長，告訴我們在「獨行願」、「素履，往」的時候，不要空談，人生苦短，好好做、好好修都來不及，哪還有時間跟人家起口舌之爭呢？

履卦「初九」爻變為訟卦（下圖），訟卦初爻就說不要跟別人爭吵；若有不平，說清楚就好了。「不永所事」，「小有言」，不要糾纏，訟到底的結果一定凶。訟卦初爻一變就是履卦，實際行動勝過耍嘴皮子。所以〈小象傳〉說：「雖小有言，其辨明也。」這就是訟卦初爻爻變重實踐，少做口水之爭的意思。現在倒過來還是一樣，履卦初九「素履，往无咎」、「獨行願」，強調實踐的履卦，更沒有空去做口舌之爭了。如果不加緊時間幹，這個爻一變，由實變虛，就變成訟卦。天天去跟人家爭訟，自己陷進去了，「獨行願」當然不會有進度。

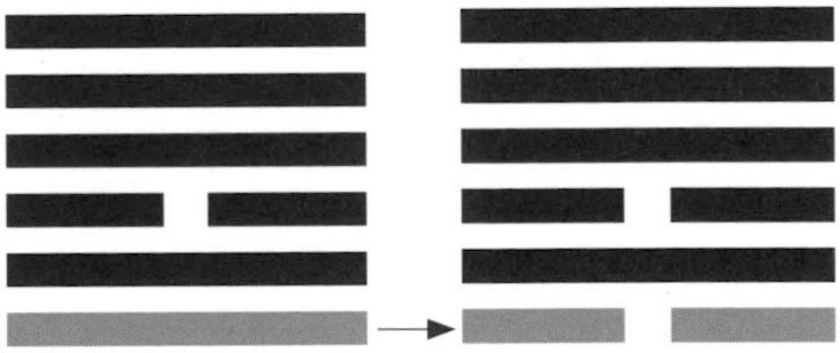
履卦　訟卦

「尚行不尚言」，真正懂的人，就會利用履卦初爻這個大好時機，好好地「獨行」造就自己，不做「訟」的事情。雖然有些人的「願」比較卑微、比較務實；有些人的「願」生就不凡，想要治國平天下、利益眾生，甚至想通天通地。不管多大、多小的願，都得扎扎實實從第一爻「素履」開始做起，這是基本功。履卦初爻就是你心中的願，不管它能完成幾分，能驅動你實踐就可以了，不然老是一個願掛在那裡，從小寫作文就開始談「我的志願」，結果到老了再一看作文本：哎呀，我都還沒實現呢！所以立志不要吹大牛、不切實際，要可行的，還要可以「獨行願」，敦篤實踐。博學、審問、慎思、明辨，最後才是篤行。乾卦〈文言傳〉最後也強調力行實踐，這是人生沒辦法迴避的。

在初爻「素履」踏出人生第一步時，值得再三強調的是「履」字。「履」字在《易經》是很重要的。像坤卦第一爻「履霜，堅冰至」，第一個字就是「履」；而且一開始就不順利，一踩就踩到霜。上經最後一卦離卦（䷝）是人類文明的卦，第一爻第一個字也是「履」；「履錯然，敬之，无咎。」想要立於不敗之地，必須敬慎其事，腳一抬起來，下面那一步一定要踏對，沒把握就別踏下去。不管是「履霜」還是「履錯然」，第一步都錯誤不得。所以為什麼坤卦第一爻、離卦第一爻有那麼嚴厲的警告，就是要我們在踏出第一步之前，必得看清楚、想清楚，因為凡是跟「履」有關的，都有「虎尾」一般的高風險。人生在世，其實就是兩件事：一個是「志」，一個是「行」，所以屯卦第一爻〈小象傳〉說「志行正也」。看對了、想對了，志正確了，下面就是行，缺一不可。

中行獨復，自強不息

有關「獨」的意義，《易經》的註解多數語焉不詳，在比較關鍵的問題上，往往缺乏精確到位的理解，所以我才會一而再、再而三地強調。另外，要對「獨行願」有徹底的理解，諸位需要好好讀《中庸》、《大學》，才能掌握《易經》這一理論到實踐、由內而外、由下而上、由個人到群體的精密思維；尤其是《大學》講的「慎獨」。《大學》的核心是「三綱領、八條目」。「三綱領」就是「在明明德，在親民，在止於至善」；「八條目」就是「格物、致知、誠意、正心、修身、齊家、治國、平天下」。「慎獨」就是解釋這個核心的部分。換句話說，還是從發揮的立場上來談的。但是《中庸》是把「慎獨」當做一切的根源，先有「慎獨」，其次才是「中和」。所謂「中和」，就是「喜怒哀樂之未發，謂之中；發而皆中節，謂之和。中也者，天下之大本也；和也者，天下之達道也。致中和，天地位焉，萬物育焉」。「喜怒哀樂」是人的感情，所有感情在沒有發動之前的狀態，叫做「中」。如果喜怒哀樂發出來了，能夠發得恰到好處，發而皆中節，這就叫「和」。這是「中」與「和」的關係。一個是沒有發出來，一個是由「性」發展成「情」，而且恰到好處。然後「中」是天下的大本，「和」是天下的達道，只有「致中和」，宇宙自然、天下國家，一切都搞定。

在「中和」的理論之前，就是「慎獨」，所以「慎獨」是「致中和」的基礎。按照《中庸》的說法：「天命之謂性，率性之謂道，修道之謂教。道也者，不可須臾離也，可離非道也。是故君子戒慎乎其所不睹，恐懼乎其所不聞。莫見乎隱，莫顯乎微，故君子慎其獨也。」「天命之謂性，率性之謂道」，「率性」，順著天性自然去做就是「道」。談到「修道之謂教」之後，馬上導入「慎獨」。「道也者，不可須臾離也」，我們所追求的這個道，片刻都不能離開。「可離非道也」，如果一個真理大道可以片刻離開，那就不叫道了。後面就講「慎獨」，「莫見乎隱」，一個隱微不顯的東西，在深刻的修行反省過程，就可以清楚看到它；「莫顯乎微」，「微」的東西其實是顯而易見的，「是故君子必慎其獨也」，慎獨就在這裡提出來了。簡單講，「慎獨」是在「中和」之前，在「天命」與「人性」之後。

我們前面提到復卦第四爻的「中行獨復」，「獨」是一陽復始的初爻，就是天地之心，一個道的顯現。復卦內卦是震，「帝出乎震」——生命內在的核心主宰；外卦是坤卦，廣土眾民，芸芸眾生。初爻在實際行道時，相應與的「六四」「獨」就可以「復」，然後就「以從道也」，所行的中道也得以達成。所有眾生不論怎麼做，一定不能背離內卦的震，不但不能背離，每一個人的「獨」

如果都確立起來，你有你的獨，他有他的獨，然後還能剛柔互濟、陰陽和合，就可以成中道，中道之後就可以和諧相處。

兩獨之間不見得不可以找到和諧相處之道，那就是剛柔互濟、陰陽和合的持中之道。所以一陰一陽能夠和諧互補，需先以乾卦自強不息的精神，建樹獨立的自我。大家都自強不息，有獨立自我之後，不管剛柔、大小、陰陽的互動接觸，都能像坤卦講的「厚德載物」那樣，維持群體的和諧。那就是「中」。所以「中」是建構在「獨」的基礎上，正如乾卦〈彖傳〉說「乾道變化，各正性命」，後面才是「保合太和，乃利貞」，也是先「獨」後「中」。如果自己不完整，「中」就變成附庸，更談不上對彼此產生創造性的互動激盪。夬卦（䷪）的三爻和五爻也是一樣，先是第三爻的「獨行遇雨」，然後是第五爻的「中行无咎」。三爻的「雨」也是「致中和」的結果，先得獨行，然後居上卦之中的五爻才談中道。總而言之，內獨外中，先獨後中，「獨」是「中」的基礎；完整的個體生命，是個體跟個體之間和諧互動的先決條件。「獨立不懼」，像「潛龍勿用」一樣，「遯世无悶」，這是一種處亂世首先要樹立的東西，不然一定隨風就倒。像我們學過的蒙卦第四爻「困蒙之吝，獨遠實也」；之所以會困，就是因為內在的自我特色沒有發展出來，即使在四爻的高位，內在都是空虛的。

二爻：謹守中道

䷉

九二。履道坦坦，幽人貞吉。

〈小象〉曰：幽人貞吉，中不自亂也。

如果初爻樹立起來了，自然而然進入第二爻，就有中道的可能。「履道坦坦，幽人貞吉」。第二爻的爻辭很美，因為「初九」打下扎實的根基，才會有第二爻這種中道的涵養；光明磊落，坦坦蕩蕩，面對外面的名利誘惑絲毫不動心。「中」是從「獨」而來的，所以「九二」「剛而能柔」，沒有火氣；「陽而能陰」，居下卦兌卦之中，兌卦是最會感情用事的，喜怒哀樂愛惡懼是人與生俱來的，可是在「九二」「見龍在田」的位置，能夠守得住。「履道坦坦」，走在大道上坦坦蕩蕩；「幽人貞吉」，而且耐得住寂寞，像隱士般過著幽居的生活。一般來說，像乾卦「九二」講「見龍在田」，應該有所行動才對，可是履卦「九二」有危機，因為上面有「六三」；「六三」和「九二」陰乘陽、柔乘剛，是典型的感情用事、情欲蒙蔽理智的象。「六三」很可能是整個履卦人生行事的破功之位，會有最慘烈的結果。二爻離它這麼近，很可能受到干擾、誘惑，以致守不住；所以「九二」要避免「六三」的負面影響，就要耐得住寂寞，就要遯世無悶、獨立不懼。但在處理過程中，不見得要得罪「六三」，還是可以恰到好處地維持「中」與「和」；不配合，不同流合污，而且不受迫害。「喜怒哀樂之未發，謂之中；發而皆中節謂之和」。因為有初爻慎獨所建構的深層內在生命做基礎，二爻雖然得面對三爻這個敗壞的因素，但它能「中節」，既不得罪「六三」，又不會捲進狼狽為奸的圈子。這是很需要功夫的。像屯卦，生命剛開始的第二爻要搞好群眾關係，要「匪寇婚媾」，廣結善緣，最好找到可以密切配合的婚媾對象。但是「十年乃字，女子貞不字」，即使等上十年也要等；面臨短期誘惑時，你可以婉拒，不曲意逢迎配合，保住自己的原則，又不得罪人，又不樹敵，道理都是一樣的。屯卦第一爻「磐桓利居貞，利建侯」，就是樹立自我，做的就是「獨」的功夫。等到第二爻要跟外面互動了，「屯如邅如，乘馬班如」，合得來的當然要爭取，等再久都要等；合不來的也不要翻臉，所以屯卦第二爻爻變就叫節卦，發而皆中節。《易經》卦序的規律也是如此：第一卦乾卦「自強不息」，搞好自己的「獨」；第二卦坤卦「厚德載物」，處理好所有群眾關係，那就得用柔，做得恰到好處。任何卦第一爻都是「潛龍勿用」，搞好自己；第二爻「見龍在田」，處理好群眾關係。履卦第一爻當然就是紮好「獨行願」的根基。第二爻面臨形形色色的群眾關係，雖然運氣不好碰到第三爻，但既要守得住，不屈從合作，又不能影響到彼此關係的和諧，所以「履道坦坦」，還是走在坦蕩蕩的大道上，絕對不走小路。

「九二」是「幽人」，要拒絕「六三」的誘惑，當然要放棄世俗名利等很多東西。可是他絕對守得住，所以會「貞吉」；除了謹守大原則，也不會傷害自己。正如〈小象傳〉所說：「幽人貞吉，中不自亂也。」這很清楚也是先獨後中，所以「不自亂也」，自己絕對不會亂了陣腳。前面的比卦、小畜卦，也都在講這個東西。像小畜卦第二爻「牽復，吉」。〈小象傳〉說：「牽復在中，亦不自失也。」「不自失」、「不自亂」是同樣一回事，既不喪失自己的立場，也不得罪人。比卦第二爻：「比之自內，貞吉。」同樣有內功，「比之自內，不自失也」，不會迷失自己。履卦第二爻的「中不自亂」，一樣是以「獨行願」為基礎。

人生處處是試煉，按爻辭來講，第三爻本身將來是一場糊塗的，「九二」面對第三爻，不管跟它有任何正面的配合，或是負面樹敵的瓜葛，都是吃不了兜著走。這種一方面要維持自我、樹立自我，一方面要善處社會關係的理論，都不是在做文章，要做到是很不容易的。像民主國家的政黨輪替是很自然的現象，可是有些國家剛開始還沒上軌道，不論文官、武官，在上台下台之間，搞得麻煩不斷，都是這種內、外的關係沒處理好。「履道坦坦，幽人貞吉」、「中不自亂也」。我們學過《易經》，心平氣和地拿現實人生去想、去印證這些道理，人生處世的材料真是豐富得不得了。你看韓國的盧武鉉，「或躍在淵」，一跳下去，粉身碎骨。可見，沾上了權力，沒一個有好下場。看過韓國歷任卸任元首的悲慘遭遇，還有誰還敢選總統呢？其實，只要事先評估自己在類似履卦第二爻的處境時，做不做得到：「履道坦坦，幽人貞吉」這八個字？做到了，坦坦蕩蕩，應付自如，不會有後遺症。所以這個爻一變是「元亨利貞」四德俱全的无妄卦（下圖），起心動念，沒有妄念、妄想，在行動上也不會輕舉妄動。人生世道上的很多天災人禍，不都是自取的嗎？因為妄念一堆，想名想利，就沒想到會有災禍。一個人真正做到沒有「妄」，當然元亨利貞，可是確實太難。无妄卦的「元亨利貞」是一個理想狀態，真做到百分之百的无妄很難。人多少都有一些「妄」想、「妄」念，這個「妄」一旦萌發，一不小心就會成長、發展，慢慢就會要你的命；就像无妄卦的「匪正有眚」，眼睛看不清楚，誤判形勢，「不利有攸往」，然後在无妄卦時天災人禍並至。「九二」就要在履卦的人生修行實踐中謹守「无妄」的原則，不妄動，不妄想，然後才做得到「履道坦坦，幽人貞吉」。

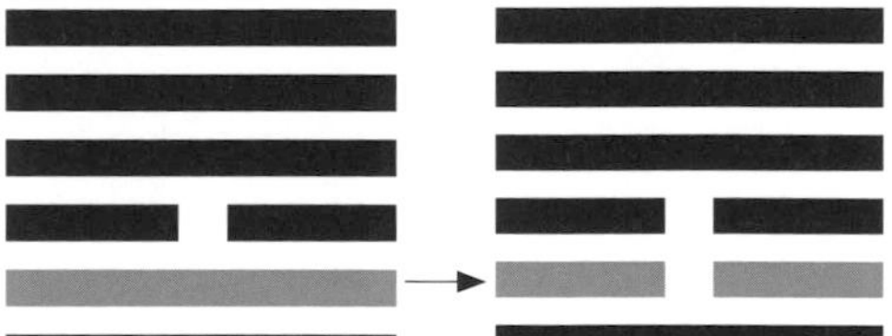

履卦　　无妄卦

就學習《易經》的人來講，一開始讀到「履道坦坦，幽人貞吉」這八個字，就算不能透徹瞭解，也會有所感應；明知不容易做到，但心嚮往之。所以我還在職場做事的時候，就請了書法很好的老友龔鵬程寫了這八個字，掛在我的辦公室裡當座右銘。現在不做事了，就擺在客廳當做鎮宅之寶，不管什麼妖魔鬼怪，統統都不怕，因為「履道坦坦，幽人貞吉」嘛！

三爻：志行失當

六三。眇能視，跛能履，履虎尾，咥人，凶。武人為于大君。

〈小象〉曰：眇能視，不足以有明也。跛能履，不足以與行也。咥人之凶，位不當也。武人為于大君，志剛也。

第三爻問題大了，如果《易經》六十四卦三百八十四爻可以列排行榜的話，這個爻一定是名列前茅的凶爻。履卦第三爻是一個非常慘烈的例子，人生要小心的地方也就在這裡。

我們看爻辭，「六三」是人位，「三多凶」，陰居陽位，不中不正，又處下卦內卦兌卦開口處，濫情縱欲，私心氾濫，妨礙人生行道；而且欠缺風險意識，風險控管不當，口不擇言又愛表現，都可能造成凶的結果。它跟「九四」剛好相反。履卦有履虎尾之險，但是三爻太輕慢了，所以招來極大的禍患。第四爻就是把「六三」當成前車之鑒，尤其地位又高了一階，由內而外，由下而上，而且陽居陰位，剛而能柔，跟九五之間的關係也處理得不錯，結果當然不同。

我曾多次強調，很多卦的「六三」因為陰居陽位，不中不正，不當位，沒有實力還硬幹，下場都很慘烈。「九四」也不當位，也不正，卻通常有不錯的結果，因為它是陽居陰位，有實力、有智慧，有風險意識，行事小心翼翼，位置越高越低調。所以很多卦的「九四」比「六三」要強很多，道理就在於剛而能柔。三多凶，四多懼，三爻和四爻都有風險。只是三爻欠缺風險意識，最後被情欲埋葬；四爻有風險意識，低調有終，風險控管成功。

我們再看履卦「六三」。履卦六爻中，「六三」的爻辭最長，是從負面提醒人、警告人。「眇能視，跛能履，履虎尾，咥人，凶」，還有一個尾巴「武人為于大君」。什麼意思呢？卦辭明明講「履虎尾，不咥人，亨」，可是三爻不一樣，「履虎尾」，結果「咥人，凶」，被老虎咬死了。大家要注意，卦辭講「履虎尾」，三爻、四爻爻辭也講「履虎尾」。但是三爻「履虎尾」被老虎一口咬死；四爻「履虎尾」最後卻「終吉」。同樣都「履虎尾」，結果卻一凶一吉，這是怎麼回事？三爻和四爻都是人位，承上啟下，多凶、多懼，最容易出狀況。因為「眇能視、跛能履」，所以才會冒高風險，以致出了大紕漏，沒有平安度過。「眇」是「少目」，就是少一隻眼睛，用一隻眼睛看世界，視角有障礙，所見一定是片面的、狹隘的。這種人往往抓不到重點，不懂得什麼是當務之急，搞不清楚事情的輕重緩急，一定常常誤事。這都是「眇能視」可能產生的結果。

光看法、觀點有問題還不是最嚴重的，畢竟還沒到實踐的地步，還有辦法挽救。最嚴重的是「跛能履」，走路、實踐的能力有缺陷。與健康人相比，跛腳一般都走不快，步履蹣跚，執行力大打折扣。三爻看法狹隘，做法也有問題，竟還敢去踩老虎尾巴，冒犯強敵最敏感的痛點，結果當然是「咥人，凶」，被老虎一口咬死。〈小象傳〉解釋得非常清楚：「眇能視，不足以有明也。」不是完全沒有，而是能力不足。一般來說，人就是要耳聰目明，看得清楚；「不足以有明」，表示智慧不足，勉強能看，但是看得不清楚。〈小象傳〉對「跛能履」的解釋是這樣的：「跛能履，不足以與行也。」象徵行動能力、執行能力有嚴重的缺陷，沒辦法參與行動，不免受到排擠。若心裡憤懣不平，甚至鋌而走險，當然會被老虎咬死。「咥人之凶，位不當也。」「六三」位置不當，這就不用多做解釋了。

武人干政的危險

三爻更麻煩的還在後頭呢——「武人為于大君」。這到底是什麼意思？卦辭希望能避開被老虎咬的命運，結果卻是如此慘烈，這可能跟「武人為于大君」——角色錯置、不恰當的職務安排有關。我們學過師卦，師卦就是一個武人的卦。勞師動眾，通常要講究兵法、策略，才能在戰爭中獲勝。所以師卦的「丈人」很重要，而師卦第二爻正是典型的武人角色。但問題是，師卦「九二」雖然是領軍大將，影響整個戰爭成敗，至關重要；可是登台拜將的政治領袖是師卦的君位「六五」，也就是「大君」。以政領軍，軍事服膺於政治，永遠是一個有效管理的常態。在師卦來說，「九二」是武人，「六五」是大君，「六五」與「九二」相應與，應該採取配合的關係，使得政軍關係、國君與將領之間的關係和諧。這是兩個角色的配合，倘若兩個角色都由一個人承擔，就很容易出亂子；偏偏履卦「六三」的「武人為于大君」，就是由武人扮演大君的角色。為什麼說師卦的「六五」是大君呢？因為第六爻直接就說，打勝仗之後，「大君有命，開國承家，小人勿用」；要明令賞罰、酬庸恰當。隨後的比卦「先王以建萬國，親諸侯」，這「先王」就是師卦第六爻和第五爻的「大君」。師卦第二爻剛好就是「武人」，「為于」就是扮演這個角色。武將在戰場上可能連戰皆捷，但不見得適合做一個需要全方位調和鼎鼐的政治領導角色。當然，武人身兼政治領袖而建功無數的也不是沒有，但的確太少了，所以武人干政造成的歷史災難不可勝數。

履卦「六三」就像武人一樣，柔而能剛，連自己「眇能視、跛能履」都敢衝鋒陷陣去冒險。他這樣逞強鬥勇，忽略了身為大君必須具備關照全局的政治協調眼光，所以並不足取。而且軍人扮演政治領袖的角色，可能會把國家搞得一團糟。古人云「馬上得天下，不可馬上治天下」。我們在師卦講過，這兩個角色如果混淆了，很容易造成「履虎尾，咥人，凶」的後果。軍事有軍事的作戰規律，政治有政治的運作法則，很難求其全才。〈小象傳〉說：「武人為于大君，志剛也。」讓武人扮演大君的角色，這種不當的人事安排是很危險的；就算打天下時武人能發揮作用，在治天下時，卻未必能得心應手。像現代企業，開拓業務能力很強的，一旦進入管理期，不見得會有好表現。老闆論功行賞時，不當的獎賞不僅害了他，也會害了自己。因為武人的志是剛的，「六三」陰居陽位，明明沒有行剛的政治智慧，勉強靠著一股蠻幹的勇氣去衝鋒陷陣，就會造成「履虎尾，咥人，凶」的慘烈後果。不過在巽卦（䷸）初爻，卻需要武人幹事的風格，才能破解那種猶豫徬徨的局面：「進退，利武人之貞。」所以武人幹事業不見得都壞，就看用在哪個時間，用對了就好，否則勞而無功。

關於「武人為于大君」，我們再提一下。美國的麥克阿瑟將軍曾想競選美國總統，那還是在他從軍階段，結果卻一敗塗地。他本人在二戰時期可謂戰功赫赫，稱得上是模範軍人；但是以他那種英雄個性，如果真選上美國總統，恐怕不會比艾森豪做得好。艾森豪既是二戰的聯軍統帥，又是後來的美國總統，真的是「武人為于大君」，要把這兩種角色巧妙地融合為一，而有最好的表現，真的不容易；歷史上這種例子通常都是悲劇。

另外，六三「志剛也」，與履卦「和而至」、「以和行」的柔和性格有點格格不入。這麼剛，只會硬碰硬，怎麼能跟人家和諧相處？而且陰居陽位

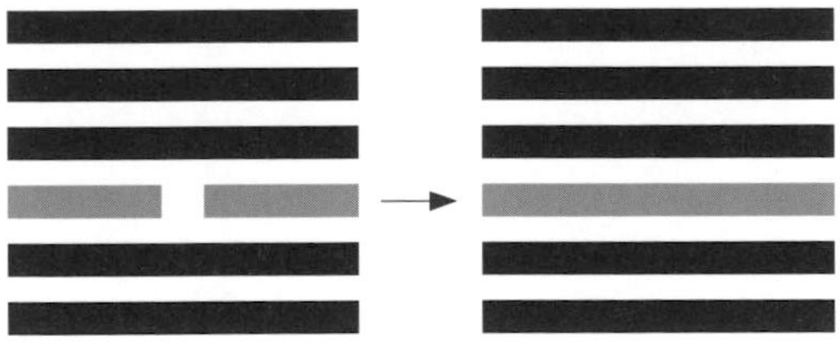

履卦　乾卦

的「剛」是假的，全是靠一股氣撐出來的，只是兌卦的開口，在口頭上不願意服輸而已，根本沒有實力，不禁打。這個爻之所以會有「剛」的假象，就是因為「六三」一變就是乾卦（上頁圖），還有比乾更剛的嗎？但這裡明明有大缺陷，做為唯一的陰，剛是有問題的，如果偏要這樣幹，很快就會破功。

《易經》中的「眇能視」、「跛能履」

「眇能視，跛能履」，眼光和做法都有問題，偏去踩老虎尾巴；自己有雙重殘疾，還敢去惹強大的敵人，去冒最高的風險，如果被老虎咬死，也不能怪別人。然後還要用武人的風格扮演政治領袖調和鼎鼐的角色，能力是有所不足的，這是專業角色的錯置。所以光「志剛」是沒有用的，因為履卦看重的不完全是想法，每個人都有想法，都有「志」，能把想法實現出來才是關鍵。「志剛」意味著接下來的行動不會剛，因為剛的「志」完全沒有談判空間，沒有妥協的可能，最終只會造成「龍戰于野，其血玄黃」的局面。

將來學到歸妹卦（䷵），會再一次碰到「眇能視、跛能履」的問題。歸妹卦是雷澤歸妹，履卦是天澤履，下卦、內卦一樣，只是上卦、外卦不同；履卦是健行的乾卦，歸妹卦是震動的震卦。歸妹卦第二爻「眇能視，利幽人之貞」，和履卦第二爻「履道坦坦，幽人貞吉」是不是相關？因為你「眇能視」，觀點可能有問題，所以「利幽人之貞」，不隨便輕舉妄動才有利。歸妹卦第二爻就是自己對自己的看法，怕看錯，不敢亂動，故可以躲災。歸妹卦的初爻是「歸妹以娣，跛能履，征吉」，「初九」「跛能履」，最後還可能「征吉」。「九二」「利幽人之貞」，雖然眇能視，做對了，也無傷。可是在履虎尾的第三爻，卻是集「眇能視、跛能履」於一身，所有缺陷都齊全了，這就完蛋了。歸妹卦初爻「跛能履」、二爻「眇能視」，為什麼結果都不錯呢？因為弱點是分攤的，一個獨眼，一個瘸子，如果兩個人合作，瞎子背著跛子尚可逃出火窟，所謂殘疾互補也。歸妹卦就強調獨眼龍要想辦法跟跛子合作，用跛子健全的眼睛看世界，用獨眼龍健全的雙腳行走。兩者密切合作，猶如變形金剛，威力還可能勝過健康的人。不過，兩者必須配合無間，殘缺互補，失意政客聯盟依然有摧枯拉朽的戰力。所以歸妹卦初爻、二爻動，就是雷地豫的豫卦（下圖）之象，「利建侯行師」，大有一戰的實力。就像二○○三年臺灣連（戰）宋（楚瑜）配之後的形勢。宋楚瑜是「獨眼龍」，連戰是「跛子」；跛腳配獨眼龍，若非後來發生變故，輸了一萬多票，實力仍不可小覷。連戰為什麼「跛能履」呢？因為太懶，行動力不如宋楚瑜；宋楚瑜的毛病就是「眇能視」，容易感情用事，看法時常出錯；包括他犯了最大的錯誤，就是在敗選後「扁宋會」那一場。所以各有弱點的人若能配合無間，仍有一戰的實力。可是在「履虎尾」的履卦，「鰥寡孤獨廢疾」集於第三爻一人之身，無人可分擔、互補，竟還去踩老虎尾巴，當然非死不可。

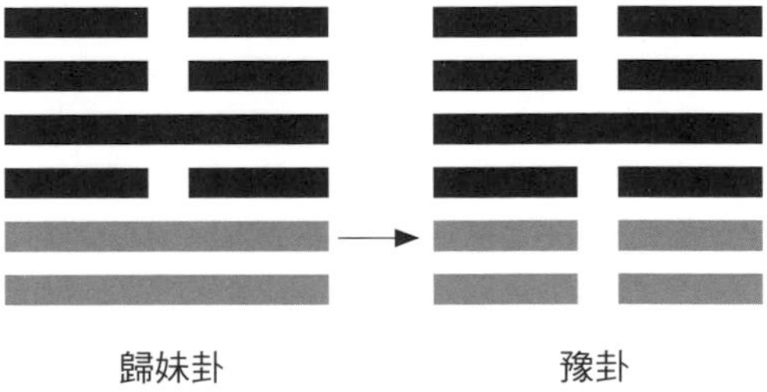

四爻：低調謹慎

九四。履虎尾，愬愬，終吉。

〈小象〉曰：愬愬終吉，志行也。

第四爻的「履虎尾」我們已經做過分析，就不再強調了。四爻歷來是伴君如伴虎的角色，「九五」就是那頭大老虎。「九四」「愬愬」，戒慎恐懼，小心翼翼，戰戰兢兢，因為天威不可測，老闆難伺候，而且殺伐決斷、最後拍板定案的決策責任在「九五」，「九四」就得好好扮演自身的角色，難免委曲求全；不過正因為有風險意識，懂得低調、絕不硬碰硬，所以它也敢踩老虎尾巴，而且最後「終吉」。〈小象傳〉說「愬愬終吉，志行也。」在那段低調、委屈、退讓以求全的時候，並不代表沒有「志」；那是為了「留得青山在」，保住「九四」的位置，享有執政的資源、權力，等到時機恰當時，再以行動落實你的志，所以最後還是吉。若明明形勢不許可，偏要在老虎前面亂搞，不懂得「愬愬」，當然不會終吉。我們在講訟卦、師卦時，一直都強調保存實力，不要硬碰硬，沒有勝算就別出手，忍一忍無傷大體。「九四」就是這樣，選取最恰當的時機來成就自己的志向；「六三」則是選了最不恰當的時機硬幹，所以徒然「志剛」，最終「志」不能行。履卦要求「以和行」，「剛」就行不通了。「九四」剛而能柔，陽而能陰，就懂得柔道行事，所以它能「志行」。人生不就圖個「志行」嗎？

「九四」爻變是風澤中孚（下圖），取得老闆信賴，也對自己有信心，跟周遭又沒有衝突，合乎中道的孚信；所以它的希望在未來的「終吉」，不在眼前當下正受苦的時候。正所謂敗而不潰，保留實力，把戰線拉長。只要心中有孚、有信仰，有長期眼光，寄望於未來，才肯暫時委屈忍讓，像德川家康、句踐等人都是。我們在講卦中卦時，履卦前五個爻有中孚卦的象，

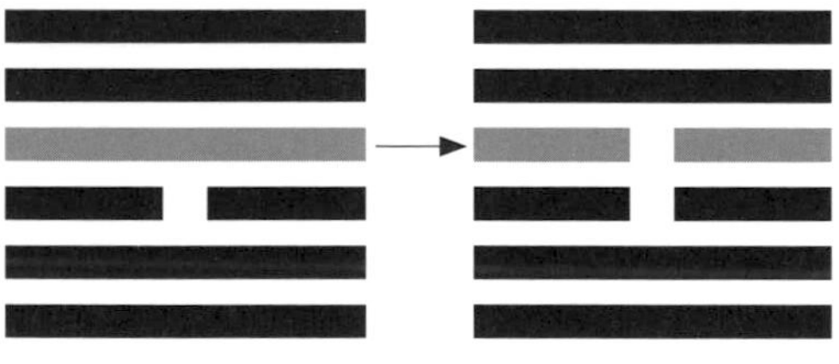

履卦　　中孚卦

「九四」正值中孚卦第五爻：「有孚攣如，无咎。」而它本身做為履卦第四爻，爻變也是中孚卦，所以履卦「九四」跟中孚關係密切，它要過難關，要「終吉」，都得靠「中孚」。

薄言往愬，逢彼之怒

這是《詩經・邶風・柏舟》裡的一句話，這句話也曾引起後世的一個典故。東漢末年經學大師鄭玄遍注儒家經典，以畢生精力整理古代文化遺產，使經學進入「小統一時代」。這樣一個大儒，學生非常多，女弟子也不少，總共好幾千人。既是大儒，他的經典教學應該是非常到位的；門下弟子，甚至他家裡的丫嬛都能出口成章。「薄言往愬，逢彼之怒」的「愬」字除了提心吊膽、謹慎小心之外，還有一個意思就是抱怨、申訴。心中有怨不敢講，或是憋著不好講，那麼一定要有個宣洩的管道；不然就找心理醫生或神父，再不然找《易經》「老師」占一卦，至少有某種宣洩的效果。這就就叫「愬」。鄭玄有兩個飽讀詩書的小丫嬛，有一天丫嬛甲被罰跪在泥濘的庭院地上，《詩經》剛好有句詩，叫「微君之躬，胡為乎泥中」，丫嬛乙看到了，就用《詩經》這一句「胡為乎泥中」問是怎麼回事？結果丫嬛甲就答說，因為「薄言往愬，逢彼之怒」，意思是我想去跟老爺申訴一些事情，可是沒有察言觀色，剛好碰上他可能跟太太吵架，憋著一肚子氣，結果反被罰跪在泥地上。

這段故事說明鄭玄的兩個小丫嬛都懂得用《詩經》互相調侃。一個說「胡為乎泥中」，一個說「薄言往愬，逢彼之怒」。「愬」就有抗議的意思，心中不痛快，剛好是履卦第四爻經常的處境，因為這個爻經常受氣；受老闆的氣，受同儕互相猜忌的氣，有時連部屬也不領情，鬧得他承上啟下很難做人，可是他不能跟任何人講。但他一定會想辦法宣洩訴苦，那就叫愬，而且是「愬愬」。換句話說，第四爻非忍耐不可，不然可能會惹來殺身之禍；小不忍則亂大謀，但他需要懂得用沒有後遺症的「愬」來排解鬱悶。這個爻爻變有中孚的象，這是有道理的；沒有信仰的人，通常無法在逆境中忍耐。此外，他還要有傾訴的管道，傾訴的對象一定要嚴守秘密，像神父聽了那麼多告解，他可以講出去嗎？不可以。心理醫生也是一樣，即使涉及刑案都不能講。所以我們幫人解占、斷占也是戰戰兢兢，要保守機密，不能這堂課聽了一個「愬愬」，下堂課就講出去了。

五爻：殺伐決斷

九五。夬履，貞厲。

〈小象〉曰：夬履貞厲，位正當也。

第五爻爻辭就四個字：「夬履，貞厲。」「夬」就是決策。履卦君位的最高職責就是下正確的決策。但是談何容易！因為「貞厲」。貞者，事之幹，一個領導人固守職責執行決策，可是環境是「厲」的，動盪不安、充滿危險；他的決策肯定無法讓所有人滿意，可是誰叫他是領導人呢？他必須獨自一人承擔決策的責任，連離得最近的第四爻也無法分擔，所以他必然是寂寞的，未必有真正的朋友。這就是第五爻的難處。你看「九四」有苦悶，還會去找可以談得來、可以保守機密的人發洩發洩。五爻找誰去發洩？沒有。他對自己的決策其實也不是百分之百有把握，又不能跟旁人討論，卻得維持胸有成竹的樣子，所以很難有推心置腹的朋友。這就叫「厲」。「九五」爻變為睽卦

（下圖），正點出了這個狀況，與家人反目成仇，誰都不相信，眾目睽睽，卻沒有奧援，非常孤立。這完全是領導者的地位所造成的。

所謂的高處不勝寒，就是如此，一個大權在握的國君，看著什麼都有，卻沒有人可以跟你分憂解勞，獨自一人身處金字塔尖端。可是沒辦法，既然在這個位置，想要交到真正的朋友，本來就很難。四爻是不是他的朋友？當然不是，四爻還受了一肚子氣呢！其他四爻之間勾心鬥角，然後四爻對五爻戒慎恐懼，怎麼可能推心置腹講真話？那麼五爻跟相應的二爻可以成為朋友嗎？二爻理都不理他呢！「履道坦坦，幽人貞吉」，二爻要跟他保持距離，決不會輕舉妄動，也不會有高攀的妄想。所以一個承乘的四爻，一個相應的二爻，都不是他的朋友。

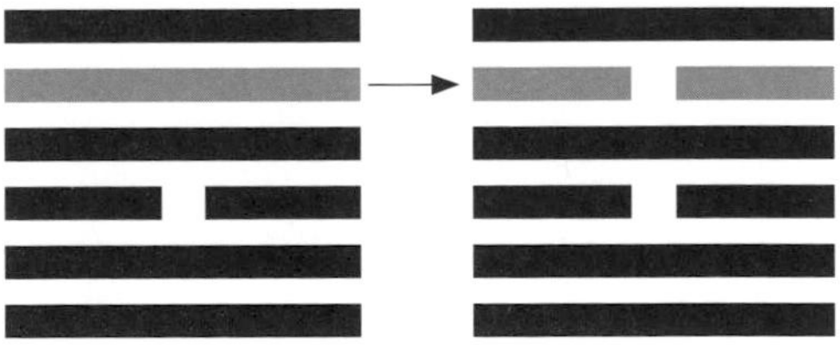

履卦　　睽卦

因此，履卦第五爻就是一個絕對孤立的角色，在這種情況下，還要盡可能地做公正、客觀、正確的決策。〈小象傳〉說：「夬履貞厲，位正當也。」「九五」中正，雖然沒有溫情，沒有朋友，但「位正當也」。第三爻「武人為于大君」前面有說「咥人之凶，位不當也」，三與五同功而異位，三爻位不當，五爻位正當。

可見，「九五」下最後決斷時，可能認為長期來看，這麼決策應該對整個組織有利，但下面可能沒一個人會滿意，但也沒有一個人敢公開宣洩不滿。「九五」明知如此，心裡也不痛快，卻不能遷就任何一個人，所以他當然要設法超脫，才能正確履行職責。這就是履卦「九五」的處境。我們研究《易經》，有所謂的「大易君王論」，用高層領導統御術來研究第五爻。六十四卦每個卦都有第五爻，三十二個「九五」，三十二個「六五」，深入研究他們怎麼公私分明地處理人情矛盾？他們各自可能的弱點在哪裡？「夬履，貞厲」就是其中一個例子。所以履卦君位在下決定時，只要光明磊落，對得起自己、對得起整個組織，就可以俯仰無愧了，「剛中正，履帝位而不疚，光明也」，這是唯一的出路。否則，順了姑心，逆了嫂意，下面的派系鬥爭都希望你挺他們，但是你不能這麼做，所以你注定孤獨。

上爻：有德者必有言

上九。視履考祥，其旋元吉。

〈小象〉曰：元吉在上，大有慶也。

「視履考祥，其旋元吉」，這爻很好，不但吉，還「元吉」；又有前面「視履考祥」的嚴謹步驟，而且還跟「旋」有關。

「元吉」，在前面幾個卦中，只有坤卦君位出現過「黃裳元吉」。什麼是「旋」？孟子說的「周旋」，這是對「旋」最到位的解釋。履卦是人生在職場、官場的實務歷練，對經驗豐富的第六爻而言，履卦的人生責任都歷練過了，各種職務也都擔當過了，所以對人生必須周旋的人與事都了然於胸；人際關係的周旋必須面面俱到、圓融無礙。在做事的階段，既要把事做好，又不能隨便結怨，所以要和形形色色的人接觸，「神仙老虎狗，王八兔子賊」。接觸每一種人的時候，都要有一個「匪寇婚媾」的觀念。有的人很不好處理，有的是居心叵測，有的無厘頭，有的根本就是溝通有障礙……，你都得遇上；不管碰到再棘手的人事，都笑呵呵地周旋無虧，那裡面就有非常寶貴的經驗。孟子講一個會做事的人，就是「動容周旋中禮者，盛德之至也」。「禮」就是禮節、禮法，有一套經驗法則。社會經驗豐富的人，善處人事矛盾，他的言語動作，包括他的表情都恰到好處，也合乎社會禮儀規範。如果做不到周旋無虧，還有一種比較方正的做法，不過比較容易得罪人，那就是「折旋」。

人生處事最高明的還是「周旋」。所以六爻「其旋元吉」，是指歷練一生、周旋無虧的經驗非常寶貴，可以一代傳一代、流傳後世。像很多偉大人物在履卦第六爻的階段，大多數會以過來人的角度留下經驗之談，那也是人類文明的遺產。我們讀到很多傳記都會覺得很有趣，因為一個大成就者，一輩子不知要周旋多少人與事；我們透過閱讀，吸收前人經驗，研究他怎麼應對人生的各種難題，應對得好就是「周旋無虧」；稍微有點堅持己見、無法靈活權變的叫「折旋」，這都值得效法。所以六爻的「其旋元吉」之後，翻身一轉，就進入一切通暢的泰卦了。

上爻退休了，豐富的人生經驗可以傳子孫、傳學生，給世人做為借鑑。歷史本來就有這個好處，整部歷史就是形形色色的傑出人才實踐人生的經驗，前事不忘，後事之師。所以這個爻是指退下來的人經驗豐富，應該忠實地、認真地檢討一生的行事經驗。這個爻要求的就是「視履考祥」，要你回頭看看這輩子的每一個階段，給自己一個最嚴格、最認真、毫不掩飾的考核；好像畢業考試一樣，把過去那些周旋人事的得失成敗統統忠實記錄下來，不要有所迴避，不管是正面的，還是負面的，對後人絕對有幫助。你的前車之鑒可以幫助後人「其旋元吉」，就像我們讀《易經》，依循古人寶貴的經驗法則去做，人生就可以減少犯錯，就可能「履而泰然後安」。

在「履」的實踐中，吸收前人實踐的智慧，就叫「視履」。也就是說，前人留下的經驗，好像在沙灘上留下深刻的腳印，那都是真實的故事。然後他站在最後沒有功利得失的立場，檢討過去、策勵將來。「策勵將來」就是「其旋元吉」，可以開後代之「泰」；檢討過去就是「視履考祥」，做一個最詳細、最認真的全面回顧和檢討；不僅幫助別人，也可以讓自己轉進下一個人生奮鬥的領域。因為經驗是無可取代的。所以〈小象傳〉說：「元吉在上，大有慶也。」就像佛祖每次說法結束時，聽法大眾皆大歡喜。

整個履卦從初九「獨行願」，到二爻「中不自亂」，到上爻「大有慶」，由獨而中而大。「上九」爻一變就是「君子以朋友講習」的兌卦（下圖），可以切磋琢磨、溝通討論。兌卦的法喜又是從履而來的，履到最後，爻一變就是有心得、又能把它講出來的兌卦。所以第六爻是講究實幹的履卦總結一生的經驗與成就，爻一變就是著書立說，讓大家蒙受福報的兌卦。兌卦就是「說」，從履到兌，就是做完再說。

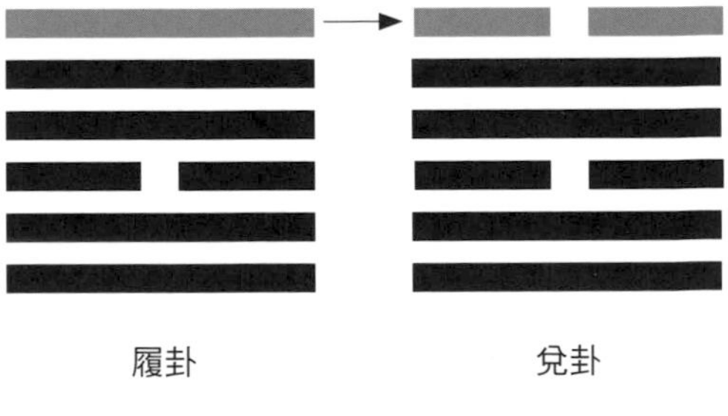

像儒家的三不朽，立德、立功的人，不必「立言」，自然有人會把他的思想經驗流傳下來。有德者必有言，像孔子、佛祖，真正自己寫的東西沒多少，可是經典上有那麼多的「子曰」、「佛曰」，因為真正有價值的修行和實踐經驗，自然會有人記錄流傳。反倒是一天到晚著書立說，甚至是天天出版暢銷書的，不見得有實際的修行成就。所以說「有言者不必有德，有德者不必有言」。可是這個「不必」可別誤會成「不必要」——有德者不必寫書，寫書的人不必有德，可以缺德——那就錯了！「不必」是「不一定」。你看有些人講得天花亂墜，其實不一定真有實踐基礎，如果輕易相信，那就上當了。

占卦實例1：履卦「九五」的決策智慧

這是二〇〇八年臺灣選舉前幾天占的卦，好像是三月十七日，離選舉還有五天，我在《聯合報》上課，剛好教到占卦，當時就占「馬英九會不會當選」？結果就占到履虎尾的「履卦」，第五爻和第一爻動。按照天地之數五十五減去四十七，減數為八，由下而上，再由上而下，剛好點到第五爻，那就是選上了。履卦第五爻爻辭是「夬履，貞厲」，說明馬英九將要履行的職責，至少在四年內要做出對臺灣有利的正確決策；而且這個決策未必符合包括藍綠、統獨等所有利益團體的期望，所以叫「貞厲」。他注定是寂寞的，還要自己承擔最後的決策責任。履卦第五爻動，「位正當也」，在選舉過程中，當然也可能有些「厲」，但最後一定會選上。同時第一爻「素履」也動，用本然的風格，就可以「往无咎」。「素履之往，獨行願也」，一方面代表馬英九的個人風格，同時也代表民意欣賞「素履，往无咎」。五爻是領導之位，初爻是基層民眾的支持，兩爻都動，又是在履卦，而且主要動在第五爻，所以當選沒有問題。當時這個卦象算起來也是千驚萬險，算到「九四」那一爻時只動了初爻，後來一個女學生一出手就占到「九五」，最後得出履卦。當時我們還比較審慎，按這個卦象應該選上沒有問題，可是因為缺乏對競爭對手謝

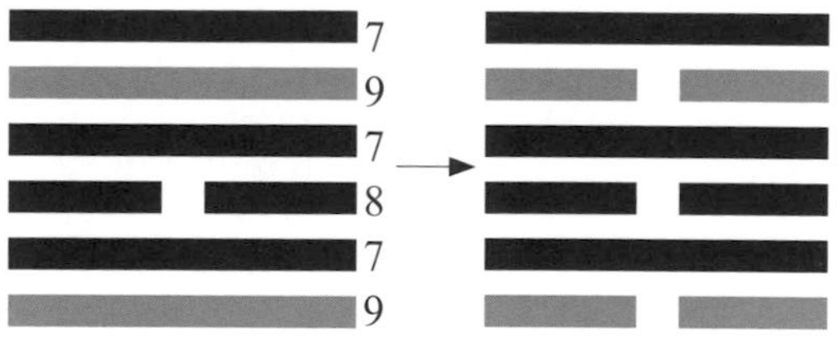

履卦　　未濟卦

長廷那一方面的卦占做輔助，所以還不敢講百分百。現場很多人就很焦躁了。結果過幾天有學生告訴我，他算謝長廷了，結果是天風姤（䷫）的第四爻、第六爻。第四爻叫「包无魚，遠民也」，離開民意支持，沒有選上的機率；而且開始起凶，第六爻叫「姤其角」，那就完全沒機會了。

還有一個卦象。也是履卦，三爻、五爻兩個爻動。三與五同功而異位，「六三」動，「九五」也動。履卦〈彖傳〉特別標榜的這兩個爻都動了，這是問什麼呢？這是李登輝拋出所謂的「兩國論」時，兩岸關係危機四伏的時候。我有個學生是做運輸業的，運輸業對兩岸政治形勢最敏感，他就自己占了一卦，看「兩岸危機會不會影響到他的運輸業」？結果卦象正是履卦動「六三」、「九五」，他自己沒把握，就來問我。我告訴他不會有事。這兩個爻變是火天大有卦（左圖），怎麼會有事呢？但是接近擦槍走火的邊緣，因為臺灣挑釁嘛！內卦是臺灣，第三爻動，「眇能視」沒看清楚，「跛能履」還「履虎尾」，去踩老虎尾巴。「兩國論」不是觸到最敏感的痛點嗎？「咥人，凶」，可是你又沒有做好充分準備，「武人為于大君，志剛也」，當然有危機。大陸的回應是第五爻動。全卦的君位主導也是上卦的中心，他最後要決定怎麼做，「夬履貞厲，位正當也」。「夬履」裡面有夬卦剛決柔、堅持不讓的一面，也有履卦「和為貴」的一面，所以那是危機與協調並存的狀況，就看怎麼權衡了。不過最後一定會站在君位的整體觀去看，不在小事上起衝突，所以叫「位正當」。一個位不當（臺灣），一個位正當（大陸），兩邊都表態了，是有風險，但兩爻動的結果呈現火天大有的象，有驚無險而已，不會有事。

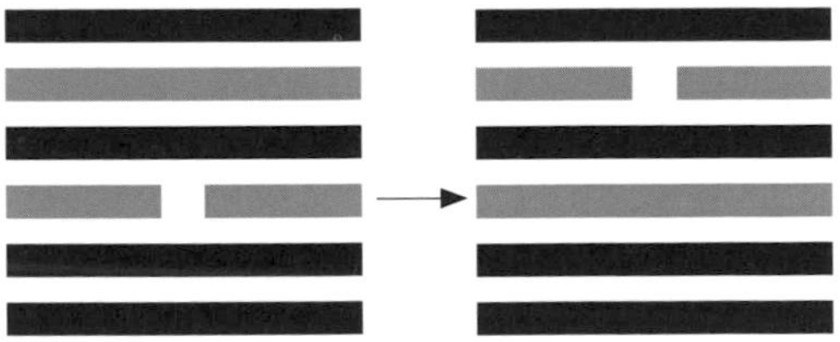

履卦　　大有卦

占卦實例2：履卦「上九」與太極拳

履卦「上九」的「旋」，皆因前面累積豐富的修行經驗，最後可以提升轉化，創造好多人的「元吉」。履卦接到泰卦，就是靠這個爻。中國武術中的太極拳也是如此，練到爐火純青時，長期累積到這個爻的實際身心操練經驗，最後不論肢體動作的曲線，還是內部氣機的流行，一定都是「旋」的。太極拳很多動作都呈螺旋形，絕對不是僵硬的直來直往。履卦下面接泰卦，可說就是打通任督二脈的狀態。如果用身體易的觀點來說，到了第六爻就是徹底打通了。關於太極拳，我這裡剛好也有一個占例。大概十多年前，一個學生「強迫」我跟他學太極拳，我自知肢體僵硬、笨拙，實在難以回絕；但是太極拳裡面很多理論都很有趣，想一想，我就跟著練習了。這時，老毛病又犯了，太極拳是張三豐所創，心下就想認證一下，想知道這個學習對象的功力到什麼地步？所以就暗算了一卦。結果就是履卦動第五爻、第六爻，點到第五爻。當然是練得不錯了。根據身體結構來說，已經是由踝、膝、胯、腰、椎、頸一步步往上，第五爻、第六爻已經是腳踏實地的修煉。「和而至」，太極拳尚柔，「和」已經到了「至」，有可能通「泰」。不過，真正的重點還在第五爻。我們剛剛講過第五爻有一定的剛猛之氣，因為要殺伐決斷。換句話說，「夬履」先天是有一定矛盾的，「剛決柔」與「柔履剛」，兩者要綜合到一起。一方面是修到履卦的第五爻、第六爻，確實修得不錯，已經邁過第三爻胯部的致命弱點。履卦主要是柔胯，小畜卦是鬆腰，如果不能柔胯，說明第一爻、第二爻苦練的階段沒有成功；如果過了這一關，第四爻「終吉」、第五爻「夬履，貞厲」，第六爻再轉「泰」，累積「其旋元吉」。但是第五爻的色彩很濃，也就是說，和柔取勝的太極拳，至少第五爻不脫剛猛之氣，這是可以理解的。我占完之後才發現，那段時間這麼辛苦流汗學習，還是值得的，因為學習的對象是履卦動五爻、六爻。這時又想，學了這麼久，自己學得怎樣呢？又占一卦，結果是履卦第二爻，連胯都沒有鬆，還在「履道坦坦，幽人貞吉」，爻變是无妄卦，不要癡心妄想，還早呢！所以履卦第二爻向第五爻、第六爻學習，是天經地義的，師生關係就穩定了。可見，不管學什麼東西，《易經》的認證檢測還真有趣，可以準確告訴你到底學到哪個階段，只是小心不要碰到履卦第三爻。

國泰民安——泰卦第十一（䷊）

《易經》中三陰三陽的卦

泰卦（䷊）與否卦（䷋）是比較難的兩個卦，尤其對初學者來講，按照卦序，這是第一次碰到三陰三陽的卦，也就是六個爻裡面一半陰、一半陽。在過去易學研究史上，一般認為，像泰、否這樣陰陽總量平衡的卦研究起來是比較困難的。一個卦的陰陽分佈狀況，象徵整個宇宙、大宇宙、小宇宙的陰陽互動。若是三比三的互動，互動的模式就會比較多、也比較複雜。像陰陽比例六比零的乾、坤兩卦，四比二的屯、蒙、需、訟四個卦，以及一比五的師、比、小畜、履四個卦，不論是陽盛陰衰也好，陰盛陽衰也好，重點很明顯就是其中唯一的一個爻。小畜卦跟與履卦是一陰對五陽的互動；師卦與比卦的軍事外交、競爭合作，毫無疑問那個唯一的陽爻就是全卦的中心。這些唯一的爻就是所謂的「卦主」或「主爻」。它是整個舞台的焦點，代表這個卦的處境；其他幾個爻環繞著這個爻，只要研究它們之間承乘應與的關係，就可以掌握整個卦的重點。但在陰陽比是三比三的泰、否兩卦，就很難找到所謂的卦主，它們的互動關係就明顯複雜多了。

六十四卦中陰陽三比三的結構模型總共有二十個卦，用相錯或相綜的「卦組」概念來說，總共有十組，在六十四卦中佔了不小的比例。按照卦序，泰、否兩卦是第一組。泰否之後直到第六十三卦既濟卦（䷾）、第六十四卦未濟卦（䷿），也是三陰三陽的組合。

泰、否兩卦的關係可謂錯綜複雜，兩卦相錯又相綜，關係十分密切。卦與卦之間的關係有相綜、相錯，像水天需、天水訟是相綜；相錯又相綜的卦，專有名詞簡稱為「相錯綜」。泰、否二卦就是相錯綜的卦。這樣的卦很少，六十四卦中只有四組八個卦是相錯綜的，上下經各有兩組。上經的泰、否二卦是第一組，第二組是第十七卦隨卦（䷐）、第十八卦蠱卦（䷑）。遇到這種相錯綜的卦，要瞭解其中單一的卦時，就一定要結合相錯綜的其他卦，才能做整體的理解，不能切割開來。這樣一來，對於既是三陰三陽、又是相錯綜的泰、否兩卦，全面深刻理解的困難程度就更形增加了。如果只是單方面地瞭解「泰」，對「否」的認識不足，對「泰」的認識自然是有問題的，反之亦然。

下經也有兩組相錯綜的卦，一個就是最後面的既濟卦與未濟卦。六十四卦從乾、坤開天闢地演變到最後的「般若波羅蜜」——既濟、未濟，從最簡單的組合，演變到最複雜、最難以想像的「水火」與「火水」組合，那是卦與卦之間關係最複雜的一組卦。下經除了「既濟、未濟」，還有一組相錯綜的卦，就是第五十三卦的漸卦（䷴）和第五十四卦歸妹卦（䷵）。對比上下經兩組相錯綜的卦，我們會發現上經相錯綜的卦序偏前，下經相錯綜的卦序偏後，這很有意思。這個模型看起來天衣無縫，而又完全合乎一切自然演化的原理。

這四組相錯綜的卦還分檔次，泰、否和既濟、未濟這兩對，又比另外兩組四個卦的關係更為密切，為什麼？因為它們既相錯、又相綜，同時也是上下相交的卦，所以共有三層關係。澤雷隨、山風蠱就只有相錯、相綜的關係，而沒有上下相交的關係。

卦中卦的四重關係

另外泰、否兩卦和既濟、未濟兩卦還有不同。既濟、未濟還有卦中卦的第四重關係，也就是說既濟中有未濟，未濟中有既濟。尤其根據中爻（卦中有卦）的理論，最初的互卦是二、三、四、五中間四個爻重疊組成的卦，是本卦的互卦。那麼水火既濟卦中間四個爻所構成的就是火水未濟卦，亦即成功之中蘊含失敗的因子；火水未濟中間四個爻所構成的就是水火既濟卦，亦即失敗乃成功之母。

我們讀《易經》，看到最後的既濟、未濟兩卦，真有歷盡滄桑之感，可是再回頭檢視人生的成敗得失、此岸彼岸，才突然明白，你中有我，我中有你，渾然一體，太複雜了！既濟、未濟相錯綜，成敗是一體的兩面，上下對調、朝野易位、內外交換，成功與失敗又似乎有轉換的關係——成功蘊含著失敗，失敗中蘊含著成功。從這個角度來看，泰、否二卦就沒有這層關係，泰中沒有否，否中也沒有泰。

泰卦的卦中卦

既然講到卦中卦，那就順便講一下泰卦的卦中卦。第一個是二、三、四、五爻所構成的歸妹卦

（䷵），適婚少女情感衝動想出嫁，風險非常高。卦辭云「征凶，无攸利」，就怕選錯對象，耽誤終身大事，而且沒有回頭的機會。此外，泰卦第五爻君位的爻辭：「帝乙歸妹。」也有歸妹的象。泰中有歸妹，所以國泰民安、景氣繁榮時是有風險的；因為人在日子舒泰時，容易揮霍、浪費，也容易驕傲自大。要持盈保泰，非常不容易。這又關係到一個人的修為了。一個感情衝動的人對未來會過分樂觀，就像「歸妹」的少女，自己感覺良好就嫁出去了，其實風險很高，可能一把輸光光。像二〇〇八年金融風暴前幾年，全世界的景氣就是一幅「泰」象；華爾街的精英們不把錢當錢，領的是天價薪水，很多東西都高來高去，那就是歸妹——在泰卦繁榮的表象裡，隱藏著深刻的危機。為什麼會泰極否來？泰卦中有歸妹這個內在因素在作祟，特別值得注意；過分樂觀，擴張過度，投資過度，感官過頭……，一出問題，六爻全變成否卦，馬上從天堂摔到地獄。

所以我們要檢討「泰極否來」，而不是「否極泰來」。「否極泰來」那是安慰人的話，並不合乎《易經》的觀察原理。因為泰卦之後接著否卦。泰極否來的人生當然不好受，由奢入儉，從景氣繁榮到景氣谷底，從通氣到不通氣；而泰卦中隱含著歸妹卦，是其中一個重要的內在因素。這也是《易經》符號系統蘊含卦中卦的精彩之處。老子《道德經》云：「金玉滿堂，莫之能守。富貴而驕，自遺其咎。」人生就是這樣，人在泰的時候容易犯錯，做過分樂觀的預期。

什麼是「帝乙歸妹」？這是殷周歷史上一場聳動的政治婚姻，我們在具體的爻辭中再詳談。「帝乙歸妹」就是公主出嫁。換句話說，泰卦的二、三、四、五爻構成歸妹卦，那麼泰卦的「六五」正好是歸妹卦的「上六」，說明泰卦裡頭藏著一場空的基因。泰卦「六五」爻辭「帝乙歸妹，以祉元吉」，在繁華似錦、風光無限的表象裡，暗藏著歸妹卦輸光光、一場空的陰影。所以泰卦「六五」在豪華婚禮過後，緊接著就是泰卦上爻國破家亡的象——「城復于隍」。

第二個卦中卦是初、二、三、四、五爻構成的大壯卦（䷡）。泰卦本來就是經濟繁榮、實力大增的象。第三個卦中卦是初、二、三、四爻構成的夬卦（䷪）；第四個是二、三、四、五、上爻構成的臨卦（䷒）。

另外，泰卦很有意思，六個爻的爻辭中沒有「泰」字，可是它有很多其他卦的卦名。一個是「帝乙歸妹」的歸妹卦；還有一個很重要的復卦（䷗）。復卦剛好是泰卦三、四、五、上爻所構成的第五個卦中卦；既然是國泰民安，人盡其才，地盡其力，物盡其用，貨暢其流的繁榮景象，裡面當然有復的象。微妙的是，泰卦九三爻辭「无平不陂，无往不復」；上六爻辭「城復于隍」都有復卦的卦名。也就是說，泰卦之中隱含著復卦的起點和終點；也包含著復卦天道好還、週而復始的原理。

泰、否二卦講的就是總體大環境的盛衰輪迴，對於政治環境、經濟環境、人生環境這種天翻地覆的變動，除了要敏感於變化之機，還要有恰當的因應策略，否則，那就太危險了。由泰到否，真可謂乾坤大挪移；乾、坤所象徵的一切，都壓縮在泰、否兩卦三比三的總量均等組合之中。從泰到否就是天翻地覆，地天泰變成天地否。深入瞭解卦辭爻辭，包括錯、綜、交、互的關係，至少可以幫助我們不犯致命的錯誤。

除了歸妹卦、復卦，泰卦最後一爻國破家亡的象裡面還有師卦的卦名，也就是：「城復于隍，勿用師。」所以泰卦六個爻辭中沒有泰卦的卦名，這是十分罕見，也是很有趣的。讀《易經》的體會越多，越能發現其樂無窮。

泰、否的輪迴

接下來我們談一下否卦的整體關係。若說泰卦中有歸妹卦、復卦，那麼否卦的卦中卦呢？否卦二、三、四、五爻構成的是風山漸卦（䷴）。漸卦與歸妹卦是一組相錯綜的卦，泰中有歸妹，所以容易衝動，導致最後榮景一場空。否卦是墮入景氣谷底，上下不通氣，像地獄一樣，難受得要命。十二消息月中，泰卦是農曆正月，否卦跟它隔半年，是農曆七月份，七月是鬼影幢幢的鬼月。卦辭「否之匪人」，「匪人」就是非人，非人不就是鬼嗎？陰曆七月十五是民族傳統的中元節，那個月開鬼門關，有很多民俗祭祀活動。所以否卦卦辭就是統合性地說明，那是一個沒有人性的非人世界，不要用一般想法去評估。萬一大環境變成否，你可千萬要小心，旁邊很多都不是人；什麼政治迫害、經濟重挫都可能出現。因為否卦跟泰卦完全相反，上下不通氣，整個都塞住了。

否卦中有漸卦，這說明雖然是「非」，但會慢慢恢復，遲早會谷底翻身，只是慢一點；反彈的力道不像V型線，比較像U型線。一般來講，U型線是常態，掉下去會漸漸翻身。否中有漸象，說明處在景氣或人生谷底，很難靠單打獨鬥翻身，一定要眾志成城、和衷共濟，打組織戰、團隊戰；而且還得分階段、抓重點，漸漸復甦。這也給我們一個警示，就是說，泰卦不一定好，因為裡面有歸妹，賺來的可能一把輪光；否卦雖然糟，但要是忍得住，能保住核心資源，通過循序漸進、群策群力，就有可能脫離否的困境。然後不是回到泰卦，而是進入一個新的卦——天火同人卦（䷌），展開一個嶄新的領域。

按照卦序，沒有「否極泰來」，而是「泰極否來」，你得面對人生的真相；然後「否極」不是「泰來」，否則就落入泰極否來的輪迴，那不是折騰人嗎？所以泰是否的因，如果泰過去了，否也去過了，請你再回到泰卦，你都要考慮考慮，因為才坐上去又得摔下來，誰受得了？否卦之後的大徹大悟，就不要再重蹈覆轍、走上老路子；至少要學乖，不要傷好就忘了痛，前面還有一個天火同人的境界在等著你，那是更廣闊的國際空間或人生舞台。佛教勸人及早修行，不也是要擺脫輪迴嗎？泰、否之後的同人、大有，就可看成是一種超越，這也是中國政治思想的理想狀態——禮運大同、天下為公。

「否」字是「不口」之象，就是統統封嘴，戴上口罩，不管有什麼抱怨，都不要講話，不要互相通氣，所以很難過。人如果身心受到重創，反而還可以忍，因為可以抱怨、訴苦。但是否卦卻沒有說話的權利，沒有贊成、反對的權利；完全沒有抒發的管道，只能保持沉默，甚至連保持沉默的權利都沒有，還要逼著你表態，那真是難過死了。光看「否」字就知道是徹底否塞不通的象。泰就不是了，言論大開，然後天地交泰，陰陽和合，人也身心舒泰，海闊天空任爾遊。「泰」字的構造有「天一生水」的象。天一生水，就是舒泰的象。中國文化歷史悠久，產生很多難以覺察的滲透力量。像泰國有幾年並不很「泰」，紅衫軍鬧得凶，上個世紀末亞洲金融風暴，泰國就沒躲過。那時我們就開玩笑說，泰國一下子變成「否國」了。

泰、否用在兩岸關係來講，泰卦就是三通，兩岸充分溝通交流，當然就景氣繁榮。如果是否呢？就統統反過來，這就非常像過去陳水扁主政的八年，甚至包括李登輝的十二年，這二十年兩岸是「否」，兩岸不通，臺灣經濟自然不景氣。

泰否曲線圖

「泰否曲線圖」是我多年來總結的一個圖，可以展示泰卦、否卦的大環境變動趨向。泰卦第一爻開始往上飆，到第二爻還有無限成長的空間。第三爻到達頂峰，時間非常短暫，然後就開始往下掉到第四爻；接著繼續下滑到第五爻；跌勢不止，再跌回第六爻，回到原點，過去賺的全部吐回去，白幹一場。所以泰卦本身就是一場爬得高、摔得重、最後通通跌回原點的滄海桑田式變化；簡直就是天堂到地獄，由乾入坤、由天入地，實變虛、大變小、強變弱、有變無。整個變化過程，歷歷在目。

接下來呢？厄運還沒完，接著到否卦，可怕的就在這裡；從泰卦第三爻開始，一路坐雲霄飛車，連跌六個爻。泰卦跌回原點之後，下面接著否卦了。假定把原點當成否卦第一爻的位置，繼續往下到否卦第二爻，然後會跌到谷底——否卦第三爻。谷底非常漫長，跟泰卦頂峰的瞬間即逝形成強烈對

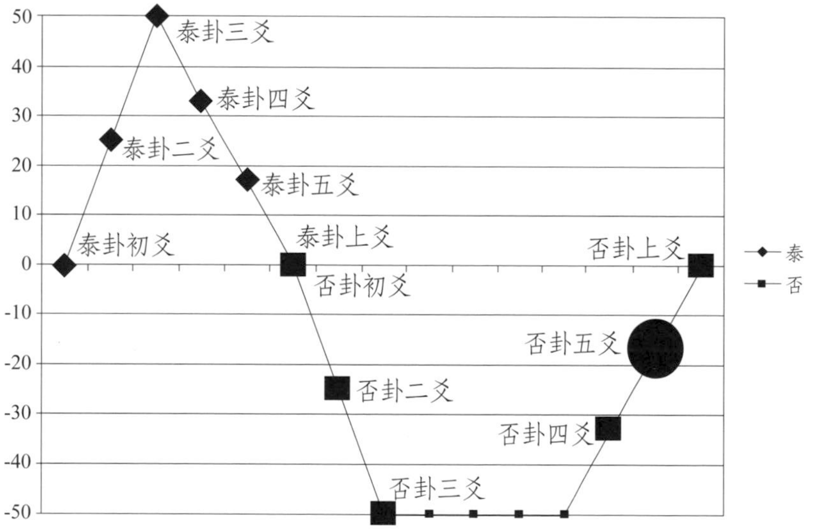

泰否曲線圖

比。可見，人生得意的巔峰很短，受苦受難的時候很長。人生不是到否就一定都結束了，經歷U型反轉之後，否卦有可能由地入天，由虛變實，由小變大，由弱變強。所以下面就有一個非常重要的復甦點，那就是否卦第四爻。這個復甦的指標，就好像春天的燕子來了、鴨子感覺到水暖了。哪些指標就是復甦點呢？沒有任何人有絕對把握。如果能準確抓到那個時間點，當然就有再造輝煌的機會，所以要好好研究否卦第四爻在講什麼。第四爻爻辭是「有命无咎，疇離祉」，「志行也」，心意得以實行。接著上升到第五爻，第五爻是關鍵爻，關鍵的地方怎麼做很重要，做對了，就可以安全上來，U型反轉成功。如果做錯了，對不起，還會跌回去，深陷在否卦之中，跳脫不出。

我們剛才講，經過泰極否來的過程後，請你再回到泰卦，你都不幹，因為下面要開一個同人、大有，「禮運大同」的新局面；那是國際化、全球化，而且大家和平相處的廣闊平台。同人卦強調「同人于野」。「龍戰于野」是世界大戰、紛爭不息；「同人于野」是世界和平，不必局限在一個小地方，可以自由貿易、自由文化交流。泰卦當然不錯，但基本上不如同人、大有的廣闊性。同人、大有是人人平等、大家都有。泰卦還有內外之分，而且經營平台比較小，稍微一點振動就會天翻地覆。

上述的「泰否曲線圖」是很有意思的，可以幫助你瞭解這些爻是怎麼走的，中間當然有一些關鍵點。這個點很重要，不光是景氣復甦，復甦之後領導人怎麼引導這個態勢，徹底擺脫輪迴，進入一個更廣闊的舞台，他的責任、見識、修為無比重要。可見，一個領導人的影響特別大，尤其在歷史的關鍵時刻。

泰、否曲線的判斷

在「泰否曲線圖」中，泰卦第三爻的點最容易判斷失誤。人在頂峰時，會心生驕傲，以為自己天縱英明，以為環境會一直這麼好，所以一直往上衝。第三爻大家都在追高的時候，正是飽和期，但他依然致力於高成長的經營企劃，等到經營佈局擴大，已經衝到高點，下滑的速度攔也攔不住。

泰卦第三爻的爻辭長達二十個字，是最長的爻辭；可謂苦口婆心、再三叮囑。然而現實社會中，在第三爻這個點上犯錯的人太多了，像施振榮一樣也犯了這個毛病。他白手起家，想要自創品牌，但對市場環境評估過高，對外聘總經理也期望甚高，甚至想在短時間內培養五百個總經理級幹部，建立宏碁的世界帝國，結果事與願違。很多由盛而衰的案例，都是這個爻調整不過來。要知道泰否曲線圖看起來簡單，我們按著曲線圖看爻辭，每一個爻、每一個點都說得頭頭是道，回到實際人生，要看出這個趨勢卻很難，誰的臉上會寫著「我是『九三』」啊？

我們再看谷底。相對於峰頂來說，谷底的判斷就沒那麼重要了，因為一路下滑的恐懼會使人警醒，反而不會失去判斷力。否卦第三爻就是谷底，爻辭只講兩個字——「包羞」，泰卦第三爻卻長達二十個字。可見人生得意時，正是要開始出大問題的時候，所以《易經》要諄諄告誡，講的話特別多；可是在人生困頓時，只講兩個字，好像是餓得沒力氣講話，說了也沒用。那麼如何判斷哪裡是谷底呢？又該如何從谷底看到復甦點？待在谷底的時間會有多久呢？這些都搞清楚了，才能著手於重新振作的準備工作。當然，若把泰、否兩卦連在一起看，會覺得對谷底的判斷比不上峰頂那麼重要，但就從否卦來看，這個點的判斷就顯得很重要了；你的人生、你的事業，是像泰卦往上？還是像否卦快速下滑？泰卦第一爻與否卦第一爻的爻辭看起來有點相似，但實質卻完全不同。泰卦第二爻是很快上去，否卦第二爻卻是很快下來。否卦第二爻跟泰卦第二爻，這一來一去差多少啊！在這個點上，到底是泰卦第一爻還是否卦第一爻，你就極可能判斷錯誤。要是判斷錯了，明明是否卦第一爻，你看成是泰卦第一爻，拼命做好擴充準備，結果你碰到的實際狀況是否卦第二爻，那就慘了。另一種誤判是過度悲觀，明明是泰卦第一爻，借錢都要幹的時候，你認為是否卦第一爻，結果你小心謹慎，減量經營，錯失發展的大好機會。所以這真的是人生難題。經過二〇〇八年金融風暴的頓挫之後，臺灣那些身經百戰的財團、企業大老，也一個個都判斷失誤，所以後來又開始回聘當時準備縮減規模辭掉的人，請他們回來，然後還要道歉。

可見，要判斷這個點到底是泰卦第一爻還是否卦第一爻，真屬高難度的預測，什麼階段是成長的極限？或者低迷的谷底會持續多久？這些都涉及到人生資源的規劃。泰、否二卦當然就是這種高手，十二個爻都是心中有數，甚至可以量化出來。倘若每個點都按爻辭的指示去做，就可以順應環境的變化，不會遭受損失；即便環境惡劣到極點，只要適當的減量調整，就可以熬過谷底繼續上揚。一個人若能通過泰、否十二個爻的歷練，人生肯定不一樣，接下來就是同人、大有的福報了。只是，在實際人生戰場上，不知多少人就在這裡倒下去。

另外必須說明的是，這個曲線圖只是大致的示意圖，在實際人生，我們會發現頂峰掉下來很快，谷底的時間很長，一般人就會覺得人生沒意思，因為倒楣的時間居多。先是長時間艱難度日，即便復甦了，馬上又戰戰兢兢，生怕主持大局的否卦第五爻發神經，老這麼提心吊膽的，過得並不很暢快；直到否卦最後一爻，熬到頭了，苦盡甘來，企業訂單如雪片般飛來，天天不是人追錢，而是錢追人。可是這時候你一定是拼命幹，絕對沒時間享樂，結果身體也搞壞了，好長時間沒回家。如此一來，人生沒有一點快樂，就算有那種復甦的快樂，也只佔一小部分。正如孫中山先生所說的「人生不如意事十之八九」。人生不是否極泰來，而是泰極否來，而「泰」是我們不知熬了多久才建構的，結果一夕之間就摔到谷底。可見《易經》的眼光獨到，它就是跟我們講真話，要我們認清現實，學會因應策略，對環境形勢的判斷越精準越好；看得越長遠，有大局觀越好；苦中作樂，樂的時候需小心謹慎。大致如此。

由「泰否曲線圖」看現實人生

我們剛剛講泰卦第一爻跟否卦第一爻是很可能誤判的，因為它們的爻辭絕大部分都一樣。這是第一個原因。第二個原因是這兩個卦相綜、相錯、相交，所以「泰」很容易看成是「否」，「否」很容易看成是「泰」。既然相綜，就是一體兩面，從這個角度看是「泰」，所以才會做「泰」的準備；可是若從另一個角度看則明明是「否」，怎麼會是「泰」呢？或者一般人看到是非常不看好的否卦，可是有些人獨持異議，他說明明是「泰」，好好押寶，好好擴充，趕快去買便宜房子。你說誰錯誰對？簡直莫衷一是，不管什麼權威機構，都沒辦法百分之百信任，因為都可能把「泰」看成「否」，把「否」看成「泰」，後果當然很嚴重。

這樣的例子太多了。像兩岸三通，從二〇〇八年下半年一直到二〇〇九年才比較明顯出現「泰」的格局，而且還會繼續擴大。可是兩岸三通的可能性至少喊了快二十年。如果兩岸是「泰」

的格局，當然就要站好位置、加碼投資，迎接三通的商機；可是有近二十年是「否」的格局，這就代表臺灣若有人看錯，他就要為此付出代價。像台中有一家飯店，當然現在已經不存在了，那時候看到兩岸要三通，他就覺得臺中港離大陸最近，整個臺中新舊市區肯定會繁榮，所以他就開了一家「三通飯店」；結果「三通飯店」光打蚊子就打了快二十年，他就是沒等到「泰」的時機。從《易經》來講，他就是看錯了，結果完全落空。

從卦象來看，泰、否二卦截然不同。泰卦是天地交泰，天在下、地在上；否卦是天在上、地在下。我們都知道泰卦的乾卦一定是往上、往外擴充的，而坤卦的地氣一定是下降的，所以泰卦是充分交流的象。另外，泰卦初爻與四爻相應與，二爻與五爻相應與，三爻與上爻相應與；不但天地上下交流、越走越近，而且相對應的爻也都是互補的。這就是泰卦徹底溝通、交流的象；爻跟爻交流，上卦跟下卦交流。那否卦呢？照講否卦初爻與四爻、二爻與五爻、三爻與上爻也是相應與，會有什麼差別呢？然而否卦的交流是理論上可能，實際上統統不可能，因為受到上卦、下卦總體的政策方向限制，個人想交流沒得交流，因為政府不准，形勢也不准；而且否卦上卦是往上，下卦是往下，越走越遠。如果每個爻可以自己做決定，可能也像泰卦那樣交流，可是環境是對立的，上下是不通氣的。就像過去的兩岸關係，臺灣人得偷偷去或者繞道而去，成本自然增加。爻隨卦轉，不可能不受環境的制約，所以不能根據爻相應與的觀點判斷否卦、泰卦的差別。表面上沒有差別，但是受到環境的限制，可能是六畫卦的大環境，也可能是自己所處的三畫卦的小環境，兩者都會牽制個人意願。在兩岸不交的時候，臺灣有很多人想跟大陸交流，可是就有數不清的困難。

這個曲線圖大家大概瞭解是怎麼回事了，它足以說明很多事，也方便我們將來進入這兩個卦十二爻的時候心中有個定念。尤其是泰卦，它又比否卦難。泰卦的「話」很多，不像否卦「寡言」，講不了幾個字，因為環境太壞，大家都沒心情講話。否卦六個爻的景氣復甦、反轉，關係也比較好理解，它有一致性。要理解否卦六個爻的關係，就有點像理解乾卦六個爻的關係，一條龍般，很清楚。泰卦六個爻幾乎一個爻一個象，有點像坤卦，剛開始不知道在講什麼，有這個曲線圖，會幫助大家瞭解是怎麼回事。

不過，泰、否曲線圖是我們長期研發、修正出來的，有一定的價值，但只是提綱挈領的示意圖，並不完全代表宇宙間所有泰、否的變化。此外，這個圖可以立體化，因為實際狀況不是平面的，是立體的，有好幾度空間。所以，若把過去一百年到一百五十年世界著名中大型企業的興衰存亡史跟泰、否曲線圖一起看，會發現非常合乎曲線的發展趨勢。百年老店很難，能熬過泰、否十二個爻的考驗而歷久不衰的企業少之又少，就像金融風暴就沖垮了好幾個快兩百年的世界級大企業。可見，宇宙人生的淘汰率很高，人生並不好混。

〈序卦傳〉說泰、否

〈序卦傳〉說：「履而泰，然後安，故受之以泰。泰者，通也。」「履而泰，然後安」，反映了自古以來人們期待「泰安」的心理，誰都希望過太平日子。「不患寡而患不均，不患貧而患不安」。但是「泰」的前提是「履」，坐而言不如起而行，唯有實踐，才能「受之以泰」。「泰者，通也」，中山先生給李鴻章上書時就說：「人盡其才，地盡其利。」人事管道暢通，人才能出頭，人才地財都開發出來，使物盡其用，貨暢其流，增進人類的福利。貨暢其流很重要，目前全球商貿的時代，就是很典型的「泰」。「泰者，通也」，沒有貿易壁壘，沒有區域保護。「物不可以終通，故受之以否。」人生泰的時候很短，通到一段程度之後又行不通了，就「否」了，而且那時就開始醞釀鉅變。「物不可以終否」，「否」也不是終點，「故受之以同人」，培養新思維，進入一個新的大同境界再提升。

否泰，反其類也

〈雜卦傳〉說：「否泰，反其類也。」這個說法最耐人尋味。它沒有說否是什麼、泰是什麼，不像「乾剛坤柔、比樂師憂」分析得很清楚。把否、泰放在一起說，因為否跟泰是渾然一體的，根本就不能分開。我們前面一直強調，要把它們當成一個太極體來看，要面面觀，由內到外徹底分析清楚，不能強行分割，所以才難以分析。為什麼現在那麼多專家對當今世界大環境的變化各說一套，誰都沒有百分之百的把握？正因為太複雜了。「否泰，反其類也」，告訴我們整個否、泰所構成的太極體這一立面，至少要掌握一個大原則，就是它們關係密切，觸類旁通。觸類旁通的錯卦也叫旁通卦，也就是「類」的概念。陰陽和為「類」。我們在講坤卦的時候講過，中國文化思想中「類」的觀念特別重要；「物以類聚，人以群分」，「西南得朋，乃與類行」。當《易經》出現「類」的觀念時，一定指陰陽和或是失其類的時候。否、泰是徹底相反，六爻全變成錯卦。「反」，是有徹底相反的意思，但更重要的意思還不是「相反」，而是「相反相成」，也就是復卦

「反復其道」的概念。相反又相成，這是《易經》的偉大思維。陰陽、雌雄、男女之間要能「反其類」，要跟不同類的產生互補作用，才能產生生生不息的能量。

「反其類」，就是要我們重視整體。泰否就是一個大環境、就是天地。通過深刻的反省之後，找到基本的契合點，找到生機，把所有的資源做最好的運用，然後創造出最好的結果。所以「反」也是老子道家思想中高度概括性的哲學命題——「反者，道之動也。」否、泰要我們學會「反其類」，因為環境一定有否有泰，人生必有得意、失意；但只要對整體環境好好研究瞭解，就永遠可以應付自如，任何環境都可以組合資源、創造無限的生機。若只是把「反其類也」看成是否、泰完全不同，就沒有掌握到〈雜卦傳〉深邃的思維了。

泰卦卦辭

䷊

泰。小往大來，吉亨。

泰卦的卦辭就六個字：「小往大來，吉亨。」卦辭都是好的。從卦象上看，泰卦也是身心舒泰的象。內卦乾卦為心，外卦坤卦是物，心物交融，身心舒泰。一個人的身體如果是泰的狀況，一定感覺通體舒服。到否卦的時候，你看那個萎縮的象，氣都塞住了，痛苦死了。

心與物最理想的狀態就是泰，身心舒泰，心物交融，表現出來就叫「小往大來」，是小跟大的通路；陽大陰小，乾大坤小，可是它們之間往來不窮。〈繫辭傳〉說：「一闔一闢謂之變，往來不窮謂之通。」在泰卦中，坤卦跟乾卦，地跟天，小跟大，男跟女，陰跟陽，心跟物都可以往來，而且不是一次往來，是不斷地往來、擴大。這就叫「通」。往來就能創造出很多東西，所以「小往大來」，最後就「吉」；產生利益、獲得成功，最後是「亨通」。我們更重視「亨」。「小往大來」，來而不往非禮也，人家來了，你也一定要回應。

「小往大來」為什麼會「泰」呢？從經濟學的角度來講，一定是淨產值增長，像國際貿易的出超與入超。「小往大來」顯然是賺錢了，因為投入的資源、「往」的東西比較少，可是賺到的、回到我們這邊的東西多。小的過去大的來，一加一減，不是賺到錢了嗎？那你就可以再投資，再「小往」、「大來」，像滾雪球般，不「吉亨」才怪呢！否卦就不同了，「大往小來」，出去的多，賺一點點回來，當然賠錢。賠錢之後越來越萎縮，除非舉債，不然沒有餘裕再出去，當然是越來越不通的「否」了。

泰卦〈彖傳〉

〈彖〉曰：泰，小往大來，吉亨。則是天地交而萬物通也；上下交而其志同也。內陽而外陰，內健而外順，內君子而外小人。君子道長，小人道消也。

泰卦〈彖傳〉字數雖多，但意思比較簡單。什麼叫「泰」？「小往大來，吉亨」，把卦辭複述一遍。「則是」下面就要開始解釋了——「天地交而萬物通也」。你看，「交通」出現了。交通很重要，「想要富，先修路」，這是改革開放時期大陸常見的口號。想要經濟繁榮，一定要資源暢通、物盡其流，所以交通建設是繁榮富庶的基礎。不管將來經濟形態怎麼變都一樣。當然，現代社會的「交通」也包括人才、錢財、資訊、貿易的交流，而且通路一定要暢通而且快速有效。「天地交而萬物通也」，如果天地這個大環境、大形勢都鼓勵交流互動，那麼天地之間的所有資源交流，包括人才、錢財、技術、資訊，當然也是通暢的。一個卦如果傾向於彼此要互相交流，那麼裡面所有的東西都得交流；如果兩岸大環境是允許交流的，兩岸的各行各業當然就是互通的。否卦就是天地不交，當然就萬物不通了。

「上下交而其志同也」，「上下交」就是上卦與下卦、朝與野、高層與基層、政府與民眾、中央與地方，有志一同、關係和諧。臺灣地區的「朝野」不和諧很久了，民進黨主席與國民黨主席基本上不見面，就是其志不同。「上下交」的另一個原因就是因為大家有共識，雖然你在上我在下、你在朝我在野，但是我們有共識，可以好好合作。

在同一個環境其志不同，上下、朝野不同，就是家人睽的睽卦（䷥）。睽卦從卦象上看是「二女同居，其志不同行」；再不然就得鬧革命——革卦（䷰），「二女同居，其志不相得」。沒法相得益彰，那就是對立衝突的象。泰卦是上下交而其志同也，「內陽而外陰」，一看就知道裡面充滿實力和陽剛正氣；外面是陰，懂得順勢用柔。所以內卦乾可以由內而外，到外卦坤卦的廣闊平台施展；坤卦代表廣大的市場，內卦乾當然要去那邊發展。交流之後雪球越滾越大，氣勢越來越旺。這就是泰卦的整體卦象：內陽而外陰，裡面很實在，外面很順。否卦的卦象是色厲內荏的象，沒有實力還逞強，不否才怪呢！

泰卦內陽而外陰，有實力、有內涵，很好相處。「內健而外順」，內卦是乾，天行健；外面是坤、是順，這就很順暢了。否卦整個倒過來，「內君子而外小人」，那就什麼都不對了。《易經》對於這種陰陽互動的十二消息卦，都習慣把陽爻當做正面的君子，代表正面的勢力；用陰爻代表小人，代表負面的勢力。

整個泰卦是一幅蒸蒸日上、繁榮昌盛的象，形勢一片大好，接著就下結論了：「君子道長，小人道消也。」十二消息卦中，由一陽來「復」（䷗），變成二陽「臨」（䷒），再到三陽開「泰」（䷊），陽氣繼續長，到四陽「大壯」（䷡），陽氣更強了；五陽「夬」（䷪），可以發號施令做決策，直到六陽乾（䷀）的陽氣圓滿。所以陽氣在長，象徵君子道長，在社會上有無限的發展空間；同時，「小人道消」，陰爻、陰寒的、比較負面的自然越來越少。否卦就倒過來了，「小人道長，君子道消」。道家修行的道士都稱為「道長」，就是從《易經》的「君子道長」來的。道永遠是正面成長的，所以叫道長；絕不會有一個道士遞一張名片告訴你他是什麼什麼「道消」。

臺灣的司法界也是以道長相稱的，究其原因，也是大家都希望司法主持正義，弊絕風清，希望整個社會是「君子道長，小人道消」的泰卦局面。

另外，「消長」也暗合十二消息卦之「消息」二字。「消」的意思不變，「長」就是「息」，會出氣，有出息，是通的。泰否就是講形勢的消長，有時候是「君子道長，小人道消」，有時候是「小人道長，君子道消」。

泰卦〈大象傳〉

〈大象〉曰：天地交，泰。后以財成天地之道，輔相天地之宜，以左右民。

「后」的角色

泰卦的〈大象傳〉很長，在《易經》六十四卦中堪稱異數，也是比較精微的，很值得研究。大概是因為「泰」這麼好的時代，國泰民安，太平盛世，要多講一講，要好好發揮大家的智慧能量，多做一點富國利民的事情，所以作者寄予厚望，心情也很好，就寫得很長。「天地交，泰」，這是講大環境很好。「后」即主導者。「后」在泰卦中的角色值得注意，「后」不是指王后，而是指國君。孟子就曾把戰國時代夾在戰國七雄當中的一些小國稱為「群后」。「群后」就是諸侯，「后」就是諸侯國的國君。

春秋戰國時期還是大周朝體制，最高的行政層級是周天子，不管他有沒有實權，名義上還是天下共主；即比卦「先王以建萬國親諸侯」的先王；也是師卦最後一爻「大君有命，開國承家，小人勿用」中的「大君」。大君和先王做為天下共主，就可以分封諸侯。因為第八卦比卦分封了諸侯，所以到了第十一卦泰卦就有了現成的「后」——諸侯國國君。一方諸侯也是一個國家，國君在其管轄範圍內有最高的權柄。周朝徹底結束，秦國統一六國之後，實行中央郡縣制，所有官員由中央直接委派，就沒有那種裂土封王的諸侯，沒有「后」了。但是秦二世而亡，這種分封的既得利益兼之血統傳承的好處，又在西漢死灰復燃，這使得西漢初期皇帝不得不實行分封制。即使明知中央郡縣制有其優越性、對中央掌權大有好處，尾大不掉的諸侯可能以實力強奪江山，可是那時為了酬庸功臣都得封王封侯；所以西漢初年有一段時間有中央派的郡縣，又有分封的諸侯，結果鬧出了七國之亂，到最後一個一個剷除。此後直到明朝、清朝，一直都是中央集權，沒有諸侯，沒有「后」。

就因為沒有「后」，「后」這個稱呼就被拿來稱呼皇帝的大老婆——皇后。結果「后」變成專稱。

泰卦這麼好的環境，掌握公權力的政府一定要做好基礎建設。很多基礎建設費用龐大，只有政府才有權柄調用龐大的資源，任何私人力量要去做國家的基礎建設，總是力有未逮。所以在泰卦環境好的時候，國家的權力促使政府該盡義務，加強基礎建設，促進經濟繁榮。泰卦有「帝」、有「后」；「帝」在六五的君位，「后」就在〈大象傳〉。皇權、王權、政府公權力，在這個時候特別重要，這是國家才做得到的事。然後儘量維持開放自由，其餘的就交給生意人，整個社會自然就會暢旺起來。大陸從三十多年前開始設置經濟特區，到後來創造幾十倍的成果，也是一個顯例。所以中國大陸三十多年成長開發的模式，也有個名稱，叫「諸侯經濟」；各地行政長官，省長、市長就是泰卦中的「后」；權力很大，可以批准立項，而且各省市之間可以互相競爭，同時每個地區還各有特色。一下有這麼多的「后」；這麼多的「諸侯經濟」；大家爭相表現，改革開放自然獲得大成功。用《易經》泰卦的模型來看，改革開放三十多年完全得力於「諸侯經濟」的暢旺，如果什麼都要中央批准、中央決定，地方活力就出不來，想要泰，就比較困難。

泰卦有了「后」，「后」又碰到一個好時代，有倫有序，當然要好好表現。我在前面講過，六十四卦大部分的〈大象傳〉是講「君子以」，有七個卦講「先王以」，「后以」有兩個半，一個是泰卦，一個是姤卦，還有一個就是復卦，主體是講「先王以」，後面講「后不省方」。「后」得聽「先王」的，有一個前後相連的關係。總之，「后」的角色在泰卦特別重要。

后以財成天地之道

「后」要幹什麼呢？泰卦是「天地交」的環境，就要把它運用、發揮到淋漓盡致。在泰否兩卦，一榮俱榮，一枯俱枯，各個局部息息相關，這也是泰否兩卦很重要的整體觀念。「后以財成天地之道」，「財」就是錢，就要把它用在「成就天地之道」。意思就是國家要懂得用錢，把國家的經費預算、財政收入用來塑造一個適合百業發展的良好平台。

「輔相天地之宜」，「輔」就是幫忙。政府幫民間企業的忙，創造繁榮，而不是與民爭利。與民爭利最不道德，政府定遊戲規則，自己也參一股，裁判兼球員，誰敢跟你競爭啊？所以政府是協助創造繁榮。「相」，就是在旁邊幫忙，像良相佐國、相夫教子，就是宰相輔佐國君、賢妻幫忙先生。政府搞好基礎建設，創造一個良好的投資環境，政府只要抽稅就行。所以政府千萬不要搞錯角色。「輔相天地之宜」你是輔相，定好遊戲規則，扮演管制、輔導的角色，然後放手讓他們去做。這也是所謂的自由市場、自由貿易。少管不是不管，不管就會失控，造成金融災難。「宜」就是男根、女陰結合的象；因時因地制宜，所以能生生不息。上海的做法可能跟天津不一樣，怎麼樣最合適，政府就要殫精竭慮，制訂政策，該做的全部都做好了；「以左右民」，就絕對可以左右人民，包括企業的走向。

大陸這三十幾年的成功，就是「后以財成天地之道，輔相天地之宜。」大好的投資環境，就能左右全球資金的動向；要它左就左，要它右就右，誰能抗拒這個致命的吸引力？如果一個地方麻煩一堆、控制一堆，加上政府還貪污，企業賠錢的居多，誰還敢去？殺頭的生意有人做，賠錢的買賣沒人幹。所以泰卦的榮景就是這麼來的，搞好基礎建設，政府清廉有效率，全世界的人才、錢財不請自來。

另外，「財」也可以解釋為「裁」；「左右」也可以解釋為「佐佑」。輔佐護佑，而不是主動掌控、左右人的思想與動向。如果「財」改成「裁」，那麼「裁成」、「輔相」就是中國古代哲學思想中一個非常重要的觀念。「裁成」是站在造化、天地生萬物的高度，以正確的裁斷與行動，不斷調整嘗試，最後創造出最完美的成品。「輔相」，是想辦法形成一個暢旺、健康的環境。人對大自然的開發建設其實也應該「裁成、輔相」，大小合度，不可以濫伐濫墾、破壞自然生態，那就是「泰」，天地之間的資源才會用之不竭。

泰卦六爻詳述

初爻：縱向橫向的規劃

初九。拔茅茹，以其彙，征吉。

〈小象〉曰：拔茅征吉，志在外也。

「拔茅茹，以其彙」這是泰、否兩卦初爻爻辭相同之處。是急速往上飆，還是高速往下滑的形勢，難以辨識，所以很容易誤判。所以《易經》六十四卦三百八十四爻想盡辦法通過各種情境、案例來訓練我們的敏感度，使我們學會當機立斷、知機應變。因為「機」是事理變化的機微，在一剎那間，機會與危機並存；要應付變化，就要訓練出解讀「機」的能力。

「拔茅茹」，「茹」是指茅草根。成語「含辛茹苦」，說明茅草根的滋味不會太好。茅草漫山遍野都是，是很低賤的草，雖然不似蘭花那般清雅，但是越低賤的小草往往生命力越強，因為它的根扎得很深，而且連成一片。像「屯」字就是初生草鑽地，根往地底下扎，就像人生要打好根基。在泰卦初爻的時候，地方政府要搞好公共的基礎建設，那是經濟繁榮的根基。所以初爻用茅草根的象，象徵紮實的基礎建設，也象徵廣大的基層群眾。茅有根，民生也有根，在泰卦的時候，就要把基層群眾的智慧、財力、生產力動員起來，造成紅紅火火的整體氣勢。既然要造勢，就要有一個「拔」的動作。「拔」字有多層象徵意義，像拔舉人才、錢財，拔舉衝天的幹勁，使老百姓願意投入國家基礎建設的大洪流。要把根源的力量統統動員起來，就不能只看地面茅草的象，要深入、透徹掌握它的根基。茅草根一拔，連根帶動整體，全民建設的氣勢就上來了；好比火車頭一動，整列火車都會跟著動。要成就一件事業，火車頭很重要，也只有「帝、后」——中央與地方政府機構，才有能力推動各項施政措施，擴大投資，獎勵生產，甚至扶植重點產業。這樣才可以刺激人力物力，使得社會的經濟力量蓬勃起來。所以一定要藉政府施政展現這種「拔」的誘因，讓它連根動起來，這就叫「拔茅茹」。

在社會需要刺激繁榮、刺激景氣的時候，民間是沒有這個能耐的，像在金融風暴之後，消費萎縮，產能降低，大家都在準備「過冬」，這時政府刺激經濟發展的錢就得撒下去。初爻「拔茅茹」是說不能只拔表面，得整體帶動；因為初爻象徵潛在的民間資源，它還在觀望、等待好的誘因、條件。所以政府一定要借助「拔茅茹」這個手段，把潛在的需求和能量動員起來。

由泰卦初爻的「拔茅茹」可知，做事、定決策時，就要區分重點，哪些是「火車頭」。尤其在經濟不景氣、整個社會產業萎縮不前的狀況下，主體產業動了，其他相關產業就會跟著動。例如二〇〇八年的金融風暴，影響最大的是金融業，包括銀行、證券、保險業，在某種程度上它們扮演景氣的指標，是火車頭。火車頭要是停擺了，錢不流動，實體經濟也都停滯不前。

光這樣還不夠，從地面看到地下的根，只是縱向形勢的掌握，還要考慮橫向的連動關係，那就是「以其彙」。我們看那漫山遍野的茅草，滿地裡亂長，沒什麼秩序，但其實它在地底下卻是盤根錯節、連成一整片；你要拔一根茅草，說不定就能掀起一大片。「彙」就是這個意思。物以類聚曰「彙」，同類產業集中管理，發揮產業的群聚效應，像北京的「中關村」、「大學城」，還有在各地都看得到的「某某一條街」，就是這個概念。把同類型的商品集中在一條街上，由商家各自經營，對買方、賣方都有好處。買方只要跑一個地方，卻多了選擇的機會；賣家可以增加競爭力，提高服務水準；另外對市場集中管理也有好處。像現在種種科技園區，產業集中，還可以互相觀摩，發揮公平競爭、集中資源管理的效應。另外，像中國大陸改革開放初期設立經濟特區，為這個地區的發展需要，制定因時因地制宜的管理政策，很快造就一個地區的繁榮。

拔茅要連根拔，是縱深的想法。「以其彙」則是產業跟產業之間的橫向平面聯繫，成片開發，這是泰卦初爻打基礎所要做的。就像我們現在講的經濟生長極，那是一個無所不用其極、可以擴大效應的發展點；只要那一點突破了，馬上帶動其他點的繁榮，這叫「拔茅茹，以其彙，征吉」。

必須注意的是，初爻的措施不能有所遺漏，因為很多事物是有連帶關係的，就像我們剛才講的火車頭產業，一旦它啟動了，就會影響中下游衛星工業的繁榮。那種連動的效應，包括個人的事業發展，或是企業的多角化經營都在內。一個本業做起來之後，慢慢就有相當大的市場規模，很多資源可以共用，自然會產生附加效應，於是就進行多角化的經營，帶動周邊產業的興起。這種大的規劃能力，就是「拔茅茹，以其彙」產生的效應。

人生很多事情也是這樣，選一個行業，要往可大可久的方向去想，先把基礎工作統統做好，並為未來預留彈性的安排；基礎穩固，才可以支撐臨時追加的需求或往外延伸的附加效應。以西方觀念來講，就是要求企業由小變大，形成規模的效應；所以同樣的產品，大公司用大量採購壓低成本，就可以拿到較低的代理價格，一個小零售店要跟它拼價格，就很難爭得過，這就是規模效應。人也一樣，一定要達到一定的程度，越過一定的門檻，前面的路才比較順。另外，當規模大到一定程度之後，本業的發展可能有限，那麼就要橫向聯繫，發展業外的可能性。這種從數量上由小變大，以及在質量上由淺變深、變廣的橫向佈局，相當吻合泰卦第一爻的處境。這就好比在求學時代或者就業前的準備，譬如語文能力是一切的基礎，那麼打好語文基礎就很重要了；同時，還要培養專業之外的跨領域知識能力。這就是泰卦第一爻的重心，按照這個原則去做，「征」一定吉；因為結構完善，資源充足。人的終生學習、事業發展，有時候就會看不清楚自己到底要什麼？也看不出未來的發展趨勢。結果看一個做一個，學了十幾年英文還不會講；一看日文不錯，學兩天又擱著了；再一看好多人去上德文課，又去學德文。結果什麼文都學了，什麼文都派不上用場。所以要學就要學到深入專精，整個打成一片，這就是「拔茅茹，以其彙」的概念。

〈小象傳〉說：「拔茅征吉，志在外也。」「初九」是內卦，要打好基礎，就是為了和外卦的「六四」相應與。下卦的乾都要找對口的坤發揮互補效應；那麼生產與市場、供應與需求有了完美的結合，就可以生存發展，這就是「志在外」。可見，「初九」的所有準備都是為了出門闖天下，準備進軍外卦坤所擁有的廣大市場，尤其是跟它對口的「六四」那個階段，所以它才會雄心勃勃，做深而廣的基礎投資。當然，必須要看準形勢，一次搞定所有基礎工作。「初九」如果做好了，爻一變就是升卦（下圖），就等著收穫高成長的果實吧！

可見，泰卦初爻的基礎工作完備，成長就特別快。有句話說：「為學要如金字塔，要能博大要能高」。從原始意象來講，「拔茅茹」不就是要拓荒嗎？很多地方在未開發之前就是茅草蔓生的，首先要做的就是「拔茅茹」，先除草整地，再做產業規劃。但不要以為拔茅茹很簡單，只要有一點點草根沒除盡，到時「春風吹又生」。所以拔的動作代表工作要徹底，眼光要看得遠、看得周全而深入。總之，泰卦初爻是興利，為迎接一個好的時代做準備，把基本格局做好，否則下面可能就沒時間做了。否卦第一爻就不同了，同樣是「拔茅茹」，否卦是要準備過冬，所以要除害，而且是一次性的，把大而無當的東西統統裁減。裁減之後，景氣蕭條的速度會超過想像，所以最好做好全方位的規劃，畢其功於一役，因為上面動了會影響下面。國家經濟更要重視這種連動關係，才可以徹底拔除不利的因素。

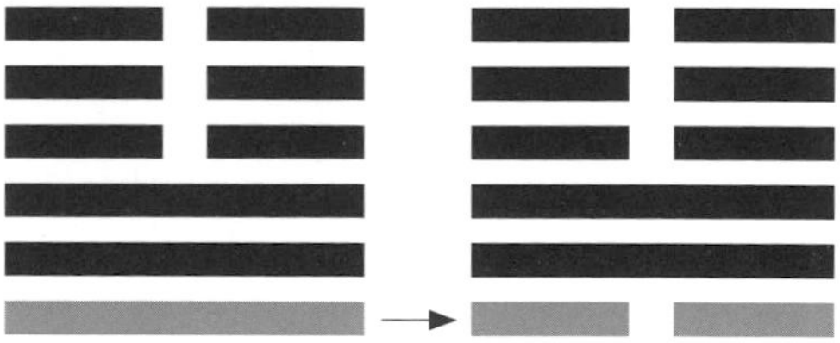

泰卦　升卦

二爻：智仁勇兼備

九二。包荒，用馮河，不遐遺，朋亡，得尚于中行。

〈小象〉曰：包荒，得尚于中行，以光大也。

第二爻就進入一個廣闊的局面了。按照「泰否曲線圖」，如果初爻基礎紮實，第二爻就坐收成果、快速往上飆，興旺的趨勢一直往上長。「九二」的爻辭很長，僅次於第三爻。但是第二爻也很難。我們看具體的爻辭：「包荒，用馮河。」「馮河」，就是暴虎馮河之「馮河」，比《論語》出現得早。「暴虎馮河」就有點「君子不為」的意思。「暴虎」是徒手打老虎，跟「履虎尾」一樣，太危險了，可是膽氣驚人，敢赤手空拳跟老虎搏鬥，屬於有勇無謀一類。在《論語》中，子路挨老師罵：「暴虎馮河，死而無悔者，吾不與也。」這種做法，君子不為也，帶有貶抑的性質。「馮河」，就是沒有舟船運載，徒步過河。遇到非過河不可的時候，一番衡量深淺，就什麼工具都沒有，也要設法渡彼岸。人生有時候不是什麼條件都具備的，說不定冒險犯難也可以取得很大的成功。《易經》的經文爻辭當然比《論語》早，《論語》的「暴虎馮河」是罵人準備不夠，靠一股蠻勇衝撞，是貶義；可是《易經》的「馮河」反而有褒義，是誇讚你有膽子，什麼也沒有，就敢跑遍全世界。像早期臺灣地區完全靠外貿帶動島嶼經濟的繁榮，那就是「火車頭」。剛開始公司小，老闆自己一個人提著皮箱、帶著樣品跑遍全世界，他就有這股勇氣；如果貪圖安逸，不敢「馮河」去周遊天下，肯定不會有眼前的興旺局面。好好運用敢於冒險的勇氣和膽識，就是「用馮河」。這在泰卦第二爻很需要，因為二爻還沒有到達飽和，還要繼續往上竄，就得夠膽、有開拓的勇氣；還要「包荒」，不在乎要去的地方是多麼蠻荒落後。「包荒」的氣量是很大的，就像蒙卦的「包蒙」一樣，兼容並蓄、無所不包。要注意的是，《易經》的「包」永遠是陽包陰，有實力的包容沒實力的，已開發的包容未開發的。

「包荒，用馮河」，像屯卦那樣，在創業開拓時敢於到沒有文明開化的荒野去冒險，因為越是落後地區越是充滿機會。講到這裡，大家一定會問，從卦象來看，「荒」到底是指什麼？就是上卦坤卦的空曠地區，有廣土眾民，潛力無窮。因為下卦乾有實力、有技術、有產品，當然要去闖、去開拓，就得氣量大，有容人之量，這就是「包荒」。另外，既然鎖定荒野區域是必須爭取的未來成長所在，即使交通不便，有重重艱難險阻，也要有徒手拼搏的胸襟、膽識。所以，「用馮河」的勇氣很重要，因為內卦已經飽和，成長空間有限，外卦必須從零開始。

「不遐遺」，是一個倒裝句，就是「不遺遐」，意即永遠不會遺忘那個遙遠的目標。「遐」是遙遠的意思，成語「名聞遐邇」就是此意。「不遐遺」告訴我們，雖然時間、空間還很遙遠，但是未來的機會在那裡，現在就要把它列入規劃，開始經營；所以二爻就要想到相對應的五爻。五爻是泰卦的君位，有主導能力，想要泰，就得過他那一關；雖然五爻離二爻千重山萬重水，但是絕不能把它忘掉。一方面致力於眼前的工作，一方面要以它做為發展的目標。人生立志也是如此，有一個遠大的目標，所有的努力都是為了一步一步達成那個目標。其實「包荒」的「荒」也是針對「六五」，「用馮河」的目標也是「六五」。所以用爻來看，「九二」最重要的就是時時刻刻以「六五」為念，在發展自我時，要設定好這個大目標，不辭千辛萬苦都得完成。「包荒」、「用馮河」、「不遐遺」，就是有膽、有識、有量，這正是我們傳統處事智慧所強調的三個條件，少一個也不行。「有膽」就是「用馮河」；「有識」就是「不遐遺」；「有量」就是「包荒」。三者缺一不可，才能形成泰卦「九二」針對「六五」這個目標不斷努力的基本格局。此外，此三者也正就是智、仁、勇三達德。「不遐遺」就是有智慧；「包荒」就是有仁心，藉著經貿交流、文化交流，提攜落後國家，讓它也能發展進步；然後需要「用馮河」的勇氣。總之，處在泰卦的時代，「包荒、用馮河、不遐遺」，不論個人或組織都是很重要的條件，要把格局氣勢做大，智仁勇兼備，有膽有識有量，再配合狠、準、穩的具體戰術行動，多半會成功。

朋亡，得尚于中行

前三者做到了，下面就是「朋亡，得尚于中行」。「中行」指上卦居中的君位。「九二」要一心一意盯住「六五」。「尚」是雖不能至，心嚮往之，是值得為之全力以赴的最高目標。「尚于」就是告訴你目標是「中行」，也就是「六五」。「六五」居上卦之中，是泰卦的君位，有行動能力，而且瞭解什麼是剛柔互濟、陰陽和合，以致生生不息的持中之道。是君位就可以執行中道的策略，「六五」若推行中道，「九二」就有機會了。所以「包荒，用馮河，不遐遺」，甚至連「朋亡」在內，理論上都是為了「得」才有「尚于中行」。當然，「九二」也是居下卦之中，它的持中之道就是「包荒」、「用馮河」、「不遐遺」。

「朋亡」這兩個字不容易得其確解。我們以前學過坤卦的「西南得朋、東北喪朋」，陰與陽互補，故為「朋」。泰卦當然要陰陽和合、天地交泰、小往大來。「九二」跟「六五」又是上下卦、內外卦的中心位置，如果占到泰卦二爻、五爻動，兩爻齊變，不就是利涉大川的既濟卦（下圖）嗎？可見二爻、五爻的合作多重要！所以站在「二爻」這一面，當然希望跟「五爻」密切配合，要「包荒，用馮河，不遐遺，朋亡，得尚于中行」。「六五」就

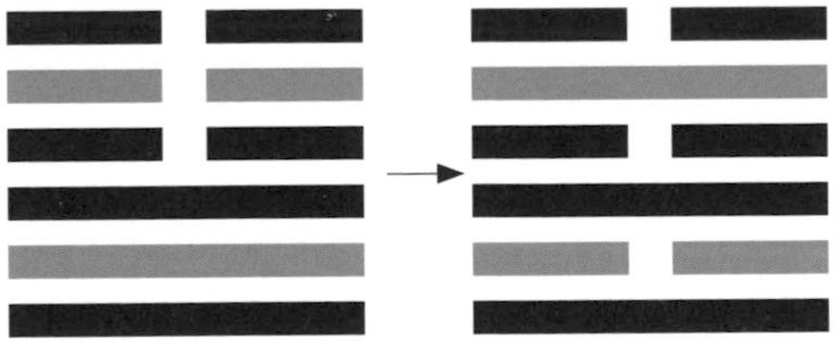

泰卦　　既濟卦

是「九二」的朋友；反之，「九二」也是「六五」的朋友。那麼到底朋亡是什麼意思？從字面上看，好像是「喪朋」，因為「朋」沒有了，可是這不就違反泰卦的基本精神嗎？歷代很多解釋對此往往避重就輕，或者覺得無法自圓其說，乾脆把「朋」當做同性解，亦即陽爻跟陽爻是朋，所以下卦三個陽爻都是朋，泰卦第二爻發展的遠景在上卦「六五」，是陰爻，「九二」要離開內卦這個熟悉的桑梓之地，到陌生的上卦坤卦去冒險，那麼一定先得「喪朋」才能「得朋」。所以「九二」要勇於割捨它的好朋友「九三」、「初九」，就像早期的海外移民不得不離鄉背井；或者像台商到大陸發展，就不能被臺灣小規模的成功牽絆住。這種解釋確實合乎「九二」的做法，但把陽爻當「朋」，顯然不合《易經》以陰陽配為「朋」的定義。「西南得朋、東北喪朋」，陰以陽為朋，剛以柔為友，這才有朋友互補的概念。所以「朋亡」的意思就是該割捨的割捨，不要耽於小成，被溫情牽絆。但是「亡」就不好講了，而且跟「朋」不十分配合，我們也不敢說《易經》有錯，反正大致知道意思就好了。相對於陰爻來講，「九二」投奔「六五」，陰爻是歡迎陽爻的，「九二」為了「得尚于中行」，就改名換姓，在異鄉重新出發。人有時候就得做這種轉換，孤身涉險，投向未知的未來。

這個爻是不是一定好呢？我們看〈小象傳〉的說法：「包荒，得尚于中行，以光大也。」這是把「包荒、用馮河、不遐遺、朋亡」四件事壓縮為「包荒」，目的是為了「光大」。也就是說，若沒有付出相當的努力，就無法「光大」，然後慢慢飽和、逐漸萎縮。「光大」也是坤卦的境界，但是這

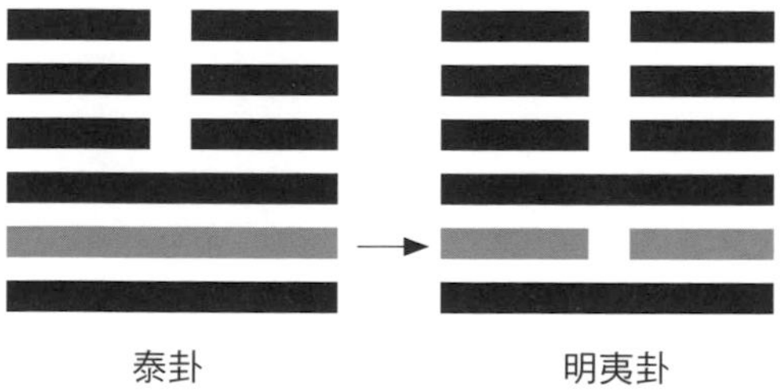

個爻也很苦，爻一變為《易經》中最痛苦的地火明夷（上頁圖）卦。條件很不錯的泰卦「九二」，倘若處置不當，就可能變成最痛苦的明夷卦。因為「包荒，用馮河，不遐遺，朋亡」，不是一般人做得到的，為了遠大的目標出門闖蕩，犧牲眼前的安逸和享受；如果不去闖，就是「明夷」，變成留在國內的夕陽產業，前途黯淡，沒有「光大」的生機。而且這個爻所做的一切，都是希望在泰卦的階段最後能跟「六五」產生交流互動，然後變成「既濟」。如果該做的都不做，該開拓時不開拓，這個爻就是暴殄天物，陽爻練出來的實力失去發揮的空間，坐吃山空，慢慢就虛掉了，所以爻變是前途黯淡的「地火明夷」。記得二〇〇八年大選那一年，我們曾占問臺灣當年的經濟形勢，就是泰卦動第二爻，可「泰」可「明夷」，決定於是否按第二爻去做？這裡面就隱喻著不管金融風暴如何，兩岸關係是當年臺灣經濟的救命金丹。「包荒」，包得不好，就可能「明夷」；就算你「包荒」了，也還要忍受一段開拓期的痛苦。就實際占卦的經驗，如果占到泰卦動第二爻，可別高興得太早，因為「明夷」的機會大，「泰」的機會小。人在泰卦第二爻，要百分百做到「包荒，用馮河，不遐遺，朋亡」並不容易，條件不夠格的，一不小心就「明夷」了。像二〇〇八年臺灣經濟就是「明夷」，而不是「泰」。還有，十幾年前臺灣縣市長選舉，臺中市長參選人有兩個，一個是國民黨的洪昭南，一個是民進黨的張溫鷹。當時我在臺中的《易經》班教學，我們占卦問洪昭南的勝算，就是泰卦動第二爻，結果是「明夷」；因為他的格局沒辦法做到「包荒，用馮河，不遐遺，朋亡」，所以選舉失敗了。張溫鷹是隨卦（䷐），遠比洪的卦象好。這

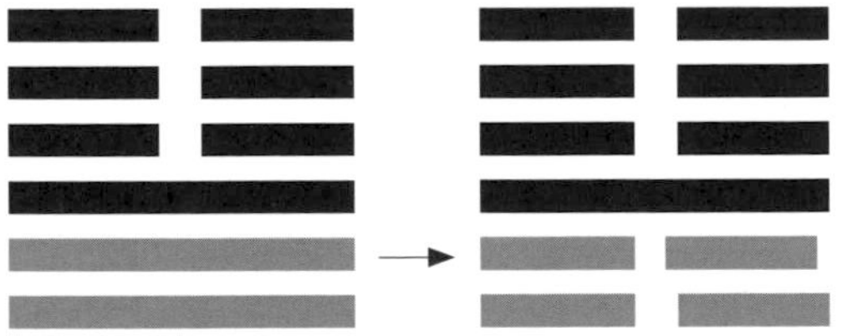

泰卦　　謙卦

是從實占的經驗來看，爻變的可能性非常高，因為泰卦第二爻的要求是高規格的，做不到就沒用。

初爻、二爻都講過了，有個卦象是為曾擔任財政部門要職的王昭明退休時所占的卦，剛好是泰卦動初爻、二爻，爻變是地山謙的謙卦（右頁圖）。泰卦中有謙卦的象，結果很圓滿。「謙，亨，君子有終」，人一輩子留下來的就是一些卦、一些爻，如此而已。陳水扁留下來的是「富家大吉」，李登輝留下的是「亢龍有悔」，王昭明留下來的就是「泰」中有「謙」象。

三爻：危機意識

九三。无平不陂，无往不復，艱貞无咎。勿恤其孚。于食有福。

〈小象〉曰：无往不復，天地際也。

第三爻的爻辭較長，在泰否曲線圖中，是處於顛峰的位置。此時要注意，逢高必危，成長已經到了極限，接下來就會往下掉了。這時，從內心到行為表現一定都要做一百八十度的大調整。不然，若還是剛愎自用、直往前衝，很快就會出事。再者，「九三」是陽，是寧折不彎的剛烈性格，又是拼命三郎的象，很難不往前衝，但已經在最高點了，所以會像雲霄飛車一樣快速往下墜落。

「无平不陂，无往不復」，這講的是宇宙自然的規律，萬物皆有生長變化的週期循環，沒有任何例外。人生看似平順，大道坦坦，但隔一段時間總會有些彎曲坎坷，不是生老病死，就是榮枯盛衰。「陂」就是「平」的反面。像泰卦開始很順，到最後也是「无平不陂」。這就是泰極否來。「无往不復」，是指事物發展都是以螺旋形運動前進，絕不是直線發展，因此就產生了週期輪迴反覆的象。像景氣會好，也會不好，所以不要受限於任何一個時期。很多人在繁榮的表象中只看到「平」和「往」，拚命往前衝，結果「剝極而復」，這時就要趕緊回頭往基本面做「復」的修正，這就是「无往不復」。「无平不陂」其實是一個曲線的宇宙觀、人生觀，而且符合自然規律。學過物理都知道，不但地球是圓的，宇宙絕大部分星體也是圓的，從愛因斯坦的觀點來看，整個宇宙都是曲線結構；所謂的直線、平坦，都是人們的幻覺，畫在地上的直線其實是曲線。所以不要被平安幸福的假象欺騙，那只是整個大宇宙生命曲線中的一小段。「无往不復」是風水輪流轉，是盛衰興亡的交替輪迴；眼看著他起高樓、宴賓客，一轉眼，卻看他樓塌了。

「无平不陂，无往不復」，提醒我們在順境中要考慮到好日子不會長久，要立即做調整。第三爻是人位，三多凶，正是必須調整的時候。泰卦「九三」爻變就是君臨天下的臨卦（下圖），到了發展的臨界點，下面馬上由陽入陰，這時候若能覺察到盛極必衰的規律，馬上從根本上調整，「艱貞」就「无咎」。「九三」之後的苦日子長著呢，從泰卦上卦到否卦下卦總共六個陰爻擺在前面，泰極否來，大家要有心理準備。其實苦日子沒關係，在艱難困苦的時候固守中道，不怨天尤人，而且做好一切應變措施，結果當然是「无咎」。

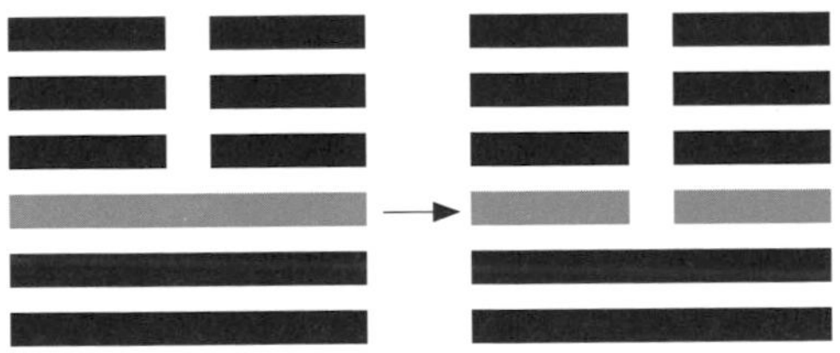
泰卦　臨卦

「勿恤其孚」，「恤」就是擔心、憂慮，因為有內在的弱點，就會患得患失、忐忑不安，總擔心什麼時候會大難臨頭、什麼時候會東窗事發？「勿恤」，就是不用擔心，因為「艱貞无咎」。就算景氣開始下降，自己已經做好準備，自然處之泰然。何況還有一個「其孚」，「其」就是你自己；「孚」就是為人處事的誠信、盼望、愛心。不要因為環境變化，由泰入否、由天入地，自己基本的價值觀就動搖了。「孚」字特別重要，一個人不管環境如何改變，內在的信、望、愛這個核心價值要永遠不變。如果做到「艱貞无咎」、「勿恤其孚」，就可以維持一輩子的誠信與盼望，結果就是「于食有福」。如果前面的調整都做對了，在飲食宴樂、生存發展上，不管處境是轉好還是變壞，都會「于食有福」；福報不錯，富日子能過，苦日子也能過。從富日子變苦日子，這需要從心態上調整，也就是泰卦第三爻爻辭苦口婆心勸我們的二十個字：「无平不陂，无往不復，艱貞无咎。勿恤其孚，于食有福。」

這麼長的爻辭，〈小象傳〉卻是一言以蔽之：「无往不復，天地際也。」三爻是下卦天要進入上卦地的交界——「際」；這條線也就是「泰否曲線圖」的中間線，光明與黑暗僅僅一線之隔，泰極而否，由天入地。所以要搞清楚這條線到底在哪邊，然後特別注意調整自己。

上爻：霸業成空

上六：城復于隍，勿用師。自邑告命，貞吝。

〈小象〉曰：城復于隍，其命亂也。

「上六」是泰極否來的轉介面，「九三」從高峰到「上六」，一切跌回原點，下面接著是更悲慘的否卦。「九三」到「上六」由盛而衰，滑落過程中必定會經過「六四」、「六五」兩個點。如果知道「九三」逢高必危而不做調整，就很有可能一路下滑變到「上六」，所以我們先看看「上六」這個悲慘的結果，再探討從「九三」掉到「上六」過程中的四爻和五爻。

「上六」的爻辭很悲涼。「城復于隍」，「城」與「隍」不同，「城」是城牆，「隍」是護城河，即所謂的城池。城池深險，城牆高陡，「城隍」是一個城市的雙重防衛，既有阻又有險。「城復于隍」就是城防失守、國破家亡的象。「上六」從「九三」的高點掉回跟「初九」一樣的原點，中間好像啥事都沒發生，忙活了半輩子，結果一場空。泰卦初爻開始闢地墾荒，「拔茅茹」，興建高牆深池，結果到第三爻興旺到頂點，一不小心就開始走衰運；雖然經過四爻大臣之位和五爻國君之位的極力挽救，仍無法挽回頹勢，直到最後覆亡。於是從興建到衰亡、從第一爻到第六爻，繞一圈回到原點，其實是同一個狀況。初爻時平地起高樓，上爻則整個被夷平，中間的二、三、四、五爻好像做了一場夢。自古以來，從興盛到衰亡，這樣的歷史戲碼不知演過多少次，這就是泰卦的創傷——「城復于隍」。

為什麼城防失守，結果會「城復于隍」，城牆又回到護城河裡頭？因為上古時期的城牆不全用磚石構築，為了防止外敵入侵，城牆一定要建得很陡，這就需要大量的夯土築城。這些土石就從挖掘護城河而來，城建成了，圍繞城牆一圈的護城河也挖好了。這是就地取材，所以隍的深度、寬度，跟城牆的土是差不多的。這是城隍的構建過程。

再回到卦本身來。泰卦從第一爻、第二爻到第三爻的發跡，如同築城一般，取之於此，用之於彼。可是四爻、五爻開始遭遇生存危機，防守不住外敵攻入。像汽車王國美國，完全沒有防範外敵的意識，早先日本跟美國競爭時，日本車環保、省油，美國車講究氣派，可是耗油，而且以債養債，最後就撐不下去了。國外的競爭產品一進來，本土工業受不住衝擊，城防失守，整個組織就垮了。所以到第六爻的時候，城牆一倒，廢土填平了護城河，啥也看不到。這就是第一爻到最後一爻，霸業成空，一切恢復平靜，白忙一場。

一般人在這個時候就受不了，尤其是還活在輝煌舊夢中的「城主」，城破隍平，還死不認錯投降，像希特勒在柏林被攻破時，根本就沒有城防部隊了，可他還活在幻想裡，不肯承認失敗錯誤，最後只好自殺。否則他絕對是戰到最後一兵一卒的，只要他還有軍隊，還可以發動戰爭，他絕不會投降，這就叫「用師」。很多面臨倒閉的梟雄都是這個象，這是不正確的態度，而且根本於事無補。需知成住壞空是自然現象，何況在泰卦第三爻的成功巔峰沒有及時調整，反而驕傲自大，現在到了第六爻，完全是咎由自取，而且還要負起戰敗的責任，並且承認「用師」無效，及時採取「勿用師」的態度。一個領導人的挫敗，為什麼要拖一大堆人陪葬？你失敗了，你的民族、你的黨、你的團隊，他們還有未來，不要都隨你殉葬，所以要「勿用師」，不做無謂的抵抗，放他們一條生路，說不定他們是將來「泰極否來」後，往「同人」復興的種子。上爻一變就是大畜卦（下圖），這說明如果保存這些種子，積蓄力量，將來復興大有可能。

只是，一個野心家往往會選擇在潰敗前負隅頑抗，不惜拖大家同歸於盡，這就很慘烈了。倘若能「自邑告命」，把惡劣的形勢坦誠告訴最後的追隨者，讓他們各謀生路，來日或者還有開出新局面的可能。「自邑」就是最後的城防，這時，「城」已經「復于隍」了，敵人如潮水般湧入，戰敗或公司倒閉的事實已無法挽回，必須為追隨者預留生路，這才是合乎正道、負責

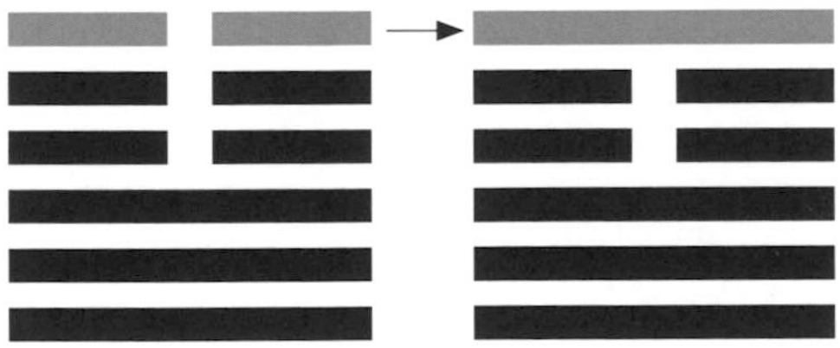

泰卦　　大畜卦

任的態度，這叫做「貞」。但悔之晚矣，已經沒什麼發展空間了，所以是「吝」；而且，泰極否來，還有更大的磨難將要降臨。所以萬萬不可在此時刻將最後的資本統統賠進去。

〈小象傳〉說：「城復于隍，其命亂也。」國家、企業的命已經亂了，下面就是否卦。這段時間一定很難受，但還是得撐過去，說不定將來有再奮起的機會，不必在這時候玉石俱焚。否卦上九是否極轉同人，叫「傾否」，是傾城傾國的象。泰、否二卦最後一爻同是傾塌，結果完全不一樣。「泰」是城牆倒塌、國家滅亡；「否」的城牆傾塌反而是好事，因為每一座城、每個國家或區域原本封閉的城牆倒塌了，恢復自由貿易。

「城復于隍」，霸業消亡，改朝換代，這種「傾城傾國」的悲慘局面，在歷史上常出現。假定泰卦第六爻是傾城傾國的悲慘命運，第五爻就會成為覆亡的藉口，因為第五爻有一個「傾國傾城」的大美人出嫁──「帝乙歸妹」。男人在事業失敗時往往不肯自我檢討，反而歸罪於女人長得太漂亮。即使抒發真性情的《詩經》也是如此，像《詩經・大雅・瞻卬》就寫：「哲夫成城，哲婦傾城。」意思是一個有智慧的大丈夫造就了帝國，可是一個聰明美麗的女人卻毀掉了社稷。你看！連歷史也認定，男人打造的大好江山，往往毀在西施、褒姒、妺喜、妲己等女子身上，因為這些女子「一顧傾人城，再顧傾人國」。像古代西方特洛伊戰爭不也是因為美女海倫引起的嗎？史詩記載，海倫一笑，千萬艘戰船為之下海，多少勇士在沙場上捐軀。於是乎，史家痛呼男人無罪，海倫有罪，是為禍水。

總之，傾城傾國的第六爻，不但兵臨城下，還要面臨戰敗國的待遇，等著被別人「淩遲」。這個爻剛好也是由三、四、五、六爻構成的卦中卦復卦的最後一爻，復卦「上六」「迷復，凶」，也是名列前茅的十大凶爻之一。所以「城復于隍」，根本就是復卦最後一爻「迷復」的象。

五爻：政治聯姻

六五。帝乙歸妹，以祉元吉。

〈小象〉曰：以祉元吉，中以行願也。

「上六」的結果是怎麼發生的呢？我們先看「六五」。「帝乙歸妹」，皇家「歸妹」，嫁的一定是公主，是典型的政治婚姻。自古以來，政治婚姻大多以悲怨收場，像康熙的女兒藍齊兒就是在政治考量下「帝乙歸妹」，嫁給葛爾丹，成為大時代的犧牲品。康熙與葛爾丹結成翁婿關係，當葛爾丹的勢力已經威脅整個大清王朝時，康熙御駕親征，擊敗葛爾丹，讓女兒變寡婦，這就是傾城傾國的下場。「帝乙歸妹」其實是專門針對《周易》的寫作。有關「帝乙」的說法是這樣的。商朝六百多年，帝王的名字都取自天干，像盤庚取象於「庚」，帝乙取象於「乙」，太甲取象於「甲」，連最後的紂王紂辛，都是用甲、乙、丙、丁、戊、己、庚、辛、壬、癸命帝號。「帝乙」可能是商朝末年紂王的父親。當時西方大諸侯威脅到中央的殷政權，帝乙見西伯侯姬昌——即後來的周文王勢力坐大，打又打不了，也找不到名義，遂採和親策略，把公主嫁給他。這種政治聯姻一直到民主時代仍存在，這就是「帝乙歸妹」。這種政治婚姻，不見得有堅實的感情基礎，只是為了某種暫時的政治利益而結合，未來兵戎相見的可能性甚高。

紂王的父親帝乙把公主嫁給周文王姬昌，就是一種政治婚姻。然而「帝乙歸妹」頂多讓雙方關係暫時緩和，畢竟和親未必能真正解決問題。可是在當時，公主出嫁，場面非常盛大，自然是「以祉元吉」。〈小象傳〉說：「以祉元吉，中以行願也。」公主與駙馬結合，豪門聯姻，陰陽和合，如果衷心合作，就可以藉著二合一的強大勢力，「中」以行願，把想法落實。君位一定有行願的能力，因為他是最後的決策者。「帝乙歸妹，以祉元吉」有繁榮的表象，又有「中以行願」的實力，但何以這個爻有可能演變成「城復于隍」的悲慘下場？這就說明政治聯姻不可靠，有可能關係崩解，最後兵戎相見。所以自古以來，和番公主結局圓滿的很少，大部分都是悲慘的犧牲品，像王昭君最後就落到「獨留青塚向黃昏」的命運。不過也有例外，就是唐朝時候嫁到西藏的文成公主，那才真的是「帝乙歸妹，以祉元吉」。她最後贏得漢藏兩族的尊重，甚至被稱為佛母。那是少之又少，可能是唯一貫徹「以祉元吉」，而沒有變成「城復于隍」的一個實例。

「六五」爻變為需卦（下圖），說明「帝乙歸妹」的婚姻是有政治需要的，你需要我，我需要你。正因為「帝乙歸妹，以祉元吉」是回應需要的產物，所以五爻的繁榮，有可能變成六爻的一場空，就像《紅樓夢》的太虛幻境一樣。「六五」在極盛時，兩股勢力結盟，給人很高的期望，但彼此勾心鬥角，最後可能還是很難避免敗亡的命運。我們看「泰否曲線圖」五爻君位想藉「帝乙歸妹」的榮景挽回敗局，結果仍不免「城復于隍」，這樣的實例也很多。給你一個尊榮的地位，希望爭取到所謂的「駙馬」族群支持，甚至把副董事長讓給你，但這時他其實已從三爻、四爻、五爻一路跌跌不止，馬上要跌回第六爻。這時領導人就會想很多花招，拍賣名位，登報徵求總經

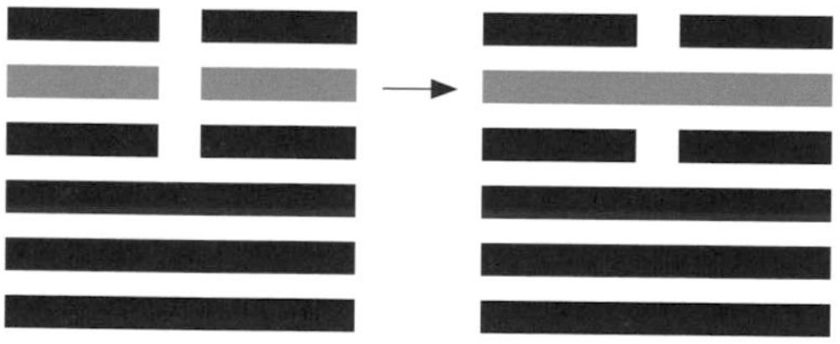

泰卦　　需卦

理，然後下一個「但書」——總經理要帶二十億美金來！因為他裡面空了，搞不動了，有一個新生戰力看上那個名位，心想不得了，要去做「駙馬」，跟「皇家」結親，結果一進去就被套牢了。照這樣看，所謂「駙馬爺」這個被和親的對象，通常下場好的也不多。

那麼這個駙馬到底是誰呢？「帝乙歸妹」，公主是上卦坤卦的中心，她要嫁的駙馬正是下卦出生於民間的「九二」。「九二」跟「六五」相配，「六五」現在要屈尊下嫁，但是她是有盤算的，希望「九二」能帶來新的資源。「九二」一看就傻里傻氣，「包荒，用馮河，不遐遺，朋亡，得尚于中行」，所以「六五」可能是個用名位來引誘人的幌子；但「六五」還是不能挽救敗亡，苟延殘喘一段時間，「帝乙歸妹」，婚禮辦完幾年後，大家一起「城復于隍」。所以「九二」的「得尚于中行」，是給「六五」熱烈的回應。「中行」是指「六五」那個嬌嬌公主。「九二」滿以為她有很多資源，連舊情人也不要了，專門去高攀代表財富、名望、地位的公主，結果自然不堪設想。

四爻：蝴蝶效應

六四。翩翩，不富以其鄰，不戒以孚。

〈小象〉曰：翩翩不富，皆失實也；不戒以孚，中心願也。

「六四」的爻辭很妙。「翩翩」，風度翩翩，很有性吸引力。「六四」對「初九」構成強烈的吸引力，使得「初九」「拔茅茹，以其彙」，全家都跟著去了。其實「六四」已經開始下滑，為了止跌回穩、招引「初九」的新生戰力，就擺出最誘惑人的姿態、條件來招商、增資，那就是「翩翩」；像蝴蝶一樣，飛起來好漂亮。可是「六四」屬陰，是虛的，沒有實質內容。一些人看到「翩翩」就動搖了，哪怕明知是飛蛾撲火，也要巴巴的去聯姻、聯盟，沒想到就被套牢了。

為了以實補虛，所以在泰卦第四爻開始衰頹時，第四爻的執政高層常會想出各種點子，例如發行公債、股票，甚至打白條許空願，吸引外來資源彌補不足。這些都是最誘人的條件，看似蝴蝶滿天飛舞，可是你一進去才發現，慘了！「不富以其鄰」。我們學過小畜卦第五爻的「富以其鄰」，那是跟鄰人的關係好，魚幫水、水幫魚，彼此有連動效應，一榮俱榮。「不富以其鄰」卻是大家一起遭殃，你交了一個損友、騙子，最後血本無歸。這種慘況是因為你被他翩翩起舞的表象所迷，結果被他拖累，他的不富傳染給你，大家一起沉淪。它是以鄰為壑，而你被他誘惑，搞得「飛蛾撲火」，也是利令智昏。〈小象傳〉說得好：「翩翩不富，皆失實也。」沒一個是真的，所有美麗的諾言都不能兌現，全是虛的。那你能怎麼辦？你從泰卦初爻、二爻、三爻，好不容易累積的實力已經葬送進去，出不來了，而且這還只是墮落的第一步，還會繼續往下掉；即使「六五」祭出「帝乙歸妹，以祉元吉」的法寶也救不回，繼續掉到「上六」的「城復于隍」，連走三個陰爻，「皆失實也」。果真是，繁華如夢一場空。

「翩翩不富，皆失實也」一語戳破人生的假象。人在看到蝴蝶翩翩飛舞時，很難抗拒，一旦風險意識不夠，「不戒以孚」——「孚」就是自然而然的吸引力——很多人在泰卦那種瘋狂的發展榮景中，就是動用行政命令告誡他都沒有用，因為他有「孚」。這個「孚」就是陰陽、剛柔、大小、生產跟市場之間的依賴關係。他就是要拼命找機會，以飛蛾撲火之姿，飛向致命的吸引力，就像男女之間的吸引力。這裡是「六四」吸引「初九」，父母不准，「初九」照去。「不戒」，什麼告誡都沒用，因為他被陰陽之間那種生命最基本的熱情所吸引。〈小象傳〉說：「不戒以孚，中心願也。」「六四」爻一變為雷天大壯（䷡），正是少壯血氣方剛時，這就叫殘酷青春，你要他不去，怎麼可能！所以「六四」常常能奏效，能騙到人，就像華爾街可以騙到那些大亨，只要他能提供「翩翩」的條件。可見，「帝乙歸妹」、「翩翩」都是造勢手法，要特別小心。另外，四爻是大臣之位，他可以有想法，但不一定能貫徹，他只能提案爭取「六五」君位的拍板定案；所以五爻可以「行願」，四爻只能「心願」。

要注意的是，「不富以其鄰」會造成火燒連環船的連動效應，你要是跟他掛在一起，只要其中一個失火，整個會一起燒掉。英國就是跟美國「不富以其鄰」，所以現在是立國以來最慘的時候。泰卦、否卦都強調連動關係，不能隨便跟人家掛鉤，你得搞清楚人家的虛實，要是他「不富」，你慢慢也會「不富」。如果交對朋友，他富我們也富。可是很奇怪，明知道他「不富以其鄰」，不管別人怎麼勸，你還是很難抗拒他的誘惑。瞭解蝴蝶生態的就知道，蝴蝶的美很短暫，蝴蝶代表了美麗與死亡，看到蝴蝶短暫的美麗表象，別忘了蝴蝶是三級貧戶出身；它的前身是毛毛蟲，雖然現在它翩翩起舞、有模有樣，但你千萬別上當了。聽過蝴蝶效應吧？北京城郊外的一隻蝴蝶拍動翅膀，有可能引起北美洲的一場颶風暴。最早這是從氣象學發展出來的理論，說明 隻蝴蝶拍翅膀產生的微小氣流，而在空氣中引起一連串的連鎖反應。《易經》的蝴蝶效應，就是「六四」的「翩翩」。在泰卦小往大來的情況下，到處都是機會，人在這時候很難不動心；有時候一個細微的心念或決定，剛好改變某一種能量平衡的狀態，經過自由傳播，使影響力擴大蔓延，就會導致整個結構的崩盤。所以不要小看一個不經意的動作，當任何能量狀態到達飽和點，一個小動作就會影響全局，造成「不富以其鄰」的連鎖災難。

泰卦的占象變化解說

禪宗修行教人在斗室面壁打坐時，對於生活中種種的不順利，只要觀想宇宙星空的秩序，就可以脫離地球表面的煩擾、痛苦與不安。為什麼天地宇宙的運行如此規律儼然？針對這個現象，我們也曾占問，占出來的是泰卦三爻、五爻動。三與五同功而異位，如果動第三爻是「天地際」，又動第五爻，兩爻變是節卦（下圖），說明宇宙運行確實有節奏、有規律，所以才有四時曆法、日月星辰。這也說明「小往大來」雖是高度競爭，卻是有秩序的。

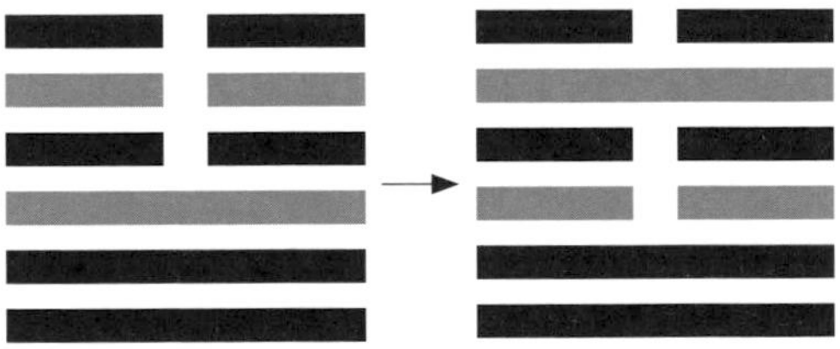

泰卦　　節卦

另外，不用占問，就從泰卦上下卦相應的爻來看整個形勢是如何變化的？先以泰卦二爻、五爻這一配對為例，兩爻變就是水火既濟（䷾）。其次以泰卦三爻、六爻動為例，三爻「無平不陂」，一不小心就會變成六爻的「城復于隍」，兩爻齊變成為山澤損（䷨），大損特損。那麼要怎麼處理好泰卦三爻，而不至於到六爻的結果？唯一的辦法就是趕快調整。因為三爻、六爻相應與，它們之間的訊息是相通的。所以在三爻的時候就要能預見第六爻的可能結果，馬上做「无平不陂、艱貞无咎」的調整；這調整就是「損」，就是減損欲望。損卦〈大象傳〉說：「懲忿窒欲」，像老子所說的「為學日益，為道日損」，每天都得減損欲望，直到「損之又損，以至於無為」。所以到了泰卦三爻，立刻要有「損」的思想，不能再「益」了，不然就會掉到「城復于隍」的慘況。第三則是泰卦初爻、四爻這一對，如果配合得好，兩爻變為雷風恒（䷟），長久而穩定的關係，從泰卦四爻提出誘人的優惠策略，「初九」就動員一切產能來配合，如此就可能成就長久而穩定的根基。從泰卦的「財成、輔相」之道來講，也是如此。

還有一個占例，算是比較鼓舞人心的，但我們享受不到。假定我們現在是處在末法時期的動亂憂患時代，活得不夠自在舒坦，老是擔心會有人類文明浩劫。所以我就占問：千年以後的人類文明是什麼景象？地球會不會毀滅，會不會有核戰或者病毒流行？結果占到的是一個不變的泰卦。看來好得很，可以期待。「小往大來，吉亨」。世界太平，國泰民安，甚至可能「天地際也」。換句話說，眼前所有的紛紛擾擾，以十年計、百年計，恐怕都不必太在意，千年以後人類會學著如何和平相處，因為天地交泰。我又有了別的想法：一千年以後，人類可能會跟地球以外的星球接觸嗎？泰卦的內卦為乾，就是指地球，地球都住滿了，外卦為坤，表示還有遼闊的宇宙空間可以發展。所以，未來一千年真的是海闊天空的世界。可見人類最終會從過去的挫敗經驗中，修正自己的行為，學習跟自然天地相處。

另外，泰卦第四爻爻變是大壯卦（下圖），但是還有一個由初爻、二爻、三爻、四爻、五爻構成的大壯卦，可見，泰卦「六四」跟大壯卦的關係很深，先是從「翩翩」的蝴蝶效應爻變為「大壯」，然後它又是卦中卦大壯

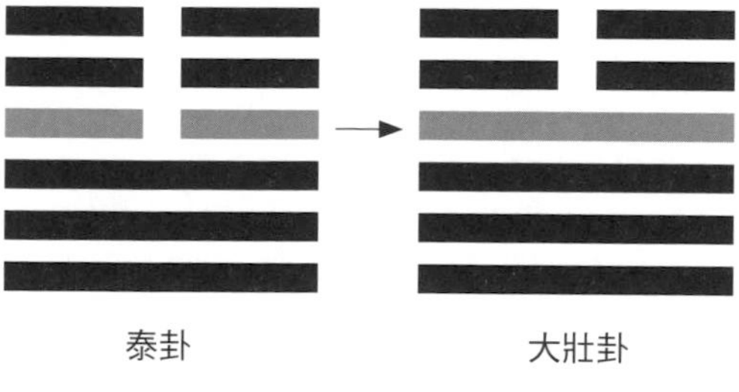

泰卦　　大壯卦

卦的「六五」：「喪羊于易，无悔。」爻變加卦中卦，就加強了這個爻與大壯卦的關係。所以泰卦「六四」「翩翩不富以其鄰」，要提防將資源投入後化為泡沫，被徹底套牢。還有一個是泰卦「九三」。「九三」爻變為臨卦（䷒），同時泰卦二、三、四、五、六爻五個爻構成的卦中卦也是臨卦，那麼泰卦「九三」就變成臨卦的「九二」。臨卦「九二」爻辭是：「咸臨，吉，无不利。」這是很好的一爻。換句話說，泰卦「九三」雖然逢高必危，但是懂得「无平不陂，无往不復」；懂得「艱貞无咎」，慢慢調整，就可能有好結果——「于食有福」，也是臨卦第二爻的境界。可見，泰卦「九三」峰頂這一爻跟臨卦的關係十分密切。依此類推，「上六」剛好是它裡面包含的復卦第六爻——「迷復，凶，有災眚」，這就足以解釋為什麼「城復于隍」。

「城復于隍」的「河洛理數」案例

我們在教占的時候介紹過「河洛理數」。「河洛理數」是用《易經》的卦爻象來表現一個人的生命形態與稟賦，比較接近宿命論。假設遇到「城復于隍」這種難得的人生教訓，該怎麼面對？我有個學生他的先天本命就是「城復于隍」，可想這可能是影響他一生個性發展的陰影，很難跳脫。因為曾經很好過，然後「城復于隍」，而後又要面對更為慘痛的「泰極否來」，能不能放開心量、務實面對；還是一輩子在「城復于隍」的傷痛中自怨自艾、一蹶不振？這就很需要智慧與修為了。

既然先天本命是「城復于隍」，理論上這個學生應該是把泰卦全部走完，能把泰卦全部走完，其實也算不錯了。你看初爻、二爻、三爻是步步高，越來越好。所以理論上他應該是呱呱墜地一睜眼就已經是「城復于隍」六年，這個六年恰好是「三歲看老」期，影響一輩子。下面是初爻、二爻、三爻年輕時候的奮鬥；然後四爻、五爻出現「翩翩不富」、「帝乙歸妹」。陽九陰六，等到泰卦走完就四十五歲了，那麼四十六歲以後的人生是進入哪一卦呢？「城復于隍」的「先天」轉「後天」先要通過爻變，爻變是「山天大畜」；再轉「後天」，上下卦對調，變成天山遯卦（䷠）。後天的入口就是遯卦第三爻「係遯，有疾厲。畜臣妾，吉」。「係」就是不能瀟灑地跳脫，一直被「城復于隍」的夢魘綁住；被套牢了、牽扯不斷，這是心結所造成的。「遯」是「天下有山」，海闊天空，本來是要我們悠游自在，結果他「遯」不了。「遯」有隱退、跳脫的象，但是他無法跳脫，因為「係遯」。「有疾厲」，就是有心病，而且病得很嚴重，會影響一輩子的發展。所以〈小象傳〉說：「係遯之厲，有疾憊也。」疲憊不堪，因為一輩子繞出不來。不過，《易經》永遠是老婆心，要救人、開導人的，活在那樣的陰影下，就要調整心態、往前看：「畜臣妾，吉。」要把疲憊不堪的狀況轉為「吉」，「畜臣妾」三個字就是要點，就是把過去自尊、白大的心態轉過來，面對現實。「係遯」這一爻爻變就是否卦，否的滋味，不通氣，絕不好受。

像這樣的一個生命格局，如果沒有強大的自我修為能力，真的很難擺脫生命秉性的束縛。到目前為止，他還停留在「城復于隍」和「係遯，有疾厲」的狀態。對他來講，《易經》的勸諫好像還沒發揮作用，看不到「勿用師，自邑告命」和「畜臣妾，吉」，所以爻變又是否卦。換句話說，如果不能靠修為擺脫，人生就很苦。類似例子看多了，我常講，學《易經》不能拘泥於宿命，要自強不息。可是實際上真正修得好、能突破環境或秉性束縛的，坦白講並不很多。這就代表修行難，但不是不可能。我得再次強調，《易經》不是機械的宿命論，是「三七分」，無法「操之在己」的僅僅三分，這就是「三分天注定」，可是「七分靠打拼」，還有廣闊的空間讓我們自強不息。所以「否泰，反其類也」的「反」太重要了，在怨天尤人或者僥倖成功時，要做「反」的動作；反觀自己的「知行」，才有從根本改善突破的可能。想走運、揀便宜或者抱怨連連，自己卻不下「反」的基本功，人生所得的一切，恐怕都是過眼雲煙。

儉德避難——否卦第十二（䷋）

再論「否泰，反其類也」

講泰卦時，我們用「泰否曲線圖」講述泰極否來的動盪形勢，透過泰、否十二個爻每個時間點的變化，瞭解泰、否二卦包含相錯、相綜、相交的密切關係。所以〈雜卦傳〉說：「否泰，反其類也。」「反其類」簡簡單單三個字，含義卻很豐富。「反」有相反和反省的意思，只有通過深刻的反省，才能把表面看來完全相反的情境、資源，在更深的層面聯繫到一起。因為它不是往外追求，必須反省到內在根本。所以不管是佛教講的眾生皆有佛性，還是儒家講的人人與生俱來皆有「良知良能」，沒有「反」的工夫，就無法真正瞭解；而且「反」不是純粹理論的探討分析或辯證研究可以得到，一定要從實踐中體驗。人一旦做到深刻的反省，就能超越表面的歧異，就像泰、否二卦雖然六爻全變，但其因果息息相關，甚至互相矯正。所以〈雜卦傳〉就用「反其類」三個字，把泰否二卦打成一片。

對《易經》有較深刻的認識之後，就會意識到，對於象徵大環境天旋地轉的地天泰、天地否，永遠不要把眼光放在表層，要往深處去才能看到其中無窮的智慧，幫助我們建立總體環境的因應策略，在每一個關鍵時刻都能應付裕如，在大環境劇烈變化時不會輕易滅頂。泰卦的思想很豐富，也絕不簡單，它的爻辭對於不習慣讀古文的人可能會看得頭皮發麻，所以我們盡可能根據曲線圖的升降輔助說明。相較而言，否卦似乎簡單得多，爻辭的篇幅大幅縮減，而且好像也沒什麼特別難懂的詞句。但千萬不要輕視否卦，因為它是一個需要時時刻刻念茲在茲的關鍵階段。

在學習時，把否泰兩卦的爻辭與爻辭、卦辭與卦辭，在「反其類」的整體認知中做一個比較，這樣會比較清楚掌握這兩個卦；同時，也有助於掌握自己的將來，遇到類似的境遇時，能夠結合易理與占例，做出精確的判斷，找出「否」的求生策略。當然，在否卦的分析過程中，我們還是會結合「泰否曲線圖」，最後再做統合分析。曲線是比較簡化、概略的敘述，現實人生大環境的變化要複雜得多，但只要成竹在胸，「易簡而天下之理得」，在此基礎上，再做推廣衍伸，仍然難不倒我們。

再論「城復于隍，其命亂也」

泰卦最後一爻「城復于隍」，那是一個崩毀的情景，做為從「泰」入「否」的爻，成住壞空都經歷過了，接著就進入痛苦的否卦。從「泰」轉到「否」，主要就是通過泰卦「上六」的「城復于隍，勿用師，自邑告命」。「勿用師」和「自邑告命」的前提當然是「城復于隍」。人生花費畢生心血，曾經擁有鼎盛的霸業，最後如過眼雲煙，又跌回建城之前一無所有的狀況。這中間不知發生了多少驚天動地的動盪起伏，救急的花招策略百出，或藉「公主」下嫁的政治聯姻挽回敗局；或借蝴蝶翩翩飛舞的假象達到某種目的，把自己的困境跟外界新生資源綁到一起，別人倉促之間被引誘入局套牢。但這些狀況都不能保證有用，最後還是可能「城復于隍」。面對「城復于隍」的慘狀，必須用《易經》一貫冷靜的思維，認真負責，不要頑抗，才可能為日後重新開展新局留下種子。

泰卦裡面包藏了人在泰卦高峰時很可能對環境過分樂觀、擴張過速、自信過高的危險因素。從泰卦第三爻的高峰往第四爻開始墜落時，手忙腳亂之際，也會觸發人的劣根性，開始耍詐、騙人，或者掩飾過失。如果這些招式統統沒用，最後還是不能免於第六爻的「城復于隍」，爻辭就勸你要冷靜面對既成事實，並且做更壞的打算；因為泰卦第六爻跌回原點之後，接下來是否卦，繼續往下掉到地面，還會鑽到地洞裡去。既然可能還會更壞，與其做無謂的頑抗、擴大犧牲，還不如面對敗局，儘量做好損失評估，負責任地善後。像希特勒就不敢面對失敗，結果在「城復于隍」——柏林馬上要陷落時選擇自殺。「勿用師」就是提醒我們，最後殘存的那點東西，要留作將來奮起的資本；不管你自己在不在，相關的人、組織、國家，都有可能再起來，不能在自己這一階段的失敗之後，連未來再生的契機都掐死了。我們看《易經》從乾卦的「潛龍勿用」，到屯卦的「勿用有攸往」，一直強調「勿用」，泰卦最後一爻繁榮結束、霸業消亡，也是「勿用師」。「自邑告命」，不掩飾敗亡的命運，把目前的命運明確告知追隨者，這才是合乎正道的「貞」；但形勢已無可挽回，所以還是「吝」，路越走越窄，接著馬上就是更慘的否卦。不過否卦第四爻還有可能東山再起，說明整個組織還有機會重新振作。像兩次大戰德國都慘敗，二戰後西德的復興快得不得了。「焉知來者之不如今」，所以要永遠留下生機讓別人起來。

從「泰六」到「否四」，以爻來講不過是四個爻，實際上的時間可能很長。人生起起伏伏，「其命亂也」，面臨整個環境混亂不堪，又有兵臨城下、城池被攻破的危機，這時候就考驗一個人的德行修為和智慧。泰卦上六爻變為「山天大畜」。大畜卦（䷙）就很有胸襟涵養，所以大畜卦卦辭是：「利貞。不家食，吉。利涉大川。」不會局限於一家一姓的封閉狀態。「山天大畜」從表面上看是一個閉鎖狀態，因為外面有一座山擋著。泰卦「上六」「城復于隍」之後，當然是寸步難行、待人宰割；但是這種情況下仍然是有所養的，可以養自己的心量、寄望未來。所以大畜卦上爻變又是泰卦，「畜極則通」，關鍵還是怎麼畜養未來再振作的資本。

否卦的卦中卦

否卦的初、二、三、四爻四個爻構成剝卦（䷖），否卦「九四」剛好就是剝卦上爻「碩果不食」；可是君子轉危為安，得到支持，小人就完蛋。三、四、五、上爻構成的是天風姤（䷫），說明有機會重生，也有可能毀滅；否卦「九四」剛好是姤卦的兩個爻，一個二爻「包有魚」，一個四爻「包无魚」。換句話說，「有命无咎，疇離祉」，同時可能包到魚，也可能沒包到魚。沒包到魚就凶，包到魚就无咎，機會一到就上去了。所以這裡面真的是考驗人性修為。你如果占卦占到這個爻，就要看你對當事人瞭解多少；經得起考驗的就是君子，經不起考驗的就是小人，結果截然不同。

第三個是二、三、四、五爻構成的漸卦（䷴），代表否卦中有漸卦的象，所以復甦的時間是漫長的，要一個階段一個階段地改善；而且也要重視團隊合作，單打獨鬥很難脫「否」。所以否卦不僅要靠人，還要群策群力，共同度過否的難關。泰卦二、三、四、五爻是歸妹卦，跟漸卦正好相反，說明賺得快，失去得可能更快。所以泰卦會那麼快掉下來，否卦要那麼久才能再起來。

第四個是初、二、三、四、五爻構成的觀卦（䷓）。否卦中含有十二消息卦之一的觀卦，資訊很豐富。第五個是二、三、四、五、上爻構成的遯卦（䷠），也是十二消息卦之一。可知否卦中含有四個消息卦：剝卦、姤卦、觀卦、遯卦。

由「否之匪人」推及未來

我們知道，泰、否兩卦都出現了乾、坤的交鋒，上下兩卦之間是否交流互動，決定整個卦是泰或是否。乾為心，坤為物；心為主，物為從，心性強則能自強不息，不然就會被坤卦所代表的物質欲望與現實形勢所拖累。只有心物合一，心主物從，才可以擺脫物欲之累，創造生生不息的生命價值。所以坤卦強調「西南得朋、東北喪朋」，然後「先迷後得主」；心物配合才有生機，才有屯、蒙、需、訟、師……這些繼起的生命。此外，在《易經》中，乾為心，以馬做代表；坤為物，以牛做代表。例如旅卦（䷷）的「喪牛于易」，睽卦（䷥）的「喪馬勿逐」。「喪馬」就是「喪心」，如果逐欲過盛，就有「喪心」的可能，「喪心」再進一步就到「病狂」。成語說人「喪心病狂」就是這麼來的。所以睽卦上爻會看到很多光怪陸離的幻象；把人看成身上塗滿泥巴的豬，還看到一車都是鬼，這就是「病狂」的象。病狂因為「喪心」，這樣的人生是很恐怖的。

如果心物交融、身心調和，那就是「天地交」的泰卦。否卦「天地不交」就是身心不交、心物不合，只有人的外形；從品質、狀態上看，根本不是人，行屍走肉而已，真的是「否之匪人」。「匪」就是「非」。很多佛經都講到「匪人」，外表是人形，實質上沒有靈魂，根本就不是人。在健康的時代，放眼看去都還是人的世界；在亂世或者像佛教講的末法時代，很多是只有人形、沒有人心的「匪人」。像比卦第三爻「比之匪人」，那也是我的「本命」，一天到晚跟「徒具人形，沒有人心的人」接觸，不過還好那只是比卦中的一個爻，還有其他不錯的爻來平衡它。可是否卦之所以是地獄、是陰曆七月中元節開鬼門關，就是因為全卦都「否之匪人」，那不是地獄是什麼！在這麼糟糕的環境中，怎麼通氣？怎麼走出來？所以大慈大悲的地藏王菩薩發現那麼多人在地獄中受苦，他就發願：「地獄不空，誓不成佛。」可是地獄是不可能空的，就算把前一個時代庫存的「舊匪人」清空了，馬上又有大批的「新匪人」進來。那你就一輩子都不要成佛了，天天在那邊出診吧！比較起來，《易經》的看法是比較聰明的。否卦讓我們看到一個黑暗時代的匪人世界，同時也指出，如果想出離、推倒「否」的世界，只有進入下一卦同人卦（䷌）。如果力量大一點，悲願大一點，還可以讓很多「匪人」一起超度提升，恢復人的身份，那就是「天火同人」。換句話說，否卦中大家都是「匪人」的大環境，如果進入同人，以佛教六道輪迴的修法，從匪人變成人，那是多大的超越！人生最難得的就是由「否」變「同人」。「同人」之後就是人人皆有、眾生皆有良知良能，都有佛性、自性的「大有」。

那麼，怎麼從「否」提升上來呢？我們看泰否曲線，從泰卦「城復于隍」的地面跌到否卦第三爻的谷底，經過漫長的地獄底層，那個難受勁兒就不用講了，錐心泣血、一肚子委屈。直到第四爻才開始有往上走的契機。上去之後就進入嶄新的「天火同人、火天大有、地山謙」，連著三個卦都好到極點。從宗教終極關懷的意義來講，否卦就很值得研究了。

這是正式進入否卦卦辭前，把卦序「泰、否、同人、大有、謙」做一個說明。

否卦卦辭

䷋

否之匪人。不利君子貞，大往小來。

否卦卦辭跟履卦一樣，卦名與卦辭連在一起，千萬不要把它們分開。《易經》的創作者是苦口婆心，用種種修辭方式表達最豐富的資訊和智慧，可不要輕易錯過了。

「否之匪人」，因為都是「匪人」，所以才造成「否」。否卦卦象上乾下坤，上卦是領導階層，所有資源集於一身；下卦的廣土眾民則空空如也、民不聊生。這是典型的朝野不和，上下不通。底下的基礎完全是空的，上面資源再雄厚又有什麼用，遲早會垮台。泰卦之所以國泰民安，就是因為民間殷實，政府寬厚包容，資源在下不在上、在內不在外。否卦則倒過來，所以是典型的外強中乾，外部的資源根本無法遮蓋內部的空虛。以為人處世來講，泰卦為什麼能處世亨通順利呢？因為外面是柔順、包容、敦厚的坤卦，裡面是真才實學的乾卦。否卦就完全不同了，外面看著人模人樣，裡面草包一個。成語「色厲內荏」、「金玉其外，敗絮其中」，都是「否」的象。從《易經》來看，這都是「否之匪人」。這也是典型的現代病、富貴病。像現在很多做生意的人，都希望廣結人脈，但在獨處時，把手機裡面六、七百個名字翻一遍，一個個都是商場往來了不得的人物，卻找不到一個人可以談心。這也是否卦的象。

「否」要如何使上下內外流通，創造元亨利貞的「亨」，就是很重要的任務了。不然永遠停滯不前，上下內外各行其是、漸行漸遠。如果生命的外在、內在是撕裂的狀態，擁有再多也是空空如也，寂寞必定越來越深重。否卦上卦的乾要往上、往外走，下卦的坤要往下、往內走，越拉越遠，危機當然越來越嚴重，所以「否之匪人」最迫切的任務還是在打通交流的管道。履卦為什麼要「履虎尾」？就是要踩在關鍵的敏感痛點上，履險如夷，並保持和為貴的原則。同人卦為什麼要「同人于野」？因為「禮失求諸野」，無權無勢的在野之人，在否卦的時候是被打壓的，在朝的人則壟斷資源，是「匪人」的代表。一旦「否」過去，進入「同人」，大環境已經改變，如何創造「同人、大有」的大同社會，是要與虎謀皮，跟「匪人」打交道？還是要跟在否卦中長期被壓抑的人交朋友？「同人」的目標很清楚，交在野的朋友，不交有權有勢的朋友，因為他們正是否卦中人性卑劣的一部分。和人性尚未完全泯滅的廣大在野人士「同人于野」，才有可能「利涉大川」，恢復社會的正常流動。

接下來回到卦辭。「否之匪人」的「之」字用得很有趣，「否」不能當成主動詞，它是一種狀態，這種狀態跟「匪人」有關。「之」要怎麼理解呢？我們前面學過比卦第三爻的「比之匪人」，「比」可以看做是交往的動作，「之」就是指稱代名詞——「這個」。還有一個「之」，就是「之卦」的「之」，是一個動詞；占的卦叫本卦，如果爻有變動，變到另一個卦，就叫「變卦」或「之卦」。從英文來講，「之」就是「to」，從一個狀態到另外一個狀態，但不是走直線，就像「之」

字一樣彎曲迂迴。所以「比之匪人」，是指所交往的可能是非人；「之」就是這一類的非人，或是交往的動作指向。現在「否之匪人」的「否」不當動詞，而是指身心閉鎖的黑暗狀態。「之匪人」，就代表否卦的環境是一個非人的世界，而這樣一個非人世界，當然是「否」的狀態。所以「否」和「匪人」幾乎是同位語；人跟非人之間是「不口」之象，陰陽隔閡，不通氣，純屬異類。此外，「之」也告訴我們，是怎麼從「泰」變成「匪人」這種黑暗的狀態？用英語來講，就是「to be」，有「變成這樣」的意思。從「泰」變成「匪人」，是因為前面泰卦犯的錯，絕非一朝一夕之故；而現在一定要務實面對「否」的時代，為了自保，可能逢人三分話都不敢講，因為環境、人性整個都變了。

「不利君子貞」，《易經》馬上就教你，這時候不要傻里傻氣，用正常社會君子固守正道的那一套與人來往，那就太危險了。「貞者，事之幹也」；「貞固，足以幹事」，君子習慣把別人當君子，也以此自我要求，可是否卦不但不是君子的社會，可能還不是人的社會，所以卦辭說「不利君子貞」；如果還是堅守君子幹事的那套方法，那是行不通的。可見，《易經》要教我們懂得辨識環境，並隨著環境靈活變通處事法則。

泰卦「小往大來」那麼好的一個格局，在否卦就變成「大往小來」了。「小往大來」當然是泰，因為付出的小，回收的大，這麼一往一來就大賺幾倍。如果「大往小來」，出去的多，回收的只有一點點，當然越做賠越多。泰卦因為小往大來，所以由小而大，越來越旺；否卦「大往小來」，原來規模這麼大，但陽剛的、正面的東西逐漸遠離，陰柔的、黑暗的東西蜂擁而入。搞到最後，「否之匪人」，地獄中全是魔鬼，有些本來還可能是人，在「匪人」的環境待久了，如果還堅持做人，太困難了，所以慢慢也隨波逐流，跟現實妥協，人就被污染變成「匪人」。對比泰、否二卦，一個是圈子越畫越大，一個則是越來越縮小。

「否之匪人，不利君子貞，大往小來。」一般來講，《易經》很少講得這麼沉痛，因為否卦環境特殊，「不利君子貞」，在惡劣環境中，不能固守經典教科書的那一套，那恐怕是泥菩薩過江；若像地藏王菩薩要渡化「非人」進入同人的社會，就更難了。在亂世中先求明哲保身，這也是一種處事智慧。

否卦〈彖傳〉

〈彖〉曰：否之匪人，不利君子貞，大往小來。則是天地不交，而萬物不通也；上下不交，而天下無邦也；內陰而外陽，內柔而外剛，內小人而外君子。小人道長，君子道消也。

〈彖傳〉比較簡單，「否之匪人，不利君子貞，大往小來」，等於是把卦辭重複講一遍。「則是天地不交，而萬物不通也；上下不交，而天下無邦也」。這些講法與泰卦〈彖傳〉正好相對。「天地不交」，指的是天在上，地在下，各行其是，當然萬物不通。「上下不交」導致「天下無邦」，這個控訴就很沉痛了。因為否卦「在朝」的都不是人，不但沒有富國利民，反而使得民不聊生；天下沒有一個像樣的國家，有政府跟沒有政府是一樣的，這就是完全沒有盡到邦國的責任。這樣的世道實在太壞了。若從經濟的角度來講，在金融海嘯期間，那真是「天下無邦」；像美國、英國、日本、冰島，政府欠了一屁股債，簡直不知該如何收拾才好，這種狀況當然會造成很深的民怨。可見，「天下無邦」是很嚴重的，因為它不只是區域性的，而是天底下大部分國家、地區的潰亂。春秋戰國時期，天下共主周天子名存實亡，邦國之間戰亂不息，以致民不聊生，就是典型的「天下無邦」。

「內陰而外陽，內柔而外剛，內小人而外君子。小人道長、君子道消。」也是與泰卦相反。而且「否」還不是終點，因為「否」還會繼續往「四陰觀」（四爻爻變為觀卦䷓）、「五陰剝」（五爻爻變為剝卦䷖）發展；說明小人之道還在增長，君子之道還在消退。這是一個多麼可怕的時代！另外，我們講泰卦時，說到「外柔內剛」是中國人推崇的處世態度，不會用全身的刺，讓別人產生牴觸的情緒，既能自強，又能容眾；可是否卦「內陰外陽」「內柔外剛」，這就不可能創造人際、國際的往來亨通。因為「內小人而外君子」是典型的「親小人遠賢臣」，「此後漢之所以衰頹也」（諸葛亮〈出師表〉）。泰卦是「內君子而外小人」，核心當權的都是君子，當然國泰民安。諸葛亮在〈出師表〉就闡明先漢（西漢）之所以興盛，就是親賢臣，在決策核心圈的都是賢臣，小人都被逐出決策核心以外，當然是「君子道長，小人道消」。否卦就是小人當道，君子全部逐出核心之外，如此惡性循環，國勢非衰微不可，所以「小人道長，君子道消」。否卦還不算太嚴重，最嚴重的是剝卦。

否卦「小人道長，君子道消。」和泰卦「君子道長，小人道消。」也體現了這兩個卦做為十二消息卦所代表的「陽長陰消」，或「陽消陰長」，這種此消彼長的動態過程，是持續發展的。「否」已經夠糟了，但還不是最惡化的；所以到「否」的階段，還要保持警惕，因為小人之道還在長。像二〇〇八年金融風暴導致世界經濟危機，世界各國和地區都有挽救經濟的措施，有些效果看來還不錯，但是整個經濟能在短時間復甦的並不多，因為很多根本問題並未解決。換句話說，就是「天下無邦」才會導致泰極否來這樣嚴峻的國際經濟形勢，而且「小人道長、君子道消」，惡勢力還在發展中，不能輕忽。

否卦〈大象傳〉

〈大象〉曰：天地不交，否。君子以儉德辟難，不可榮以祿。

「天地不交，否。」否卦上乾（天）下坤（地），天地互不交通。泰卦上坤下乾，「天地交」，父母相交，才會有小孩，才會生生不息；否卦「天地不交」，就不會有小孩，也沒有未來。「天地不交，否」的後果很嚴重。〈大象傳〉告訴我們，在否卦的時候「君子以儉德辟難，不可榮以祿」。「辟」就是「避」。這九個字強調在「否」的時候，有智慧、有德行的人要遠走避難，這是多麼消極的行為！但自古以來，人們就說「危邦不入，亂邦不居」，都是提醒人要懂得避險、避難；不管是現代經濟的資金避難，還是動盪時局的人身避難，只要有一個地方、一個環節「否」了，大家的日子肯定很難過。在這種情況下，既無安身的可能，又沒有賺錢的可能，所以要儉德避難。也就是說，在泰卦的時候，各種豪奢的行為都可能出現，一旦進入否卦，勢必要調整心態，不儉都不行；必須量入為出，收斂豪奢的行為。「德」就是你的行為，只有「儉德」才能避難，此時絕對不容任意揮灑。

為什麼連德都要儉呢？因為「不利君子貞」。否卦是黑暗的社會，「匪人」太多，如果還是堅持好人的行事風格，反而會招致打擊。因為你會襯托人家的不好，所以君子在小人群中，連「善行之德」都要「儉」，要內斂，不能表現，以免刺痛人家。這就是明哲保身的概念。可見，在一個不正常的社會，為了避難，連「德」都得韜光養晦，否則就會大難當頭。

當然，如果連君子都要在否卦的黑暗時代「儉德辟難」，社會勢必會更糟，因為整個環境都是「小人道長、君子道消」。尤其是「不可榮以祿」，「祿」即俸祿，代指做官。意即在否卦的黑暗時代，君子最好不要出來做官，因為「邪魔」太多，世道太黑暗，公權力不彰，沒有維持正義的機制，以致民不聊生，好人只能明哲保身。在泰卦的時候做官是光宗耀祖的事，地位崇高，又有豐厚的收入；在否卦的環境下則不然。一方面對世道的崩壞無能為力，再方面也未必能堅守原則，很容易同流合污；或者不得不對貪贓枉法的行為睜一隻眼閉一隻眼。那麼「榮以祿」還能是「光榮」的嗎？泰卦的社會是擺明了希望好人出來做官，「后以財成天地之道」，用錢用人；「輔相天地之宜，以左右民」，富國利民。世道好，當然要出來做事，可是現在是糟糕透頂的否卦，那就另當別論了。

再者，「不可榮以祿」也提醒我們，「榮、祿」只是一時的，不會長久。在否卦的時代，「榮」會變成「辱」，「祿」會變成幫兇；即使沒幫著做壞事，私底下做點好事還不敢張揚，什麼都得避。否卦的說法其實是很務實的，雖然略顯消極，但至少不會出事。像清末慈禧太后青梅竹馬的男朋友就叫榮祿，他後來在戊戌變法時站在后黨這一邊，讓變法徹底失敗。榮祿本身是滿人，也不避諱從否卦這麼糟的卦取名字。可見他是有先見之明的，因為那時「小人道長、君子道消」。攀援在「否」中當權的人，確實可以得到「榮祿」；可是否卦也會發生變化，經過「四陰觀」、「五陰剝」，不要幾年，到了十二消息卦之一的剝卦時，哪裡還可以長保「榮祿」呢？單從「剝」這個字形就知道，到時所有的「祿」都會被一把大刀砍削殆盡。換言之，否卦時昧著良心、攀附權貴而賺取的「榮以祿」，不必多久，才過兩個爻，不管過去積累多少，都可能毀滅殆盡。所以否卦說「儉德辟難，不可榮以祿」，就是看到剝卦會將一切化為烏有的趨勢。我們讀《易經》，不能連從「否」到「剝」兩個爻之後的變化都看不出來。

另外，還有一個十二消息卦中的夬卦（䷪）。夬卦是五陽剛決一陰柔，跟剝卦相錯。夬卦是陽剛之氣由一陽復（䷗）、二陽臨（䷒）、三陽泰（䷊）、四陽大壯（䷡）逐漸增長到五陽夬；倉庫中積滿了「祿」，資源雄厚，這時就要富而好施；你的「祿」那麼多，別人那麼少，就像水庫裝滿了水，下游卻乾了，你就要開閘放水灌溉下游。所以〈大象傳〉說：「澤上于天，夬。君子以施祿及下，居德則忌。」這就是開倉放糧、救濟貧困的象。其實這也是本分，為了你自己的安危，也非做不可，而且不能太張揚；若布施財富還一天到晚以德自居，唯恐人家不知道，這就犯了大忌。因為「施祿及下」是義所當為，如果自居為有德，所謂「有心為善不為善」，這個布施就是有問題的。

一個「祿」字，就貫穿十二消息卦中的三個卦，讀《易經》若能如此靈活貫穿，相信會得到更多處世智慧。像否卦的時候要「儉德辟難，不可榮以祿」；明明有升官發財的機會，卻要拒絕它，這是很困難的。要到否卦二陽爻再變之後的剝卦，才會明白否卦為什麼有這種先見之明。而在夬卦資源豐厚的時候，《易經》就教你要把「祿」布施出去，這就是乾卦的「雲行雨施，品物流形」、基督教講的「施比受有福」；而且還不能居德、居功。可見，在夬、剝、否的時候，對於「祿」，要堅持什麼樣的原則、有什麼樣的遠見，這一串就是一大套人生的實戰智慧，不然就會造成無謂的犧牲。

否卦〈大象傳〉之我見——「大人以承敝起新，與民除患」

我對否卦〈大象傳〉總覺得不甚滿意，覺得它太消極了，否卦已經是小人當道的「匪人」時代，如果人數稀少的君子為了明哲保身，不是移民避難，就是轉移資財，好事都沒人做，豈不是放任「小人道長」，讓投效到小人陣營的越來越多？結果君子放棄責任，小人掌權，整個社會缺乏自制能力，以致「天下無邦」，那要靠誰來拯救「否」的頹勢？從最後的「傾否」到「同人」這一段翻轉的功夫，又要靠誰來推動呢？

還有就是，以我們對《易經》六十四卦的瞭解，〈大象傳〉都是鼓舞人修德向善的，即使再壞的卦，都會激勵人不要放棄責任。像坎卦「君子以常德行，習教事」、困卦「君子以致命遂志」、大過卦「君子以獨立不懼，遯世無悶」、剝卦「上以厚下，安宅」。這些卦不見得比否卦好多少，甚至更糟，可是〈大象傳〉仍然正面教導人絕不放棄、絕不喪志；即使在最壞的卦，都要盡到最大的智慧與責任，唯獨在天地不交的否卦居然這麼消極，叫我們別管閒事，「儉德辟難，不可榮以祿」，然後等到「否」變「同人」了再出來。若如此，誰來讓「否」變「同人」呢？難道就聽天由命，讓「否」自然轉好？門都沒有！這樣只會使否卦的時間越拖越長，讓更多民眾遭殃受害。最終還是要有人發大願心，而且還得群策群力，以「同人」的正面力量共同奮鬥，才可能縮短「否」的時間，甚至從地獄翻身。否卦上爻就是把「否」推倒，進入「天火同人」的美好社會。否卦卦辭「不利君子貞」，如果「否」的地獄被衝破了，進入下一卦「利君子貞」的「同人」，那幾乎就要到天堂去了。從否卦的「不利君子貞」，變成同人卦的「利君子貞」，那是整個翻轉過來，君子又可以恢復正派經營、依常道處事，而且是有利的。

回到原本的問題來，否卦其實不是《易經》最壞的卦，倘若否卦的君子不再盡力做事，甚至要放棄了，「否」怎麼可能變成「同人」呢？我對此是有存疑的，是不是寫錯了？這當然沒有證據，但確實沒有任何一個卦的〈大象傳〉是這麼消極的。人在泰卦的時候生機勃發，用心做事；在否卦的時候尋求自保，這固然是人之常情，但〈大象傳〉就要給人不同的智慧，讓人不要動不動就「儉德辟難」。如果你避難、他避難，得靠誰挑起這副重擔呢？假定我們沒有看到否卦的〈大象傳〉，從整部《易經》來看，它應該提供我們更高的智慧，激勵我們「傾否」才對，可是居然是「儉德辟難，不可榮以祿」，這就不是〈大象傳〉強調修德的風格了，也很難支持「否卦最後進入同人卦」這一點。

假使我們不滿意否卦的〈大象傳〉，那麼，可不可以針對否卦卦爻的理氣象數重新寫一條，以彌補這個遺憾？這在歷代幾千種易學著作中看不到，甚至沒有人質疑，那我就不揣淺陋，自己來設想了。首先要把「君子」改成「大人」，因為大人比君子的修為、智慧高太多了，卦辭已經告訴你「不利君子貞」，君子不利，怎麼可能去拯救地獄、降妖除魔？能自保就不錯了。而且否卦第二爻、第五爻爻辭跟小人做對比的是大人而不是君子。《易經》最高的修為境界是大人，與天地合德、日月合明、四時合序、鬼神合吉凶，就像佛教中的「佛」一樣。假如我們不能期待否卦中的君子做到這一步，那麼我們可以期待修為更高的人，君子上面有賢人，賢人上面有聖人，聖人上面有大人。聖人大概相當於佛教中的各級菩薩，賢人可能相當於羅漢，君子就是一般眾生之中比較有上進心的。當我們無法奢望君子衝破地獄之門，賢人、聖人恐怕也還不夠，那就只有大人可以幫助我們「傾否」，若有成群的大人，那就更好了。

事實上否卦的「六二」跟「九五」強調的就是「大人」。「六二」是「小人吉，大人否」，第五爻更是關鍵：「休否，大人吉。」就是說要比君子更有分量的人才能對付否卦這種局面。因此我先改變主詞，配合卦爻的理氣象數，「君子以」改成「大人以」，大人出手，就絕對不是「儉德辟難，不可榮以祿」的消極做法，而是「承敝起新」。「承」就是面對，敝就是破舊。「六二」就講「承」，面對、承受，因為世道人心一塌糊塗，所以要「承敝」、「起新」。「起」是震卦的概念，「新」是革故鼎新。光靠一個大人也不行，一定要喚起民眾，所以下面才會是「同人于野」。枱面上的人物都墮落光了，並不代表民間沒有活力、沒有良心，尤其可能有大量的君子躲到民間避難去了，那就需要大人出面領導，這也合乎否卦的爻象。然後是「與民除患」，不讓禍患橫行，要組織團隊、群策群力。〈大象傳〉經我一改，就變成：「大人以承敝起新，與民除患。」自己一看蠻好的！這樣暫且算是「劉氏易傳」吧。不過我也沒有用占卦的方法占一下這樣改到底好不好？我就阿Q一下吧！如果遇到否的時候，我也不「儉德辟難」了，就用我自己這一套我行我素，自己如果不是大人，就去找大人。「生生之謂易」，誰說《易傳》不可以改？

民惟邦本，本固邦寧

否卦非常重要的一點就是一定要合群，如果大家都怕受傷，都把道德良心縮回來了，那是最糟的情況。不過，只要根柢還在，只要提供一個能讓它重新振作起來的平台，就還有機會復元，那也是「拔茅茹，以其彙」。所以從爻看來，一定有一個突破口。從〈大象傳〉看，則確實有問題。泰卦強調國泰民安，因為民間富足，如果上面富、下面空，那是否卦。否就是「天下無邦」，也就是《論語》說的：「百姓足，君孰與不足？百姓不足，君孰與足？」也就是說，民間富，稅收增加，民眾的積極性起來了，政府怎麼會不富呢？否的時候，「百姓不足，君孰與足」；搜刮民財，加倍抽稅，事實上是挖自己的牆角，因為底層是虛的，老百姓繳不起稅，甚至激起民變，上面三個陽爻怎麼會長久呢？所以要像泰卦藏富於民。就像老子《道德經》說的：「故貴以賤為本，高以下為基。」身份高貴的是以身份低賤的為本，居高位的是以居下位的為基礎；「民惟邦本，本固邦寧」，什麼是本？什麼是基？這就很重要了。然後接著說：「是以侯王自謂孤、寡、不穀。此非以賤為本邪？非乎？故至譽無譽。」帝王稱自己是孤家寡人，為了要提醒自己，如果不好好地幹些富國利民的事業，遲早會變成孤寡、獨夫。像西方很多大人物會在自己的辦公桌上放一顆骷髏頭，就是警醒自己要有憂患意識，面對日日逼近的生死大限，好好思考這輩子該怎麼做。

否卦六爻詳述

初爻：洞察形勢

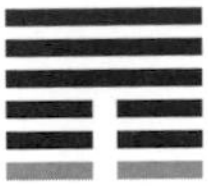

初六。拔茅茹，以其彙。貞吉，亨。

〈小象〉曰：拔茅貞吉，志在君也。

我們在泰卦一章講過，在泰否曲線圖中，否卦「初六」和泰卦「初九」在同一條線上，而且

「泰之初」與「否之初」有著驚人的相似。否卦第一爻景氣轉壞，開始快速下滑。所以初爻的知機應變非常重要。這一爻相當考驗人的敏感度，所謂「一葉知秋」，如果看不出下滑的趨勢，就來不及應變了。在否卦初爻和泰卦初爻幾乎雷同的情況下，兩個初爻顯現的指標幾乎看不出有什麼不同，但泰卦是「拔茅茹，以其彙」，最後是「征吉」，爻變是象徵高成長的升卦；否卦正好相反，同樣是「拔茅茹，以其彙」，跟泰卦初爻呈現的社會指標完全一樣，那麼怎麼分析其不同呢？事實上，泰卦初爻是累積了太多的能量要往上衝；否卦初爻則是累積了太多負面因素要往下掉，所以同樣是看到「拔茅茹，以其彙」，結果卻天差地遠。泰卦「征」就「吉」，只要掌握到形勢一片大好的成長機會，就是借錢都要幹；否卦則是「貞吉，亨」。泰卦的「征」是積極擴充，採取攻勢；否卦的「貞」是固守，採取守勢，只要守住既有的資本就相對贏了。也就是說，泰、否二卦初爻的攻守之勢

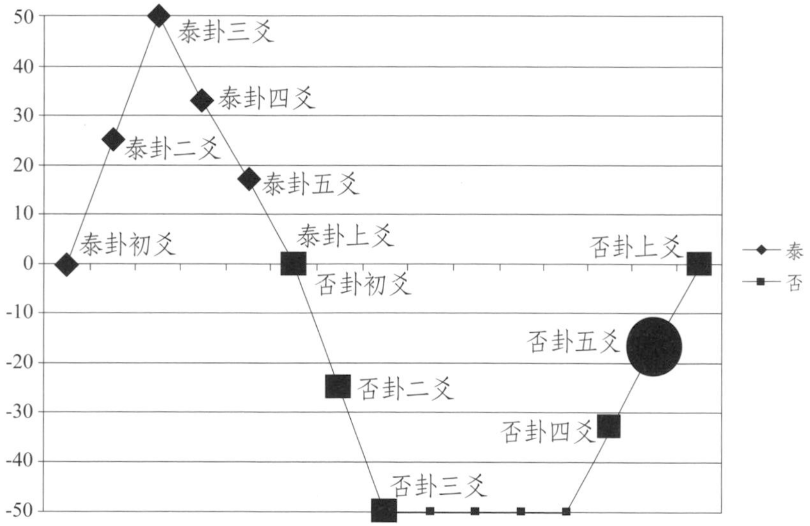

泰否曲線圖

完全相反。

可見同樣是「拔茅茹，以其彙」，但走向截然不同，在否卦要採取「貞」的策略，固守正道，準備積糧過冬，不切實際、充場面、不賺錢的都得砍掉；眾人皆醉你獨醒，眾人皆「征」你獨「貞」，相對來講，即使你業績往下掉，但其他人已經一無所有了，你還是吉的。「亨」也是如此，只要該守的時候守住了，相對就是吉，而且是亨通的，因為沒有蒙受重大損失。

泰卦的重點是「小往大來，吉亨」。否卦是「否之匪人。不利君子貞，大往小來」，根本就沒有吉的可能，更不用說「亨」了。雖然否卦卦辭沒有「亨」，但否卦初爻、二爻都有「亨」；這就說明只要採取正確的策略，即使在上下內外都不亨通的否卦當中，初爻、二爻卻還能守住資本，甚至至亨通無阻，產業做得不錯。這是就卦與爻的不同，初爻應對得宜，「貞」就可以「亨」；而且它的「拔茅茹，以其彙」也不是單一的，而是從整體縱橫交織做全面的考慮。只是泰卦主要是為了興利，否卦則是為了除害而要全面剷除某些東西。

「拔茅茹，以其彙」，「茅」象徵基層的公共建設或資金、人才，因為茅草根深蒂固、盤根錯節。「茹」就是根，根在地底下連成一整片，要拔茅草，就得整片連根拔除，不能只拔一根根莖葉。整體社會環境也是如此，息息相關、環環相扣，只要有一些產業出問題；相關產業也會出問題；一榮俱榮，一枯俱枯。否、泰初爻就是一環扣一環的大環境；火車頭失去動能，整個車廂都動彈不得；火車頭動起來了，一節一節車廂就跟著動起來。我們講過，所謂主力產業，過去通常是指房地產和股市，隨著社會變遷，金融業也成為主力產業，像二〇〇八年經濟危機就出在金融；金融業健全，血液暢旺，資金活絡，百業都得到滋潤，慢慢整體就開始動起來。所以不管在泰卦初爻的興利，或否卦初爻的除害，都要有全盤的考量。泰卦初爻舉用人才和資金彙集，否卦初爻拔除負面因素，下面的挑戰都是很嚴酷的。所以一定要看到根部，不能只看到表面，而且還要注意「以其彙」。「以」是連帶，彙是「類」，指群聚效應。所以既要「茹」——看得深入；也要「彙」——掌握橫向的連動關係。這就是「拔茅茹，以其彙」；看問題要看得深、看得廣，才能看到很多東西是聯繫在一起的；上中下游息息相關，相關產業環環相扣，像航空業、旅遊業、餐飲業就是如此。

所以，瞭解泰、否大環境一環扣一環的關係，才能搞清楚你在整個產業格局中屬於哪一環。整個社會縱橫交織的關係一定要研究透徹，不然，即使自己不出問題，別人的問題也會變成你的問題，泰卦第四爻的「翩翩，不富以其鄰」就會是你的下場。

〈小象傳〉說：「拔茅貞吉，志在君也。」跟泰卦初爻的「志在外也」完全不同。泰卦初爻的「志在外」，是下卦乾卦「初九」充滿資源實力，針對上卦坤卦這片尚待開發的潛在市場充滿信心，希望藉著與「六四」相應與的關係，從中獲利；所以「初九」盯著「六四」，「六四」也對「初九」「翩翩」招手。否卦「初六」是「志在君」，君在「九五」。這就很特殊了，一般來講，「初六」應該跟「九四」相應，可是否卦初爻與四爻是不相應的，原因就在於「爻隨卦轉」。泰卦「初九」跟「六四」相應與，互補關係成立，因為天地交泰；可是否卦「九四」跟「初六」、「九五」跟「六二」，「上九」跟「六三」看起來應該是相應與的，但因為否卦天地不交，背道而馳、越走越遠。所以那些相對應的兩爻，即使本身很想交流，因為整體政策不允許，所以他們只是形式上相應與，實質上根本沒有交流，是典型的「有行無市」，「初六」跟「九四」根本無法享受雙方資源互補的利益。

從全卦去看，否卦第一爻看出環境不對，就要「拔茅茹，以其彙」，除去禍害，全部做瘦身整理，然後採取「貞」的固守策略，才會「吉、亨」。「否」第一爻做對了，整個曲線往下滑也不在乎，但問題是躲過了這一劫，接下來第二、三爻還會繼續下滑到谷底，度過谷底漫長的煎熬，將來才會回升。也就是到否卦第四爻，甚至再上去到第五爻那個關鍵的君位時，涉及到最高領導決策階層的做法，如果做對了，就到第六爻，脫離「否」的局面；不然就滑回第四爻，甚至到第三爻，仍然一蹶不振。所以五爻至關重要，特別被孔子選在〈繫辭傳〉中，就是因為最高決策會影響整個「否」的局勢。因此，初爻會「志在君」，在開始倒楣的時候，第一爻不能只想著怎麼度過低潮，還要想低潮之後如何東山再起？它也不能只看到第四爻，要能看到第五爻的關鍵地位。故而初爻跟五爻雖然不相應與，也無承、乘關係，而且距離那麼遠，但否卦初爻「志在君」，要高瞻遠矚，不但要穿破重重不確定因素，準確預測曲線怎麼下滑、谷底會有多久？什麼時候能起來？起來的成敗關鍵在何處？還要謀劃在這段時間內怎麼用有限的資源活下去？並且「志在君也」，關注到最高領導人在可能上、可能下的局勢中採取的政策到底對不對？這樣才有機會進入全球化的「同人」。

另外，「志在君」也代表位置重要，五爻是君，初爻是民，否卦振衰起敝的關鍵，就在君民之間能否和衷共濟，並徹底改善朝野不通、上下不交的情形，恢復邦國的公權力運作。這跟最高領導人的素質、遠見有關，能不能照顧基層「初六」的福利？他們雖然不是形式上承乘應與的關係，但雙方的聯繫十分緊密。「九五」爻辭「其亡其亡，繫于苞桑」，「苞桑」就是指「初六」；就像茅茹一樣，苞桑的韌性極強，怎麼扯也扯不斷，密密匝匝、遍地亂長成一大片。這就代表要培元固本、鞏固群眾力量。「民惟邦本，本固邦寧」，在「否」的時候，「九五」想要扛起承敝起新的責任，必須放下身段，全面瞭解「初六」所代表的民生疾苦。所以「九五」的命脈是「繫于苞桑」、繫於「初六」；而「初六」正好是「志在君」。君民合作無間，才有可能脫貧致富。從「時」的角度，眼光要看得很遠；從「位」的角度看，最高人物與基層民眾在否卦的時候「有志一同」，才可能把「否」推倒。「志在君」的意思大致如此。

泰卦「初九」在做加法、乘法的考量時，要有系統性的思考，預留擴張空間，免得吃不下，還得把訂單拱手讓人。否卦「初六」山雨欲來，環境相當嚴酷，一個小地方出問題，就會導致全面萎縮；權衡之際，也要有「拔茅茹，以其彙」的全盤思維，一次做足，到時才能安然度過困局，不會搞得手忙腳亂、民怨沸騰。但要洞察形勢的發展確實不容易，難就難在能看得透，並做出全盤的考量。

否卦「初六」爻變是无妄卦（下圖），泰卦初爻爻變為升卦，有高成長的可能，借錢都要往前衝。否卦初爻爻變就是叫你死了這條心，別再癡心妄想、圖僥倖，最好務實思考，「拔茅茹，以其彙。貞吉，亨」，不要自己騙自己，淨想著花好月圓，接下來的情況是很嚴酷的；如果能務實无妄，就是「元亨利貞」；若是有一點非分之想，天災人禍立馬就到。這就是无妄卦的告誡。我再三講過，我們都是凡夫俗子，講起道理可能頭頭是道，一旦入了局，很可能就迷路了，所以无妄卦雖然「元亨利貞」，但稍有偏失，就天災人禍並至。人要完全做到像聖賢佛菩薩大智慧者一樣不起一絲妄念，談何容易！所以我們乾脆死了心，只要占到无妄卦，都當凶卦論，這樣還比較接近事實。如果做比較保守的思考，至少災禍不會太大，完全沒有妄，那太難

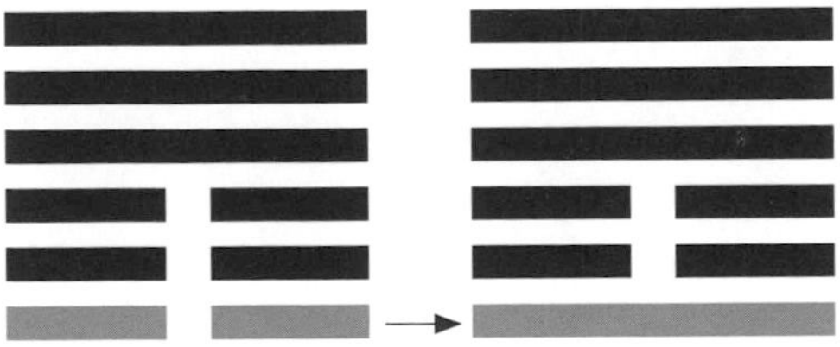

否卦　　无妄卦

了，既然是凡人，難免有雜念，无妄卦是一個理想，既然做不到，最好做好應付災難的準備。

二爻：獨力承受艱難

六二。包承，小人吉，大人否亨。

〈小象〉曰：大人否亨，不亂群也。

我們看「六二」，曲線果然如預期般往下掉了，這一滑就滑得很深。如果初爻做對了，還不會太慘；如果初爻沒做對，拼命舉債擴張，這下就慘了。「包承，小人吉」，「大人否」，可是「亨」。否卦第一爻之後，第二爻開始快速惡化下滑，滑到一半還在繼續下滑的第二爻，世道人心都變了。這時候，小人是得利的，因為他夠不要臉，可以為了生存啥事都幹，所以小人反而吉，耀武揚威，人模人樣，抖得不得了。

相反的，在「否之匪人，不利君子貞」的還境之下，固守正道的君子會活得很辛苦，連「與鬼神合其吉凶」的大人都是「否」的，英雄落難，好人遭忌，憋氣得很。但下面說「亨」。為什麼呢？解釋有二，一是認為大人堅持理念不同流合污，在現實利益上一定是「否」，可是守住了原則尊嚴，所以他的道是亨通的。這是過去那些理學家註釋《易經》「大人否亨」時的講法「身雖否，道卻亨」。另一種解法則是，「大人否亨」就是「大人不會亨通」。不論如何，因為現在是直往下墜的否卦第二爻，小人得利是很明顯的現實，即使是大人也不會吉、不會亨。所以社會就變成兩個對立階層，小人看大人不知靈活變通，結果現在倒楣了，他好高興，拍手稱慶；大人看不起那些小人隨波逐流，就不時的發表言論嚴詞譴責。結果兩邊意見不合，互相爭訟，所以「六二」爻變就是天水訟的訟卦（下圖）。換句話說，到了否卦第二爻時，社會明顯區分成小人群和大人群，互相批評、互相較勁。為什麼「大人否亨」？因為他沒辦法像小人那樣做，就像〈小象傳〉所說：「大人否亨，不亂群也。」小人有小人群，大人有大人群，涇渭分明，沒辦法合流。

再看「包承」。泰卦第二爻是「包荒」，蒙卦第二爻是「包蒙」，都有一個「包」字，注意都是陽包陰，有實力的包容沒有實力的。「包蒙」是老師包容學生。泰卦「九二」「包荒」，是包容人家的落後。姤卦（䷫）有三個「包」也都是陽包陰的象：「九五」「以杞包瓜」、「九四」「包无魚」、「九二」「包有魚」。他們所「包」的，都是指「初六」那個陰爻。否卦「六二」「包承」、「六三」「包羞」，這兩個「包」都在陰爻，為什麼也叫包呢？否卦「六二」、「六三」本來應該是被包、被保護的，強者保護弱者、政府保護民眾，這是天經地義的；「六二」本來應該受「九五」君位的輔助、保護，可是否卦上下不交，以致天下無邦、世道敗壞、公權力不張，「六二」失去「九五」這個保護傘，「九五」的「包」沒有發揮效應。同樣的「六三」和「上九」相應與，「六三」應該接受「上九」保護，但他們的應與是徒具形式，沒有實質內容，政府沒有提供任何保護；日頭赤炎炎，隨人顧性命？「六三」只有自生自滅，自己踩到地雷自己負責，不可以怪政府。可見，二爻、三爻的「包」都是包到一個非常痛苦的局面，必須自己承受，所以叫「包承」，承受那種缺乏政府保障的局面，碰到種種不順，訴怨無門，只能逆來順

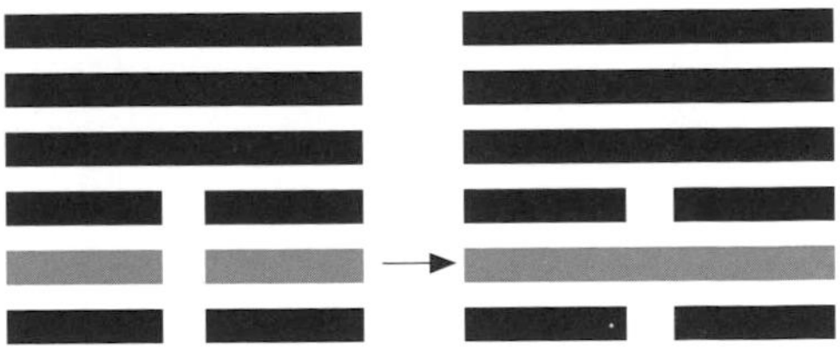

否卦　　訟卦

受。總之，在否卦第二爻整體下滑的情況下，民間精英是很慘的，所有的委屈痛苦都得自己直接面對、包容承受。

三爻：人間地獄

六三。包羞。

〈小象〉曰：包羞，位不當也。

第三爻要「包羞」，那就更糟了。社會沉入黑暗的谷底，經濟形勢的惡劣自不必說，可怕的是人性沉淪，全部都是「匪人」，簡直就是人間地獄。社會一片黑暗、藏汙納垢，而且大家喪盡廉恥，壞人醜事全部被包庇，完全沒有保障弱勢、遏惡揚善的正義力量。這一爻的關鍵處就是，已經黑暗到極點，只有「包羞」兩個字。因為生存艱難，無論多麼可恥的事情，都不會受到社會正面力量的制裁，大家目無法紀，無所不為，一般小民只能無語問蒼天，在黑暗中艱苦度日。這就是曲線圖的谷底。「包承」的時候還沒這麼厲害，因為還有少數大人願意包容承受這種黑暗痛苦，必要時嚴詞撻伐、主持正義，社會還看得到一絲活力。等到掉到第三爻「包羞」的時候，正如〈小象傳〉所說的「位不當也」；「六三」陰居陽位，掉到谷底了，真的是「不口」（否）之象，抗議無效，廉恥喪盡的事情到處都是，而且統統會被包庇。

第二爻的時候還有是非之心，所以小人和大人互相攻擊；到三爻，君子大人統統噤口，小人更是一片黑，所有羞恥邪惡統統被社會包庇，沒有任何正面力量處理它。你看「包羞」這個爻的爻變是什麼卦？天山遯（下圖），大家都放棄了，狗吠火車沒有用，抗議無效；而且哀莫大於心死，既沒有容身之地，於是就移民、隱居避世，「儉德辟難，不可榮以祿」。那麼劣幣驅逐良幣，「君子道消、小人道長」，社會就更糟了。從初爻下滑到二爻，二爻爻變還會「訟」，還會打官司、爭公理正義；下滑到「三爻」時，法庭都沒有正義了，「包羞」，大家心灰意冷，所有人都逃避責任、放棄抗爭，連訟的現象都沒有。這時不管是經濟、道德、政治，都到了真正的谷底，一片死寂，如在地獄深處，這就是「包羞」的後果。

因為第五爻、第六爻實質上沒有辦法包二、三爻，於是社會呈現無政府狀態，人們寡廉鮮恥，還得默默承受苦難。泰卦成功的巔峰「九三」爻辭有二十個字：「无平不陂，无往不復，艱貞无咎。勿恤其孚，于食有福。」可是否卦「六三」在漫長的谷底只講兩個字，似乎是餓得沒力氣講話了。人到連言語抗議的話語權都放棄的時候，社會就太可怕了。這也是《易經》寫作手法的高明處。人在成功得意時，話多得不得了；人在低潮時，哀莫大於心死，沉默無言，因為看不到生機與希望，只有徹底萎縮。

從爻象上看，「六三」，陰居陽位，不中不正，「三多凶」在否卦就是典型的谷底。所謂「大悲無言」正是如此，痛苦到只有極其沉痛的「包羞」兩個字。泰卦第三爻從「無平不陂，無往不復」的預警，看到「上六」最後「城復于隍」的結果，甚至可以看到「六四」從山頂往下滑的「翩翩不富」，所以泰卦的資訊是通透的，如果沒有得意忘形，趕快做調整，就會「艱貞无咎，勿恤其

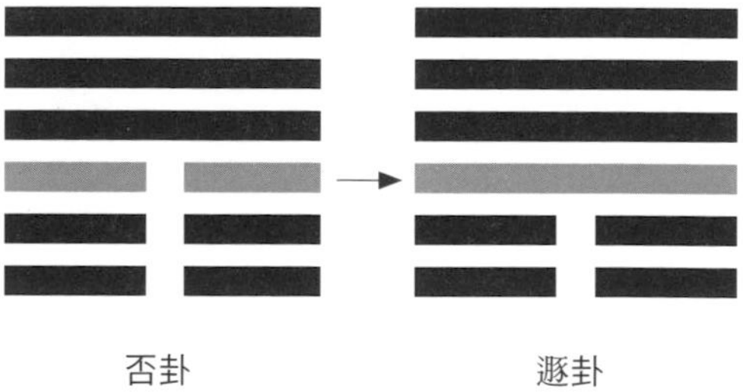

否卦　遯卦

孚，于食有福。」否卦最要命的就是「天地不交」，連資訊都是不透明的，純粹是暗箱作業，一片黑，看不到未來。照講否卦還是有未來的，上爻「傾否」，把整個「否」推翻，進入「同人」，而且「六三」跟「上九」相應與，如果它們的資訊往來是透明的，「六三」雖在谷底，也應該還有信心撐下去，因為在「包羞」的時候可以看得到「傾否」的那一天。問題是否卦「上九」跟「六三」的相應徒具形式，資訊中斷。所以，人最苦的是不知道還要苦多久，看不到「傾否」的跡象，甚至連「有命无咎」的「九四」都看不到，因為第三爻是苦海無邊的谷底，中間所有的資訊都是不透明的。第四爻明明有景氣復甦的象，可是三爻到四爻僅僅一爻之差，卻有很多變數，第一就是時間很長，第二是人在「包羞」的時候，看不到下一步，也看不到最後黑暗被徹底推翻，這樣的黑暗就更讓人不堪承受了。

包羞——資訊的迷障

現代社會最可怕的就是資訊封鎖。手機、網路全部中斷，無法接收資訊，這就叫資訊的迷障。否卦就是陷入資訊迷障中。泰卦因為資訊透明，「城復于隍」或「翩翩，不富以其鄰」，都會透過承乘應與的關係，讓第三爻得到預警。否卦第三爻的「包羞」之可怕，就是根本無從判斷「傾否」跟「有命无咎」，燈下一團黑，看不到就只好放棄。除非修為強大，有艱苦卓絕的忍耐力，才能在「包羞」的階段挺完全程，然後水漲船高、東山再起。這樣看來，「包羞」這一爻要看人行事，要命的是這一爻沒有說一定吉或一定凶，像比卦第三爻「比之匪人」雖無吉凶定論，但起碼吉凶各半；而「包羞」這一爻，絕大部分是苦到讓人沒法活下去的。若有人可以穿透資訊的迷障，看到前途，撐過「包羞」，那就像孟子所說的「天將降大任於斯人也」，熬過地獄底層的歷練，這種人可不得了，一旦起來之後，一定大放光明。所以「包羞」也是對一個人靈魂深處的深刻鍾煉。周文王姬昌曾經「包羞」過，在羑里被困，痛苦不堪。史學家司馬遷也曾「包羞」過，他受過宮刑之辱，後來寫就史家絕唱——《史記》。誰說「包羞」一定是壞事呢？就看你有沒有本事熬過那段苦境。

可見，《易經》經文的寫作非常審慎，它沒有說「包羞」一定凶，當然也不保證能「吉」，吉凶未定，所以不言吉凶，這就是「不言之象」。跟「比之匪人」一樣，主要看人的修為。像杜牧〈題烏江亭〉一詩所說的：「勝敗兵家事不期，包羞忍恥是男兒。江東子弟多才俊，捲土重來未可知。」這首詩說的就是項羽在「城復于隍」的時候烏江自刎。照歷史傳說，項羽還是有機會的，因為船夫都準備好要把他擺渡過去，他可以回到老巢，手上還有資源，還有捲土重來的機會，可是他過不了「包羞」這一關，故鄉八千子弟帶出來了一個不剩，無顏再見江東父老，一下氣兒上不來，沒辦法「包羞」，就放棄了。這一放棄，就沒有再起來的機會。所以杜牧很是感慨，如果項羽當年能夠「包羞」一下，好死不如賴活，焉知不能捲土重來？如果他真能忍人之所不能忍，鹿死誰手還很難講，最後成功，一美遮百醜。人生受挫是常有的事，受辱也要能夠包容，「捲土重來未可知」，這首詩引起很多人共鳴，用的典故就是《易經》否卦。

忍辱精進

「忍辱」也是佛教的重要觀念。佛教的說法就是「忍辱精進」，人生要忍一般人不能忍的辱，要受一般人不能受的羞。佛教講的「六度波羅蜜」（「波羅蜜」意為「到彼岸」），剛好可以和否卦六個爻結合起來講。第一度是檀波羅蜜，亦稱「布施度」，初爻「拔茅茹，以其彙」就是如此；第二度是尸波羅蜜，亦稱「持戒度」，二爻「不亂群」就是持戒，絕對是黑白分明；第三度是羼提（忍辱）波羅蜜，亦稱「忍度」，三爻「包羞」即是；第四度是精進波羅蜜，亦稱「精進度」，四爻在三爻忍辱的基礎上，痛定思痛，才有精進的機會，如果一口氣忍不下來，後面就沒有脫胎換骨的可能；第五度是禪那波羅蜜，亦稱「禪定度」，五爻居安思危，靜下來全盤思考，那就是君位要做的事情；第六度是般若波羅蜜，亦稱「智度」，上爻「傾否」的大智慧就是如此。

所以「包羞」真有無窮的深意，可以從正反各方面去理解。人生在遭遇橫逆不順時動心忍性是「包羞」；包藏禍心、用一張黑布把不能見人的物事統統遮蓋住，也是「包羞」。

四爻：振衰起敝

九四。有命无咎，疇離祉。

〈小象〉曰：有命无咎，志行也。

「包羞」的「忍辱波羅蜜」，佛教曰「魔考」。「魔考」絕對是很嚴重的，道高一尺，魔高一丈，隨著修行功力越來越深，會有更大的魔來誘惑、考驗你。要是修得不夠，魔都懶得理你。第三爻的「包羞」如果忍過去了，忍人之所不能忍，經過最嚴酷的魔鬼考驗，在地獄深處也可以修煉成功，那麼「包羞」之後，忍辱精進，「九四」的曲線就起來了，「九四」長了，由地入天。「九四」爻辭很有趣：「有命无咎，疇離祉。」「祉」是福祉，「離」就是附麗、附著，也有網絡、團隊之象。這說明第四爻開始振衰起弊的契機，若處理得好，不但自己有福報，還可以照顧到很多人，整個團隊都能蒙受福報，這一點由「離」字可以看出。

大家都在團隊縱橫交織的人際網路格局中，隨著主力產業振興而跟著復甦，獲得福祉，正所謂「一人得道，雞犬升天」，這就是「疇離祉」。「疇」就是同一個範疇，不論規模大小，或是橫向的多角度擴張，只要在同一個範疇內，彼此的利益息息相關，這一邊豐收，那一邊也跟著獲利。也就是說，因為物以類聚，主力產業復甦，就會帶動其他產業振興，大家都蒙受福祉，漸漸脫離否卦「包羞」的苦海。而觀察社會景氣復甦的指標，就是掌握「火車頭」主力產業的動向。要是你的產業跟它沒有連帶關係，這時就要趕快建立關係，就算搭上末班車，在一定範圍內也會跟著一起蒙受福祉。

從否卦整體看，第四爻也是中央執政高層，如果一個團隊的首領進入權力中樞，就會帶動整個團隊「疇離祉」，這種情況也是「有命无咎」造成的。我們應該記得，在泰卦最後一爻「城復于隍」的時候要「自邑告命」，「其命亂也」，這時候的命運是很糟糕的，可是到了否卦第四爻又充滿了生命力，天命的大形勢轉為有利。從泰卦第六爻到否卦第四爻，中間等了四個爻，時間當然很漫長，形勢終於好轉，這是一個復甦的起點，當然是「无咎」了。如果在「包羞」的時候放棄自殺，這時候連命都沒有，怎麼會無咎呢？所以等到景氣復甦的時候，「有命无咎」，然後就跟著帶動，「雞犬升天」——「疇離祉」，全部都動起來。九四爻變為觀卦（下圖），正好說明

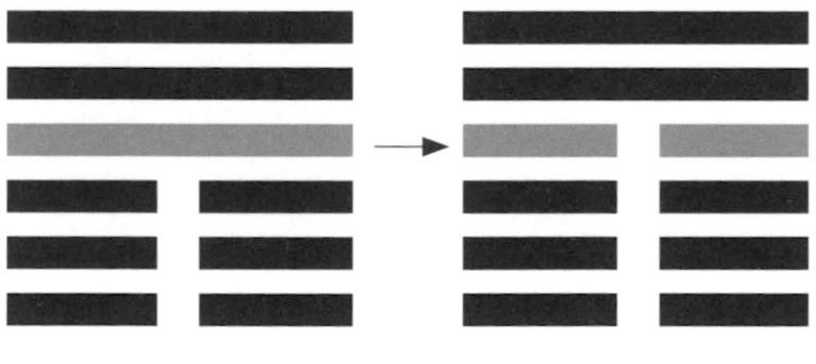

否卦　　觀卦

人在脫離谷底、往上攀升的時候要冷靜觀察「離祉」的現象，做出正確判斷。

〈小象傳〉說：「有命无咎，志行也。」意思是天命轉好，大環境轉好，水漲船高，人的志向也就可以實現了。不過，「有命无咎」是志行的先決條件。大環境要是「命亂」，再大再高的志也沒用，所以人的志要實現，一定要懂得辨識天命，明白形勢比人強，只有在「九四」的時候，才有可能實現自己內心的主張；如果是在否卦「包羞」、「包承」的時候，大環境不允許，想都不要想。

上爻：眾志成城

上九。傾否，先否後喜。

〈小象〉曰：否終則傾，何可長也？

否卦第四爻的勢頭剛剛起來，也可能跌回去，怎麼扶持它？中間還有第五爻，只有到了第六爻才算真正安全。第六爻就顯得非常重要了，我們就先講第六爻。「傾否，先否後喜」，這句話的意思很簡單，先有一段時間的「否」，後來就是「喜」，因為把否推倒了。「否」好像一堵無形的高牆，把高牆推倒了，下面進入全球化的天火同人卦，展開更大的局面，而不是回到小家子氣的泰、否輪循環。「傾否」的「傾」，在泰卦上爻是「城復于隍」的傾國傾城，是榮景的毀滅；在「否」的「傾」卻是好事，把象徵阻力的高牆推倒了，然後天下大同、上下通達、不分彼此；而「匪人」也人格提升，「不利君子貞」變成「利君子貞」。所以，「泰」的城被推倒是壞事，「否」的城被推倒，則是打破藩籬的喜事。

〈小象傳〉說：「否終則傾，何可長也？」「否」到最後一爻終於被推倒了，苦難的日子終於結束。那麼是誰「傾否」呢？是群策群力把「否」推倒，因為「上九」爻變為萃卦（下圖），精英分子集中心力、眾志成城，共同把黑暗勢力的高牆徹底推翻；所以是「九五」君位聯繫「初六」的基層民眾把「否」推倒的。可見在否卦的時候，合群最重要，國際、國內合作，通力打破上下不交的否，恢復邦國運作；其次就是「萃」，精英相聚，集中心力，改造大環境。我們看「傾」字就知道，它是人字旁，是要靠人的，否則不會自然倒。不像「城復于隍」的「城」沒有人推它，經過自然風化，突然一下子倒在城溝裡頭去。所以「泰」要下來很容易，否卦則要眾力去推，否則頑固的「否」會一直不倒。

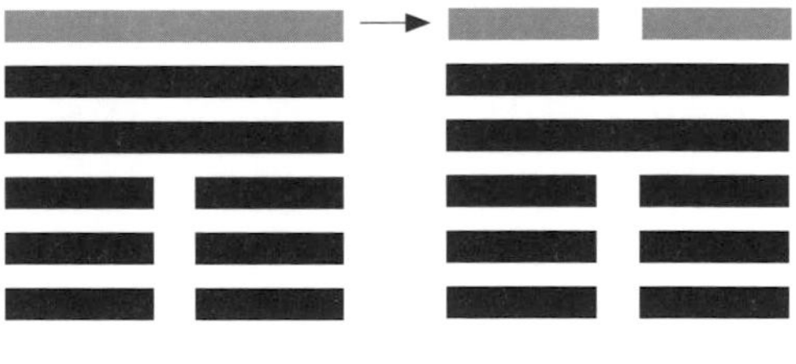

五爻：培元固本

九五。休否，大人吉。其亡其亡，繫于苞桑。

〈小象〉曰：大人之吉，位正當也。

在「傾否」之前，第五爻的「休否」之「休」也是人字旁，也得靠人們群策群力、盡力合作，才能休止否塞不通之局。此外，「休否」的「休」也是休養生息，人累了就要休息。因為否卦前面真是受苦受難，在君位的人要負責「休否」，與民休息，讓大家喘一口氣，再慢慢合力把曲線推上來。但是「九五」還不能完全確定可以把「否」推倒，「否」的勢力還很頑強，目前只是暫時休止。所以五爻還得集合初爻的力量，君民上下一心，使「否」到上爻徹底被推倒，轉危為安。也就是說，由「休否」到「傾否」，就是五爻的重責大任，只有大人才能吉。大人是很高的標準，連聖人、賢人、君子要成就這樣的大事，可能都不夠力。值得注意的是，二爻是「小人吉」，大人不吉；五爻風水輪流轉，「大人吉」，小人不吉。可見處在二爻的時候不必失望，因為將來可能會翻身，現在「吉」的小人，到五爻的時候就要抱頭鼠竄了。

但是，大人雖吉，在「九五」這個位置還是得居安思危，因為還不是絕對安全，隨時可能滅亡，所以要不斷提醒自己：「其亡其亡，繫于苞桑。」要把命運繫於像桑樹根基般叢聚相連的民間基層力量。為什麼「九五」能得到這種力量呢？就如〈小象傳〉所說：「大人之吉，位正當也。」「九五」中正，陽居陽位，當然有實力號召「初六」所在的民間基層。否卦「九五」爻變為晉卦（下圖），一個「否」，一個「晉」，天差地遠；「晉」是日出東方，否卦要翻身成「晉」，就看「九五」能否「休否」，夠不夠承擔「大人」的重任，還要特別重視培元固本的基層聯繫。

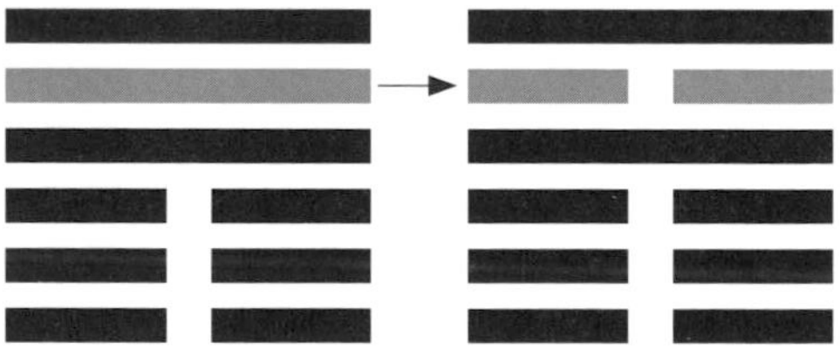

否卦　　晉卦

在〈繫辭傳〉中，泰、否二卦這麼精彩的十二個爻，孔子獨獨看重否卦第五爻，就是因為那是整個社會振興的關鍵所在。因為連泰卦那樣興盛的局面，都可能瞬間變成「否」，所以「泰」的時候，一定要想到後面的「否」，早做防範，節制無窮盡的擴張。我們看〈繫辭傳〉的這段文字：

危者，安其位者也；亡者，保其存者也；亂者，有其治者也。是故君子安而不忘危，存而不忘亡，治而不忘亂；是以身安而國家可保也。《易》曰：「其亡其亡，繫于苞桑。」

「居安而不忘危」，不能忘掉現在是安，未來可能會危。「存而不忘亡」，現在活得很好，可能千秋萬世永存，也可能永遠滅亡。我們都知道「生死存亡」，卻不知道真正的意義，要知道，「生死」是指肉身，「存亡」是指精神的永續傳承，「存而不忘亡」就是提醒我們生命與精神都可能結束。「治而不忘亂」，雖然目前國家治理都上了軌道，並不代表未來不會亂，所以永遠要保持戒慎。「是以身安而國家可保也」，若如此敬慎，個人與組織都不會有問題。「《易》曰：『其亡其亡，繫于苞桑。』」這就是說，在一個不很穩定的情況下，如何戒慎恐懼、重視五爻與初爻的緊密聯繫，免得再出問題，為什麼呢？就是因為看到太多陷入危難的公司或國家。「危者，安其位者也」，過去穩如泰山，現在危險萬分。「亡者，保其存者也」，過去認為可以千萬年不倒的，現在都滅亡了。「亂者，有其治者也」，那些陷入危亂的，都是過去自認為治理卓越的。看多了「泰極否來」的人世盛衰，當然要小心謹慎，在「泰」的時候就要居安思危，不要等到否的時候調整不及。從否卦來講，第五爻的苞桑就要把基盤紮得很穩，大風大雨怎麼吹都吹不倒，不然還可能有問題。「休否」可能只是暫時的，不可掉以輕心；是「否」是「晉」，在於是否「大人吉」，能否推出「休否」的好政策，以及重視基本面的強固。因為否卦之弱在基本，「其亡其亡，繫于苞桑」，一定要設法整合才行。

否卦「九四」補述

在結束否卦六個爻之前，我想再強調一下否卦第四爻。首先是「疇」字。《說文解字》曰：「疇，耕治之田也。」「疇」是田地，在以前的農業社會，田地界線分明，「疇」也代表產權清楚。還有，「疇」為「壽田」，說明要活得夠久才能熬到恢復生機的否卦第四爻。也就是說，一塊「田」即使現在沒法耕種，但是到了第四爻能夠重獲生機的，一定是地力保存完好、經得起風雨吹打的田，才能「離祉」。可見，「疇」的意義非常豐富。

「疇離祉」的「疇」與二爻「包承」的「承」，讓我們聯想到一個歷史人物——洪承疇，明朝的大漢奸。他跟清末的榮祿一樣人如其名，先包承，接受一些痛苦折磨，到第四爻就可以做大官。他的名字取自「否」同功而異位的二爻與四爻，先苦後升。當然，也離不開他的尊姓——洪。《尚書》有「洪範九疇」，就是箕子在商朝滅亡之後，對商朝政治所做的總結，傳給周武王。那一段因緣在明夷卦中會出現。「洪範」，即國家大法，歷久如新。從洪承疇的名字看來，他似乎頗有傳承文化的責任，其父對他也寄望頗深，希望他能夠成為治國的棟樑。但沒想到，他是換了一個朝代做棟樑，先是經不起女色誘惑，然後一副要殉國的樣子，殉國的時候還在乎衣服上有沒有灰塵，所以人家一看就知此人絕不會輕易犧牲，果然清軍入關後他就反叛明朝。

再看否卦第四爻和第一爻。第一爻是剛好要下去，第四爻是快要翻起來。

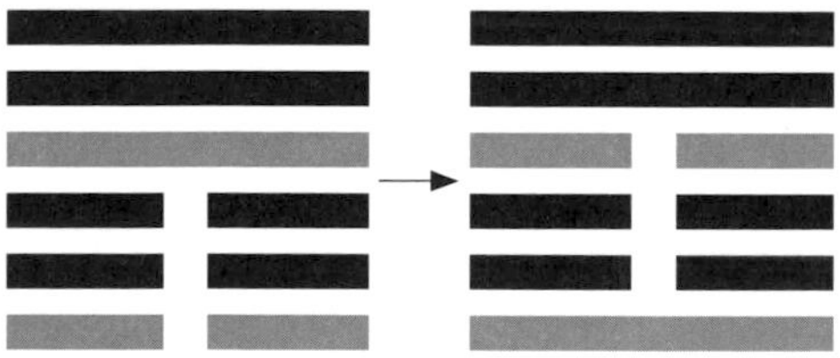

否卦　益卦

如果這兩個爻做對了，也就是懂得否卦初爻面臨開始往下掉的危機，趕快做全盤調整；然後到第四爻，熬過「包羞」，形勢要轉好了。這兩個爻一動，雖然整個環境還是「否」，但結果是風雷益的益卦（上頁圖），在否中獲益。可見，「否」不一定壞，藉著環境的「否」，依然可以大撈特撈，只是做法跟人家不一樣，要有先見之明。

再有一個卦例，這是我的一個學生，她那正處在青春期的女兒很難溝通，有不口之象，還經常搞怪，父母的話也不聽，做母親的心急如焚，怎麼辦呢？就占一卦看她未來的發展。結果是否卦的三、四、五、六爻動，點到否卦第六爻，四個爻變變成謙卦（下圖），完全不必擔心。因為她現在「否」，而且是「包羞」的階段，她也不跟你溝通，但是慢慢就不搞怪了，會「有命无咎，疇離祉」；最後就「傾否」，先否後喜，擔憂什麼呢！而且點到「傾否，先否後喜」，爻變是萃卦。四爻齊變結果是「謙亨，君子有終」。「否」會過去，後面是一片坦途，年輕人不怪怎麼叫年輕人呢？總要有一點叛逆才會成長的嘛！

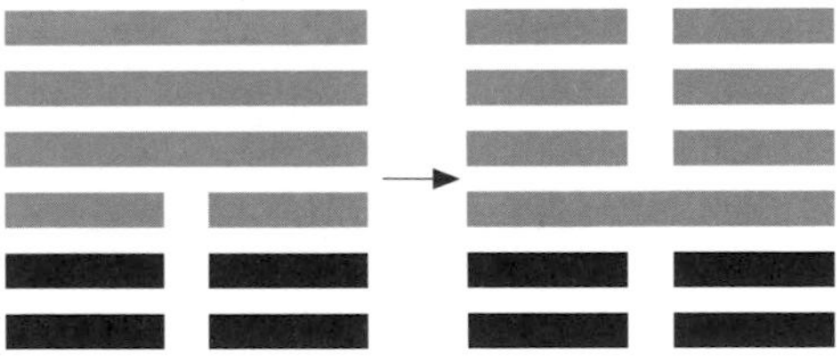

「包」——以《易經》占卦判定胎兒性別

要精確理解《易經》卦辭爻辭的煌煌巨論，確實比較困難，所以一般升斗小民要直接受用，有一定程度的困難，所以流傳到民間，往往就避開艱深的卦爻辭，直接用干支套卦，或者講五行生剋，但還是用《易經》的這些符號。像以前的人都想生男孩，一旦家裡的女人懷孕，是男是女，全家都緊張，可是在沒生之前誰也不知道，於是就想用《易經》占卦鑒定胎兒性別，像我們現在用超音波一樣，用卦的模型去看胎兒是男是女。這個做法似乎有點不道德，但現代社會觀念大改變，生男生女都一樣，做為檢測占卦是否靈驗，倒也無妨。不過經過我的檢驗，也不是百分之百精確，只是有一定統計上的正確性。以前這種鑒別男女的占卦不用看卦爻辭，直接看卦象，如果是陽包陰，大概就會生女孩；陰包陽，大概就生男孩的多。什麼叫陽包陰、陰包陽？像坎卦（䷜）就是陰包陽，外面兩個陰包著陽，是中男。像離卦（䷝）是陽包陰，屬中女。這裡講的是三劃卦，但占卦是六劃卦的概念，像復卦（䷗）、師卦（䷆）、謙卦（䷎）都只有一個陽爻，統統是陰包陽，生男孩的機會大。其實這三個卦不必看陰包陽也知道應該是生男孩，因為這三個卦上卦是坤卦（母親），下卦分別是大兒子、二兒子、三兒子。陽包陰如姤卦（䷫），生女孩的機率大。像咸卦（䷞），也是陰包陽，中間是乾，下面兩個陰爻，上面一個陰爻，生男孩的機率大。相反的，如果裡面是陰爻，外面是陽爻，不管怎麼分佈，生女孩的機率大。

《易經》中有七個「包」，姤卦三個包，蒙卦一個，否卦三個，只是這些「包」基本上是大包小、陽包陰、剛包柔，有實力的包容沒有實力的，互相提攜包容。用陽包陰、陰包陽的卦象來判斷生男生女，正確的機率並不低。不過這個方法知道就好，畢竟已經過時了。

蔣介石的河洛理數案例

談到蔣介石的河洛理數本命卦，一般人一定認為，這種大人物的生辰八字怎麼會隨便讓人知道呢？我可以確定地說，來源絕對可靠。他的生辰決定了他的先、後天本命。蔣介石的先天本命元堂是臨卦（䷒）第三爻，第三爻爻辭是：「甘臨。無攸利。既憂之，无咎。」這一爻有領袖之象，但有先天秉性上的瑕疵，需要調整。因為三爻剛好是臨卦下卦兌卦的開口，兌卦是欲望的象，臨卦第三爻這個開口就決定了蔣先生上半輩子的生命格局；年輕的時候很荒唐，縱欲過度，以致後來要承擔後果。這就是「甘臨」。「甘臨」是有問題的，必須調整才會「无咎」。他前半輩子是中華民國的領袖、國民黨主席，可是臨卦第三爻「甘臨」的因素會影響他一輩子；老了修養漸深，才能逐漸擺脫「甘臨」的影響。

而他的後半輩子就是我們今天講的否卦。臨卦第三爻是先天本命，爻變是地天泰的泰卦，再倒轉過來就是天地否，臨卦第三爻就變成了否卦第六爻。所以他的後半輩子其實都是活在「否」中，然後他是「傾否」，他不是念念不忘要反攻大陸嗎？可是他沒有完成「傾否」。而他人生的谷底——「包羞」，按他一生的故事看，人生最灰暗的低潮就是退據臺灣那段時間。從一個君臨天下的臨卦，曾經在那麼大的舞台上，後半生卻走入否卦；從「傾否」進來，然後從否卦第一爻開始一路往下掉，掉到「包羞」，然後到「有命、休否」。而實質上也沒完成「傾否」。我們發現，這樣一個人物好像也很難擺脫河洛理數的命運佈局，所以還是不能小看河洛理數。

「否」字小議

「否」這個字做為否卦的卦名，也有幾次出現在其他卦中。第一是師卦初爻的「師出以律，否臧，凶」；第二是遯卦第四爻：「君子吉，小人否。」同樣是「好遯」，結果不同，君子就吉，小人就否。在遯中還可以獲益的就是這個爻，君子遯得好，金蟬脫殼，擺脫包袱，又是一尾活龍。如果是小人，在高位庸庸碌碌，當然不可能吉。還有一個是鼎卦初爻的「鼎顛趾，利出否」，也有「否」的概念。不過鼎卦第一爻是把「否」當名詞，代表一些不通氣的、過時的殘渣。在「鼎」的時候，一個新政權建立了，先要「鼎顛趾」，把鍋裡面的剩菜倒光，刷乾淨，再放入新的佐料。這就是鼎卦改朝換代第一爻的動作，但是有一點危險，為了要把「否」倒掉，展開新的建設，就得冒險把鼎的腳移一下，就像康熙親政必先除鼇拜。這是三個關於「否」的概念。

占卦實例1：談大陸經濟二〇二五年天下第一

中國GDP超過日本，那是小事，什麼時候會超越美國，變成世界第一呢？大家都認為這是大勢所趨，只是時間問題。我曾問大陸一位教授，他的預測是在二〇二〇年，我認為不會那麼快。距二〇二〇年還有十來年，現在美國的GDP是中國的三倍半，假設要在十年內趕上，必須美國經濟不但不成長，還一直往下滑，而且一蹶不振；中國經濟一直往上走，而且幅度要大，這才有可能。當然，這是某些專家的觀點，他們掌握的資訊也比我們多，包括世界經濟、美國經濟、中國大陸的經濟實況；一方面對中國大陸的經濟有信心，對美國經濟極度不看好，這種不看好還不只是媒體所說的不看好，而是掌握到實質上的不看好。

我們曾講過，美國總統歐巴馬要在他四年任期內解決美國經濟問題是根本不可能的，後來又連任四年，若是八年內都沒有辦法拯救美國經濟，後果是非常嚴重的。現在中國政府乃至世界其他各國政府從整體大戰略的觀點來看，對美國的前景並不樂觀，因為美國沒辦法償還高達十一兆多美元的外債，加上地方政府、企業、國債，所有的債務是五十兆美元，是其GDP的三點五倍，等於二〇〇九年全世界的GDP總值，如此巨額債務，不知要多少代才還得清。金融風暴發生後，中國政府曾借債給美國，就是想幫助美國及早振興，不然以前所欠的債都無法追回。美國沒法還債，會不會耍賴、鋌而走險呢？實在沒辦法解決問題時，一個可能是挑動戰爭——當然是區域性的，世界大戰是打不起來的——因為戰爭會刺激消費。還有一個可能就是製造通貨膨脹，拼命印美鈔，讓全世界一時無法擺脫，遇到這樣耍流氓的大國就很麻煩。如果美國真這樣幹，那怎麼辦？就像中國和很多國家手上都抓了那麼多美國債，進也不是，退也不是，確實是進退維谷。

但是進退維谷也不見得是壞事，我們有《易經》的思維，遇到什麼事都不見得是壞事。從經濟的角度講，抱了一堆美鈔，真的很麻煩，拋售也不是，買更不是，可是這中間就可以轉換成其他很多非經濟的利益，例如轉換成國際政治的利益、轉換成大陸和臺灣兩岸的利益。因為美國欠這麼多債，在互相套牢的情況下，要處理世界大事，絕不敢不跟中國合作，這就是看不見的利益。然後中國政府必須另做短期、中期、長期的人民幣國際化。因此，若從人類文明的觀點看，中美互相套牢可能是好事，沒有對方的支持，在幾十年內都不要想解決世界上的任何問題，尤其是絕不可能打世界大戰或核戰。自從日本廣島、長崎挨了原子彈之後，很多人都替人類文明擔憂，戰爭武器發展到這種地步，地球隨時可能會毀滅。可是從《易經》的觀點、道家的觀點來看，核武的發明搞不好也是天賜的禮物，因為武器已經到這個地步，人類不可能用核子戰爭解決問題，一定要用別的方式，不然就是大家毀滅。所以有核武之後反而沒有第三次世界大戰的可能性，這不僅很妙，而且很吊詭。按《易經》的說法，就是「險之時用大矣哉」。現在有些國家動輒以核戰為威脅，相當程度上只是敲詐而已。

我認為二〇二〇年追上美國不太可能，但二〇二五年至二〇三〇年，中國一定會是天下第一，這是有卦象支持的，我在下文再詳細說明。但即便是那樣，問題還很多，因為中國人口太多，人均產值不好談，現在官方公佈的數字是十三億多，美國連零頭都不到，所以美國近百年的霸權也是得天獨厚，像阿拉斯加、加利福尼亞這兩個州都是便宜買來的，很多地方的資源尚未完全開發，但中國大陸很大部分的土地不是高山就是沙漠，環境很艱苦，這樣的狀況下，這麼多人口要養，居然能在短短三十年發展到目前的狀況，這已經是奇蹟了，換作別的國家幾乎不可能；至於再去算人均生產值，還不知道何年何月。所以即使超越美國，發展之路還很長。

那麼二〇二五年之前中國可不可能成為世界第一？結果很明確，不可能，它是晉卦，四爻和六爻動。整體是晉，紅日東升，但那是卦，可是四爻與六爻剛好就是上不去的象，是晉卦中的兩個罩門。晉卦第四爻是「晉如鼫鼠，貞厲」，被一隻大老鼠卡住了，上不去下不來，裡面當然有很多因素，因為老鼠貪婪，繁殖力強，就像惡的東西繁殖特別快，善的東西卻繁殖困難。在晉卦的環境中，第四爻會阻礙整個社會的前進。第四爻爻變是剝卦，這是不是意味著中國在往後的發展中會出現大批大老鼠呢？有可能，貪官污吏絕不在少數。還有第六爻「晉其角」，超過能力限制，上不去了，晉無可晉，只能回頭整頓內部。也就是說，晉卦第六爻會出現瓶頸，跟晉卦第四爻的貪腐、浪費資源有關。所以晉卦四、六兩個爻明確告知二〇二五年應該還是無法超越美國。這兩爻齊變就是要包容忍耐、順勢用柔的坤卦（下右圖），仍然不能硬碰硬，得在和諧中崛起、成長。

但是，時間再往後延五年，到二〇三〇年之前，顯然是登峰造極，中國可能成為世界第一。因為結果是艮卦，三、四、六爻動，點到第六爻，而且最後一爻「敦艮吉」、「以厚終也」，終於到達孤峰絕頂，而且實力雄厚。當然中間還有一個艱辛的攀頂過程，顯現在艮卦第三爻的「艮其限，列其夤，厲熏心」與第四爻的「艮其身，无咎」，最後達到第六爻。登頂之後，艮卦最後一爻爻變為謙卦：「謙亨，君子有終」。然後三爻齊變為豫卦（下左圖），艮卦有豫卦的象。謙卦與豫卦剛好相綜。豫卦是可預測的、熱情行動的象，叫「利建侯行師」，所以二〇二五年之後，新的世界圖景也出來了。

占卦實例2：馬英九與陳水扁的卦象

二〇〇八年總統大選，馬英九那一年的年運就是否卦第四爻。因為那時候特別費的官司還在，所以整體是在一臉晦氣的情況下，但已經發現契機了，

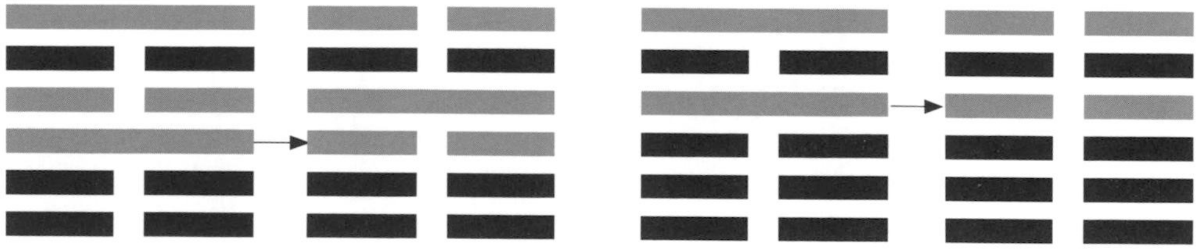

艮卦　豫卦　晉卦　坤卦

官司可能沒事，參選也有機會贏。所以熬過前面那些「包承」、「包羞」，有可能鹹魚翻身，慢慢要開始起來。一旦他成功，整個馬團隊也全部帶動上去。這是否卦第四爻的一個例子。

陳水扁在二〇〇〇年當選的時候，我占算臺灣未來四年會怎麼樣，結果就是否卦第五爻，爻變為晉卦。如果陳水扁是「大人」，重視「其亡其亡，繫于苞桑」，是可能吉的，但問題是他離「大人」的境界太遠了，那就會轉福為禍，往後的八年臺灣就得在「否」中煎熬。當時我在日本北海道跟那些WPO（世界總裁協會）大老闆們分析這個象就說，臺灣可能要做「否」四年的準備，沒想到真的「否」，而且還「否」了八年。這就是歷史的關鍵，是「否」是「晉」，要看領導人是不是「大人」？而且要看他是不是真正重視民生基本面。這也是否卦第五爻的一個例子。

二〇〇〇年三月選前幾天，宋楚瑜託友人問我總統大選的勝算，他多半已感覺到中興票券案對他不利的影響。我告知也是否卦「九五」爻變成晉卦，大人才能休否成晉，基層培固很重要。結果宋以卅萬票差距落選，未能突破否局。

二〇〇五年底周錫瑋當選臺北縣長，他決定參選時的卦象也是否卦「九五」爻變成晉卦，難道說扁、宋均非大人，而周則有大人的修為嗎？我想應該與對手有關，民進黨代表參選的羅文嘉更嫩，周遂以比較級而非最高級獲勝。

占卦實例3：二〇一〇年臺灣經濟情勢

二〇〇八年九月中，金融風暴全面爆發，我的學生林獻仁推算往後幾年臺灣的經濟情勢，其中二〇一〇年的卦象為否卦二、三、四、五、上爻動，五爻齊變成升卦。否卦「九五」值宜變，單變為晉卦之象。遇否之晉，領導人帶頭「休否」有成；遇否之升，由跌落谷底再大幅翻升，非常戲劇性呈現高成長。結果當年底結算，足足增長了百分之十多，為廿多年來最佳成績，當年中兩岸簽訂ECFA，加強經貿交流，應該也是重要原因。

通志成務——同人卦第十三（䷌）

「大同世界」的理想

經歷「泰極否來」那個大環境、大形勢錯綜複雜的盛衰循環後，就是「同人」、「大有」的世界了。這是天地大變化之後呈現的全新思維。這個理想的思維模式至今已有數千年歷史，一般人耳熟能詳的是在《禮記・禮運大同篇》中大約百來字左右的一小段文字，相傳是孔子所述：

> 昔者仲尼與於蜡賓，事畢，出遊於觀之上，喟然而歎。仲尼之歎，蓋歎魯也。言偃在側曰：「君子何歎？」
>
> 孔子曰：「大道之行也，與三代之英，丘未之逮也，而有志焉。大道之行也，天下為公。選賢與能，講信修睦，故人不獨親其親，不獨子其子，使老有所終，壯有所用，幼有所長，鰥寡孤獨廢疾者，皆有所養。男有分，女有歸。貨，惡其棄於地也，不必藏於己；力，惡其不出於身也，不必為己。是故，謀閉而不興，盜竊亂賊而不作，故外戶而不閉，是謂大同。今大道既隱，

天下為家，各親其親，各子其子，貨力為己，大人世及以為禮。城郭溝池以為固，禮義以為紀；以正君臣，以篤父子，以睦兄弟，以和夫婦，以設制度，以立田里，以賢勇知，以功為己。故謀用是作，而兵由此起。禹湯文武成王周公，由此其選也。此六君子者，未有不謹於禮者也。以著其義，以考其信，著有過，刑仁講讓，示民有常。如有不由此者，在勢者去，眾以為殃，是謂小康。」（《禮記‧禮運第九》）

孔子參加一個重要祭典之後大發感慨，學生言偃（子游）因此發問，於是觸發孔子這一段關於「大同世界」的理想談話。這短短的一段文字涉及到文化、政治、經濟各個層面，是孔子對整個人類文明發展的理想憧憬，除了對過去兩千五百多年的中國文化形成深刻的影響，肯定也會影響未來的中國文化、甚至是全人類的文明發展。

這個理想提出來後，雖然很難做到——別說過去沒法做到，就是現在也還差得很遠，未來能實現多少依然是未知數。但因為有這樣一個崇高的理想，人類的文明發展遂有了一個強大的動力，只要是人，人同此心，心同此理，都會受到激勵，一步一步改善不夠圓滿的現實世界，向理想社會邁進。也就是說，大同世界的理想揭示的是持續性的、永久性的世界和平，只要是人，不管屬於哪個國家、民族，或者信仰何種宗教、居住在不同的地方，都是平等的；只要同樣是人，不管他的社會地位是貧、是富、是男、是女、是老、是少，他的尊嚴、價值都是相同的，他應該享有同樣的基本人權。人類社會將永恆朝向合理的、溫暖的方向努力，沒有強淩弱、眾暴寡，更沒有種族歧視、男女不平等。

〈禮運大同篇〉出現在十三經的《禮記》之中。嚴格講，《禮記》不是「經」，它最早是「傳」。真正的《禮經》是由「三禮」組成的。首先是《儀禮》，對現代人來講，大概知道怎麼回事就可以了，不必下工夫研究，因為其中講的都是周朝當時的禮法制度，很多是早就過時的東西，僅僅做為歷史文獻被保存下來。

其次是《周禮》，也稱《周官》。一個國家的政治、經濟、文化等都需要國家以公權力建立制度，並執行監督與維繫之責。政治制度是基本架構，其根源則是文化理想；像「為政以德」，就是希望藉著公權力的強制性進行公共建設，為民造福。《周禮》是一部神秘、難讀的書，一般認為是假借周朝的名義所作，但它顯然是一部針對未來要構建一個理想社會所做的虛擬計畫書，像《易經》一樣對未來提出看法。就像《春秋》所說的，不管什麼樣的社會理想，最後還是得靠建立制度來落實。《周禮》這部書就是在制度上呈現《易經》與《春秋》的理想，裡面也是充滿象徵意義，並非真實的歷史記載。即使現代也是一樣，假使要實現世界大同的理想，那麼要如何重整國際社會？權力資源如何分配？一定要落實成制度的設計。尤其現在全世界有六、七十億人口，地球都快擠爆了，不可能只靠一個觀念、一個理想，一定要建構一個可讓全人類休戚與共的制度。可見，《周禮》這部書是很有前瞻性的，而且組織嚴密、考慮周延。但它就像《易經》、《春秋》一樣，一般人很難讀得懂。

第三就是《禮記》。這是大家比較熟悉的，內容非常豐富，其實它原本是《儀禮》的「傳」，主要是用一篇一篇的「傳」來解釋說明《儀禮》這部書。《四書》裡的《中庸》、《大學》這兩部書本來就是《禮記》裡面的篇章，因為很精彩，所以後來把它們獨立出來，跟《論語》、《孟子》

結合成《四書》。《禮記》除了解釋周朝及其前代在制度層面的精義，也有對未來的憧憬，最具代表性的就〈禮運大同篇〉。短短一百多字所訴求的理想，卻引領著歷代中國人不斷朝向這個理想的文明社會驅進，對中國文化的影響很大，未來對世界文化也肯定有非常重要的影響。

〈禮運大同篇〉用一百多字談完「大同世界」的理想之後，接著就講小康之世的「家天下」。這是指夏、商、周之後父子相傳的社會型態。雖然與人人平等的大同社會還差得很遠，但基本上還算是不錯的，像商湯、周文王、周武王時代，國家富強，百姓康樂；即使在過去幾千年歷史上，能達到小康社會的也是寥寥可數。而這些擁有太平盛世的小康社會，因為王朝制度基本上也是為了一家一姓、一個政權的利益設計；這樣一來，就會促使人們反省，對於「家天下」的小康之世有所不滿。因為一個朝代的創建初期可能還不錯，大概兩三代之後就開始墮落，搞得民不聊生，然後又得重啟刀兵、革命流血。如此不斷改朝換代，社會問題永遠存在。如果是「大同」社會，就不會有這些問題。所以在兩千多年前《禮記・禮運大同篇》真正值得談的「大同」只有百來字，而對「小康」的敘述則有近兩百字。這是用理想社會與現實社會兩相對照，以不斷刺激後代做深刻的反省，激勵人們一代接一代繼續努力，永遠朝向「世界大同」的理想挺進。

《禮記》一書，尤其是〈禮運大同篇〉可能要到西漢初年才結集完成，距孔子的年代不算太遙遠；但是《易經》的同人（䷌）、大有（䷍）兩卦，從伏羲畫卦開始就有了，可謂年代久遠。就是從經文來講，也絕對比〈禮運大同篇〉早。而且同人、大有二卦的思想與〈禮運大同篇〉根本就是一回事；同人卦的「同」，大有卦的「大」，合起來就是「大同」。可見〈禮運大同篇〉肯定是源於《易經》同人、大有二卦。

要瞭解同人、大有，只需把兩卦的先後因果與一體兩面的性質，用最簡單的辦法串起來就知道了。只要同樣是人，理應大家都有，這就是「同人」、「大有」。人同此心，心同此理，每一個父母都愛子女，大家都希望和睦相處；只要是人，都有這樣的想法，而且不管膚色、種族、血統，人人平等，大家都有。佛教傳到中國之後講得更透徹了，像「眾生皆有佛性」，也是「同人、大有」。佛與眾生一樣，迷惑的時候你就是眾生；徹悟了就是佛。所以任何人都有與生俱來的良知良能，在這一點上絕對平等；至於後天修不修，才是決定你最後的結果。也就是說，眾生都有佛性，可是眾生不一定都能成佛。像西方的民主思想「天賦人權」，人人都有人權，生而自由平等，可是你要是不努力奮鬥爭取，這些權力也不會白白送給你。

不僅〈禮運大同篇〉的定名直接從同人、大有二卦而來，思想內容的文字敘述，包括分析「小康」的弊端，在同人、大有的卦爻辭、卦爻象，也都找得到百分之百的對應。可見，《易經》做為中國文化最深厚的源頭，確實不假；「大同」這個人類社會的終極理想，就是源於《易經》這兩個卦。

「同人」、「大有」的王道思想

同人、大有二卦相綜，是一體兩面。要瞭解這兩個卦，還要連合前面的泰（䷊）、否（䷋）二卦，以及後面的謙（䷎）、豫（䷏）二卦，才能前後貫串，把發展脈絡搞清楚，不會造成誤讀、誤解。我在前面提到過，大同社會的理想一定要落實到制度面，這就是「禮」，也就是履卦（䷉）的「履」。因為人不可能靠想法來管理社會，一定要依照典章制度來履行理想（「履以和行」），並保障大家的和諧（「履和而至」），才不會總是踩到「老虎尾巴」，製造殺戮爭執。「禮運」的「運」就告訴我們，一個制度「不可為典要，唯變所適」，最後的目標一定是「大同世界」。像宗教談的極樂世界或地上天國，即使未曾真正落實，可是理想很重要，絕不要輕易放棄。就好比永遠有地獄，地藏王菩薩永遠不能成佛，但那種理想的驅動力，能讓我們往「止於至善」的方向不斷改進。這和《易經》的既濟卦（䷾）、未濟卦（䷿）也有關。這種生生不息的力量使我們對於崇高的理想心嚮往之，也激發我們不斷地改進、追求，不斷地努力。

人類在經歷兩次世界大戰之後，痛定思痛，遂創立了聯合國，這是地球上首次為了和平的目標而成立的機構。但是自聯合國建立以來直到現在，居於世界領導地位的美國仍然不脫爭霸的思維。最早在聯合國大廈前樹立的紀念碑，碑文就是〈禮運大同篇〉敘述「大同」理想那段文字。可見大家都不希望發生戰爭，希望人間社會可以脫離弱肉強食的霸道，轉向眾生平等的王道。「同人」、「大有」就是王道；之前的師卦、比卦，一為軍事、一為外交，仍然是以大國強權為主導的霸道。由霸道變王道，那可是脫胎換骨、天翻地覆的變化；師卦（䷆）六爻全變就是同人卦，比卦（䷇）六爻全變就是大有卦。由師、比的霸道經過六爻全變的錯卦而為代表王道的同人、大有，中間既有「密雲不雨」的小畜卦、「履虎尾」的履卦，又有「泰極否來」天旋地轉、乾坤大挪移的劇烈震盪。嚐盡這四個卦的痛苦教訓之後，透徹了悟師、比爭霸不能解決人的問題，然後才轉換到一個新的思維，描繪出新的遠景藍圖，那就是「同人」、「大有」。如果「同人」、「大有」都做到了，那麼地球上的問題、人類的問題，真的就都解決了嗎？那麼，《易經》寫到這兩個卦，豈不就可以結束了？沒有的事！「同人」、「大有」主要是處理人與人之間的爭戰、凌辱、欺壓等問題，人的問題處理完了，還有人與自然的問題、人與天地鬼神、歷史文化的問題。人不是宇宙中唯一的存在，還有天地萬物，人與自然的關係處理不好，就會造成生態浩劫，人類就有毀滅的危機；自然資源一旦過度開採，必將後患無窮，這些問題在二十一世紀就已經迫在眉睫了。所以，人必須和宇宙萬物保持平等互動，那就是隨後的謙卦所要解決的問題。「謙」為「言之兼」，人類的立言、主張，不能只考慮人的利益，人以外的其他眾生，還有萬物共同居住的地球生態，以及歷史文明的傳承保護等，都是不容忽略的工作。

「同人」、「大有」解決了人的問題，下面還要處理宇宙間其他物種的均衡關係，這就是謙卦所要做的。我們一再強調六十四卦中最圓融、和諧的就是謙卦，因為它是以和平、謙虛的態度，面對宇宙中的未知；兼顧各方利益的均衡，使宇宙萬物得以和諧共存、永續經營。所以謙卦的卦、爻辭非吉則利，是必得善終的卦，道理就在這裡。其他包括乾、坤兩卦在內，都有不圓滿的缺陷；天地都有不圓滿，可是人一旦進化到具有謙的心態，不但人與人之間，而且人與天地鬼神之間，都是和諧體。另外值得一提的是，謙卦是《易經》第十五卦，按照《易經》的理氣象數，「十五」就是「九宮數」（下圖）（從一到九的自然數，不論從直的、橫的、斜的，總和都是十五）。也就是說，不管從什麼角度去衡量，都是平等均衡的。謙的思維深刻影響中國文化的主體——儒、道兩家，儒家孔子講「溫、良、恭、儉、讓」，道家老子講「夫唯不爭，故天下莫能與之爭」，這都是謙的思維。

四	九	二
三	五	七
八	一	六

九宮圖

大致瞭解「同人」、「大有」的前後卦序，我們就比較清楚他們之間的關係。為什麼「否」結束後不是回到「泰」，而是進入「同人」？因為它的視野更開闊了，畢竟泰、否還是區域性的，從經濟的角度來講，一個區域性的經濟格局比較小，無法伸縮自如，可能會繁榮，也可能衰退；同人、大有的格局是用全球化的基礎調控平衡，容量幾乎是無限的，它就不會出現泰、否天堂地獄般的劇烈震盪。我們現在勉強用所謂的「全球化」來描述這個理想世界，但實際上眼下我們所處的世界，是西方標榜的全球化，根柢上還是霸權，與「大同」那種濟弱扶傾、人人平等的大同世界並不是一回事；但在框架上，尤其在全球經貿上，已經是息息相關的地球村。現在全球任何一個地方的變化都會影響全局，如何維繫和平、沒有殺戮的全球秩序，可以從同人、大有去理解。我們發現，這個觀點歷久彌新，越來越重要；尤其二〇〇八年的金融風暴又提供了一個血淋淋的教訓，越來越多人對未來感到茫然。而美國總統歐巴馬也完全如我們所預期的，支持率直往下掉；他不但無能解決美國經濟問題，其他問題也一籌莫展。因此，高瞻遠矚、思慮周全的王道思想，就更為切合當前時代之所需了。

「禮運大同」的闡釋

「大同」在聯合國大廈的碑文中被譯成「最大的和諧」，可見外國人對此概念也不陌生。那麼「大同」到底講什麼東西？我們先從〈禮運大同篇〉的文字進入。

大道之行也，與三代之英，丘未之逮也，而有志焉。大道之行也，天下為公。選賢與能，講信修睦，故人不獨親其親，不獨子其子，使老有所終，壯有所用，幼有所長，鰥寡孤獨廢疾者，皆有所養。男有分，女有歸。貨，惡其棄於地也，不必藏於己；力，惡其不出於身也，不必為己。是故，謀閉而不興，盜竊亂賊而不作，故外戶而不閉，是謂大同。

「大道之行也」，是講堯舜的禪讓；「大道」就是指「天下為公」。「三代之英」指夏、商、周，是典型的家天下，與「大同」有天差地遠之別。「英」就是表現不錯的現世英雄，指夏禹、商湯、周文武等開國之君，是小康的觀念。「大道之行」是講「大同」，「三代之英」是講「小康」，怎麼會混為一談呢？這就涉及到過去在經典傳承上的一些爭議，以為「三代之英」就是最好的，看不到還有「大道之行」這個最高遠的目標。「丘未之逮也」，孔子說，他沒有趕上那個好時代。當然沒有趕上，從夏禹到孔子約有兩千年之差。「而有志焉」，孔子的「志」，就是希望破除「家天下」的格局，革故鼎新，再回到「大道之行」的理想社會。

這個文本傳到後世，很多人無法接受這種跟當世政治利益徹底衝突的說法，所以在「三代之英」前面，加上一個「與」字，說孔子既有志於「大道之行」，又有志於「三代之英」，這不是思想混亂嗎？完全扭曲了孔子的原意。

後面的「大道之行也，天下為公」，證實「與三代之英」的「小康」絕不是「天下為公」，而是「天下為家」。「選賢與能，講信修睦」，「與」即「舉」；「賢」是有眼光、有智慧、有德行，適合做最高領導人，但不見得一定是哪方面的專家；「能」才是某方面的專家，他有某方面的才能，但未必有整體大局觀。「賢」要從眾人挑選，就像堯把舜挑選出來；「能」是舉用出來的，由「賢」去尋找有能力執行政務的人才；用現代說法，就是不一定透過民選，而是由領導人直接拔擢。值得注意的是，「選賢與能」的「與」字千萬不能當做現在的「與」字來講。在古文中，「與」跟「舉」相通，所以是「選賢舉能」；「賢」是要選的，「能」是要舉的，而不是「選用賢人和能人」，這樣就混淆了「賢」跟「能」的差別。「講信修睦」，這句話在大有卦中有充分的體現。不但要「講」，還要「修」，要知道人跟人和睦相處還容易，國跟國的相處就不那麼容易了。

「故人不獨親其親，不獨子其子」，這是「同人」的概念，只要是人，都一視同仁。每個人都「親其親」、「子其子」，那是不行的；你自己的小孩是寶貝，別人的小孩就可以打了？「使老有所終，壯有所用，幼有所長，鰥寡孤獨廢疾者，皆有所養」，這是「大有」的概念。「老有所終」，一個社會絕對要有養老的機制，不會讓人老來生活無著；「壯有所用」，好的社會體制可以讓每個壯年人發揮所長、盡力貢獻。「幼有所長」，說的是教育，讓孩童有最好的成長環境。下面馬上就講到弱勢族群了，就是鰥夫、寡婦、孤兒、老而無子者和身心障礙之人都可以得到妥善照顧。這就是「大有」。不僅考慮不同年齡層的安置，也考慮到性別平等：「男有分，女有歸。」男也有，女也有，這就是「大有」。只要「同人」就應該「大有」。關於「男有分，女有歸」，很多人誤解為：男人都有本分的工作，女人都能嫁到好丈夫；也有解釋成：「男人都有職業，女人都有歸宿」，這都錯了。其實「男有分」的「分」是「半」的意思，也就是「秋分、春分」的「分」，男人是一半，代表不完整。因為一個理想社會男人是一半，女人是另外一半，要歸於這一半，才能結合成圓滿的「一」，陰陽和合，剛柔互濟。換句話說，孤陰不生，獨陽不長，男人再怎麼事業成功，你只是一半，還需要另一半才能結合為完整的「一」，這就叫「男有分，女有歸」。這是講兩性平權，你一半我一半，缺了誰都不行，男有女有，同人大有。

接下來是「貨，惡其棄於地也，不必藏於己」。所有的資源、錢財都要充分運用，不要輕易浪費，更不要找什麼保險箱藏起來，因為還有很多人需要。這也是大有卦的一個爻。「力，惡其不出於身也，不必為己」，如果一定要為我自己的利益才肯出力，這個社會不就完蛋了嗎？有錢出錢、有力出力，你今天幫助那些無法照顧自己的人，在很多方面，你也要仰賴社會體制的照顧。所以對於「貨」跟「力」，就是出錢、出力的觀念；己欲立而立人，己欲達而達人，行有餘力，就要設法幫助人家。

如果這些都做到了，「是故謀閉而不興」，種種陰謀算計都被遏止了，人們不會一天到晚使壞心眼，因為社會不允許，行不通。「盜竊亂賊而不作，故外戶而不閉，是謂大同」。到此為止，有關「大同」的闡述完成了。關於「盜竊亂賊而不作，故外戶而不閉」的解釋，也存在很多誤區，以為「大同社會」真是好，路不拾遺，夜不閉戶。其實這裡的「盜賊」不是指社會治安良好而沒有小偷、強盜，〈繫辭傳〉講「作《易》者其知盜乎」，「盜」的含義很廣，說的是欺世盜名、大盜盜國等偽善群體。這種人在大同社會是絕對要揭穿的，因為這些人假冒偽善，實則掠奪，都是冠冕堂皇的負面人性。也就是說，陰謀、偽善在大同世界是行不通的，因為大家都有足夠的智慧，不會被迷惑。可見，孔子講的亂臣賊子才是「盜」，如果是指社會治安的層次，未免格局太小。至於「外戶而不閉」，若說是家門不必關起來，那更是笑話。「外戶而不閉」的概念也出現在同人卦中，指的是門戶開放，不要鎖國，要全球化；只要同樣是人，都可以平等往來，進行文化貿易交流。

「大同」講完之後講「小康」，小康社會是實際存在過的。在過去幾千年，甚至到現在，一般人的心態都還停留在「小康」，真正的「大同」則還是未知數。

從「民族、族群」論同人、大有卦

從同人到大有，首先必須突破狂熱的民族主義藩籬，因為民族主義認定「非我同類，其心必異」；這並不是人類文明發展的終極境界，所以當今世界不同族群之間的矛盾衝突仍未停止。倘若無法打破這個疆界，人類文明是沒有前途的。但直到目前為止，要跨越民族主義的限制仍有許多困難，因為它充滿感性的魅惑力，是沉積在血液裡的力量。我們講過，民族與國家不一樣，民族是長期自然形成的；國家的形成則與師卦、比卦的武力、外交斡旋有關。因此，世界主義絕不可能一步到位，要跨越民族主義是最艱難的階段。即使到了同人卦還是刀光劍影，必須到大有卦才會硝煙散盡、聞不到火藥味。

也就是說，由同人到大有，在同人卦的時候，還是充滿舊思維、舊習氣，還有自私自利、企圖爭霸的念頭，唯我族類至上，把別的族群視為寇仇。這一點就說明，大同社會光靠熱情是不行的，需要用理性的態度超越族群觀念，否則只是空談。所以，同人卦還有好多矛盾要突破，不能用師、比二卦那種武力霸道的思維；要講王道，就得從同心圓的小圈子一步一步往外擴充，然後進入大有的世界主義。同人、大有雖是一體兩面，還是有先後程序，絕對不要小看族群問題、民族問題，要尊重這個實際狀況，又要瞭解其非理性的不足之處。

〈序卦傳〉說「同人、大有」

〈序卦傳〉說：「物不可以終否，故受之以同人。與人同者，物必歸焉，故受之以大有。有大者不可以盈，故受之以謙。」「物不可終否，故受之同人」。自「傾否」之後，「匪人」世界被摧毀了，取而代之的就是「同人」。只要是人，都要將心比心，站在平等的立足點上。而且要擴大心胸，往來的對象也不要局限在一個小區塊裡。「與人同者，物必歸焉」，如果能真正發展眾生平等的和諧關係，那麼這樣的人、這樣的主張，一定會吸引豐沛的資源。因為和平、沒有衝突的環境，自然會形成充滿吸引力的聚寶盆效應，所有的資源都會集中過來。「故受之以大有」，百川匯海，自然能成其「大」。「大有」有均富之義，不但富，而且均衡，大家都有，就不會引起爭鬥。如果一個社會貧富差距幾十倍、上百倍，這個社會能夠不啟爭端嗎？

「富有之謂大業，日新之謂盛德」，「均且富」本來就是要追求這種局面。值得注意的是，「大有」不是均平，不只強調「均」，還要強調「富」。均平是強調均，別人努力奮鬥的成果大家平分，這不合人性。均富是合理的生產和分配，還是有差距，但絕對有基本的保障制度，不會太離譜。「均且富」才能消弭爭端，取代師卦、比卦用武力、強權解決人際紛爭。這是「同人」、「大有」的卦序由來。但是下面這句話就有語病——「有大者不可以盈。」一般人讀來，就會對大有卦生出誤解。按這句話的邏輯，你是「大有」，擁有豐厚的資源，絕對不可以驕傲自滿。看到沒有，這句話用「有大」來解釋「大有」，意義就差之千里了。「大有」是大家都有，「有大」是我擁有廣大的資源，這還得了！這就會引發人自私自利、想要成功、發達，然後擁有豐厚資源的心態。接著又說，「有大」的人不能驕傲，「故受之以謙」。〈序卦傳〉的作者可能是為了用最簡短的文字把「大有」轉到「謙」，所以才這麼講，可是這麼一來，就跟「大有」的本意完全脫節了。

「大有」可以確保大家都有，不是專指哪一個人、哪一個組織有，所以「大有」絕不等於「有大」。甲可以「有大」，乙也可以「有大」，男女老少、鰥寡孤獨廢疾者都可以「有大」。而「大有」也不僅僅是講這些，還要擴充到處理人與天地、自然、鬼神的和諧互動，那才是《易經》追求的圓滿境界。所以〈序卦傳〉這句「有大者不可以盈」不僅講得淺，而且有誤導的可能，使很多學《易經》的人以為，大有卦是一陰擁有五陽，其實是錯誤的。大有卦的卦象是上火下天（䷍），一陰代表上卦離卦的光明中心為大家所共有，陽光無私地普照眾生。所謂的一陰擁有五陽，還跑出一個女強人管五個男人這種說法，這是走「有大」的偏鋒了，完全是控制思想在作祟，是錯誤的說法。

〈雜卦傳〉說「大有，眾也；同人，親也」，重點是「親」與「眾」。「眾」是資源雄厚，眾人都有，眾生皆有，不是寡頭壟斷。「親」是四海之內皆兄弟，老吾老以及人之老，幼吾幼以及人之幼，這就是同人卦的理想。

同人卦卦辭

同人于野，亨。利涉大川，利君子貞。

我們看卦辭。同人卦也是卦名與卦辭不分，「同人于野」，「同人」是主動詞，提醒你要跟

「野」「同人」。地廣人稀的地方屬於「野」。也就是說，不只是在都會區或郊區，只要有人煙的地方，都要和平相處，不會發動戰爭，這就是「同人于野」。像我們交朋友，只要是地球上、甚至是外太空，都要無遠弗屆、一視同仁，伸出友誼的手。為什麼要「同人于野」呢？因為否卦的時候已經否定「同人于朝」，一天到晚拍馬屁，專門跟有權有勢的既得利益群體交往，結果就會「否」。只有「傾否」之後，人與人之間才能建立平等、寬容、和諧的關係。孔子曾說「禮失而求諸野」，因為在朝的人同流合污，禮崩樂壞，在野的人依然保留高尚的節操，遵守君子之禮。所以「同人于野」是把和平普及到基層，這才是真正的和平。

既然是「同人于野」，不管到哪裡都是「亨」；五湖四海，處處亨通，當然就「利涉大川」，即使飄洋過海也敢去。從佛教修行的觀點看，就是般若波羅蜜，佛要渡人，管你是總統、皇帝或平民百姓，一視同仁，都能渡彼岸。「同人」處理得好，就可以度過一切重大險難，也可以「利君子貞」，利於君子固守正道。就像全球自由貿易時代來臨，沒有貿易壁壘，沒有歧視，當然「利君子貞」，徹底顛覆否卦的「不利君子貞」。人與人之間不必像否卦那樣互相猜疑，正派經營的君子重獲出頭之日。

同人卦〈彖傳〉

〈彖〉曰：同人，柔得位得中，而應乎乾，曰同人。同人曰：「同人于野，亨。利涉大川。」乾行也。文明以健，中正而應，君子正也。唯君子為能通天下之志。

進入同人卦的〈彖傳〉，我們先看第一句：「同人，柔得位得中，而應乎乾，曰同人。」這是分析卦的結構，一陰五陽，與師卦、比卦的一陽五陰正好相反。同人卦的主爻當然是唯一的陰爻「六二」，大有卦唯一的陰爻剛好是君位的「六五」。同人卦是「柔得位得中」，因為「六二」中正，而且是唯一陰柔的爻，處於下卦離卦的文明中心，象徵在同人卦文明剛剛萌芽時，內卦的在野菁英在民間壯大，並發揮影響力。若要影響到在朝的執政者或社會高層，那要等到大有卦才有機會；那就是象徵離卦的人性光輝從下卦進入上卦，從人的內在思維普及到治國、平天下的制度面。可見，象徵光明的離卦，在同人卦還在內卦，到大有卦才發揚光大成為外卦。上卦乾卦代表天道、自然，離卦代表人所創造的文明；所謂「天火同人」就是天人合一，人所創造的文明完全吻合天道自然，人的做為沒有偏離乾卦的天理。只是在同人卦的時候這一點還不大明顯，只能在內、在下、在基層發光；必須到大有卦才能完全外顯，成為主導社會發展的律則。

另外，從八卦方位來講，乾卦與離卦是一體一用，先、後天同位。先天八卦是乾南坤北，後天八卦則是離南坎北。以後天八卦的用來講，離卦的位置在南，即為光明方；以先天八卦的體來講，乾卦的位置也在南方，故先、後天同位，體用合一，融合得特別好。同人、大有二卦同樣也是一體一用，先、後天同位。「地水師」與「水地比」為什麼是霸道？因為坤卦講現實形勢下的廣土眾民，有可能先迷，有可能東北喪朋而互相衝突，甚至還可能龍戰于野，發生流血戰爭。坎卦就更不用講了，坎卦在北方，陰寒、險詐，代表人心的險惡。兩者都是先後天同位，體用合一，一個是從坤卦出發，可能的表現就是坎卦的險詐；一個從乾卦的天理出發，可能的表現就是離卦的光明。這一點在講乾卦〈文言傳〉就已經提過。上經從乾、坤開始到坎、離結束，即從「體」開始，到

「用」結束。「本乎天者親上」，是講離卦；「本乎地者親下」，是講坎卦。所以「水流濕，火就燥」，水往下，火往上。

「六二」「柔得位得中」，居下卦離卦之中；「而應乎乾」，是指「六二」與君位「九五」陰陽相配、剛柔互濟，格局好極了。所以「六二」的智慧與「九五」君位的陽剛力量是互相呼應的，「九五」接受「六二」的理念；從爻來講，就是「六二」跟「九五」相應與。但是「六二」還有一個特殊性，就是「一家有女百家求」，既然是唯一的陰爻，那麼所有的陽爻都對她有興趣。既然「九五」與「六二」相應與，關係好得不能再好，這樣一來，夾在中間的「九三」、「九四」就起了壞心眼，要搶「老闆的女人」，不然讓他們上哪裡去找女人呢？這就暗含刀光劍影，可能會掀起紛爭；尤其「六二」與「九三」、「九四」、「九五」組成的卦中卦是天風姤（䷫）。同人之中有姤卦的象，不期而遇，關係複雜，紛爭此起彼伏。

由此可知，「六二」「應乎乾」，做為唯一中正的陰爻，充滿開發的可能性；除了「九五」，其他的陽爻也對她動了心，於是就有紛爭的可能。但因為「九五」跟「六二」的關係非同一般，即使「九三」、「九四」意圖橫刀奪愛，也不一定能成功。那麼，「應乎乾」，狹義來講是代表「九五」，中義來講是代表上卦乾卦，廣義來講代表所有的陽爻都想跟唯一的「六二」發生關係；做不做得到先不管，至少都會動心，這就是同人卦要處理的問題。也就是說，這種文明是不是真能被大家接受，資源能否共用？這種結構就是「曰同人」。「曰」是鄭重其事告訴你這種狀況叫「同人」。就像「曰小畜」，是告訴你現在是「密雲不雨」、夾縫中求生存、以小博大的狀況，把現實狀況分析給你聽，提醒你不要搞錯。

「同人曰：『同人于野，亨。利涉大川。』乾行也。」同人卦的下卦為離，這說明文明的普世價值已在人心，可是他還在民間，所以他一定要說服當權的乾卦接受他；因為真正有行動能力的不是離卦，而是上卦、外卦的乾卦。乾卦自強不息、勇猛精進，所以真的要「利涉大川」，還得「乾行也」，不能靠下卦離卦的民間理念，必須獲得公權力的支持。譬如沒有漢武帝的旨意，就不會在秦始皇「焚書坑儒」之後推行文化復興；沒有周文王，《易經》也不會成為顯學。「乾行也」，說明在內的文明思想要往外推廣實踐；上位者需要離卦的智慧，在野的人更需要有實權的人接受離卦的文明理念，才能把王道政治推行出去。孔子、孟子沒能大行其道，就是因為「乾」不行；梁惠王、齊宣王沒有成為王道理念的「同人」，就無法創造「大有」的恢弘格局。

「文明以健」，內卦文明，外卦健行。「中正而應」，「九五」中正，「六二」中正，兩者相應，各種因緣具備，才能「利君子貞」，實現王道政治的理想。「君子正也」，「正」就是「貞」。到此為止，把卦辭解釋完了，最後一句是：「唯君子為能通天下之志也。」〈繫辭傳〉也有類似的句子：「唯深也，故能通天下之志；唯幾也，故能成天下之務。」「唯君子為能通天下之志」，「通天下之志」談何容易？人各有志，每一個人愛自己的子女，都不願意自己的子女上戰場；還有外表、膚色、語言、宗教信仰、生活習慣都不同，大同社會要怎麼同呢？所以一定要找出「人同此心，心同此理」的人性基本面。人性不管如何發展，只要是人，一定都有共同點，如惻隱之心、羞惡之心、辭讓之心；全世界的兒童都有很多共同點。挖掘到最深的地方，建立共識，就可以超越表面的不同。既然大家都有共識，像沒有人喜歡戰爭，那麼和平就是核心的共同點。「通天下之志」，只有「君子貞」，君子才能辦到，這就是同人卦。「唯君子為能通天下之志」，不要老是想著大而無當的東西，很多事情都要通天下之志，有了群眾基礎，想辦的事情才能辦妥；不然只陷於一個小眾族群，你的格局就很有限了。如果能通天下之志，你的產品、你提供的服務，就可以通達全世界，這就是本土化與國際化的區別。關鍵就是如何超越外表的不同，建立事業規模、市場格局。政客也是一樣，想要當選，不能只訴諸狹窄的支持群眾，一定要找不同族群、不同年齡、不同性別的人，他們共同支持的是什麼？想藉由你的執政來實現，你才能高票當選。

同人卦〈大象傳〉

〈大象〉曰：天與火，同人。君子以類族辨物。

「天與火，同人」，這說明〈大象傳〉做為寫得最早的〈易傳〉，其修辭是高度精準的。它沒有說「天在火上」，也沒有說「火在天下」，而是水乳交融，打成一片。「天與火」，根本不能分開。乾卦代表的天理與離卦代表人所創造的文明價值完全合一，人行天道，人人都可以參與，不分上下。這就是「同人」的象，文辭簡練而優美。

關於「與」字，在有名的「孟子見梁襄王」那一段也提到過，跟「同人」的思想有關。我們來看看：

孟子見梁襄王。出語人曰：「望之不似人君，就之而不見所畏焉。卒然問曰：『天下惡乎定？』吾對曰：『定於一。』『孰能一之？』對曰：『不嗜殺人者能一之。』『孰能與之？』對曰：『天下莫不與也。王知夫苗乎？七八月之間旱，則苗槁矣。天油然作雲，沛然下雨，則苗浡然興之矣。其如是，孰能禦之？今夫天下之人牧，未有不嗜殺人者也。如有不嗜殺人者，則天下之民皆引領而望之矣。誠如是也，民歸之，由水之就下，沛然誰能禦之！』」

梁襄王是梁惠王的兒子，孟子跟他初次會面後就批評他沒頭沒腦，「望之不似人君」，對他十分失望。因為梁襄王劈頭就問孟子：「天下惡乎定？」戰國時代，大家都想掃平群雄，統一中國，什麼時候才能天下安定呢？孟子就說：「定於一。」這個哲學名詞一下就把梁襄王考倒了，他把「一」想成了霸道的統一。其實「人同此心，心同此理」的「一」，講的是王道，梁襄王卻想成了霸道，而且還想「誰能一之？」他大概很希望孟子給他加持，孟子才不理他那一套，結果他們各說各話，沒有交集。「不嗜殺人者能一之。」爭霸的人都好殺，不用戰爭手段的人才能「一之」；不用武力統一，而是用人同此心的「同人」。但梁襄王還是沒聽懂，他再問：「孰能與之？」「與」即參與。孟子說「天下莫不與也」，若行王道，天下人都願意參與。至於後面講的一大堆，梁襄王同學完全聽不懂，孟子只好乾瞪眼，氣得出來就罵梁襄王：「望之不似人君。」所以，「不嗜殺人者」是「同人」的基礎，這就是「通天下之志」。

另外，唐代詩人李華（七一五—七六六）的〈弔古戰場文〉，就從天下父母心出發，說了一段動人的話。天下父母心也是「同人」。父母愛子女與生俱來，戰場上那麼多戰死的人，都是父母從小拉拔著長大的。他說：

蒼蒼烝民，誰無父母。提攜捧負，畏其不壽。誰無兄弟？如足如手。誰無夫婦？如賓如友。

「提攜捧負」，「提」孩提時期還不會走；「攜」就是會走路了，但要牽著、拽著；「捧」即抱在前面；「負」就是用繈褓背著。養大一個孩子多不容易，時時刻刻小心翼翼，而且還「畏其不壽」，擔心小孩夭折。可是這些父母的心肝寶貝後來都死在戰場上了，作者就從這裡立論出發，以天下父母心為訴求，明確表示反戰，所以有動人的力量。這就是「同人」的精神，也就是孟子所說的「一」。「不嗜殺人者能一之」，就像水之就下，「天下莫不與也」。所以〈序卦傳〉說：「與人同者，物必歸焉，故受之以大有。」

我們再來看〈大象傳〉的另一半。「君子以類族辨物」，「類」是動詞，「辨」也是動詞，「類族辨物」這四個字太重要了，〈繫辭傳〉第一章就說「方以類聚，物以群分」。「族」就是民族、族群。世界上有這麼多族群，都是自然生成的。在「同人」的世界，我們必須和不同的族群接觸交流，要和諧相處、一起做事，才不會因為非我族類而產生衝突。這就是「類族」的概念。首先要分門別類，了解不同族群的文化風俗皆各有其道理。因為人類長期居住在不同的風土環境，自然會發展出不同的文化；同樣的舉止，可能在這裡是大家認可的，到另外一個地方就變成侮辱別人的行為，這不是很危險嗎？當然要先經過「類族」的細密分析、深入瞭解，以便開展和諧的人際關係。這一點太重要了，尤其是同人，什麼人、什麼事物都要接受；誰是神仙？誰是老虎？誰是匪人？誰是人？他的禁忌、毛病是什麼？……都得分門別類，建立檔案，不然怎麼互動呢？怎麼把事業規模做大呢？怎麼能交友滿天下呢？「辨物」是明辨的「辨」，這個族類有很多跟別人不一樣的生活習慣與文化特色，也有「人同此心，心同此理」的共同點，都要仔細辨析、透徹鑽研，才能跨越不同的民族文化，建立溝通合作的基礎。

所以，要從「同人」進入「大有」，非過「同人」這一關不可，而這一關的難度相當大；因為「同人」的時候常以族群定是非，非我同類，其心必異，基本上還停留在互相懷疑的階段，沒有真正的是非。直到大有卦才能超越這些，可以理性地從好壞善惡去辨別是非，社會體制也能公正地遏惡揚善。

《易經》最後一卦未濟卦的〈大象傳〉還有這樣的思維：「君子以慎辨物居方。」這裡的「辨物」就是同人卦的「辨物」。真正能辨物的是心，也就是同人的同理心，用大公無私、眾生平等的心去辨物。「辨物居方」，又談到「物」跟「方」的問題；「方以類聚，物以群分」，一方水土一方人；湖北人被稱為「九頭鳥」，江西人就要叫「老表」。區域性的不同，確實造成很多差異。現在全世界面臨的就是族群問題，不處理好這些問題，「同人」怎麼到「大有」？

關於「類族辨物」，世界大事要如此，國家大事也要如此，就連個人發展事業、生涯規劃也需如此。都得分析清楚，還要建立檔案，這樣才能可大可久。

同人卦爻變與爻辭的特點

我們再進入同人卦的六個爻，看看他們由下而上，由基層到高層，由內到外，在具體操作的時候，能不能將「同人于野」的理想落實？我們先看爻變，再看互卦。這樣就能對同人卦做出立體的全方位分析。

任何一個卦的爻變，都可以發展出六十四種變化，我們先處理最簡單的單爻變問題。初爻爻變為遯卦（䷠），二爻爻變為乾卦（䷀），三爻爻變為无妄卦（䷘），四爻爻變為家人卦（䷤），五爻爻變為離卦（䷝），上爻爻變為革卦（䷰）。這是單爻爻變。我們再看爻辭的特點。

從爻辭看，同人卦的初爻、二爻、五爻、上爻，都是劈頭就把卦名抬出來，例如：「同人于門」、「同人于宗」、「同人先號咷而後笑」、「同人于郊」。可是三爻、四爻沒講「同人」，不但不講同人，還充滿殺伐之氣。這是最具諷刺意味的。我們講同人卦是在人性平等、「人同此心，心同此理」的基礎上，希望大家能夠「同人」。它看重的是人，可是同人卦的人位（三爻和四爻）非但不講「同人」，還有爭霸時代長期積累下來的習氣；還想爭鬥、爭霸，尤其明爭不過，就想暗算，私下裡勾心鬥角。三爻、四爻是人位，多凶多懼，是承上啟下最重要的位置，卦的大環境已經是「同人」了，真正在人位的三爻、四爻，反倒沒有同人的觀念。同人卦的人位不稱「同人」，所以社會很難推動向前，這也是「不言之象」。就像需卦上爻不言「需」，因為需求已經滿足，再如師卦前五爻都在打仗，到最後一爻打完仗，就是「大君有命，開國承家，小人勿用」，不再講「師」，因為戰爭狀態結束了。

同人卦的卦中卦

接下來就是互卦——卦中有卦。每一個卦裡面都含有五個卦中卦，雖然像萬花筒一般繁複，但可以幫助我們透視整個卦的內在深層結構，對相應爻位與本卦爻位的互動關係，也有立體的透視。最早的卦中卦專指中間的二、三、四、五爻四個爻，而且一定包含三爻、四爻的人位，因為人多是非多，在承上啟下、由內而外、由下而上的銜接位置上，是很重要的。但這樣每一個卦只有一個卦中卦，後來把初爻、上爻統統拉進來，馬上暴增四個，變成五個。我們就先從初爻和上爻的角度來看卦中卦。

第一個卦是初、二、三、四爻構成的家人卦（䷤），同人卦的初爻，就有家人卦初爻的基因，所以家人卦初爻就會影響同人卦初爻。第二個卦是初、二、三、四、五爻構成的同人卦。「同人」中有「同人」，也就是大圈圈中有小圈圈，就像中華民族是個大圈圈，其餘的五十幾個民族就是小圈圈。在這裡，初爻既是兩個同人卦的初爻，又是內含的家人卦初爻，可謂門禁森嚴，是不是一家人？是不是同志？身份認定的把關相當嚴格，這都會影響到「同人于門」這個爻辭的本質。

第三個卦是二、三、四、五爻構成的姤卦（䷫），還有一個也是姤卦，那是由二、三、四、五、上爻構成的。所以在同人卦中含有兩個姤卦，這表示「同人于野」，跟世界各民族、各色人種的互動時，往往會有很多不期而遇的機緣。人海茫茫，人生充滿不可預期性，有時是災禍，有時是驚喜，但若不去「同人」，機緣就不會發生。我們看這兩個姤卦和初爻的「同人于門」一點關係都沒有，但一定要出門去和廣大的群眾接觸，才有可能開展很多始料未及的因緣。

與上爻有關的卦中卦，一個是由三、四、五、上爻構成的乾卦，那麼上爻就等於乾卦「亢龍有悔」的位置。要理解上爻的「同人于郊」，就要把乾卦上九「亢龍有悔」的因素納入考量，那麼，「同人于郊」就有可能是走不通的。還有一個就是前面提到的姤卦。姤卦上爻的爻辭「姤其角，吝，无咎」也要納入考量。這說明雖然同人卦通過接觸之後，可以產生新的機緣，但若緣分不圓滿，就無法完成。這就是跟初爻、上爻有關的兩個卦中卦，但相應的爻位卻沒那麼複雜。

二爻與五爻就不同了，與其中四個卦中卦的相應爻位有關，比初爻、上爻要複雜，一個爻會牽涉到四個卦中卦。其中同人卦的「六二」與卦中卦乾卦沒有關係，受的影響就比較小。「九五」與卦中卦的家人卦沒有關係，「九五」在「家人」以外，那就不受「家人」的影響。可是除了這些之外，另外四個卦多多少少都會跟他們有關聯。

最麻煩的就是三爻、四爻，因為五個卦中卦沒有三爻、四爻就組合不起來。所以三爻、四爻是多重人格、多重角色，受到五個卦中卦的影響，複雜程度更高。同人卦本卦的三爻、四爻在五個卦中卦中都有相應的角色定位，所以沒有比三爻、四爻再複雜的了。剛好又是人位，人多是非多，要承上啟下，要四面八方周旋得當，這種關係極不好處理，面臨很多內在生命、內在人格的因素考量。綜合這些因素所形成的最後結論、對策，就是本卦的爻辭。

我曾講過，這一套分析卦中卦和爻變的方法，如果掌握得得心應手，就可以去做心理分析，做為深度認識人的工具。觀察一個人，只看外表和行事習慣，那是爻辭，因為這樣整體來講對他最有利。他為什麼要這樣表現呢？為什麼爻辭要這樣做呢？那就要從相應的卦中卦與爻變去理解，把隱含其中的深度訊息挖掘出來，再綜合考慮，最後就是表現在外的生命人格與行為模式。如此，我們才能讀透爻辭所包含的多重意義。就像人格的表現，除了雙重人格，還有多重人格呢！這就需要借助精神分析，瞭解他的內在，例如他的童年經驗、有過什麼挫折、過去的人際關係等。

這就是《易經》的理氣象數，通過卦中有卦萬花筒式的複雜結構，幫助我們掌握錯綜複雜的問題。

同人卦六爻詳述

初爻：邁出國門

初九。同人于門，无咎。

〈小象〉曰：出門同人，又誰咎也？

「初九」是「同人于門，无咎。」〈小象傳〉的「出門同人」則講得更積極，告訴我們不要老待在家門裡，死守一隅之地，要走到外面去交朋友；在平等的基礎上，與世界各民族、各色人物交往。這一點正是孫中山先生一生致力實現的目標，一九二五年三月他病逝於北京，留下這樣的遺囑：

「余致力國民革命凡四十年，其目的在求中國之自由平等。積四十年之經驗，深知欲達此目的，必須喚起民眾及聯合世界上以平等待我之民族，共同奮鬥。現在革命尚未成功，凡我同志，務須依照余所著《建國方略》、《建國大綱》、《三民主義》及《第一次全國代表大會宣言》，繼續努力，以求貫徹。最近主張開國民會議及廢除不平等條約，尤須於最短期間促其實現。是所至囑。」

中山先生在遺囑中一再強調：積四十年之經驗，深知欲達中國的自由平等，必先喚起民眾，以及聯合世界上以平等待我之民族，共同奮鬥。這一目標的提出，是因為中國近代以來積弱太深，飽受列強奴役，所以就要聯合世界上以平等精神待我之民族共同奮鬥。就像中國五、六十年代的外交，因為列強對中國閉關鎖國，而中國要發展自己，就要發展、團結第三世界的力量。中國政府提出的和平共處五項基本原則，就是彼此尊重、平等對待。「出門同人」的精神就是如此，不能封鎖自己、把自己局限在一個地方，這樣肯定沒有活路。

但「出門同人」還須「同人于門」，才能「故外戶而不閉」，門戶開放，勇敢地邁出國門。首先國門以內要治理得不錯，所以爻辭就先講「同人于門」，不管是家門還是國門，一定要分內外、有主次；如果內部亂糟糟，出去有什麼用？內政不修，就沒有實力，沒有人會看得起你，哪有外交可言？所以首先要「同人于門」，門以內的都和諧了，正所謂「家和萬事興」，才有向外開展的可能性。「同人于門」，才會「无咎」，立於不敗之地；為「同人」、「大有」的往外擴充，奠定雄厚的基礎。然後才是〈小象傳〉所說的「出門同人」；四海之內皆兄弟，勇敢地邁出去，進入國際舞台，開展國際貿易、文化交流。「出門」是強調還是做「同人」的動作，只是同心圓往外擴散。可見，「出門同人」這個動作，就是明確告訴我們，「同人于門」之後就要出去，「又誰咎也？」這是自然而然的行為，誰也不會責怪。

另外，「出門同人」的心態、做法，都與師卦完全不同。像戰國時期的大將吳起，他的兵法觀與孫子講的「智、信、仁、勇、嚴」不大一樣；他主張「出門如見敵」，很有敵情觀念，只要離開自己的營帳，離開自己熟悉的環境，就像進入叢林，周圍充滿危險，到處都是敵人。這是說，只要離開自己的控制範圍，就要保持警戒，不管敵人是否出現，都要假設敵人就潛伏在四周。處在戰國年代，時常保持戰備的警惕性，這樣就不容易出事。但這樣的人生未免太辛苦了，所以同人卦才不要走這條路子。

《論語》中另有一種觀點，叫「出門如見大賓」，出門如要去見一個尊貴的客人，所以要化敵為友，「匪寇婚媾」，是賓主關係，而不是敵對關係。離開自己熟悉、安全的環境，我還是不怕，因為「同人」，全世界每一個角落都是安全的，「出門如見大賓」，都是朋友、賓客關係，那就不必再帶刀帶槍了。同樣是「出門」，而有截然不同的兩種形態，這還是看環境而定；如果是在否卦的環境，那就真的是「出門如見鬼（非人）」了。

同人卦「初九」爻變為遯卦（下圖），如果你「同人」到「門」為止，一家親，但不敢到外面陌生的世界去闖蕩，選擇逃遁、躲避，很多地方都不敢去，那麼，在天寬地闊的世界上沒有一個立足之地，那就是遯。為什麼「同人于門」可能會產生這樣的爻變呢？因為還有家門的觀念。「初九」同時也是卦中卦家人卦的初爻，既然同人於門，家門裡面又安全、又舒適，可是出門事事都難啊！乾脆躲在家裡算了。所以，當整個環境都往「同人」、「大有」發展的時候，分寸的拿捏很重要；要勇敢面對，不要逃避，而且要創造一個大家都敢於出門闖蕩的氣氛，不然大家想去的地方都去不了，變成禁區。在這裡，有兩個卦值得我們注意：第一個是第六十卦節卦（䷻）。節卦初爻叫「不出戶庭，无咎」，不出去是正確的選擇；而第二爻恰好相反，是「不出門庭，凶」；鼓勵你應該要出去，不然就會失去時機。所以出門要有膽識，要有智慧，還要有跟各色人等相處的能耐。第二個是第十七卦隨卦（䷐）。隨卦第一爻講「出門交有功」，也是鼓勵出門，才有成功的機會。這正是積極的「出門同人」的象，因為要隨和、隨緣，與時俱進。由此可知，凡是強調要出門的，就要把

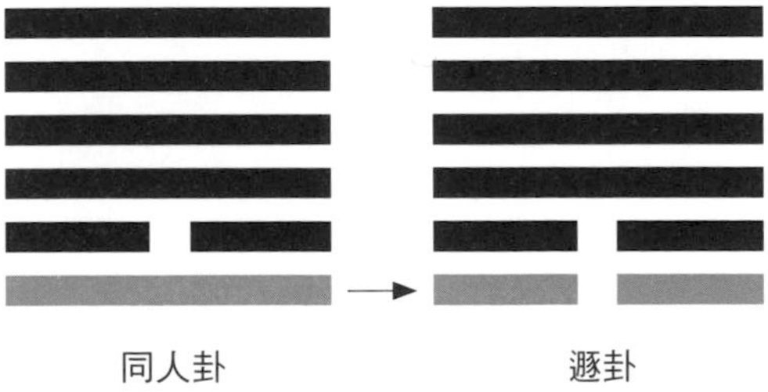

握時機，勇敢邁出去。

二爻：族群意識

䷌

六二。同人于宗，吝。

〈小象〉曰：同人于宗，吝道也。

第二爻深陷在狹隘的族群意識中——「同人于宗，吝」。「同宗」就像封建時代周朝姬姓的大宗、小宗，有血緣關係，在同一個生養環境中，自然會覺得很親。從感情上來講，這是很自然的，並沒有錯；倘若遇到不同宗的人，你就沒有安全感，不敢來往，這就是把人家當成敵人了，這樣遲早會讓自己失去發展的空間。因為你的「同人」只是在宗親範圍內，到外面去就得住碉堡、帶防護罩。像美國早期的西部拓荒者就很怕印第安人，因為不同宗而互相殺戮，處處都是危機，只能龜縮在安全的小範圍內。古代王室權力、領地的分封，僅止於同一個祖宗的宗親之間，所以沒有一個朝代可以維持長久。

關於「祖宗」，跟古代生殖崇拜的觀念有關。「祖」是指男性先人，拜的是陽根，代表開創；「宗」是女性先人，拜的是女陰，代表繼承。所以以前帝王封號，開創者通常都叫祖，第二代就叫宗了，像唐高祖、唐太宗；宋太祖趙匡胤，他弟弟就只能叫宋太宗，因為是守成者，不是開拓者。這也是乾卦、坤卦的原理，後繼者再怎麼偉大，也只能稱「宗」。可是也有很多朝代不守這個規矩。像明太祖朱元璋，長子死了，孫子的皇位被另外一個兒子搶走，這就是明成祖朱棣。明朝是漢人社會，他卻破壞了規矩；明明是第二個皇帝，竟然也叫「祖」。他的藉口也十分冠冕堂皇，他認為自己把都城從南京遷到北京，是一個全新的開始。至於蒙古人不守規矩倒還情有可原，因為他們不一定要完全遵守漢人這一套。成吉思汗稱元太祖，忽必烈稱為元世祖。他的理由也很充分，元太祖成吉思汗時期是世界帝國，而忽必烈入關以後征服漢人，消滅了宋朝，又開闢了一個新局面，當然也要稱「祖」。滿洲人是花樣最多的，清朝十幾個帝王有三個祖，而且各有理由。努爾哈赤是清太祖，這沒有問題；皇太極則是清太宗，因為他是第二，這沒錯；但第三代順治皇帝的廟號卻是清世祖，理由是從順治才開始入關的。接著康熙是清聖祖，那就真是豈有此理了！已經是第四代皇帝，怎麼還稱祖呢？因為他的功業太偉大了。再往下就必須老老實實稱「宗」了，像雍正那麼凶狠，功業成就也很不得了，最後也只能稱清世宗；乾隆自稱「十全老人」，但諡號是清高宗。

「祖」是一個開拓的境界，氣象很大；「宗」就是守成的境界，安於現狀，不再往外開拓。所以「同人于宗」，就是只能以同宗為範圍，族群觀念根深蒂固，沒辦法跨出門去廣交天下，所以「吝」。陽剛過度叫「悔」，陰柔過度稱「吝」。「吝」是保守，小家碧玉般，安全至上，不敢開放心胸與陌生人溝通交往。所以〈象傳〉批評說：「同人于宗，吝道也。」

〈象傳〉對同人卦第二爻其實有高度的期許：「柔得位得中，而應乎乾，曰同人。」因為「六二」居下卦離卦之中，是文明的中心。但這只是卦的整體觀，我們可以如此寄望於他，可是落實到具體操作的爻時，我們發現人的小氣、自私、沒有安全感確實是一大病，難怪會像鴕鳥一樣固步自封，不肯開放心胸與人交往。所以，爻的表現和卦的期許產生牴觸，這就是理想和現實的巨大落差。那麼，「同人于宗」的「宗」是指哪一爻呢？就是跟他相應與的「九五」，同人卦的君位。「六二」是全卦唯一的陰爻，但她搞小圈圈，只認定「九五」，不跟其他人來往，這就只有分別心，沒有平等心。其他的陽爻也想跟「六二」這唯一的陰爻產生互動，但現在只能在一旁乾吃醋，他們就會跟「九五」暗地相爭，很多紛爭就是這麼來的。現在社會上不管什麼團體都有「同人于宗」的現象，跟誰談得來，看誰不順眼，在團體大環境中就沒辦法真正「同人」；時日一久，「同宗」裡面說不定又開始耍心眼、鬥意氣，搞不好又是家人「睽」，圈子越劃越小，到最後沒了。即使在開放的現代社會，「同人于宗」的傾向仍然很強烈，但很多事實表明，其結果只能是「吝」。一旦真正放開，「六二」爻一變為乾卦（下圖），合乎天理，勇猛精進，自強不息，什麼資源都進來了。

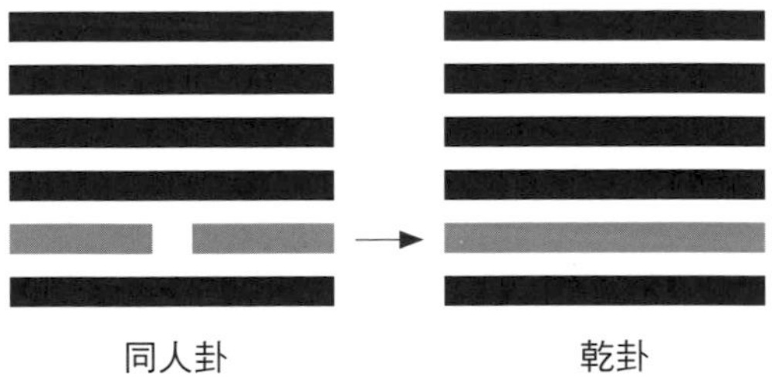

可見，「六二」「同人于宗」，只願意跟「九五」「婚媾」，其他一概視為「寇」，這就嚴重違反「同人于野」要求一視同仁的開闊器量，無怪乎會造成諸多後患。上古時期，堯、舜是「同人于野」。堯在位時，舜在野，跟他半點關係都沒有，最後卻把王位禪讓給舜，這是天下為公的時代。但是從大禹王開始「同人于宗」，夏、商、周三代帝王都是國姓，周朝八百多年都姓姬，後世王朝也是如此。清朝兩百多年的愛新覺羅氏，明朝兩百多年的朱氏，宋朝只有姓趙的發達，唐朝就一定要姓李的才風光，不姓李的就矮一截。這就是劃小圈圈，最後這些王朝還不是一個個都倒下來了！

還有一個就是宗教。有的教徒讓人很受不了，因為他也是「同人于宗」；看到非教徒就不順眼，甚至來一句：「願上帝憐憫你的靈魂。」有些教徒唯自己的教義為中心，別人都是異端。像伊斯蘭教與基督教就是「同人于宗」，很難「同人于野」。所以越偉大的宗教越要「同人于野」；越小氣的宗教，越是嚴格區分教內、教外；只是「同人于宗」、「獨親其親，獨子其子」，就連婚姻、戀愛，都禁止跟異教徒來往。只有「不獨親其親，不獨子其子」，才能跨越「同人于宗」的限制。

所以，好好一個「同人于野」的理想，落實到爻的具體處境時，偏見等習氣統統都會跑出來，造成世界大同難以落實的障礙。

三爻：安分守己

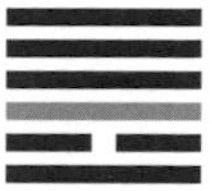

九三。伏戎于莽，升其高陵，三歲不興。

〈小象〉曰：伏戎于莽，敵剛也；三歲不興，安行也。

第三爻根本就不提「同人」，這就更過火了，壓根沒有「同人」的觀念，還活在過去的時代，老想著怎麼暗算、怎麼爭鬥，用明爭暗鬥的方式解決問題。同人卦的「九三」也算是拚命三郎，因為陽居陽位，性子火爆，擺明了沒有同人的想法；不像初爻、二爻還要裝出一副「同人」的樣子，掛著「同人」的招牌。像「同人于宗」就是掛羊頭賣狗肉，卦希望他「同人于野」，實際上他幹的勾當是「同人于宗」。

第三爻不「同人」，連招牌都不掛，為什麼會這樣？因為一家有女百家求，「九三」也想爭取「六二」，他們位置那麼接近，他會不動心嗎？而且「九三」自認條件不錯，陽居陽位，好漢一條，又是陰承陽、柔承剛，是標準的近水樓臺；雖然「六二」好像跟老闆「九五」眉來眼去的，可是老闆離得很遠，鞭長莫及。這就是承乘關係和應與關係、近距離關係和遠距離關係的鬥爭，遠交近攻的計策都用上了。從卦象上看，「六二」跟「九五」的關係確實不錯，但「九五」與「六二」之間有重重障礙矛盾。「九三」、「九四」也不是吃素的，都很陽剛；卡在「九五」、「六二」之間。然後「六二」跟「九五」長久不見面，「九三」就自認為有機會了，雖然明知道「六二」是老闆的女人，但因為天天見面，也就色膽包天，斗膽向「六二」伸手。這就是承乘和應與的爭鬥。

但是「九三」畢竟實力有限，不敢和「九五」當面硬碰硬，只好用暗算的手段。正如爻辭所說：「伏戎于莽，升其高陵，三歲不興。」「伏戎于莽」，「伏」即埋伏，「戎」就是刀兵，「伏戎」就是伏兵。「九三」因為不敢明著造反，只能偷偷地幹，所以要採取偷襲戰，想一次性要了「九五」的命，剷除情敵，所以他埋伏在莽原、森林裡。這就是兵法所說的利用地物。「九五」要是從上卦到下卦下鄉來探視情人「六二」，必經之途就是那片森林莽原，「九三」就埋伏在那裡，準備偷襲。

但是「升其高陵，三歲不興」。「九三」心裡還是忐忑不安，不知道自己的暗算行動有沒有被窺破，是否有必勝的把握？他在森林裡埋伏好了，但還是不放心，就爬到最高的小丘陵上窺探敵情，看看「九五」的動向。這一看心涼了半截，發現完全沒有偷襲的機會，因為「九五」實力堅強，早有準備；而且「九五」跟「六二」的關係也很深厚，不受挑撥、分化離間。「九三」這一看，發現自己連偷襲的機會都沒有，倒還很務實地知難而退了。這就是「三歲不興」，有三年之久都不敢有什麼輕舉妄動。

「九三」爻變為无妄卦（下圖）正是說明這一點。原來想跟「九五」爭「六二」，起了妄念、妄想，癩蛤蟆想吃天鵝肉，色膽包天；可是後來發現實力差太遠，明的不行，暗的也沒勝算，風險太高；想想還是自己要緊，就算動了心，反正還沒有變成事實，而且長達三年的時間，都不敢再動，並且還毀滅證據，把莽原、森林恢復原狀。「三歲不興」，指的是不敢再起來。他不是不想，有妄念、妄想，而是沒機會、沒把握，有壞心眼但沒有做壞事。「九五」就算知道，也沒有動手的藉口，既然是「同人」，算了！睜一眼、閉一眼，大家還是和平相處。

〈小象傳〉進一步說明「九三」的處境：「伏戎于莽，敵剛也；三歲不興，安行也。」想要和最強的「九五」為敵，卻不敢明目張膽，只有暗算。「伏戎于莽」是因為「敵剛」，意圖很明顯。可是後來評估形勢，經過「升其高陵」之後發現不行，「三歲不興」，洩氣了，沒份兒了，還是算了，至少先保住腦袋。「安行也」，安分守己，連偷看「六二」都不敢了。「九三」爻變是无妄，沒機會，不要妄想、妄動，根本沒有「同人」的想法，只能在牆裡面估便宜。還好這個卦是「同人」，「九三」這一套行不通。這一爻正好就是〈禮運大同篇〉中的「謀閉而不興」。「伏戎于莽」是「謀」，有謀但沒法展開，最後就只能自己關掉了，然後「三歲不興」。還有「盜竊亂賊而不作」，老闆（「九五」）的女人，你（「九三」）也敢起非分之想，難道不是盜嗎？起了盜心，後來發現形勢不可行，只有撤，不然就危害到自己了。這種自私的人，絕

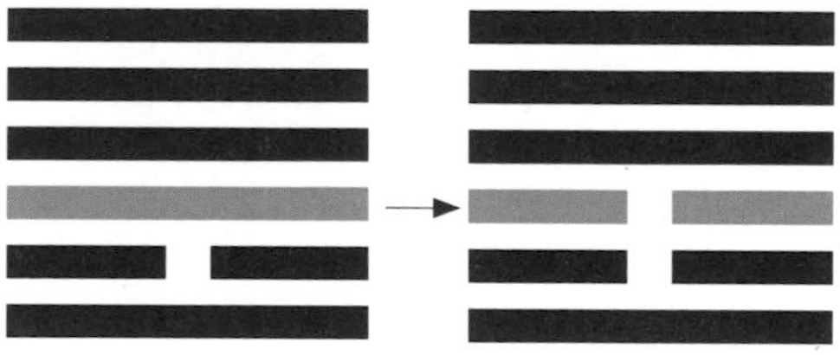

同人卦　　无妄卦

不會為愛情拚命，最後還是選擇保護自己。既然要不到，那就算了，但私下還是有暗盤、伏流。好比社會不穩定的因素，好多人有很多其他的想法，只是不見得做出來，所以還是維持一個表面的和諧——「三歲不興，安行也。」因此，這個爻就直接等於是〈禮運大同篇〉的「謀閉而不興，盜竊亂賊而不作」。

攀援附會「莽」與「升」

第三爻還有一個很有意思的歷史小典故，跟流行於漢代的「讖緯」之學有關。「讖」就是一種預示未來的隱語，所以我們常說「一語成讖」。「經」是橫線，「緯」是直線，所以，有「經書」就有「緯書」，「緯書」就是從《易經》等儒家經典義理衍生出來的書籍，專門從天人感應等比較虛玄的角度來解釋經義；後來這些書籍被稱為「內學」，原本的經典反而被稱為「外學」。「讖緯」之學盛行於西漢末年與東漢之間，但後來就慢慢式微了。在天下大亂、改朝換代的時候，人們特別容易相信「讖語」。西漢末年，王莽篡西漢，建立「新朝」，就是利用「讖語」在民間散佈流言，起到心理戰的作用。後來王莽的經濟改革失敗，導致民怨沸騰，天下大亂。沒過多久，就被漢光武帝劉秀取而代之。劉秀起兵時，跟他同宗的族兄劉子升也起來跟王莽作對。劉子升的名字裡有「升」字，所以跟「伏戎于莽，升其高陵」被聯想到一起，成為民間讖緯的題材。民間相傳王莽只要看到名字中有「升」，就視為「莽政權」的潛在威脅，必欲除之而後快。從理性角度看來，這簡直是豈有此理，但是掌握政權的人最怕失去政權，由於王莽自己也曾利用「讖緯」來強化自己的地位，所以這一爻裡面的「升」和「莽」兩個字變成四處流傳的童謠，就把王莽也搞得寢食難安了。

劉秀取得江山以後，他其實是中國歷史上蠻不錯的皇帝，不像漢高祖劉邦那樣誅殺功臣，血流成河，戰後的賞罰也處理得很好，只可惜他對當時流傳於民間的「讖緯」之說也十分迷信。

迷信是一種執著，人常會有一個竅被迷住了，可能別的地方很開明，但就是有一個竅不通，所以會去找祥瑞符應，忘記自己才是改變命運的主體，於是就給了江湖術士、野心家利用的空間。這種攀援附會的例子多得數不清，「莽」和「升」只是一例，我們大致提一提。

四爻：尊重現實

九四。乘其墉，弗克攻，吉。

〈小象〉曰：乘其墉，義弗克也；其吉，則困而反則也。

再看第四爻。第三爻、第四爻都沒講主詞，直接就是殺機騰騰、想佔便宜的主動詞。第三爻先是「伏」，然後「升」，最後放棄。第四爻也沒安好心，先是「乘」，然後是「弗」，最後也放棄了。自知而退，才能轉禍為吉，終獲脫困。

「九四」做為夾在五爻與三爻之間的陽爻，對於「九五」的鐵桿情人「六二」，當然也垂涎三尺。第三爻是把意圖付諸行動，開始有「伏戎于莽」的動作，只是最後懸崖勒馬，放棄了。第四爻則是老奸巨滑，行動更保守，是典型的騎牆派，兩邊討好不得罪。所以他「乘其墉」，「墉」就是城牆。「九四」的實力比「九三」強，已經是據地稱王或者佔有一座城池的小霸主了，在整個「同人于野」的世界大舞台中，地位相當不錯。但是他對「同人」的時代精神全無體會，還想著擁有私人武力、封地爭霸，絕不允許別人來跟他分一杯羹。然後因為五爻跟三爻在那裡明爭暗鬥，四爻夾在中間，到底是三爻暗算得手，抱得「六二」美人歸，搶了「九五」的金鑾殿？還是「九五」識破「九三」的陰謀，讓「九三」自動放棄，或者把「九三」打得鎩羽而歸？「九四」夾在中間，尚不知鹿死誰手，他可能知道「九三」有「伏戎于莽」的暗算佈局，也非常清楚「九五」的實力堅強，可是「明槍易躲，暗箭難防」，只好「乘其墉」，做騎牆派。

所以「九四」即使有一定的實力，但不明確表態他要幫誰、靠誰，因為他不知道誰是最後的贏家。二爻大家搶，三爻在莽林中埋伏，五爻在深宮大內，四爻剛好在城牆高處，對整個形勢瞭如指掌，如果三爻能贏，他就幫三爻，最後一定可以分一杯羹，而且可以把老帥「九五」幹掉；三爻大概也想爭取四爻的支持，但是萬一三爻造反失敗，奸計敗露，五爻一戰滅了三爻，他跟三爻合夥，不是很危險嗎？五爻當然也希望四爻站在他這一邊，老奸巨滑的四爻，就樂得採取最聰明的動作——「乘其墉」，在高高的城牆上，一腳向外，一腳向內，等著坐收漁翁之利。

「九四」最後到底會投靠誰呢？對五爻和三爻來講，「九四」的腳都是向著他們的，但最後一定有一勝一負，哪一方獲勝，「九四」一定馬上縮回另一隻腳，站在得勝的那一方，趁亂攻打敗方，好撿便宜。如果五爻與三爻兩敗俱傷，鷸蚌相爭，漁翁得利，那就更加符合「九四」的心意。「九四」就是打的這種主意，先騎牆（「乘其墉」），看哪裡有便宜可撿，甚至可能趁人之危，以迅雷不及掩耳的攻擊取利。可是第四爻跟第三爻的處境其實是一樣的——大環境是同人卦，有這種想法，其實是白費心機，因為勢不可為，最後連三爻都放棄了，四爻哪還有興風作浪的本錢？所以他雖然擺出「乘其墉」的態勢，最後發現沒有便宜好撿，就「弗克攻」，他手上掌握的那點攻擊力量找不到使力點，結果反而「吉」；因為他懂得知難而退，而且只是想要聯合戰場上的贏家，用最後一耙把輸家打倒，然後從中獲利，分一杯羹。所以，他畢竟只有想頭而沒有實際行動，法不誅心，所以最後還是「吉」。

〈小象傳〉說：「乘其墉，義弗克也。」同人卦的大義是不允許「乘其墉」這種行為的，既挑撥離間，又兩頭討好。因為「弗克攻」，根本沒有出擊的機會，只能偃旗息鼓；大家也不會揭穿他，反正彼此勾心鬥角，各自心中各有盤算，至少可以維持「同人」的表面氣氛。這裡用「乘其墉」將人性人情做了入木三分的描繪。〈小象傳〉接著說：「其吉，則困而反則也。」為什麼最後會「吉」呢？第一個「則」是「因為」的意思；「而」是「能」，「困能反則」，因為「乘其墉」的動作不可能達到目的，反而會使自己陷入困境、一籌莫展。「反則」的「反」即回歸，「則」就是「乃見天則」，就是回歸天則、人則，按照同人卦的基本規律辦事，和平處理紛爭，不能挑起衝突、藉機獲利。在同人卦「同人于野」的和平氛圍下，所有越軌、巧取的想法、做法都行不通，所以會「困」。碰壁了就回頭，剛而能柔，陽而能陰，「九四」不安好心眼，但是身段靈活，最後發現事情不妙，也懂得尊重現實，所以他的野心沒有實現，騎牆沒有獲得利益；在同人卦中，他也僥倖地沒有為自己帶來毀滅，這是因為他「困能反則」。人生常常受欲望、想法的驅遣而受困，最後發現行不通了，只好回歸基本面，遵守規律。

「九四」這種思維，爻變為家人卦（下圖），完全是思想觀念的大退

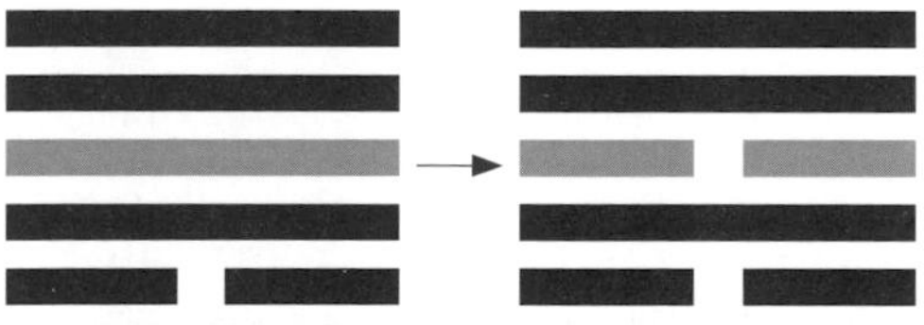

同人卦　　家人卦

化。「同人」是天下為公，「家人」是天下為家；「同人」是「公」的，「家人」是一家之私。「九四」把資源當做私人的武力、資產，像民國初年很多軍閥就是「乘其墉」。國際社會也經常如此，完全沒有「同人」的想法。可見，「九四」在同人卦中居高位，但是為了富貴利達，還是存著「家天下」的想法。這個爻講的剛好是〈禮運大同篇〉中的「小康」：「大人世及以為禮，城郭溝池以為固。」那些王公大人，是兄終弟及、父傳於子的，所以最高領導的權力來源，就是夏商周搞出來的「家天下」那一套。表現在實際權利爭奪上，就是「城郭溝池以為固」。然而，「城郭」就是「城」，「溝池」就是「隍」，泰卦那麼繁榮興盛，最後仍不免「城復于隍」，哪裡還有固若金湯的金城湯池？爭霸的思想太落伍了，最後都守不住。但值得注意的是，同人卦的「九四」高層最後雖然迫於形勢，必須回歸天下為公的「則」，但我們透過爻變為家人可知，他的基本心態仍然是「家天下」的舊思維。

此外必須強調的是，第三爻的「升其高陵」剛好與升卦的「升」一樣；第四爻的〈小象傳〉「困而反則」和困卦的「困」一樣。「升而不已必困」，《易經》卦序升卦之後剛好是困卦。那麼，同人卦第三爻「升」的動作，野心勃勃想要觀望形勢、追求成長，可是到第四爻呈現困象，困了之後才不得不回歸基本律則。「則」字太重要了，是永遠不變的真理。自然演化、人際互動都是如此，大原則必須堅持，不然一定不能成功。而天則與達爾文物種演化、弱肉強食的自然淘汰，境界完全不同。自然的叢林法則有殘酷的一面，可是宇宙自然界不是只有進化論，還有合作與互利共生那一面。人世的殘酷一如自然界，霸權思想到最後一定是人間地獄，但真正的天則是互助合作的、王道的那一面；這個「則」才是最寬廣、最有包容性，而且最長久的。

五爻：先苦後甜

九五。同人，先號咷而後笑，大師克相遇。

〈小象〉曰：同人之先，以中直也。大師相遇，言相克也。

我們看「九五」：「同人，先號咷而後笑。」同人卦君位當然要用「同人」來號召天下，這沒話講。可是這個想法由領導人主動宣導，就一定能夠實現嗎？就像由聯合國來宣導世界大同的理想，那些強權國家會理你嗎？所以這個過程一定充滿了挫折與痛苦——「先號咷」；五爻想確保「同人」，三爻、四爻竟跟他唱反調，在那邊作亂、搗鬼，誰會放棄野心、聽你講道理呢？所以「九五」一定要有強大的武備實力，必要時加之以威嚇震懾，果然見到效果了！一個是「三歲不興」，知難而退；一個是「弗克攻」，困而反則。這不是講道理感化的結果，而是有強大的實力做後盾。所以在理論上，世界和平最終的訴求是裁兵，不要生產那麼多可怕的殺人武器，可是很難，如果你沒有足以威嚇強盜的手段，就不可能維持國際和平的秩序。所以成立聯合國的時候，就必須擁有一支維持和平的部隊；要是這些由不同國家組成的隊伍不能同心同德，而是各懷鬼胎，自然沒有威信、沒有力量，怎麼能確保和平呢？所以，只有在王道思想的武力保障之下，讓和平的觀念成為普世價值。所以五爻強調「大師克相遇」，以強大的實力做後盾，要是三爻、四爻敢輕舉妄動，絕對把你打得稀里嘩啦。果不其然，三爻、四爻發現五爻有「大師」，實力差距太大，沒法跟他相抗，才有可能放棄圖謀，讓五爻跟二爻那個同人卦的理想目標「相遇」。「相遇」就是不期而遇，三爻、四爻企圖橫刀奪愛，五爻一定要力克情敵，才可能突破萬難，抱得美人歸。不然五爻跟二爻永遠不會相遇，像牛郎織女一樣一年見一次。所以，有「大師克相遇」做後盾，不管前面遭遇多少痛苦艱難，最後終能開懷大笑了。

〈小象傳〉說：「同人之先，以中直也。」「以」是因為，「直」是正直，「中」是指「九五」居上卦之中，合乎中道，恰到好處。「同人之先」是省略語，其實是說同人卦能「先號咷而後笑」，原因在「九五」既中且直，所以能突破萬難，「大師克相遇」，維持國際秩序。〈小象傳〉接著說：「大師相遇，言相克也。」意思是「九五」有雄厚的實力支撐，誰要是不信邪，敢來挑釁，絕對打得你七零八落。其他陽爻如果不想被摧毀，就得接受五爻所安排的國際秩序約束，不可以亂來。

「九五」爻變為離卦（下圖），離卦是「大人以繼明照于四方」，人類文明才有永續的可能。離卦也是人際網路的持續和平，然後一路往更合乎理想的「大有」境界邁進。這就是「九五」在實力保障下維持和平。

「中」和「直」很重要，但要做到並不容易。像困卦（䷮）「九五」為什麼最後能脫困？因為他可以跟老天爺溝通。如果占到困卦只動第五爻，爻一變為解卦（䷧），當下就可以脫困，原因就是跟真理、天道溝通。〈小象傳〉說：「以中直也。」也是既中且直，故可以讓困卦君位脫困，也可以讓同人卦負責維持國際和平的天下共主擺平那些意圖不軌的人。

「大師克相遇」說明同人卦的「九五」還是需要培養部隊，擁有堅強的實力。必須到大有卦才可以將軍費全部節省下來，因為大家的觀念都進步

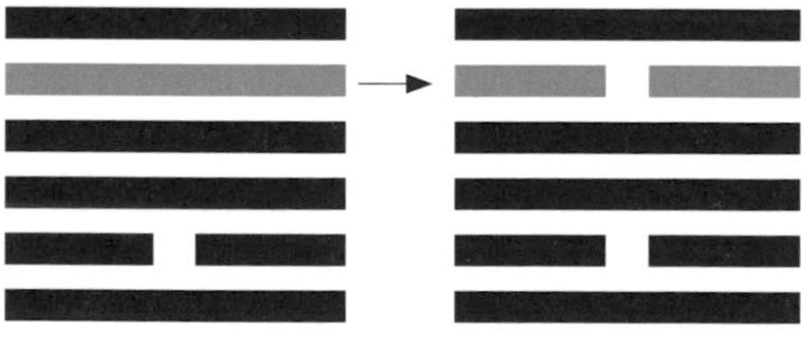

同人卦　　離卦

了。此外，「遇」有姤卦的象，同人卦「九五」正好是同人卦兩個卦中卦姤卦的第五爻和第六爻。「姤」就是不期而遇，可見「九五」的處境之複雜，充滿風險；若不夠力，就錯過了好時機。

另外，關於「同人，先號咷而後笑」，我們知道，旅卦最後一爻剛好相反，它是「旅人先笑後號咷」。一個是先哭後笑，一個先笑後哭；當今商場、職場、戰場、官場，最後笑的才是真笑。剛開始笑得牙歪嘴斜，最後是哭，結果不得善終，那是很諷刺的。人生要的是「先號咷」，前面怎麼苦都沒有關係，苦盡甘來而後笑，功德圓滿，才是最後的勝利者。最怕的就像旅卦上爻，經營了一輩子，最後「鳥焚其巢」，覆巢之下無完卵，而且還「喪牛于易，凶」。我們看《笑傲江湖》那部書，大家為了「辟邪劍譜」爭得你死我活、家破人亡，結果最後還是所謂的太監武功，到手的都來不及笑，就命喪於他人之手。人生要圖的是最後的成果，這是《易經》的觀點，所以謙卦會那麼好。可見，人生的機遇稍縱即逝，分寸的把握絕對要掌握，該爭取的實力也絕對要有，不然什麼機會都沒有。「先號咷而後笑」的同人卦第五爻，與「先笑而後號咷」的旅卦第六爻，這兩卦主要是與「親」有關。「同人」是「親也」，「旅」是「親寡也」，還有訟卦的「不親也」，都有關聯的。

二人同心，其利斷金

孔子在〈繫辭傳〉對同人卦「九五」爻做了特別的發揮：「『同人，先號咷而後笑。』子曰：『君子之道，或出或處，或默或語。二人同心，其利斷金。同心之言，其臭如蘭。』」這一段文辭也很美，孔子可謂是出口成章。「臭」是氣味的意思，「同心之言」如同王者之香蘭花一樣品格高潔。也就是說，同人卦五爻與二爻「二人同心」的關係，不會受到三爻、四爻的破壞而動搖，所以在歷遍各種考驗之後，「先號咷而後笑」。真正的友誼就應該這樣。「君子之道」，一個君子的處世之道，「或出或處」，「出」是出來做事、扛責任；「處」是賦閑在家，像小畜卦的「既雨既處」、履卦的「不處也」。人生總有出處動靜，不管你是「處廟堂之高，則憂其民」，還是「處江湖之遠，則憂其君」，都是「進亦憂，退亦憂」，心懷天下。「或默或語」，有時候保持沉默不講話，但可能無聲勝有聲；有時候也能互相講幾句貼心話。這都是形式，只要二人同心，任何事物都不能動搖彼此的情誼；而且「其利斷金」，這種同心同德的堅實力量，可以斬斷所有阻礙。人一旦真正悟道，人同此心，心同此理，「通天下之志」的力量是很強大的。「同心之言」的「言」是指言論主張，既然兩人同心，可以和衷共濟，其實不必天天膩在一起，君子之交淡如水，「其臭如蘭」，友誼的芬芳就如蘭花一樣清香。成語「義結金蘭」就是出自於此。「金」是其利斷金，「蘭」就是「其臭如蘭」。友誼堅定，不拘形式，也不管隔得再遠、中間有多少障礙，都不會影響二人之間的互信互愛，這樣就有機會建立「世界大同」了。不過，就像不經九九八十一難，唐僧就絕對無法取到真經一樣，通往大同世界的道路，本來就充滿重重阻礙。

上爻：無怨無悔

上九。同人于郊，无悔。

〈小象〉曰：同人于郊，志未得也。

我們接著看第六爻。同人卦快走完了，馬上要進入大有卦。但這只是理論如此，實際情況還差得很遠。所以同人卦六個爻窮盡一生之力，在爻的實際操作上仍未能達成「同人于野」的最高理想，僅僅是從「同人」於家門到「同人于宗」，最後總算走出城外，勉強可以影響到城牆以外的郊區。至於先「同人于邑」，再「同人于郊」，最後「同人于野」，達到全球化的自由貿易、均富平等這一理想目標，那是卦辭的理想；在實際操作層面，只能在幾個繁榮的都會區（「邑」的部分）「同人于郊」；至於「野」，則還未能「同人」。但已經盡一切努力了，所以此時可以「无悔」。

但〈小象傳〉直接告訴我們：「同人于郊，志未得也。」「同人于郊」還是有限的成就，因為「郊」以外的「野」完全沒有同人，只是完成區域聯盟、區域聯防，世界貿易卻有可能回到保護主義的時代。像二〇一二年的世界經濟就是這個爻：「同人于郊，无悔。」那就是危機，亞洲、歐洲、美洲等區域性的經濟體都「同人于郊」了，可是跟其他區域的「同人于郊」，還是有貿易壁壘。「志未得也」說明還是有區隔，只完成局部性、區域性的合作，沒有實現全球化的目標。那麼，是什麼「志」未得呢？「唯君子為能通天下之志」，就是實際的爻已經走完了，但「同人于野」的通天下之志沒有實現，這就是現實，距離最高理想還有很大的差距。就以當今之世而論，若說「和平」是人同此心、心同此理的「天下之志」，那麼可以確定的是，歐洲確實已經達到暫時的和平目標了；過去五百年，歐洲幾乎都在打仗，不知道喪失多少寶貴的性命。自從歐盟成立，歐元貨幣統一之後，為了生存競爭，他們必須合作，歐洲內部大概不會再發生戰爭。但從全世界來看，歐洲只是一個區域，只能算是「郊」，歐洲以外的其他地區還無法「同人」，故還沒到達「同人于野」的全世界和平，所以是「志未得也」，可是這已經算是非常了不起的成就了。

歐洲可以做到「同人于郊，无悔」，亞洲就困難多了。一方面亞洲有那麼多不同的種族，要促成合作並不容易；再方面，亞洲國家之間還有盤根錯節的民族世仇與宗教衝突。雖然歐洲也有世仇，但自從納粹失敗，德國人就認錯了，德法兩大國的和解起到帶頭的作用。但中國與日本的世仇、日本與亞洲其他國家的仇恨都不容易化解；主要是日本人到現在還不肯認錯道歉，要統合亞洲，就遠比歐洲「同人于郊」的局部整合困難得多。所以，要盼到什麼時候才會出現「亞元」呢？很難！換句話說，若亞洲沒辦法「同人于郊」，全球一盤棋的目標就差得很遠，這就說明真要百分之百實現「同人」的理想，比登天還難。第六爻爻變是革卦（下圖），是說即使僅僅達成「同人于郊」的區域合作，已經算是天翻地覆的變化了。總的來說，「同人于郊，无悔。」保護主義的氣氛還是很濃，而且大家是基於安全考量才不得不建立區域聯防。

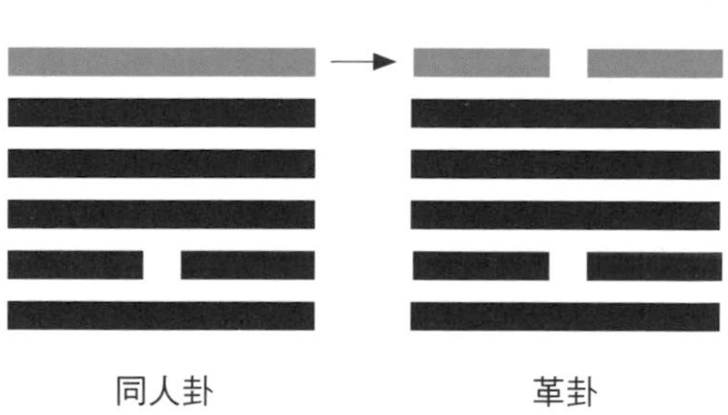

同人卦　革卦

杭廷頓的「文明衝突」

以「文明衝突」這一觀點而聞名於世的美國政治學家杭廷頓（一九二七～二〇〇八），他的著作《文明的衝突與世界秩序的重建》對國際政治思潮的影響至少有十幾年，當然那是美國學者的觀點，仍有大美國主義思想在作祟。

杭廷頓認為，全球不是以國家為單位，而是以民族或擁有豐富資源的文明做分類。他把世界區分為七大文明區域。也就是說，從二十世紀末到二十一世紀人類社會的衝突，已經不是一般國與國之間（「師」與「比」）的問題了，而是文明的競爭與衝突，而產生衝突的可能性極大。他認為，以美國為代表的西方文明之子——基督教文明是最強勢的；其次是長期與西方為敵的伊斯蘭文明，人口眾多，而且勇猛善戰、不怕犧牲，十字軍戰爭打了上千年也無法擺平彼此的冤仇，所以兩者對峙的可能性是非常高的。此外就是以中國文明為主的華夏文明，也擁有廣土眾民的影響力，因此他非常擔心華夏文明會暗助伊斯蘭教文明來對抗西方文明。很多人批評他的觀點居心不良，但他至少已經超脫國家的層次。三大文明之外，另外還有俄羅斯的東正教文明、日本的大和文明也是獨樹一幟，經濟力與技術能力都很強。這幾個主角都介紹出場了，其他值得注意的就是人口直追中國的印度文明，還有拉丁美洲文明與非洲文明。文明與文明區塊之間如何合縱連橫、主從的角色如何？這就是他立論的主要根據。我們當然不希望文明與文明之間發生勢不兩立的衝突，那樣只會讓世界變得更可怕。

占卦實例1：同人卦第五爻占「中國二〇〇五年經濟形勢」

這是二〇〇五年中國大陸經濟情勢的一個占例，結果就是同人卦第五爻：「先號咷而後笑。」所以那一年大陸的經濟情勢當然要克服很多痛苦，但最後絕對有成長的機會；而且是在發展全球經貿的「同人」情況下，站上君位的制高點。然後還有「大師」，這個「大師」當然不是動武，而是指全球經貿發展中所向披靡的實力。十幾億的人口既是龐大的生產力，也是龐大的消費市場，這就是「大師」。尤其在西方很多國家都是零成長甚至是負成長的時候，中國大陸當然會克服一切困難，「先號咷而後笑」；剛開始可能有很多問題，但最後全部都突破了。這個爻爻變為離卦，表示在未來的成長階段會繼續繁榮亮麗，繼明照四方。關鍵的原因就是「中直」與「大師」，有堅強的實力，故可以在全球經貿中拔得頭籌。

占卦實例2：二〇〇三年至二〇〇四年兩岸關係

同人卦動初、二、三、四爻，四爻齊變是風水渙（䷺）。「渙」有離心離德、渙散的危機。「同人」是希望把大家都統合起來，可是初爻、二爻、三爻、四爻同時發生作用，變成渙卦，又分開成好幾塊。這是二〇〇三年至二〇〇四年的兩岸關係，完全符合那個時候兩岸之間的實際情況。

海峽兩岸的中國人同文、同種，這不就是「同人」嗎？可是那時處在劇烈的對立狀況下，卦是「同人」，卻有變成「渙」的可能；像風吹過水面，同心圓往外擴散，中心點跟邊緣越拉越遠，這就有分裂的傾向。那麼這個對峙是怎麼造成的呢？就是同人初、二、三、四四個爻的集體動向所造成的。二爻「同人于宗，吝」，「宗」就是指大陸（「九五」），代表那時臺灣還有很多重視與大陸同宗關係的人，這是有期待的，可是影響層面較小。三爻、四爻是居高位者採取分裂族群的動作；一個是「伏戎于莽」，那時臺灣雖然不敢明著對抗大陸，只能不斷搞搞小動作，像從李登輝廢「省」開始就有接連不斷的小動作；倘若大陸對此提出警告，它就「三歲不興」，暫時安份下來，繼續觀望形勢。一個是四爻的騎牆派，想在統、獨兩端看時機、撿便宜，看五爻和三爻之間到底搞什麼把戲；反正自己站在對自己有利的位置，知道走不通了，趕快回頭還來得及，「困而反則」，這其實也是一種小動作。兩者都想切斷二爻與五爻同宗的臍帶。但這還是二、三、四爻的動作，對代表一般臺灣老百姓的初爻來講，就沒那麼多想法了，只希望「同人于門，无咎」；廣大的基層民眾只想要有廣闊的活動空間，能夠自由的「出門同人」。

這四個爻在二〇〇三到二〇〇四年之間，代表各種不同的社會力量，包括三爻、四爻的阻礙。當時因為民進黨當權，所以不能小看這些阻礙的影響。同人若有一、二、三、四連動，表示「同人」發生質變，就可能造成渙卦的現象，小心越走越遠。

占卦實例3：二〇一二年臺灣「雙英會」

臺灣現任民進黨主席蔡英文在二〇〇八年就任時，我就為她的二〇一二年大選著手占了一卦，占到同人卦第二爻：「同人于宗，吝。」據我分析，選上的機會不大，因為她很難跨越「同宗」的小圈圈，而且這個卦裡面只有一個爻是陰爻，其他都是陽爻，結果唯一的陰爻「同人于宗」，腳步跨不出去，沒有發展，這就叫「吝」。這個問題如果不能突破，蔡英文要選上就很難。

那麼蘇貞昌呢？他在二〇一二還有多少勝算？占出來的是恒卦第四爻，完了！「田无禽」，上山打獵，卻一根鳥毛都沒有，白費心機。好了，不管他有毛沒毛，我們從蔡英文所占的卦，就要提醒自己不要犯同樣的毛病：在大團體中搞小團體、小圈圈，群居終日，言不及義，好行小惠。這一點若不突破，距離「同人、大有」不知道還有多遠。

占卦實例4：未來的感情之路

這是一個女學生問感情的占例。這位女學生可說是典型的「舒活族」，就是舒適生活一族，有自己的工作室，視野也算開闊，但終身大事一直搞不定，眉宇之間難免有愁容。她的幾個朋友談及此事，就想既然《易經》能夠預測未來，於是就占了一問：未來三、五年內有沒有姻緣路呢？結果算出一個卦來，就是同人卦初、四、六爻三個爻齊變為蹇卦（下圖）。水山蹇，不管如何跋山涉水，婚姻路難行！關鍵是第六爻的「同人于郊，志未得也」。她不是沒努力過，所以「无悔」，但就是沒找到合適的對象。「同人于郊」的「郊」，表示想要的沒法落實，也許還在等待、醞釀之中，總之就是還未能如願。而且「郊」本就人口稀少，能碰到合適對象的機會自然更少；你既然待在郊外，即使有這個需求，也得繼續等待。

「同人于郊」，明顯是想要的得不到。「同人」不就是要交朋友嗎？結果最後是「蹇」。初爻講什麼呢？他告訴你既然想交朋友，就要多出門，「出門同人」，擴大交往對象；因為同人卦中有兩個姤卦的象，有可能冤家路窄、不期而遇，會碰到誰？不知道！但擴大交往，機會自然比較大。就「出門同人」這一點，顯然她未來也會這麼做。換句話說，如果占到這個象，就提醒你，既然想談戀愛、想交朋友，就不要太「宅」，不要做「宅男、宅女」，待在房裡怎麼交朋友呢？一點機會都沒有。總不能哪一天從煙囪裡掉下來，或者有人空降剛好掉到你家，還掉到你的餐桌上。所

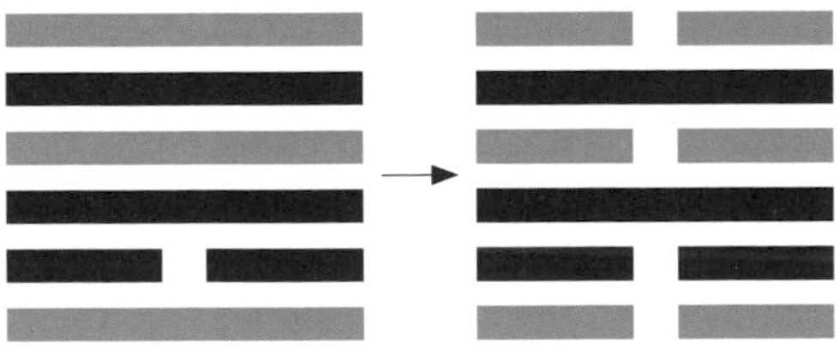

同人卦　　蹇卦

以第一不要太「宅」。第四爻是自己站在高高的城牆上看，想出手，結果沒有出手的機會，「弗克攻」、「困而反則也」；意圖還是沒達成，也不是不積極，「同人于門」，向外交往了，四爻「乘其墉，弗克攻」，還是不行。最後當然是「同人于郊」，我努力了，但是在未來的三五年或者更長的時間裡，還是「志未得」。然後三爻齊變為蹇卦。我這麼幫她分析完，她的臉色就更黯淡了。這就是所謂的「過盡千帆皆不是」，站在樓頭眺望，江面上的船一條一條都過去了，卻沒有一艘肯停下來泊在我的港口。當時這個卦象，記憶猶新，如今三、五年過去了，現在是什麼情況，就不在這個卦的範圍內。我衷心祝願這位女生能夠「男有分，女有歸」。

占卦實例5：胡志強夫人的車禍意外

二〇〇六年十一月十八日，當時的臺中市長胡志強夫人邵曉玲隨夫婿赴高雄站台助選，返程經臺南山區途中，遭遇重大車禍，不僅左手截肢，尚有性命之虞。其弟邵崇齡為知名易學家，探視姊姊時占問吉凶，得出同人卦「九三」爻變，成无妄卦。在野助陣為「同人于野」，卻不幸遇到藏於山林中的殺機，真是無妄之災。「三歲不興」，似乎指三年之久都不能康復行動。後來，臺灣不分藍綠，許多人為其念禱祈福，居然起死回生，沒太久就下床站立行動。无妄涉及心念，用心真誠可致奇蹟，人的心力真正不可思議？

占卦實例6：奧斯陸瘋狂殺人事件

二○一一年七月二十二日，挪威奧斯陸發生瘋狂殺人事件，凶手布雷維克以反伊斯蘭文化入侵為名，冷血屠殺七十多位白人同胞，被捕後堅不認錯，還受該國免除死刑的司法保障，真正豈有此理！我問該案發生後，三至五年的世景如何？為同人卦初、三爻動，齊變有否卦之象。同人卦辭稱：「同人于野，亨。利涉大川，利君子貞。」〈大象傳〉稱：「君子以類族辨物。」方今全球化的時代，大家都希望「出門同人」，與各民族國家的人群交往；然而「九三」「伏戎于莽，升其高陵」，總有殺機隱藏於幽暗處，窺伺情勢想謀害人，根本防不勝防。否卦辭稱：「否之匪人，不利君子貞。」〈大象傳〉稱：「君子以儉德避難。」依卦序否卦在同人卦之先，二卦情勢完全相反。「遇同人之否」，文明呈現大倒退，天地不交，人性泯滅矣！

九一一恐怖攻擊之後十年，舉世投入無限的心力財力，結果西方自由社會的敵人不在外部的伊斯蘭，反而深藏於境內，合乎中國的太極思維：陽中有陰，陽極轉陰。種種弊端，太值得大家深刻反省了！

二○一二年八月二十四日，挪威法院裁定，凶手精神正常，判二十一年有期徒刑定讞。

世界大同——大有卦第十四（䷍）

大有卦的由來

我在上一章提到過，《易經》同人、大有這兩卦，其實就是中國文化思想核心〈禮運大同篇〉的「大同」社會理念，以及《春秋》「太平世」的思想根源。要達成這樣的理想並不容易，因為後世幾千年來，人們所經歷的大部分還是同人、大有兩卦的錯卦——師卦與比卦。不管是軍事衝突還是外交的合縱連橫，在霸道思想主導的社會下，人類社會的問題仍然層出不窮。在經過小畜、履、泰、否四卦的乾坤大挪移之後，人們終於從痛苦中得到教訓，然後才展開了同人、大有的新思維。換言之，從師、比到同人、大有，其間歷經脫胎換骨的變化，它們大部分都是相綜的關係，而泰極否來在極短的時間內發生，既相綜又相錯。從同人、大有和師、比之中，不難發現，人類文明與歷史發展，以及對未來的期望，完全都體現在這些卦中，可見《易經》是一個龐大的思想資料寶庫，始終影響人類文明發展的動向。

大有卦篇幅不多，自古以來，也少有合適的占例可以加深大家對卦爻辭及卦的結構的理解。

但是我們可以結合師、比、同人、大有這四個卦二十四個爻之間互相參照的關係，以便理解卦與卦之間千變萬化的動態關聯。雖然我們已經講過師、比、同人三個卦，也已知曉同人、大有之間的關係，但等到我們把大有卦的卦、爻辭，包括〈彖〉、〈象〉全部講完之後，你就會發現，《易經》整體結構之精密，確實是天衣無縫。對《易經》若沒有整體掌握，就是「見樹不見林」；唯有把錯綜的架構和相關理念、案例說清楚，才能「見樹又見林」；甚至在精確掌握整體的「森林」之後，對每一棵「樹」的看法和解讀，又會跟一般人不同，可以從每一棵「樹」看到整片森林。這種功夫就是由局部見整體，「一花一世界，一葉一如來」或「一爻一世界，一卦一乾坤」。《易經》六十四卦可以看成是一個卦；每一個卦又可以看成是六十四個卦，裡面的架構是息息相關、層層套疊。《易經》之包羅萬象，正如〈繫辭傳〉所說的：「《易》與天地準，故能彌綸天地之道。」

師、比、同人、大有四個卦的很多問題是從需、訟、師開始的，因為生存發展的自然需求造成爭端，於是有了流血衝突。戰爭雖是人類社會發展過程不可少的部分，但它既不經濟也不人道，更不能真正解決問題，所以就有了合縱連橫的比卦，試圖用溝通談判來解決紛爭。但顯然沒什麼效果，因為人類爭強鬥勝的基本心態並沒有改變，所以還要經歷小畜的「密雲不雨」，和「履虎尾」的高風險，然後才能從泰、否的大起大落之中痛定思痛，最後才有同人、大有的理想。這就是大有卦的由來。

《孫子兵法》的「全勝」思維

師卦與戰爭有關，自有人類開始，在人們發明各種可怕的殺人武器之前，人們都以有組織的戰爭行動求勝，由此產生了兵法、戰略的專業能力。在講述大有卦之前，還得把師卦的兵法重提一下。中華兵法自兩千五百多年前由孫武領銜，隨後催生了浩如煙海的兵書典籍。但只有《孫子兵法》十三篇最經得起考驗，而且直到現在行情持續看漲，堪稱世界第一兵書，成就非凡。

在核子武器發明之後，世界大戰的可能性大幅降低，高科技武器使得戰爭到達極限，因為沒有哪個國家想要互相毀滅；因此戰爭規模勢必縮小，僅限於局部衝突。這也使得人們更有機會尋找和平突破的可能，畢竟形勢比人強，世界各國不得不在戰爭衝突之外尋求解決方案，包括比卦的外交談判，甚至是同人、大有這種互相保證長期和平共處的方式。這種全球架構目前已經形成了，不管是從《易經》師、比、同人、大有四卦來看，還是從國際現勢的發展來看，都可以明顯看到軍事衝突的可能性越來越低。這個趨勢，和《孫子兵法》的精神也是不謀而合的。《孫子兵法》雖然大部分的篇幅是講戰爭難以避免，所以教我們如何打勝仗，但它的最高境界卻是「不戰而屈人之兵」的和平手段，而且是一種全勝的思維。

《孫子兵法・謀攻篇》云：「故百戰百勝，非善之善也；不戰而屈人之兵，善之善者也。」「不戰而屈人之兵」是兵法的核心概念，即使現在，各國也在思考如何在國際競爭合作中求得全勝。當然，所謂的「全勝」並不是百戰百勝，「全」就是保全，甚至是「全己全敵」，也就是現在最流行的世界生態「永續發展」的概念。即使在雙方發生衝突的時候，都要站在永續經營的角度，設法保全生態資源、自然資源。

《孫子兵法・謀攻篇》云：「故上兵伐謀，其次伐交，其次伐兵，其下攻城。」最高段的兵法是用謀略挫敗其人；其次是「伐交」，也就是比卦的外交手段；再次就是軍事衝突，這是在沒有其他選擇時，不得不然的方法；最糟糕的就是攻城掠地，即現代所謂的登陸戰、攻堅戰。外交談判其實也是一種侵伐行為，因為它仍然不脫爭霸的思維。上乘的兵法是迂迴鬥智，像間諜戰，在根源上「伐謀」，摸清楚對方的戰略意圖，再擺下陣勢，讓對方知難而退、打消念頭。同人卦就有這個味道，第三爻「伏戎於莽，升其高陵」，可是「三歲不興」，在無形中消弭戰禍；第四爻「乘其墉」，每一個人都有實力據地稱王，但是「弗克攻」，不讓他有出手的機會，因為「大師克相遇」。這就是「不戰而屈人之兵」，將很多慘烈的犧牲化於無形，這就比事前、事後的談判更高一籌，這就叫「伐謀」。

讓戰爭的幅度與殺傷力逐漸降低，並局限在一定範圍內，這樣就有可能往終極和平或大規模的區域和平發展。《孫子兵法》這個觀點，已幾乎成為二十世紀末到二十一世紀人類世界共同的想法，因為核武的發展極限一旦被突破，大家只有一起毀滅。如果不想一起毀滅，我們勢必要共同面對族群與民族的衝突，看看有沒有更好的方式可以解決問題。這就要運用《孫子兵法》的全勝觀念，不但保全自己，還要保全敵人。但現實的差距還是很大，像美國過去幾十年雖然高唱「不戰而屈人之兵」這個理論，第一次海灣戰爭時，美國大兵的犧牲數字確實少到匪夷所思，在戰爭剛開始時透過拚命轟炸，讓真正短兵相接的地面陸戰才幾天就結束。表面上確實很像「不戰而屈人之兵」，但事實呢？再如與前蘇聯的冷戰，美國也是不戰而屈人之兵，把前蘇聯搞垮了。儘管美國政府再三標榜他們得到了「全勝」，但他們其實是嚴重誤解《孫子兵法》「全勝」思維的境界，因為他的「全勝」只是全己，並沒有全敵。攻打伊拉克或阿富汗時把對方打得稀巴爛，完全不在乎平民的生命，只在乎保全美國人的生命；用最少的成本取得最高的勝利，使對方屈服，卻完全沒有把

「全敵」放在主要考量範圍。

《孫子兵法》講的是既保全自己，也保全敵方，這才是真正的「全勝」。如果只考慮到保全美國人的生命，這就是典型的「同人于宗，吝」，這樣的做法遲早會被世人識破，這就難怪美國的侵略行為越來越為人所不恥。另外，孫子的「全勝」思維雖然沒有明講，但我們可以再推擴——亦即不僅要全己全敵，還要全天全地，連自然環境、生態系統都要保全。尤其現代戰爭中的生化武器、核子武器，對人類生命和地球生態系統幾乎是毀滅性的破壞。這是當今世界各國都要注意的問題。所以《孫子兵法》也講：「知彼知己，勝乃不殆；知天知地，勝乃可全。」

此外，《易經》所標榜的是要關注到整個宇宙的存在，那就不只是人與天地自然，還有人與鬼神——那就是歷史文化。面對宇宙間有形、無形的一切存在，都要以恭謹敬慎的態度約束人類行為。所以除了保全敵我雙方、保全自然環境，還要保全歷史文化。文化古蹟一旦遭到破壞，那是無法修復的，所以任何戰爭都要考慮到文化遺跡的保護。如果大家都有這個意識，就算有任何戰爭衝突，都不會破壞整體環境，否則，整體環境受到破壞，歷史文化也難以保全，這就會間接傷害我們自己。自然界會反撲，鬼神難道不會反撲嗎？如果一場戰爭毀掉了埃及金字塔，或萬里長城和故宮，就造下很重的罪業。像阿富汗神學士政權一炮摧毀了歷史悠久的巴米安石窟大佛，不僅無法解決任何問題，以後他們要繼續掌權都難，因為這已經連帶將人類的基本信念也摧毀了。所以《孫子兵法》的全勝思維，應該包括全己全敵、全天全地、全鬼神，這個思想必須要發揚光大。

《孫子兵法》的百年發展與《易經》、中國文化

聯合國要成立《孫子兵法》世界研究中心，說明它雖然是中華民族的創造，但具有世界級的普世價值。我私下以為，在二十一世紀的一百年來講，中華兵學，尤其是以《孫子兵法》為首的這種充滿創意發展的思維，未來的行情絕對看好。

在同人、大有的人類文明基礎上，《孫子兵法》在學術界的探討可謂是細得不能再細了。但光是學術研究永遠只是紙上談兵，重點是靈活運用於解決人類迫切的問題，將其做為兵法思想的實用功能發揮出來，真正做到學以致用。那麼在二十一世紀的一百年間，《孫子兵法》從理論的探討到實踐能夠紅紅火火嗎？對於這個問題，我也做了占測，出來的卦是不變的晉卦（䷢），驗證我的直觀判斷沒有錯。整個二十一世紀，以中華兵學思想為首的發展，在全球的傳播、發揮，與實質影響力，將是朝氣蓬勃、蒸蒸日上。

為什麼西方戰略思想家克勞塞維茲（Carl Philip Gottlieb von Clausewitz，1780-1831）的思想無法在全世界得到長足發展呢？因為它僅僅是拿破崙時期的那一套戰略思想，而且是血淋淋的戰爭思維，一旦發生衝突，就要殲滅敵人，完全不考慮自然環境與族群文化，這種思想不能真正解決問題，當然是落伍的。《孫子兵法》雖然歷史久遠，但從戰略角度來講，它高瞻遠矚的關懷層面，遠勝於克勞塞維茲。既然中華兵學在二十一世紀的發展是不變的晉卦，當然就得「自昭明德」，而這個「自」，就將是中國人共同的命運情境，我們必須群策群力，讓這個思想化為行動，解決人類文明的危機，從這裡找到出路。所以未來一百年整個中華兵法的發展假如是不變的晉卦，這就很有意

思了。

我曾講過，《易經》在二十一世紀的發展是不變的萃卦（䷬），有出類拔萃、人文薈萃的象。前面是姤卦，代表這一百年的機遇難得，由精英分子帶動民眾，研習、發揚易學的領域；後面是升卦，表示易學研究風氣將大幅上揚。未來一百年，中華兵法是不變的「晉」，《易經》是不變的「萃」，整個中國文化則是豐卦（䷶）第一爻。豐卦的下卦是離卦，代表文明、文化，是軟實力；上卦是震卦，代表富國強兵，是硬實力。硬實力和軟實力配合恰當，就如日中天，造就豐功偉業。豐卦第一爻就告訴我們，軟實力跟硬實力融合無礙，不但可大，而且可久，這就有謙卦的象，天地人鬼神都可大可久。換言之，這很可能也是天意，從鴉片戰爭後至今約一百八十年，大家對母體文化幾乎全然喪失信心，可是因為大陸迅速崛起，正好提供中國文化軟體、硬體結合的機會；發展均衡，富而好禮，永不稱霸。這個影響不僅對中華民族有貢獻，對全人類都有貢獻，如果真做到了，就是豐卦第一爻。這一百年只走豐卦第一爻，就代表方興未艾，那麼中華民族享有三百年到一千年的太平盛世，絕對是可以預期的，而且還會影響全世界。因為中國的問題解決了，世界的問題就解決了大半。這些判斷都不是帶有感情色彩的，而是長期默察形勢累積所得。就像我們上次講到泰卦時，從全體人類文明的觀點來看，未來一千年是不變的泰卦。這些占卦的指向都是一致的，未來要開創太平世界，關鍵就在豐、萃、晉三卦，不但主張和平反戰，而且要從人類文明永續生存發展的角度出發。

大有卦卦辭

䷍

大有。元亨。

卦辭很簡單：「大有。元亨。」若除掉卦名，實際上就只有兩個字。六十四卦中，卦辭最精簡的就是兩個字。大有卦的「元亨」，和大壯卦的「利貞」，把乾卦「元亨利貞」的創造性能力各分一半。另外就是鼎卦，鼎卦的卦辭有三個字：「元吉，亨。」根據〈彖傳〉的說法，「吉」可能是衍文，也不是保證鼎卦亨通的但書。但中國人審慎，尊重經典，不敢隨便修改。所以鼎卦的卦辭還是「元吉，亨。」

「元亨」，「元」當然是根源的創造力。「大有」是大家皆有、人人皆有。「元」就是人人皆有良知良能，眾生皆有佛性；佛與眾生平等，聖人、賢人與一般人平等，只要「同人」就是「大有」。所以大同社會是值得追求、值得發揚光大的，裡面蘊含了非常豐富的「元」可以開發；若開發出來，就絕對是「亨」（亨通）。「亨者，嘉之會也」，不同的族群都有可能「嘉之會」，溝通無礙，和諧共存。可見「大有」的範疇其實是很大的，而且是從根源上天生就有，若能開發出來，絕對可以亨通無礙。

根據「京房八宮卦」（下頁圖）的說法，大有卦屬歸魂卦，就是以乾道而發展的究竟涅槃，最終都得回到這裡來。前面的歷程就是「師、比」，最後「同人、大有」。「大有」之後更上一層樓，解決了人跟人的問題之後，還要用謙的態度面對天地、自然、鬼神，如此必得圓融善終，所以

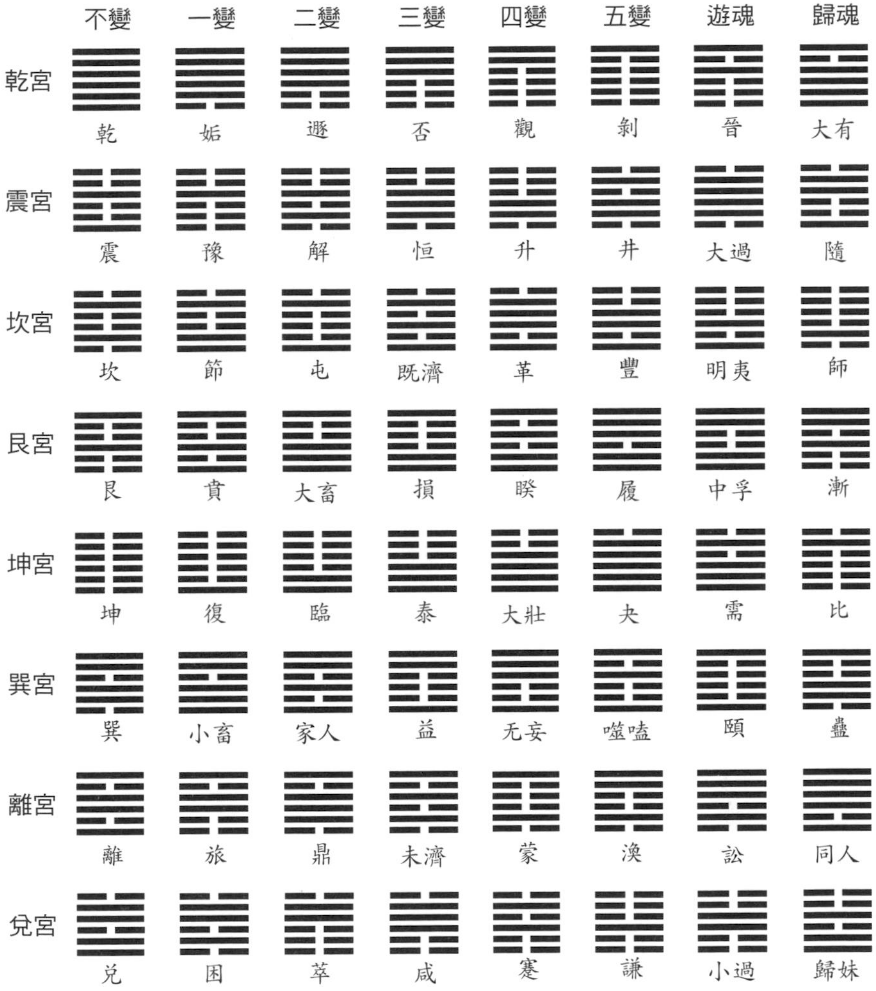
不變 一變 二變 三變 四變 五變 遊魂 歸魂
乾宮 乾 姤 遯 否 觀 剝 晉 大有
震宮 震 豫 解 恒 升 井 大過 隨
坎宮 坎 節 屯 既濟 革 豐 明夷 師
艮宮 艮 賁 大畜 損 睽 履 中孚 漸
坤宮 坤 復 臨 泰 大壯 夬 需 比
巽宮 巽 小畜 家人 益 无妄 噬嗑 頤 蠱
離宮 離 旅 鼎 未濟 蒙 渙 訟 同人
兌宮 兌 困 萃 咸 蹇 謙 小過 歸妹

京房八宮卦

是「元亨」。從前農業社會的「大有年」，就是豐收年。歷史記載這一年老天爺賞臉，種什麼收成都好，五穀豐收，這就是「大有年」的情景。「元亨」，是生生不息的，「元者，善之長」，「亨者，嘉之會」，表現在農業社會最重要的就是糧食生產。整個國家的經濟命脈，就看那一年是否風調雨順、五穀豐登、國泰民安。既然是「元亨」，大家一定樂得笑呵呵。

如果那一年農業生產欠收，水災旱災頻仍，在《易經》就是無妄之災的无妄卦。无妄卦也是「元亨利貞」的卦，可是稍微有一點點偏差，就會引起蝴蝶效應，天災人禍並至；「不利有攸往」，「其匪正有眚」。先是人的判斷失誤，如果人犯的錯誤太過嚴重，欲望、習氣的污染擴大，就會引動人與天地自然微妙的互動機制，導致天災。无妄卦就講無妄之災，是長期積累的人禍造成的。例如濫墾濫伐，嚴重破壞環境，也是因為有權力的人不斷犯錯，積累到一個臨界點就爆發潰堤，牽連到很多無辜的人跟著倒楣，這就是禍國殃民的概念。積不善之家，必有餘殃；城門失火，殃及池魚。所以天災跟人禍是有關聯的，正本清源要從人心做起，人心沒有妄念、妄想，就不會輕舉妄動。農業社會如果天災不斷，農業生產荒廢，整個國本也受到動搖，那一年就叫「无妄年」。將來學到无妄卦，把无妄卦的理氣象數與大有卦作一比較，就可以看出它們之間的大反差。

《易經》對「大有」是充分而全面肯定的，尊重所有人生而皆有的「有」，甚至人以外的天地萬物也是「全有」。它是這樣篤定、充滿信心地強調「有」。強調「無」的就是「无妄」，虛妄的欲望、幻想，在起心動念之間翻來覆去的東西，都要想辦法節制，不然絕對引發災禍。天作孽，猶可違；自作孽，不可活，因為都是從「妄」而來的。所以要「无」掉的是「妄」，狠下工夫，降到接近於零。這是比較悲觀的；相較而言，面對一切存在的現象，百分之百全面樂觀的肯定，則是

「大有」，全部包容、全面肯定。

大有卦〈彖傳〉

〈彖〉曰：大有，柔得尊位，大中而上下應之，曰大有。其德剛健而文明，應乎天而時行，是以元亨。

「大有，柔得尊位」，這是指大有卦唯一的陰爻是君位「六五」，是上卦離卦的中心，也是文明光輝的中心。君位自然是「尊位」，可以發號施令、調度資源。與同人卦不同的是，同人卦唯一的陰爻在下卦的離卦，文明的光輝在內，還沒有真正發揚光大，影響自然有限，故而整個社會還有爭霸的舊習。而大有卦的光明已經提升到上卦，影響力由內而外，大家都沐浴在陽光普照之下。

大有卦的離卦在天上，而且是掌權的上卦，與同人卦相比，有階段性的差異。同人卦想要將文明的成就往大有卦發展，就要想辦法把下卦還在民間的力量往外推展，與當權實力結合。因為文明的實踐終究得靠外卦乾卦的推動；一旦成功，就是上卦充滿光明的大有卦，也就是政治清明、富而好禮的社會。這就是「柔得尊位」的表現。上卦離卦的文明中心當權，從古希臘的傳統來講，就是哲學家皇帝。同人卦的哲學家原本在下卦，其影響力頂多就是授徒講學，孔、孟之輩都是如此，無法「柔得尊位」、大放光芒；只能「柔得位得中，而應乎乾」，必須設法尋求跟上卦乾卦的執政實力結合。所以「天火同人」只是「得位」，沒有「得尊位」。直到「火天大有」，「柔」本身就得尊位，而且是「大中」。「六五」大中至正，居大有卦上卦光明之中，其力量遠遠超過同人卦

「六二」在下卦內卦、在民間的「中」，只是「得位得中」。

「而上下應之」是指「六五」大中至正，本身是政治領袖，具備發號施令的條件，而且影響力不同凡響。像《易經》的大行其道，就是在武王伐紂成功、周朝推翻商朝之後，由於周文王本身就是《易經》的重要創作者之一，有了政治力量的加持，再得到武王、周公的大力推行，這一推連商朝、夏朝的《易經》都不見了。還有，董仲舒的儒學也是因為有漢武帝的推動，才能「罷黜百家，獨尊儒術」；如果漢武帝不理不睬，董仲舒就是喊破喉嚨也沒有用。道理很簡單，軟實力與硬實力結合，就是同人與大有的差異。由「得位得中」到「得尊位」而且「大中」，影響力完全不同；終於得償所願、理想付諸實踐，這就是「上下應之」。另外，大有卦的錯卦比卦也是講上下之間的關係：「下順從也」、「不寧方來，上下應也」。這是比卦的思維。大家想跟最強的」「九五」拉關係，但比卦是五陰應一陽，唯一的陽爻「九五」是霸權式的；大有卦則是五個陽爻應一個陰爻，唯一的陰爻「六五」是文明和平的理念，但也還是「上下應之」。可見，《易經‧彖傳》從卦的結構分析卦義，真是了不起，該講的全講了，沒有一句廢話，只看你有沒有耐心細細鑽研品味。

「同人」與「大有」的不同在於，「同人」必須「應乎乾」；要跟有實力的人搞好關係，設法說服他。所以孔子才會周遊列國，因為他只是「柔得位得中」，理想的實現還得靠「乾行也」，才能「利涉大川」、「同人于野」。如果在上位的人採納他的理念，「上下應之」，「大中得尊位」，那就是「其德剛健而文明」。「剛健」是指下卦內卦乾卦的剛健中正純粹精，「文明」是指外卦上卦離卦大家共同信守的文明理念。「剛健而文明」，就是文明理念已經獲得發揚光大，與「同人」時期需要四處尋求支援迥然不同，因為它「應乎天而時行」。「天」就是乾卦代表的天道、自然規律，亦即眾生平等的概念是合乎天道的。「時行」，表示大行於天下的時候到了，不像「同人」的時機還沒成熟，還有「大川」的阻礙在前，「大有」則已經過河渡彼岸。「同人」的時候還要「通天下之志」，「大有」的時候，「天下之志」已經實現了，因為「應乎天」，得到最好的施行時機，使「大道之行，天下為公」的理想「是以元亨」，變成通達四海的事實。

大有卦〈大象傳〉

〈大象〉曰：火在天上，大有。君子以遏惡揚善，順天休命。

「火在天上，大有」，這是太陽的象，文明理念得以彰顯，人人都在陽光普照之下。「君子以遏惡揚善，順天休命。」「休」字在否卦中也出現過——「休否，大人吉」，是休養生息的意思。否卦第五爻君位有「休否」的職責，一定要讓老百姓喘口氣。還有將來要學的復卦第二爻也有「休復」，是美好的意思。這些「休」字要告訴我們的是，不管在什麼處境之下，都要懂得放輕鬆！不要讓自己活得咬牙切齒、痛苦不安。正如比卦的「不寧」——「不寧方來」，雖然比卦不打仗，大家還是焦灼不安，因為沒有安全感，生怕大風吹完，自己會被徹底邊緣化，找不到位置、交不到朋友。大有卦這種緊張兮兮的感覺沒有了，變得雍容大度，腳步從容，心態也很美。這裡的「休」就有美好的意思，「順天美命」。這種「休」的感覺，顯然是把比卦精神不寧的狀態徹底改造過來，要你順著天命的大形勢，去做「遏惡揚善」的事情，打擊魔鬼絕不手軟。

「順天休命」的「休」字很重要。大有卦既然已經渡彼岸，成為掌權人，在上卦本身又是文明的化身，經歷了「同人」刀光劍影、明爭暗鬥的歷程，然後脫胎換骨，「剛健而文明，應乎天而時行」。在同人卦時只能寄望「為君」的上卦乾採納下卦的文明理念，使天道普行於世；像孔、孟周遊列國，他們其實是全無把握的；在那個大爭之世，諸侯國國君沒有一個採納他們的理念，受歡迎的是法家韓非、商鞅那一套。那個時代，雖說諸子百家百花齊放，但從現實的政治利益來講，只有法家獨占鼇頭，即便秦朝那麼短命，最後還是靠法家富國強兵的霸道思維統一中國。那就是因為「乾」沒有執行「同人」這個理念，採用的是師卦、比卦的路子。「同人于野，亨，利涉大川」，是希望君王行天道，若君王不配合，底下的文明成就再高都沒有用。可是在「大有」的時代就不同了，理想被採納了，甚至懷抱文明理想的人掌有實權，可以「順天休命」，全力推動天道理想。於是，民眾得到休養生息，大家在天命的照顧之下，讓已經很不錯的環境變得更好。

值得注意的是，人生在世，就應該培養「休」的開闊胸襟。《尚書》與《大學》對「休」字都有特別的說明。《尚書・秦誓》就說：「昧昧我思之，如有一介臣，斷斷猗無他技，其心休休焉，其如有容焉。」〈秦誓〉是讚揚秦穆公知錯能改，這一點確實不容易。在高位的人勇於承擔責任，願意修改錯誤的政策，那麼大家都可以蒙受福報。而這段話主要是提醒人不要嫉妒賢才，這種胸懷也是「大有」的思想。這段話是說，有一個人看起來好像沒有特別優秀的才能，也沒有值得稱讚的專業技巧，但這個人就是心胸寬廣，不嫉賢妒才，而且會推薦賢能的人，這就是美德。「其心休休焉」的「休」字就是雍容大度，不使小心眼，不會嫉妒有才德之人。像「伏戎于莽」、「乘其墉」，都是小氣鬼，就是見不得人好。「其如有容」，氣量大，能包容。下面還有：「人之有技，若己有之。」別人在某項專業力上超越他，他不但不嫉妒，還到處幫忙宣揚推廣。小氣的人見到人家好，就嫉妒得要死，攻擊、詆毀，最好能把他拉下來。「休」的人肚量大，見人技藝高超，就像是自己的才能一樣。這就是「大有」的精神，人人都有，大家都有。所以嫉妒的人絕不會選賢舉能，心胸寬大的領袖才會任用比自己更有才幹的人。「人之彥聖，其心好之，不啻若自其口出。」「彥」即美士，還不只是技藝超群，這人的道德、操守、學問，無一不好。「其心好之」，有「休休焉」的心胸就會衷心佩服人家的才幹。不過在現實生活中，「其心好之」也只是個理想，芸芸眾生能做到這一點的，恐怕兩成都不到；大部分的人際關係還是師、比二卦或同人二、三、四、五爻，非得用「大師」使之屈服於強權不可。接下來，就像孔子在談過「大同」的理想之後，接著講「小康」一樣，畢竟「大同」的理想至今未曾實現，能做到「小康」就算很不錯了。既然「同人、大有」不可企及，為了求生存，還是得務實地熟悉師、比二卦的競爭兵法，同時還要繼續往「同人、大有」的境界提升，不但超越霸權爭奪，也超越自己的嫉妒心和貪嗔癡慢疑。

所以，講完「其心休休焉」這種人之後，就說大部分的人不是這樣，而是：「人之有技，冒疾以惡之；人之彥聖，而違之俾不達，是不能容，以不能保我子孫黎民，亦曰殆哉！」「人之有技」就想辦法抹黑人家；遇到「人之彥聖」，打死也不會推薦這種人。結果自己不得安寧，社會上好人出不了頭，善不能推舉出去，這都跟「休」有關。唯有心量放大，真正達到「順天休命」的開闊境界，才能促進遏惡揚善的公平社會。「選賢舉能」就是「揚善」，「遏惡」就是「三歲不興」。須知即使到了大同世、太平世的「大有」社會，還是有惡行惡念，所以要明辨善惡，絕不能讓「惡」發展擴大。如果不能及時遏止惡勢力的發展，善就無法出頭了。否卦就是這樣，「否之匪人」，就「不利君子貞」，只要有一點點消極、手軟，君子就要「儉德避難」。所以善能否張揚，跟「遏惡」有絕對的關係。社會上不管哪個組織都有嫉妒、講小話、散播流言的人，正事不做，一天到晚興風作浪，成事不足，敗事有餘。這種人的劣根性就是自己不能，也見不得人家能。

所以，在「大有」的時代，既然君子已經掌權，文明的理念已為大家所共同奉行，在這個美好社會中，仍不能輕忽「遏惡」的重要性，因為偽善、和稀泥的濫好人最容易混淆大是大非。「遏惡」才可以「揚善」，擺脫同人卦同宗、同族、同黨天天廝混在一起的習氣，讓狹隘的心胸沒有撥弄是非的空間。這樣一來，惡的無法出頭，善就可以發揚光大。同人卦就是陷在狹隘的族群偏見中，內外有別，是非顛倒。進入「大有」之後，這些壞習氣得到遏止，不再以族群、派系、團體、區域來決定善惡。要知道，任何族群、任何民族、文化都有善惡優劣的元素，自己的缺點當然要勇於改錯；政敵或其他族群必有值得肯定的善，也要稱揚。中華民族的歷史文化照樣有不少惡的因素，若在民族主義的蒙蔽之下，明明是惡的也強解成善，怎麼能保持文化的進步呢？我們看佛教進入中國，很多精彩的佛教思想，經過中國人幾千年的消化融合，發展得比印度還要好，佛教在印度反而衰微了。這就是虛心吸收、有容乃大。假定任何一個國家或民族、文化，乃至任何一個個人都懂得遏惡揚善，敢於面對真正的善惡，善則揚之，惡則遏之，那麼站在「人同此心，心同此理」的人性基礎上看問題，這樣的善惡觀就可以通天了！難怪大有卦在落實「遏惡揚善、順天休命」之後，最後「自天佑之，吉无不利」；再進一步，就通到謙卦的天地人鬼神，必得善終。「順天」，也是從坤卦〈彖傳〉的「乃順承天」而來。「遏惡揚善」的「遏」是遏制，並沒有說消滅。《易經》絕不趕盡殺絕，但一定要有一個標準，不能鄉愿，更不能是非不分，該做的就做，該處置的就得如實處置。

然而現存的《中庸》版本不講「遏惡揚善」，而是講「隱惡揚善」，這就產生觀念的衝突了。因為「隱」的格局太狹隘，那是鄉愿行為，大家不會反對「揚善」，但是「惡」怎麼可以「隱」起來呢？把惡隱藏起來，就不會受到遏制嚇阻，而會在隱密處繼續發展壯大，更糟糕的是形成表裡不一的現象。所以《中庸》講：「隱惡而揚善，執其兩端，用其中於民。」這就造成很壞的後遺症，使得過去中國社會喜歡隱惡揚善，報喜不報憂；然後官官相護，真相被掩蓋，很多問題沒有真正得到解決。《易經》說「君子以遏惡揚善」，孔子在《春秋》裡面也講得很明確，要「遏惡」，可是不知道從什麼時候開始，《中庸》卻改成了「隱惡」。「隱惡」確實不行，假如我們把大有卦上卦離卦當成人際交往的網絡，尤其是現代社會，大家可以在網路上同一個時間擁有、分享資訊；一個小地方發生什麼事，全世界立刻都知道。這樣的一個網路世界，不也需要「遏惡」嗎？不然，謠言、病毒，還有亂七八糟的資訊，就會藉著四通八達的網路瞬間傳播、侵入每個家庭。如果沒有遏惡的機制，如何揚善？很多真相就會被負面的、假的資訊遮蓋。像金融風暴之「惡」始出華爾街，因為惡的累積太嚴重，能量大到遏制不住，就一下子擴散全球，連累大家一起倒楣；富以其鄰，不富也以其鄰，可見「遏惡揚善」才是正確的做法。

總之，如果像同人卦那樣陷在小框框裡，就會喪失面對大是大非、明辨善惡的道德勇氣；必須像大有卦那樣無所顧忌，該怎麼做就怎麼做，以「遏惡」來保障「揚善」，然後才可以「順天休命」，生活在舒緩開闊的情境中，再也不必擔心人與人之間會「交相害」了。

大有卦的卦中卦

大有卦的卦中卦有點特殊，和同人卦一樣。第一個是二、三、四、五、上爻所構成的大有卦。「大有」中還有「大有」，就像同人卦的初、二、三、四、五爻構成的同人卦一樣，大圈圈裡面有小圈圈，小圈圈內還有手帕交，手帕交也有可能勾心鬥角。「大有」中有「大有」，「同人」中有「同人」。還有就像同人卦中有兩個姤卦一樣，大有卦中有兩個夬卦（䷪），夬、姤一體相綜，同人、大有一體相綜。大有卦初、二、三、四、五爻構成第一個夬卦。夬卦五陽對決一陰，剛決柔，這樣一個卦藏在大有的世界，說明陽長陰消，而且夬卦本身就有遏惡揚善的味道；五陽決一陰，把最後的陰解決掉，恢復成六陽的乾卦，以彰顯天道，順天休命。第二個是二、三、四、五爻構成的夬卦，夬而又夬，決而又決，這說明「遏」雖然無法斬草除根、除惡務盡，但絕對禁止搞破壞。所以，「大有」社會絕對有強勢的約束力，不做包容壞人的濫好人。

大有卦還有乾卦的象，就是初、二、三、四爻構成的乾卦，和同人卦三、四、五、上爻也是乾卦的象一樣，都有天道的概念。

另外值得注意的是，同人卦中有家人卦的概念，即初、二、三、四爻構成的家人卦（䷤），先從愛家人開始，然後擴及家以外的其他人；然而，也正因為要從愛家人出發，很多人只看到自家利益，不能推己及人，把愛心推擴出去。同樣的，大有卦的整體條件雖然不錯，裡面卻有睽卦的危機。由三、四、五、六爻構成的就是睽（䷥，右圖），

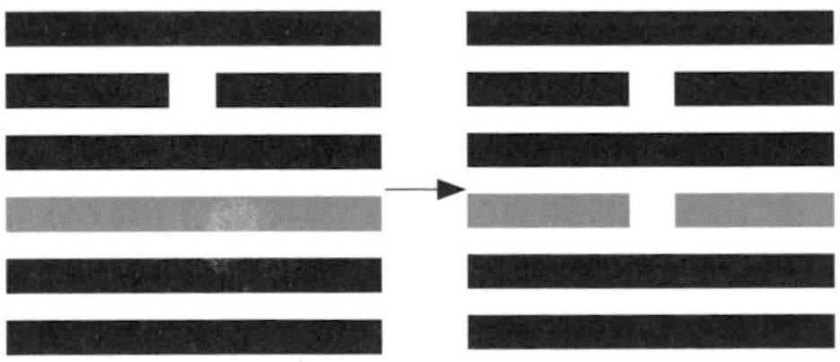

大有卦　　睽卦

大有卦的「九三」就是睽卦的初爻；而大有卦「九三」爻一變又是家人反目的「火澤睽」。所以這個爻就有出現兩極的可能，一個是大公無私的「公用亨于天子」；一個是私心遮蔽理智，「小人弗克」，家人變寇讎。所以大有卦第三爻要特別注意，是大有卦的重大考驗。

〈繫辭傳〉說大有卦「自天佑之，吉无不利」

是故君子居則觀其象而玩其辭，動則觀其變而玩其占。是以自天佑之，吉无不利。

——〈繫辭上傳〉第二章

《易》曰：「自天佑之，吉无不利。」子曰：「佑者，助也。天之所助者順也；人之所助者信也。履信思乎順，又以尚賢也。是以自天佑之，吉无不利也。」

——〈繫辭上傳〉第十二章

《易》窮則變，變則通，通則久。是以自天佑之，吉无不利。

——〈繫辭下傳〉第二章

大有卦的最後一爻「自天佑之，吉无不利」，是「大有」進入「謙」的跳板。這個爻在〈繫辭傳〉被強調過三次，即上傳第二章、十二章和下傳第二章。可見「自天佑之，吉无不利」這種無限美好的理想情境，可說是孔門思想的主調；也是我們修《易》、研《易》、學《易》的主要目標。〈繫辭上傳〉第二章講的是學易的方法與態度；平常要好好下工夫，等到發生事情時，心中有成算，至少知道如何趨吉避凶，甚至可以「自天佑之，吉无不利」。這個思想內容就不只是大有上爻的爻辭，還貫徹到學《易》的態度。〈繫辭上傳〉第十二章就是孔子針對這幾個字做了深度的發揮。〈繫辭下傳〉第二章是從伏羲畫卦開始講起，經過薪火相傳的文明演變，最後提到「自天佑之，吉无不利」。

〈繫辭傳〉第二章進入《易經》理氣象數的卦象世界，同時也提出學習《易經》的基本態度。遇事之時，吉凶悔吝的結果如何，就看平常學易的態度如何？「居則觀其象而玩其辭」，若時常玩味卦象、卦爻辭，而且樂在其中，就可以熟能生巧、觸類旁通。哪一天真發生事情了，「動則觀其變」，要活學活用，應對變局，先要冷靜的「觀」，然後「玩其占」；從前可能要五、六分鐘才想得通，現在只需五、六秒，心中就有定數。「是以自天佑之，吉无不利」，通過這樣的學習和演練，我們就可以靠自己順利解決問題。

大有卦六個爻中，「初九」、「九二」、「九四」三個爻都強調「无咎」。「无咎者，善補過者也。」《易經》的終極追求就是「无咎」，而不是充滿相對性的吉凶。「无咎」不只是消極的保平安，而是積極的要求自己別犯錯。所以大有卦「初九」「无咎」，「九二」「无咎」，「九四」最後也是「无咎」。從第二爻到第三爻基本上都是為永久和平的世界打基礎，跟〈禮運大同篇〉有關的第三爻「公用亨于天子」得到落實了。「大有」的君位第五爻是文明理念的中心，人們開始「講信修睦」，大家以誠信互動相交，「厥孚交如」。然後六爻就是「自天佑之，吉无不利」，人間再也沒有戰爭，人們在講信修睦的基礎上繼續往上提升，妥善處理人與天地鬼神的關係，接著就可以進入《易經》福報第一的謙卦。

所以，從「大有」到「謙」，就得通過「自天佑之，吉无不利」，你要跟天對話，在「六五」

的「講信修睦」基礎上，才可能發展到這個境界。所以第五爻與第六爻陰承陽、柔承剛，是信受奉行的關係。大有卦君位奉行的理念正是「上九」的「自天佑之，吉无不利」。《易經》有很多卦的「六五」跟「上九」是陰承陽的關係，五爻是至尊之位，可是他對上爻所代表的理念十分崇尚。「上九」是賢，「六五」身為帝王，就得帶頭尊賢。領導人敬賢，意味著他眼光遠大，懂得尊重崇高的智慧和理念。

卦爻的整體結構大致是這樣的：第二爻有全球經貿的象，藉由運輸互通有無，打下「均富」的基礎。「均輸」才能造成「均富」，通過資源的轉換交流，一個地方生產的東西，另外一個地方需要，透過四通八達的水陸空交通甚至資訊交流，都可以貨暢其流，這樣才能支撐「九三」、「九四」、「六五」、「上九」，使之越來越好。所以第二爻的建設是大有社會的基礎建設，沒有大有「九二」的建設，往後的發展都是空談。

從《易經》通佛經概論

《易經》的思維體系，和源於印度的佛教，經過幾千年的吸收融攝，已經融合得非常好，但是跟原始佛教還是有些差異。所以我們用《易經》通觀佛經，就像我們用《易經》跟四書五經，跟儒、釋、道、兵法、養生串起來講，都是非常契合的。我們發現，過去累積的所有問題、乃至未來的發展，幾乎都在《易經》的規劃之中。那麼以《易》通佛，到底合適不合適？占象上是支持的。例如我用《易經》串講《法華經》之前先占了一卦問：《法華經》說什麼？結果是止欲修行的艮卦。而整部《法華經》講的就是止欲修行乃成佛之道的不二法門。

以《易》通佛，從現世通彼岸，《維摩詰經》是居士說法，菩薩來聽，瀟灑自在，不受戒律束縛。唐朝大詩人王維的名號就是從這部經來的。《維摩詰經》的經義非常合乎中國文人既要修佛又不願放棄現實生活享受的風格。如果修行就要選擇止欲修行的艮卦，啥都沒了，那麼苦，只有少數人辦得到。《易經》一向主張如實面對人生，因此不論是兌卦的情欲、艮卦的止欲修行，都不是終極結論。咸卦（䷞）指出一切眾生皆有情，可是咸卦的情欲一動，很多狀況就出現了，喜悅、痛苦、傷害，人生的憂悲煩惱隨之而來，所以才要用咸卦的錯卦損卦（䷨）「懲忿窒欲」。咸卦的外卦是兌卦，是表現在外的；可是後來發現，表現在外的情會惹出很多問題，所以損卦就要把兌卦藏到裡面去，用外卦艮卦的大山壓住情欲，減損欲望。最後發現壓也壓不住，一樣會闖禍，才有了更為徹底的艮卦，外卦、內卦都是艮。所以弘一法師李叔同走了這條路子，很多出家人也走了這條路子，徹底斬斷情絲，止欲修行。如果面對與生俱來的兌卦，倘若結論是徹底壓抑、斬斷，非但很多人做不到，也不願意。其實，《易經》的第六十卦節卦（䷻），剛好是甲子滿氣數，這才是《易經》對人生情欲的總結論。節卦（䷻）的兌卦還在裡頭，但外卦是充滿險象的坎卦。所以節卦才是真正的難，因為兌卦還在裡面，不時出來騷擾你；但每當情欲一動，就得要考慮外卦的坎險，非得節制得恰到好處不可。所以節卦要節制欲望，並不是切斷慾望，這才適合所有人。但節卦特別難，因為你還要保留情欲的根苗，繼續跟它正面接觸，但又不能逾越界線，所以「苦節不可貞」。只有「節」才能繁衍不息、一代傳一代，所以節卦的下一卦是中孚卦（䷼），母鳥傳小鳥，信仰、理想都能傳之久遠。如果芸芸眾生都用艮卦，人類不就滅亡了嗎？這一代全部往生極樂世界，娑婆世界就沒人了，後面怎麼還會有「中孚」呢？《易經》在上經離卦講「繼明照四方」，生命是永續的，所以不能只為少數有大意志、大智慧的人講到艮卦為止，所以最後兌卦會重現於節卦，因為那是眾生皆有的「大有」，不容迴避、更不可以切斷。而那才是真正的難。

再論「火在天上，大有」

大有卦的卦象「火在天上」，是離卦的太陽高掛在天空中普照大地，象徵佛光普照、文明的光輝普照萬物。火在天上，因為夠高，所以照射面夠廣，人人都可以沐浴在溫暖的陽光下。所以「大有」是一個均富、合理、平等的盛世社會，但前提當然是「同人」。對地球上絕大部分生物而言，陽光是生存、繁榮的基本條件。天無私覆、地無私載，太陽的光與熱，絕對是平等的。像現代人迫切需要大力開發太陽能，就因為它取之不盡、用之不竭，不像其他能源會損耗殆盡。其實整個地球生態，包括地球上的各種能源，都是太陽能的作用轉化而來。就以石油來說，如果沒有太陽提供的能量，就不會有長埋地下的石油。所以，只有太陽能可以解決人類的終極能源危機。在二〇〇〇年到來之際，我曾為人類文明未來千年的發展占問，結果是不變的泰卦，其中還有分項指出能源的問題，裡面就有「大有」的象。這就意味著將來的人類文明可以藉由有效取用太陽能而突破當前的能源危機。這是一點。

另外，東、西方兩大文化系統對陽光普照的意象，也有很多豐富的發想。比較著名的一個是古希臘馬其頓王國亞歷山大大帝時期。當時隨著亞歷山大的大軍征討，希臘文化也隨其軍威所至，傳播到很多地方。這也是師卦與同人卦的做法，雖然兩卦相錯，還是可以觸類旁通。當時在亞歷山大的軍隊中有很多文化學者，他很尊重那些有學問、有智慧的人，尤其是哲學家。有一次，亞歷山大大帝去看望哲學家第歐根尼，這個傢伙脾氣古怪，亞歷山大來看他了，他坐在那裡曬太陽，不理也不睬。亞歷山大站在他面前，他卻說：「走開，亞歷山大，不要擋住我的陽光。」就因為這句話，使得做為犬儒學派代表的第歐根尼從此名傳千古，證明他為了陽光，不惜傲視王侯。所以，知識分子不肯趨炎附勢的傲骨，也是「火天大有」的象。就好像平民老百姓要曬太陽，卻被什麼大人物給擋住了，或者災民正在緊急救難，官員來探視，大家就得暫停聽訓，那不是擋住人家的陽光嗎？「走開，亞歷山大，不要擋住我的陽光。」這是充滿寓意的一句話，代表西方文化主張個體人權不容侵犯，人人平等；曬太陽是基本人權，不管你是什麼人，都不可以擋住光源，為世界帶來陰影。

東方也有一個「野人獻曝」的寓言。「野人獻曝」出自《列子・楊朱》。「野」就是「同人于野」的「野」，「野人」指一般種地的老百姓，「曝」就是曬太陽。這個寓言和上述的古希臘寓言相比，所代表的文化精神並不一樣。我們先不管「野人獻曝」這個寓言故事的可信度，但傳說就蘊藏著文化的態度，這一點是肯定的。故事中的老農夫很天真、很善良，他在冬天農閒的時候曬太陽，覺得好舒服啊！他就想，這麼美好的事不能一個人獨享，還有很多人沒享受到曬太陽的幸福滋味呢！那些居住在深宮大內的君王肯定也不知道曬太陽的好處吧！所以他就鄭重其事的跑去把這個「幸福的秘方」獻給國君。這個「野人獻曝」的故事，體現的也是「火天大有」的象。

上述兩個故事都有「火天大有」的象，但兩個故事所體現的文化態度不一樣。西方哲學家不容許別人干犯我的人權，這是西方民主自由的基調，代表個人主義。而東方的老農是希望跟大家分享快樂，也希望帝王能夠與民同樂，跟小老百姓分享美好的事物。所以東方人著重的不是人家有沒有侵犯我的權益，而是我有好東西，希望跟普天之下的人分享，這就是「同人、大有」。兩種文化態度，從一個小故事就能明顯區分開來。

另外值得一提的是，大有卦與同人卦都屬歸魂卦，加上遊魂卦晉卦（䷢）與明夷卦（䷣）共四個卦，各自代表四種不同的文明世界。「明夷」代表黑暗世界的地底文明，地底深處有沒有生命呢？恐怕是有的。地上的文明就是文明在上的晉卦。地上的文明我們比較熟悉，像華夏文明、基督教文明、印度文明、東正教文明等。同人卦代表的是「天下文明」，我們知道乾卦第二爻爻變就是「天火同人」，在乾卦〈文言傳〉，這一爻就叫「天下文明」，當今世上八大文明都包含其中。晉卦的單一文明因為是「自昭明德」，靠自己發展出來的，在自己的系統中，當然覺得自己是最好的；「天下文明」則是整個地球文明之間的對話交流，雖然存在競爭、衝突的關係，但是仍屬不可分割的整體。此外還有大有卦的「火天大有」所代表的文明，那就是「天上文明」，也可以稱之為「星際文明」。然而，如同佛光普照大千世界，不管天上地下，全部透明透亮，那就是大有的世界。再往後呢？就是謙卦的世界，天地人鬼神和平相處。

大有卦六爻詳述

初爻：去除偏見

初九。无交害，匪咎，艱則无咎。

〈小象〉曰：大有初九，无交害也。

現在進入大有卦六爻的世界。首先看初爻：「无交害，匪咎，艱則无咎。」這個爻辭可謂是苦口婆心。進入大有世界的第一關，首先要建立的觀念，就是去除偏見，摒棄自以為是的本位主義，不要交相害，才能徹底擺脫同人卦壁壘分明、必須靠強大實力弭平紛爭的習性。從同人卦進入大有卦，就是要從天下文明進入天上文明，視野要更開闊；這麼廣大浩瀚的世界，不同的發光體各自依循著自己的軌跡行進，不但不會互相妨礙，反而互相映照。面對不同的文明，就要像墨子所講的兼愛、非攻，放寬心胸，與陌生的世界廣泛接觸，不要交相害。可見，進入大有世界的第一關，初爻要打下的基礎，就是要思想純正，放下心中的恐懼不安。越容易跟外面起衝突的人，往往因為自卑、恐懼，缺乏安全感，因而產生強烈的自我防衛，排斥外來文明。先與他人建立「无交害」的關係，然後「匪咎」，不要隨便歸咎於人。從「同人」進入「大有」這麼一個廣大無邊、形形色色的世界，難免又好奇、又惶恐，稍微應對不當，就會犯錯；一旦被逼急了，人的劣根性就出來了，爭功諉過，怪這怪那，就是不怪自己。「大有」第一爻就是叫你不要歸咎別人，自己犯錯，就要深入瞭解原因、承擔後果。

所以大有初爻必須奠定兩項紮實的基礎，第一是「无交害」，第二是「匪咎」。遏惡揚善，改正壞習氣，建立正確的思想觀念，然後才能享有「大有」「元亨」的美好成果。但這可不是一個簡單的轉型，需要咬緊牙根，艱苦備至，強迫自己慢慢修練，這就是「艱則无咎」。可見，大有卦第一爻很辛苦，要止欲修行，遭遇障礙還能突破化解，談何容易！

〈小象傳〉說：「大有初九，无交害也。」不要交相害，要做到這一點就很不容易了，若能做到，就絕對可以進入一個新的世界。「初九」爻變為鼎卦（䷱），徹底革除舊習，才可能建立大有的美麗新世界；在廣闊的宇宙空間，不管是哪一種文明系統都能和平共存。記得我們在「大衍之術」一章提過關於中國大陸二〇〇九年經濟發展形勢的占例，就是大有卦「初九」、「上九」兩爻動。從大有第一爻到大有最後一爻，從年頭到年尾，最後就是「自天佑之，吉无不利」。這個美好成果並非全靠老天幫忙，而是自強不息所致，天助自助，所以不會有問題。如此，那年年初受二〇〇八年金融風暴影響所衍生的問題，例如沿海很多產業關門，基礎民生出現有艱困之象等，都是暫時性的，只要熬過去，「艱則无咎」，就整個宏觀經濟來講，這些問題都不會影響大局。然後「无交害」，中美兩國要共同攜手面對問題，而且「匪咎」，不要推卸責任，共同促進世界經濟的發展，就能做到「无交害」——「鼎」的安定局面，然後才有「自天佑之，吉无不利」。大有卦如果動初爻、上爻，就是恒卦（䷟），長久而穩定，剛好呼應二〇〇八年大陸經濟——需卦中有升卦的象。

二爻：貨暢其流

九二。大車以載，有攸往，无咎。

〈小象〉曰：大車以載，積中不敗也。

第二爻是講「貨暢其流」。「大車以載，有攸往，无咎。」這句話講得很美。「大車」在《易經》創作時代就是牛車，那時馬車做為戰車，牛車做為輜重運輸車輛。坤為牛，能忍辱負重，裝載容量比較大。所以，「大車」是指貨運，牛車裝滿貨物，去支援「大有」的財富分配，務使「人盡其財，地盡其力，物盡其用，貨暢其流」。運輸業發達，代表經濟活動非常活絡。「有攸往」，心中有主張，車子裝滿貨物，要用最快的速度運到目的地，回程還不必跑空車，又把當地生產的貨品運回來。大家都賺錢，這就給全球經貿往來打下了立於不敗之地的雄厚基礎，當然是「无咎」。

〈小象傳〉說：「大車以載，積中不敗也。」這說明不是一朝一夕之功，而是長期以持中之道積累而成。因為「九二」在下卦、內卦之中，不偏不倚，恰到好處。「不敗」正是兵法立於不敗之地的概念，扎下全球經貿的雄厚基礎，一定會帶動各地的繁榮。「有攸往」，設計一條最好的路線，每到一個地方卸貨又裝貨，然後就可以「積中不敗」，不論怎麼做都合乎中道，財富不斷累積，全世界一起興旺。「九二」爻變為離卦（下圖），連續光明，象徵在縱橫交織的網絡中，文明的資訊大家都可以立即分享、流通，這才促成了繁榮的社會。

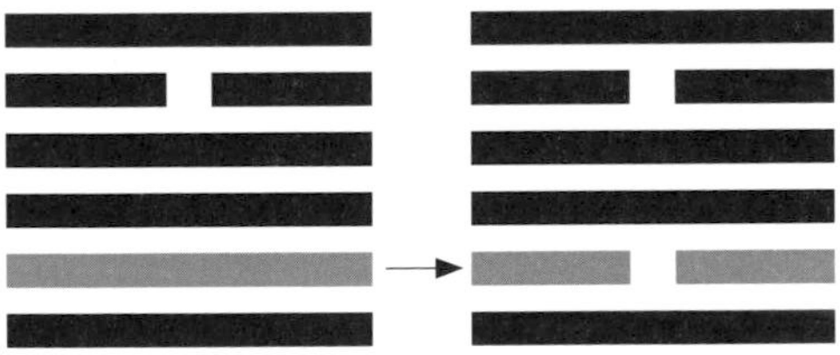

大有卦　　離卦

三爻：回饋社會

九三：公用亨于天子，小人弗克。

〈小象〉曰：公用亨于天子，小人害也。

「九三」出現小人了，這又是一個難關。「公用亨于天子，小人弗克」。「公」即天下為公。「九三」是下卦進入上卦、往上提升的介面；但是「九三」在「無交害」的範圍內還可以守得住，可是要擴充進入光明的外卦，又是一個臨界點。「九三」過剛而不中，而且自私的習性未改，很容易起衝突。「公」字在《易經》是雙關語，一是指王公，一是指公道，就是化私為公。

古代貴族分為公、侯、伯、子、男五等爵。第一等爵是「公」。「公」這個爵位就是要培養天下為公、大公無私的心胸。一個大公無私的人，在社會上擁有很高的爵位，他跟天子之間的關係就是捐獻。大有卦的天子就是「六五」那個太陽中心。三爻從初爻、二爻逐漸累積財富到三爻，又有這麼高的社會地位，他若要從「九三」往「九四」擴大，就要取之於社會、回饋於社會，不能做守財奴，要把自己的一部分財富捐出來，形成善的循環。所以「大有卦」混到第三爻的，不管是企業、財團，還是其他團體，總有一定資源了，如果想更上一層樓，進入第四爻，就不能只進不出，該捐款的時候要捐款，有錢出錢，有力出力，正如〈禮運大同篇〉所云：「貨，惡其棄於地也，不必藏於己；力，惡其不出於身也，不必為己。」

「亨」是亨通的意思，「亨者，嘉之會」。六十四卦三百八十四爻中，卦辭中有「亨」的並不少，爻辭中有「亨」的則很少，靠一個爻的力量就能造成亨通，那不容易，所以這個爻要特別注意。因為「九三」有可能創造亨通，只要他一心為公，就可以與天子相通。天子就是天道的代表。三爻與五爻同功而異位，三爻在「大有」的下卦已經發展到巔峰，若要再擴充，就要盡義務、回饋社會。社會上有很多需要救助的人，這時就該伸手幫助他們，這才能與天子之間造成「亨」的關係，使社會整體關係趨於和諧。「九三」如果想到、做到這一點，他的地位就會順利往「九四」提升。

若是視捐錢如割肉的守財奴，只想著自己從初爻開始辛苦賺錢，一毛不肯拔，這就是「小人弗克」。自私自利的心阻礙了「克己復禮」的功夫，讓你在天人交戰時節節敗退；貨必藏於己，力必為己，這樣的「九三」，擁有再多資源也沒有用，得不到尊重，也無法改善與其他事物的關係。「小人」的範圍很廣，其中一個就是「遏惡揚善」的「惡」，人的惡念也包括在內。這就是「小人弗克」，因為一念之私，錯過提升自己和促進社會進步的機會。「九三」爻變為睽卦（下圖），反目成仇，無法成為一家人。

「公用亨于天子」的「亨」也是「享」，指古代祭祀時的犧牲、享受。以前地方諸侯（公）向中央的天子朝貢，天子會大加賞賜。可是很多小人因為修為、智慧不足，爭得一點點，就忘了還有更大的賞賜，不知「捨得捨得，能捨才能得」，小捨大得，捐出錢財，卻可以得到生命品質的提升。很多人這一關就是過不去，就如〈象傳〉所說的：「公用亨于天子，小人害也。」

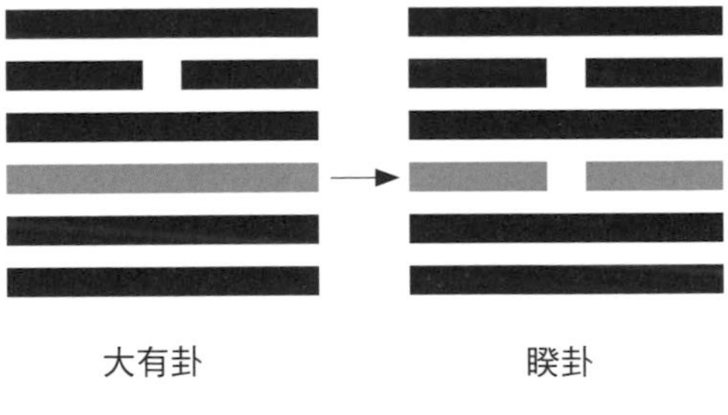

大有卦　睽卦

「小人弗克」的「克」就是神魔交戰時，結果佛降了魔，公降了私，天理戰勝人欲。「克」即獲勝。如果私心作怪，無法獲勝，就是「小人弗克」。老子也提醒我們，人最大的敵人不是別人，而是自己，所以「勝人者有力」，只是拳頭比較大而已，算不得什麼；「自勝者強」，能戰勝自己，才是真正的強者。而自己最大的敵人，就是私心、欲望。

「九三」這一爻有「小人」出現了。其實在師、同人、大有、比四個卦中都有「小人」的問題。大有「九三」出現「公用亨于天子」時，就看怎麼表現，才不致於「小人弗克」。小人有時候不是心念，而是被同儕拖累，明明是一樁善事，因為有害群之馬，就沒有辦法完成。師卦最後一爻

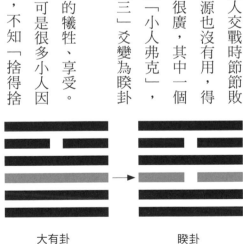

「小人勿用」，是指酬傭不當、賞罰不明。兩者都是重要關口，一個是正要提升、需要表現愛心的時候；一個是戰後的賞罰。兩者都是「遏惡揚善」必須處理的問題，很不容易。

四爻：反戰思想

䷍

九四。匪其彭，无咎。

〈小象〉曰：匪其彭，无咎，明辨晢也。

第四爻更上一層樓，永久和平，人與人之間不再有戰爭的夢想即將實現。「匪其彭。无咎。」「无咎」的意思很明白，但「匪其彭」的解釋，過去出現很多錯誤。「彭」顯然是狀聲詞，讀作「龐」，就是戰車行進時發出震耳欲聾的噪音，所以用來代指「戰爭」。「匪其彭」，就是到了大有「九四」這個執政高位，影響重大，這時候一定要竭盡全力遏制戰爭發生的可能，絕對不容許用軍事衝突來解決大有世界的問題。

可見，「匪其彭」就是絕對的反戰。春秋時代是大規模戰爭開始的時期，那時各國之間常有弭兵會議，確實曾經成功締造十幾年或幾十年的國際和平。「匪其彭」做為典型的非戰、反戰呼籲，希望在「大有」掌握影響力的「九四」高層，可以在這個時間點大聲疾呼，力主反戰的立場。這樣才可以「无咎」。

〈小象傳〉說：「匪其彭，无咎，明辨晢也。」「晢」字下面是白，在透明、透亮的陽光下，看得清清楚楚、明明白白；有了這種犀利的洞察力，足以深入瞭解問題，證明國際紛爭不可能用戰爭得到根本性的解決，這也是歷史一再證明的。但美國前總統布希卻還以為可以靠軍事優勢解決國際紛爭，結果越搞越亂，所以歐巴馬非要回頭不可。「明辨晳也」，這才是有深透的智慧，是真正懂得兵法、懂得戰爭與和平的人，即使可以用戰爭暫時解決問題，他也堅決不用，設法用別的方式解決問題，這樣才會讓戰爭真正絕跡。「晳」這個字不只是從整體看問題，連微觀的枝枝節節、條條項項都能一清二楚，而且能落實執行。

「彭」字，在《詩經》中常常用到。以前沒有坦克車，春秋時代是以車戰為主，到了戰國時期才有騎兵出現。可是不論什麼戰爭，都帶給老百姓太多痛苦。《詩經》裡面有「出車彭彭」，互相宣戰的國家派出幾百輛兵車交戰，老百姓一聽到「出車彭彭」的車馬之聲就感到萬分痛苦。「彭」的典故就出自於此，代表戰車上路，要開始打仗了。「匪其彭」代表絕對反戰的堅決態度。這在春秋時期齊桓公稱霸的時候，相當程度上做到了。管仲輔佐齊桓公「一匡天下，九合諸侯不以兵車」，真的是「不戰而屈人之兵」。因為齊國本身力量夠強，又尊王攘夷，排解很多國際紛爭。齊桓公主持的國際會議大部分是「衣裳之會」，「垂衣裳而天下治」，是和平而講禮儀的，大家坐攏著談，就可以順利調解國際紛爭。這是很好的形式。若有執迷不悟的人，那就對不起了，一定由聯合國派兵給予最嚴厲的懲罰。在「九合諸侯」之中，有三次確實不必有軍車、兵車隨行，即所謂的「衣裳之會」。其中有三次實在不能避免，只好以「兵車之會」顯示實力，「大師克相遇」，起到恫嚇的效果。有三分之二的會盟是以和平解決，這就很不錯了。可是到了戰國時代就沒有人辦得到，殺人盈野盈城，造成無數悲劇。因此，「匪其彭」徹底反戰的思維，大有卦的高層務必要念茲在茲。

「九四」爻變為大畜卦（下圖）的「不家食，吉，利涉大川」。注意，同人卦「九四」的「乘其墉，弗克攻，吉」跟大有的「九四」有什麼不同？大有卦「九四」爻變是「不家食，吉」，「大畜」的心量很寬，不會想著家天下而引起紛爭。可是同人卦「九四」沒有那麼大的心量，總以自己的利益為準，看著無法佔到便宜，才不甘不願的加入和平陣營，所以爻變為家人卦。一個是「大畜」，一個是「家人」，心態完全不一樣。同人卦第四爻是我家吃飽就好了，你家沒吃飽沒關係，即使搶了你的糧食讓我吃飽都可以；大有卦第四爻的心量截然不同，天下人都沒吃到，怎麼可以光我一家人吃飽呢？這兩卦的爻辭也明顯不同，同人卦「九四」是「乘其墉」，穩穩據守自己的勢力範圍，看到外面沒法佔到一點便宜之後，才「弗克攻」，因為沒有實力爭奪，只好作罷。大有卦「九四」是「匪其彭」，絕對反戰；「弗克攻」並不是反戰，是沒有機會主動攻擊別人，但他拚命想辦法捍衛自己，買很多武器，守住自己的小家業，這符合墨子所講的「非攻」，重視「守」。可是大有「九四」不僅「非攻」，還「非守」，結合起來就是「非戰」；沒有侵略別人的攻擊行為，連防守都不必要了，因為「大有」社會不會有戰爭。「非戰」是根本就不讓戰車上路，如果全球都辦到了，兵工廠要停產，軍火商面臨破產失業。像美國和前蘇聯進行核武競爭時，花了那麼多錢，最後互相監督，你燒一個，我燒一個，那不是神經病嗎？把這些錢拿來救災、改善經濟，促進大有第二爻「大車以載」的世界自由貿易豈不更好！

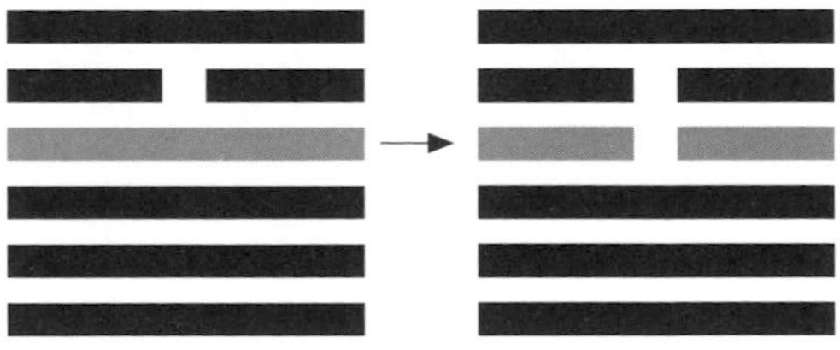

大有卦　　大畜卦

所以，墨子的「非攻」還不夠徹底，還重視守，就要繼續充實國防。大有卦「九四」連攻帶守都不必要了，就可以節省大量人力物力。二與四同功而異位，如此一來，「九二」的經貿往來不就更順暢嗎？做生意而不作戰，這就是二與四同功而異位的關係，都是為了回應「六五」「講信修睦」的呼籲；所以四爻非戰，二爻大家一起做生意，多好！二爻、四爻通過承乘應與的關係呼應大有「初九」的「无交害」——老百姓的心聲。「九四」最終的目的就是重視「九二」，想辦法不要讓錢花在戰爭上，讓二爻儘量進行商業往來，互惠互利，貨運牛車越多越好。

五爻：講信修睦

六五。厥孚交如，威如，吉。

〈小象〉曰：厥孚交如，信以發志也；威如之吉，易而无備也。

接下來看大有卦第五爻：「厥孚交如，威如，吉。」「厥」就是「其」，匪其彭的「其」，就是指「你自己」。你在「九四」這個爻的時位上，千萬不要用戰爭來屈服別人，那樣才會「无咎」。所以「厥孚交如」就是「其孚交如」。「六五」是大有卦君位，要做好榜樣，當然要講信修睦，表現你的信、望、愛。「如」是語助詞，「像那個樣子」。「交」即外交、交往。大有卦的錯卦是比卦，大有時期當然需要互相交往。但交往首重誠信，不僅「六五」的誠信必須絕對靠得住，連還有爭霸思維的比卦第一爻都強調百分之三百的誠信：「有孚比之，无咎。有孚盈缶，終來有它吉。」這說明即使包裝粗糙也絕對要滿腔誠信，才會「終來有它吉」。大有卦更不用說了，不管跟任何人交往，誠信第一。那麼「交如」會不會出問題呢？跟那麼多人、那麼多國家、那麼多不同的文明產生密切交往，會不會受到傷害呢？不會，因為「威如」，你有威儀，保持一定的距離，對方也不敢造次；彼此又敬又愛，不是小人之交甜如蜜，而是君子之交淡如水。一天到晚黏到一塊的，時日一久，分寸拿捏不準，親密過度反而自取其辱。因為沒有「威如」，沒有人跟人之間一定程度的尊重，所以「交如」有可能「親暱生狎侮」。這也就是〈小象傳〉所說的：「其孚交如，信以發志也。」「孚」是誠信，一個人的主張、想法完全出自赤誠，說話算話。大有卦君位給人信心的同時，大家還覺得他凜然不可侵犯，愛中有敬，敬中有畏。「威如之吉，易而无備也」，不像同人卦需要「大師」的武備，才能「克相遇」。大有卦「六五」平易近人，根本不必養兵，可是沒有哪一個國家敢侵犯他，這就節省了武備支出。如果不靠武力，人家都不敢侵犯你，這就是和平的魅力。

你看，同人卦「六五」的「大師克相遇」多辛苦！要建軍養兵，要製造武器、充實武備，最後還不能禁止別人「伏戎于莽、乘其墉」的偷襲行為；而且強還要更強，勢必陷入軍備競爭，才能勉強維持「同人」的社會。可見，「大師克相遇」，實力永遠要超過對方。可是到「大有」的時候，因為第四爻徹底裁軍，大家都有了共識，到第五爻，「易而无備」的國際社會是可能成功的；而且，也不會有人來侵犯你。就像有些大宗教家、大慈善家、大思想家，他一個保鏢也沒帶，也沒有人敢在他前面輕舉妄動。反之，很多有錢有勢的人，一天到晚身邊跟著一堆保鏢、隨扈，偏偏他就是一副兔崽子樣，誰有機會都想揍他一下。

這就是大有「六五」跟同人「九五」的不同。大有卦「六五」的重心是在「講信修睦、選賢舉能」，改善社會，讓人類終於學會和平相處。這個工作完成了，就要更上一層樓，進入「上九」更高的境界，下面就接到謙卦的天地人鬼神。因為宇宙之間不是只有人，還有天地自然，千萬不可欺天欺地，否則總有一天會遭到反撲。我們講師卦「地中有水」的象，地中可以藏水，兵力可以隱藏在平常的社會結構中，必要時通過動員機制，爆發力就出來了。水災就是地中無法藏水，地下水湧到地面上，於是師卦變比卦，「地上有水」不能宣洩，怎麼辦？光從師卦的象就可以看到水土保持的問題，所以人一定要懂得尊重天地。

上爻：天助自助

上九。自天佑之，吉无不利。

〈小象〉曰：大有上吉，自天佑也。

我們再看上爻，這是人跟天的對話了。「自」就自己，與乾卦的「自強不息」正好呼應。「自」與「天」當然要對話，我們自己是小宇宙，天是大宇宙。大宇宙跟小宇宙是同樣的結構，東方醫學理論就是在此基礎上建構出來的。「自」與「天」的關係是「佑之」，不是白白得老天保佑，更不是「平時不燒香，臨時抱佛腳」。「自」在哪裡，天的幫助就到哪裡，三分天注定，七分靠打拚。「自天」是「自」中有「天」，而不是有一個外面的天。所以復卦才會那麼重要。「自性生萬法」，眾生皆有佛性，靠後天修為把內在源源不絕的力量開發出來，這就是天人合一。可見，「自天」不是截然二分的東西，「天」就在「自」中。如果自己該下的工夫沒有下，誰也不會保佑你。「自天佑之」不假外求；所以，「自」絕不是英文的from，那就變成外求了。不要以為平時作惡多端、吃喝嫖賭，危機出現時，老天會來幫助你。你自己的內在資源根本沒發動，就算老天要保佑你，也無法連上線啊！

所以，「自天佑之，吉无不利」，是自性的覺醒，這種吉就沒有任何後遺症。如果你想透過求神拜佛解決問題，肯定後患無窮；即使眼前果真獲吉了，也不會無不利。必須合乎天道標準，按照天理辦事，這樣的吉，才能無不利，既不傷福報，也不欠人情。所以〈小象傳〉說：「大有上吉，自天佑也。」

「上九」爻變是大壯卦（下圖），卦辭只有兩個字，叫「利貞」。大有卦卦辭也是兩個字，叫「元亨」。所以「自天佑之，吉无不利」，就是「元亨利貞」，也就是乾卦「天則」的顯現。因為「大有」是「元亨」，大有到最高境界，爻變為「大壯」，那麼就有「利貞」了。「大有、大壯」加起來就是乾卦的「元亨利貞」，四德俱全，當然無不利。下面接到謙卦，天地人鬼神都來幫你的忙，何止天佑？當然是必得善終！

關於「自天佑之，吉无不利」，孔子在〈繫辭傳〉中講得十分透徹：「佑者，助也。天之所助者順也；人之所助者信也。履信思乎順，又以尚賢也。是以自天佑之，吉无不利也。」「佑」字也作「祐」，兩者意思相通。

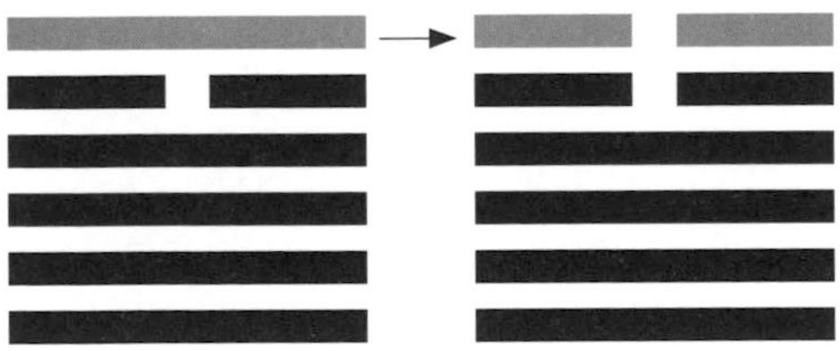

大有卦　　大壯卦

「天之所助者順也」，假定真有外在於「自」的「天」，它會幫哪一種人呢？「順也」，亦即順天休命、心胸開闊、大公無私、精進修行的人。這就是坤卦的概念。「人之所助者，信也」，信用好，人家才肯幫你忙。「履信思乎順」，「履」是腳踏實地地幹，不是用嘴巴講，也就是說「信」是做出來的，透過長期的實踐，讓人感覺出來。一個人能夠實踐他的誠信，而且能「又以尚賢也」，尊重賢人，就會有「自天佑之，吉无不利」的美好結果。

大有卦的「九四」、「六五」、「上九」

我們再回頭看看「九四」、「六五」、「上九」，可以發現「上九」的境界絕非一步可及，所以很難。芸芸眾生總是向外追求，卻忘了「天」在「自」中。在抵達「大有」最後一爻的境界之前，還得經過五爻、四爻的努力才行。第四爻是一個分析的境界，「明辨晢也」，對大是大非要有分辨的能力，才會有大有卦的「遏惡揚善，順天休命」，不要奢言「天人合一」，還早呢！「天人合一」是究竟涅槃，之前的「明辨晢也」是不可或缺的基本功。「匪其彭，无咎」，就是明確知道戰爭無法解決問題，所以第四爻才會堅決反戰，主張拿出更好的解決方案。「明辨晢」是以分析力見長，「六五」經過「九四」深刻入微的分析，才能進一步講信修睦，誠信相交，促進人際、國際之間的和平。最後才能進入上爻，人與天地鬼神打成一片，和諧相處。

可見，沒有「九四」和「六五」的功夫，就不會有「上九」的成就。而第四爻，也要三爻能過得了自私自利、小人弗克那一關；而四爻的「匪其彭」也是體察、呼應初爻「无交害」的民意要求，才得以具體落實，杜絕戰爭發生。

我們講過同人、大有君位的不同，現在還可以談談師、比二卦第五爻的差別。師卦「六五」是「田有禽，利執言」，醜化敵人，把他們當禽獸看，找一個正當理由抓住他，給他定罪，就像美國對付海珊一樣，非常霸道。可是比卦「九五」就懂得網開一面：「王用三驅，失前禽，邑人不誡。」師卦君位要把敵人趕盡殺絕，比卦君位同樣也是把對方當禽獸，但卻留了一條生路給他。所以師卦、比卦都是爭霸的思維，不管是抓是放，都不把敵人當人看。就像從前中國的租界地規定「中國人與狗不准進入公園」，那就是把人看成是禽獸。世界上如果看門的都是印度阿三，男女老少、白種人、黑種人、黃種人有可能會平等嗎？所以在師、比就有人、禽之別的不平等；在同人的時候還有「大師克相遇」，大有的時候就不要「大師」了。由霸道而王道，王道仍需以堅強的實力為後盾，所以在師卦就說：「能以眾正，可以王矣。」

我們說「大有」絕不等於「有大」，「能以眾正」絕不等於「能以正眾」。「正眾」就是認為自己是對的，所以去糾正人家，要求人家跟你看齊。這就完蛋了，這就是不尊重人、扼殺人家的主張。可見，王道絕不能一蹴可幾，先要有稱霸的實力，卻有不稱霸的心胸和見識，所以就有「王師」的概念。所謂「王師北定中原日」，王道如果沒有堅強的軍隊，也不可能實現王道。孟子說，如果真的推行仁政，軍隊出征，老百姓就會「簞食壺漿以迎王師」。王師的觀念就從師卦〈象傳〉來的。大有卦「六五」：「厥孚交如，威如，吉。」大家都是誠信相交的朋友，四海之內皆兄弟。所以比卦第五爻到大有卦第五爻，平等的觀念顯然出現了。

大有卦中的夬卦之象——人類精神文明遺產

前面談大有卦的卦中卦時就提到過，大有中有夬卦的象。夬卦有書契之象，即人類精神文明的遺產。〈繫辭下傳〉第二章講「制器尚象」的十三個卦中，最後一段提到的三個卦，其中就有夬卦：「上古穴居而野處，後世聖人易之以宮室，上棟下宇，以待風雨，蓋取諸大壯。古之葬者，厚衣之以薪，葬之中野，不封不樹，喪期無數。後世聖人易之以棺槨，蓋取諸大過。上古結繩而治，後世聖人易之以書契，百官以治，萬民以察，蓋取諸夬。」從發明漁獵網罟的離卦開始，進而進入農業生活、商業生活，然後進入最後一段，先是大壯卦（䷡）講的房屋建築，這是陽宅；講完陽宅接著講陰宅，即大過卦（䷛）。大過卦有棺槨之象，代表肉身死亡，但精神、靈魂不滅。下面就是夬卦（䷪），書契就是文字，代表精神文明遺產。經典的作者都不在了，可是他們留下的思想智慧，對我們依然有深刻的指引作用。從卦象上看，夬卦是文明積累的五陽決一陰，幫助我們做決策，所以大過卦之後是夬卦，「百官以治，萬民以察」。前人留下豐富的經驗智慧，我們不必從頭開始，只要繼承創造發揚古人的思想，就可以幫助我們順利發展，這正是「前人種樹，後人乘涼」。如果夬卦在「制器尚象」的文明發展中屬於不受生死限制的人類智慧寶庫，政治階層是「百官以治」，一般老百姓是「萬民以察」，這個貢獻可就大了，即使今天，人們依然從中得到啟發。夬卦在〈雜卦傳〉也是最後一卦：「夬，決也，剛決柔也，君子道長，小人道憂也。」最後一卦堅持要發揮人道的創造精神，要遏惡揚善，使「君子道長，小人道憂」。夬卦既然有如此特殊的含義，而且夬卦就藏在大有卦中，可見這兩個卦的關係多麼密切！大有卦代表大家皆有，夬卦代表智慧寶庫，而這個智慧寶庫不容任何人的壟斷，男女老少、鰥寡孤獨人人皆可共享這個資源，只要懂得善用它，就能「百官以治，萬民以察」。

伏羲畫卦，「制器尚象」的十三個卦中，今本〈易傳〉夬卦是最後一卦，帛書〈易傳〉則是火天大有：「上古結繩以治，後世聖人易之以書契，百官以治，萬民以察，蓋取諸大有也。」故「大有」也有「百官以治，萬民以察」的書契之象，與今本〈易傳〉並不矛盾，因為大有卦裡就有兩個夬卦，所以兩者並無太大差異。就像「憂患九卦」，兩個版本也不一樣，今本〈易傳〉最後一卦是巽卦，帛書〈易傳〉則是渙卦，再往前邁了兩個卦，從巽卦深入的本土化，進入渙卦的國際化。可見，大有卦中含有夬卦，包含非常豐富的精神文明意涵。

孔子的「庶、富、教」三部曲

《論語・子路篇》中有這麼一段話：

子適衛，冉有僕。子曰：「庶矣哉！」冉有曰：「既庶矣，又何加焉？」曰：「富之。」曰：「既富矣，又何加焉？」曰：「教之。」

孔子到魯國的鄰邦衛國去，冉有隨侍在側，看到衛國人口眾多，孔子不由得讚歎：「庶矣哉！」「庶」是「首出庶物」的「庶」，人口眾多，代表龐大的生產力，也就是同人卦「九五」的「大師克相遇」。冉有就問，既然人口這麼多，那麼要怎樣將這龐大的生產力變成消費力呢？孔子的回答是「富之」，這麼多人，不要讓他閒著，要設法讓他富起來。冉有又問了，富起來之後，又該怎麼辦呢？孔子說：「教之」，讓他們受教育。

「庶」是典型的同人卦，只要是人，不分男女老少、鰥寡孤獨，都有投票權，都可以變成生產者和消費者；「同人」之後就是「大有」，就是富；「大有」之後是制禮作樂的謙卦、豫卦，這就是「教」。這就是孔子治國的「庶、富、教」三部曲，完全合乎《易經》同人、大有、謙、豫四個卦的卦序發展。

此外，《論語》中有一段非常重要的談話，也是完全合乎《易經》師、比、小畜、履、泰、否、同人、大有、謙、豫十個卦的思想內涵。這一段話在《論語・季氏篇》裡面：

> 故有國有家者，不患寡而患不均，不患貧而患不安。蓋均無貧，和無寡，安無傾。夫如是，故遠人不服，則修文德以來之。既來之，則安之。

「有國有家者」指的是師卦、比卦；「不患寡而患不均」，指的是小畜卦和大有卦。〈雜卦傳〉說：「小畜，寡也」、「大有，眾也」。眾有眾的用，寡有寡的用。「大有」追求均富，謙卦更重視天地人鬼神都包括在內的「均」。「不患貧而患不安」，指的是泰卦和履卦處理「安」的問題。「均無貧」是說合理的分配就不會製造社會矛盾；如果貧富不均，或者種族、性別歧視產生的矛盾，這個社會絕對有問題，顯然需要改善。「和無寡」，「履以和行」，寡的問題沒有了，因為眾寡之間，也就是大國、小國之間有頻繁的互動交流，「大車以載，有攸往，無咎」，資源分配合理，而且願意互相幫助，整體都得到成長。「安無傾」，指的是「履而泰然後安」，不會搞到「城復于隍」或者「傾否」。「遠人不服，則修文德以來之」，就是小畜卦所說的「以懿文德」，「既來之，則安之」，就是一個彬彬有禮的人文教化世界。這麼重要的一個思想理論全部源於《易經》。當然，孔老夫子立說時，也未必就有意識的要根據《易經》立論，只是他創造的思想體系和政治主張，自然而然地合於《易經》。所以《易經》的重要性可想而知，如果我們能夠全盤掌握《易經》這個中華文化的根源，就會知道，中國各家各派的思想雖然各自獨立，其實又有一個共同的母體。

占卦實例1：美元未來二十年的趨勢（二〇〇九—二〇二九）

我曾占問：美元未來二十年的走勢如何？得大有卦動初爻、二爻。美元在未來二十年，還是在大有國際化、全球化的格局裡。但是動初爻、二爻，倘若兩爻都變，就是旅卦（下圖），旅卦失時、失勢、失位，絕對是不好的。可見美元在未來二十年內雖然還是重要的國際貨幣，但已經有一個「旅」的象在裡頭。換句話說，美元的實力將大不如前。再看爻辭，大有卦第二爻很明顯就是國際通貨的象，只要同樣是人，大家都得擁有美元。然後它是「大車以載」，大車子裝滿美金，「有攸往，无咎」，到世界各地都能立於不敗之地。「積中不敗」，美元的信用是長期累積起來的，絕不是一時之間可以動搖的。

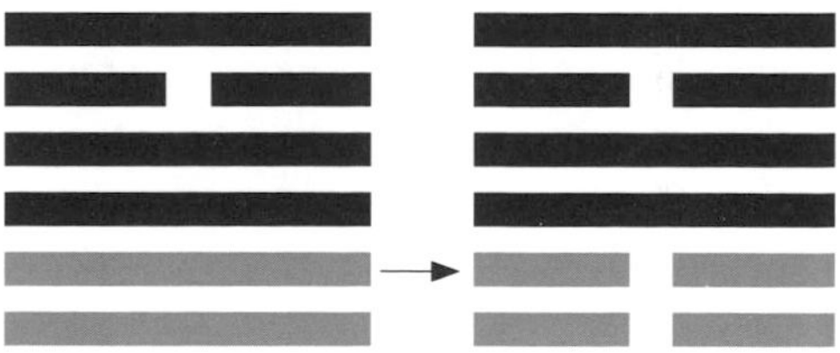

大有卦　　旅卦

初爻出現艱困的象，「艱則无咎」，不像以前那樣呼風喚雨了。但美國的心態，包括美元的態勢也會稍微收斂以往驕狂的態勢，嘗試跟全世界和諧合作。「无交害」，不再交相害，只能合作，所以局勢很明顯，絕不可能衝突。為了自己和世界的利益，中美兩大國非合作不可，包括在貨幣上，競爭歸競爭，合作歸合作，必須保持又競爭又合作的關係。這個占象一再印證，師、比兩卦相綜一體、交相為用的關係，以前美元可能咄咄逼人，現在不是了。但初爻和二爻裡面已經有一個旅卦衰退的象藏在裡頭，值得注意。

占卦實例2：大國和平相處

隨著中國大陸的快速崛起，美國對中的猜忌愈深，防堵遏抑不遺餘力，不少人擔心兩大國間起軍事衝突。我問：中美是否遲早一戰？得出不變的大有卦。存異求同，可獲元亨。軍事戰不可能，其他形式的競爭不能免，經貿、貨幣、資訊、外交甚至文化戰，必然無日無之。

占卦實例3：生死一線間

二〇一一年二月中，我在一家復健治療所接受保養治療時，遇到三十多年不見的李哲修神父。他曾任耕莘文教院院長，年輕時風度翩翩，深受天主教信眾歡迎，而今七十多歲，罹患癡呆遺忘之症，已從教務上退休。主持復健的療養師是天主教徒，好心請他來接受療治。我看他神氣衰弱之象，不免感慨，當下用手機暗算他往後五年內的健康狀況？得出大有卦二、三、五、上爻動，齊變成隨卦，「六五」值宜變，單變為乾卦。大有「元亨」，隨卦、乾卦元亨利貞，照講都非常好，但有關生老病死之占卻非如此。

依京房八宮卦序的屬性，大有為乾宮歸魂卦，隨為震宮歸魂卦，〈大象傳〉稱：「君子以嚮晦入宴息。」隨著時間流逝，勞累的體軀有安息主懷之意。大有「六五」爻變為乾，回歸本宮乾為天，「厥孚交如」，「上九」上蒙天祐，都不是世俗樂生厭死之象。結果幾天後，驚聞李神父在復健時心肌梗塞暈厥，現場急救迅速送醫，因堵塞太嚴重，群醫束手，連兩位老姊姊都要同意放棄救護了。全省他的信眾不捨，集體全心為他祈禱，居然又動手術救了回來，繼續贍養療護中。我占問五年內，幾天便出事，雖暫時救回逃過一刼，未來仍不樂觀。

有終之美——謙卦第十五（䷎）

卦爻全吉的謙卦

《易經》六十四卦中，謙卦是最特殊的一個卦，卦爻全吉，找不出任何弱點、瑕疵。強調「天地之心」的復卦也非常重要，但在它六個爻的實踐修行歷程中，卻有無限的風險，可能會走火入魔，甚至可能禍國殃民。乾、坤是天地父母卦，一個至剛、一個至柔，但兩個卦的爻也很辛苦；坤卦的「龍戰于野，其血玄黃」很慘烈，乾卦的「亢龍有悔」很遺憾。所以六十四卦除了謙卦之外，所有的卦與爻都沒有辦法做到全吉，不是凶，就是悔、吝。但謙卦從卦到爻都是完美的非吉則利，所以它是唯一得善終的卦，不管做什麼，只要在「謙」的領域都吉。謙卦這個特殊性，在易學研究史上一直都受到高度的注意。中國人最美好的期望就是，不論什麼事情最後都能得到圓滿善終，謙卦就是一個代表。在〈繫辭傳〉中，孔子把謙卦唯一的陽爻「九三」，特別提出來讚揚一番，以做為標榜，希望把謙卦的精神發揚光大。這個爻也是謙卦精神的代表，是全卦之主。

謙卦之所以這麼好，就在於它兼顧各方的利益均衡，而且是以「兼善天下」的心態為大眾服務。光是從「謙」的字形就可看出，「謙」為「言之兼」，絕不是自私自利，以自我為中心，它會盡可能周到圓滿地考慮各方因素，讓大家建立共識，避免衝突，並維持長久的和平共存。一個人要做到這一點並不容易，因為他的言論、主張，也就是立德、立功、立言，都要照顧到「兼」字，萬無一失。如果真做到了「言之兼」，兼善天下，又不失其獨善其身的獨特性，更不會損人利己，當然卦爻全吉，堪稱為聖德的境界。

因為「謙」字很早就在《易經》中閃閃發光，所以中國文化幾千年傳下來，謙的精神完全滲透到老百姓的生活中，像謙虛的美德，一直為人所稱道。成語「滿招損，謙受益」，就是中國人對「謙」德的肯定；「滿招損」剛好是《易經》豐卦（䷶），資源雄厚，如日中天，可是「豐極轉旅」，後面就是旅卦（䷷）；先前擁有的豐功偉業，到最後失去一切，到處流竄，沒有立足之地。可見「豐」的根基是很脆弱的。經過二〇〇八年金融風暴，我們也看得更清楚，那麼多「豐」的強權政治、經濟實體整個瓦解了，滿街的喪家之犬。「豐極轉旅」，說明再大也沒有用，只會讓你驕傲，讓你無止境地擴張，然後出狀況。「豐」滿則招損，「亢龍有悔」，這樣的教訓到處都是。可是「謙受益」，「豐」是那麼高的位置，跟「謙」這麼低調的位置正好相反，一高一低，高的快速往下掉，低的反而在最後光芒四射，而且贏得所有尊重，這就是謙的精神所致。

由豐卦的「滿招損」和謙卦的「謙受益」，我們可以看到另外兩個非常重要的卦，就是損卦（䷨）和益卦（䷩）。損、益、謙也是憂患九卦中的三個卦。謙卦僅次於履卦（䷉），是憂患九卦的第二卦。也就是說，身處亂世，到處是爭奪與災難，這時候謙德就更顯得重要了。憂患九卦的第一卦是履卦（䷉），「履，德之基也」，腳踏實地、老實修行，不僅亂世如此，太平時期亦如此。「履以和行，履和而至」，「履」強調「和」，「謙」也強調「和」。可見只要真正把「謙」德實踐出來，不但自己身心各方面都受益，就是眾生也跟著受益。人生以服務為目的，人一旦懂得設身處地為人群設想，就會秉持謙卦和平共存、保合太和的精神，建立合理的政治制度、經濟制度、教育制度、婚姻制度等，保障大家在和平的環境下盡情發揮生命的價值。

有終之美

按照卦序，謙卦前面是同人、大有，已經是完美的大同世界了，但主要還是照顧人間世的福祉，從大有卦再發展到謙卦，領域擴大了，關懷的對象就不只是人，還有人與天地自然的關係。二十一世紀至少前五十年恐怕都要認真處理這個問題，對於氣侯變化、大自然反撲造成環境災難的問題，一定會成為人類主題中的主題。否則，保證災難不斷，沒有任何僥倖。而且要處理好這個問題，不是任何個人、任何團體發善心就可以，必須調動國家、甚至全世界公權力的龐大資源，才有可能妥善因應。

這其實就是「謙」的重要性所在。人本身沒問題了，人與天地自然的關係未能調和，沒有考慮自然生態永續發展的利益，人與自然的平衡被破壞了，問題就會很嚴重。如果人與天地自然的關係處理好了，絕對是圓滿有終。自然災害幾乎都是起於人禍，人類無止境地擴張，欲望難以滿足，到最後倒大楣的還是人類。

此外，謙卦還要處理人與鬼神的關係。不管從哪一種定義去看，鬼神是宇宙中的一種存在。古人認為人死為鬼，人雖然死了，但他的貢獻，包括他的思想、智慧可能對後人有深遠的影響。基於對這種精神遺產的推崇，古人就用封神的形式來表達敬意。因此，以其精神遺產豐富歷史文化的歷代先人，我們都可以理解為「鬼神」。我們讀的這麼多經典，都是「鬼神們」留下來的，正如〈繫辭傳〉所說的「人謀鬼謀，百姓與能」。所以任何一個時代的人都不能目光短淺，要往前看，也要感恩，既然「鬼神們」留下這麼多寶貴的精神財富，那我們將來要留下什麼給後人呢？「前人種樹，後人乘涼」，這是每一個人最起碼的責任；如果生前就把環境資源破壞、揮霍殆盡，下一代怎麼辦？這就涉及到文化延續與宗教終極關懷的問題，這也是屬於「鬼神」的範疇。乾卦〈文言傳〉說：「夫大人者，與天地合其德，與日月合其明，與四時合其序，與鬼神合其吉凶。」這絕對不是迷信，而是實際存在的，所以不管是自己還是其他民族的歷史文化，都不能隨便破壞，因為這些都是同人、大有的共同遺產；而且，不僅要發揚先人的精神遺產，還要用當代人的生命智慧，為後人留下寶貴的精神遺產，這樣的人生才是最全面的。面對宇宙間一切有形無形的存在，運用謙卦的精神，以謙和、謙虛的心態盡力維護之、保全之。若能真正做到，當然就圓善有終，沒有任何瑕疵。

乾卦〈文言傳〉在描述大人的境界時，所提到的天地人鬼神，在謙卦〈彖傳〉就很明確擺開來了。天地人鬼神都會造福有謙德的人，懲戒傲慢的人。在卦序上謙卦是第十五卦，「十五」正是《洛書》的九宮數，這一點我在同人卦提到過。謙卦在自然卦序中，絕對會在第十五卦，這不是偶然，而是天然。這樣一個數字代表什麼呢？就是不管直看、橫看，還是對角斜著看，總和都是十五。這說明卦序第十五的謙卦，其資源配置永遠是均衡的，從任何角度檢驗都完美無瑕，天地人鬼神、天地人三才，眾生平等，沒有任何一方會過度肥大或畸形發展。這就是從「同人」、「大有」之後，從人際關係擴大到人與天地、鬼神、歷史文化的關係。所以從「同人」、「大有」到「謙」，就到了一個究竟圓滿的境界。

謙卦的反面就是豐卦。豐卦是第五十五卦，「五十五」是天地之數，也是「大衍之術」的控制數。豐卦〈彖傳〉云：「豐，大也。明以動，故豐。王假之，尚大也。勿憂，宜日中，宜照天下也。日中則昃，月盈則食。天地盈虛，與時消息，而況於人乎？況於鬼神乎？」這就明確告訴我們，宇宙太豐富了，什麼都有，有人，有天地，還有鬼神，所有的力量都在其中密切交流互動，如果在追求「豐」的過程中沒有「謙」的精神，遲早會垮台；因為你和宇宙中所有的存在為敵。即使在人間稱霸，天地也不會容你；如果破壞歷史文化，說不定「鬼神」會來追魂索命！所以人的作為，不管是個人、團體、組織，還是國家，是「謙受益」還是「滿招損」，都是由天地人鬼神一起評判，不由自己評判。這是永遠不變的真理。

謙卦的精神主要是第三爻的「勞謙」，在儒家、道家、佛家思想中，《易經》的「勞謙」都受到高度重視。像老子最重視謙卦的「不爭」——「夫唯不爭，故天下莫能與之爭。」不爭的人才有終極競爭力，而且最後能得善終；一心要爭的人，反而會落得殘缺不全、灰飛煙滅。

謙、豫二卦的錯綜分析

〈繫辭傳〉談到憂患九卦，第一卦是履卦，第二卦是謙卦。而履卦根本就是把復卦的精神具體實踐出來。那麼，履卦與謙卦是相錯的卦，履卦是第十卦，謙是第十五卦，兩者相隔五個卦，履、謙觸類旁通，都要求「和」，但謙卦的「和」比履卦深刻得多了。履卦是按照謙卦的精神制定出種種讓人與天地鬼神和諧不爭的禮法制度，然後確實地實踐履行。在實踐的時候也許不明白這個制度為什麼是這樣？但謙卦就明確指出這些禮法制度的精神所在。所以〈繫辭傳〉說：「謙以制禮。」

謙卦的另一面，就是跟它相綜一體的豫卦（䷏）。豫卦和謙卦這種一體兩面的關係就非常奧妙了。謙卦是謀劃的象，想盡辦法讓宇宙中所有的存在和平共存；豫卦卻是備戰的象，但與師卦的實戰完全不同，豫卦是為了一場大戰或者可能的競爭衝突做好周密的準備，正如卦辭所說的「利建侯行師」。屯卦的「利建侯」是做好一切組織人事資源的準備，豫卦是為了預防而動員群眾。換句話說，豫卦若是備戰，謙卦就要謀和，兩者其實是一體兩面；因為弱國無外交，謀和而沒有戰備，就沒有實力跟人家談，只是講一些空洞的理論。所以師卦、比卦相綜，謙卦、豫卦相綜，道理都是一樣的。豫卦有強大的戰備實力，反而能爭取到謙卦和平共存的目的。所以謙、豫可以交相為用，就像師、比可以交相為用一樣。

謙卦的錯卦是履卦，都有共通的「和」。豫卦的錯卦是小畜卦（䷈），小畜卦「密雲不雨」，而其〈大象傳〉講「君子以懿文德」，希望「遠人不服，則修文德以來之。既來之，則安之」，說的就是和平解決紛爭，以小事大，以大事小，小大之間鬥智不鬥力，以突破沉悶的僵局。豫卦剛好跟小畜卦是六爻全變的錯卦關係，小畜是「文德」，豫卦是「武備」。「文德」與「武備」相錯，六爻全變，剛好相反。

謙、豫相綜的關係，其實可以對照到形形色色的大千世界中，一邊是武備，一邊是謀和。像猛獸獵殺小動物前，牠的預備動作是很低調的，好讓獵物降低警戒；牠趴得很低，兩眼卻緊盯著獵物，準備隨時一躍而起，在猝不及防時抓住獵物。牠等待的樣子是「謙」，同時也是「豫」，一伏一躍，就可以順利得手。所以當我們看到一個謙和、謀和的表象時，不管是動物還是人，都要細細分辨他的真實目的是「和」還是「戰」。國與國、人與人之間也是一樣。有人笑裡藏刀，表面親善，看到你就拍肩膀表示親熱，心中卻不停的動腦筋算計你，這就是豫；而另外一種就是色厲內荏，表面擺出「豫」的姿態，其實他真心並不想打，只是裝出「豫」的樣子來恫嚇你，以此達到和解的目的。可見戰備的終極目的是為了和解，我們要學會解讀它，以免看到豫卦的表象，就以為真的要爆發衝突，反應失當，也會造成極大的損失。

謙、豫一體兩面其實就是太公兵法。《六韜》有云：「鷙鳥將擊，卑飛斂翼；猛獸將搏，弭耳俯伏；聖人將動，必有愚色。」老鷹要撲擊之前必先收起翅膀；猛獸要展開搏擊時，連耳朵都耷拉下來；人跟人之間也有這種心機、假姿態。所以有智慧的人要出手之前一定會做各種周全的準備，那就是「豫」；他會用「謙」的樣子來吸引你，用和善的態度降低你的提防。這就是典型的謙、豫一體兩面的例子，用「謙」的表象做「豫」的準備。不過，謙、豫的一體兩面，也可以倒過來看，越是咄咄逼人的不見得真有開戰的意圖，說不定他想要的是謙的和解。

謙、豫二卦的差異分析

小畜卦「密雲不雨」，悶得要命，惶惶不可終日，承擔極大的壓力，而豫卦跟小畜卦的悶正好相反，它是豫樂、豫（預）測、豫（預）備。《易經》主要的目的就是要做短期、中期，甚至長期預測。預測越精準，預備越周全，當然越能享受豫樂，而且豫卦的準備通常都是組織性的動員，而最後的豫樂則是「眾樂樂」，所以豫卦也有群眾運動的熱情之象。像二戰時期德國納粹那種萬眾一心的群體動員，在戰爭初期確實很有戰鬥力量，故希特勒的閃電戰在當時可謂所向披靡。但群眾的過度熱情，往往會陷入瘋狂的失控狀態，所以就給了野心家利用的機會。像很多群眾運動或宗教法會都是一種「豫」的象；數百、數千人聚在一起，情緒互相感染，或慷慨激昂、熱情澎湃，或者念念有詞、感動落淚。因此，豫卦除了戰備之外，還帶有相當程度的感性因素。謙卦正好相反，是冷靜、理性的態度。

這就是謙、豫二卦的差異，一個極度冷靜，一個極度狂熱。這些情緒是怎麼來的？可見，謙卦、豫卦非常值得研究。

豫卦之所以狂熱，跟錯卦小畜卦有極大的關係。小畜卦經過長久憋悶，物極必反，一旦宣洩、爆發出來，立刻變成熱情奔放的豫卦，甚至大膽到連生命都可以豁出去。像一戰後德國並沒有輸到丟褲子，最後接受城下之盟，受英、法等協約國的強權欺壓；一戰到二戰之間處在典型的「小畜」情境中，任人宰割，鬱悶到一定程度，就慢慢累積成「豫」的動力。結果德意志民族把這種「豫」的動力寄託在希特勒身上，所以才有納粹以閃電攻勢征服法國。「小畜」的能量反彈，正好造就了納粹在二戰的瘋狂群體動員。這就是小畜與豫的關係。此外，豫亦有合歡之象，從個人，甚至從男女的角度都可以想像。「小畜」的密雲不雨走向極端就變成「豫」。

「豫」字為「我（予）之象」，剛好跟「謙」的「言之兼」相反，所以謙注重群體，人生以服務為目的，而且行善不欲人知；「豫」是以自我中心，跟宇宙萬象、社會現象、眾生相之間的關聯，皆是以「我」為中心，其他都是「我」的背景、「我」的舞台；所有的預測也都是為「我」的利益、「我」的情感做準備；然後「我」可以得到快樂，跟我在一起的團隊（我們）也會快樂；在快樂的過程中，未必會考慮「我」或「我們」之外的其他人快樂不快樂。所以「豫」的快樂有可能是建立在別人的痛苦之上，像二戰時期法西斯那些叱吒風雲的人物，都可以吸引民眾如癡如狂的追隨。這樣的人，群眾這麼喜歡他，那他是不是也很愛大家呢？那可不！他可以跟你握手、擁抱，但他心中絕對沒有你。如果你們共同的願景終於實現了那還好，如果他失敗了，大量追隨者就會很慘。所以，對於豫卦這種可以帶動時代風雲的中心人物，我們要有一個認知，他可以帶動群眾瘋狂，但他心中未必有群眾，這些群眾可能只是他的道具而已。謙卦則是默默奉獻的志願者，以服務社會、救濟大眾為目的，可說是聖賢的境界。豫卦是英雄的卦，一將功成萬骨枯，運用所有資源，鼓盪民眾熱情，造就澎湃激昂的民族主義、國族主義、種族主義；雖然具有強大的力量，但未必能持久。謙、豫兩卦的對比，很值得深思。

謙卦是「勞謙型」的領導，豫卦是「由豫型」的領導，兩者截然不同。「由豫型」的領導是第四爻，豫卦上震下坤，下卦是廣土眾民，如癡如狂地追隨震撼力十足的第四爻。「勞謙型」的領導是「止之於下」，謙卦上坤下艮，內心的修為有一定的高度，謙卑地為民服務，把人民的福利擺在上面；豫卦則是踩在腳底下。從兩個卦的象就可以發現兩者明顯不同。「由豫型」的英雄式領導是媒體寵兒，煽動性很強，而且自我感覺良好；這種人要是成功還好，萬一失敗，其卑劣的心性，自私自利的想法就會顯露出來，結果非常不堪。「勞謙型」的領導是真正以服務大眾為目的，所以從最高領導開始都很低調，也不太擅長跟媒體打交道。美國經濟學家對企業的研究發現，能持續十五年以上基業常青的，通常有一個「勞謙型」的領導，低調行事，其團隊如潺潺溪流，可以流之久遠；豫卦是戰鬥團隊，一旦出狀況，就會整個垮下來。

謙、豫二卦的對比，歷史上很多政治人物都可以從這個角度去看。像孫中山和蔣介石的對比就太明顯了。豫卦第二爻就有「介于石，以中正」，蔣介石絕對是由豫型的人物，有吸引群眾追隨的能力，也真的是「建侯行師」，打了一輩子的仗。謙卦就是孫中山，中山先生一生都在追求和平，一生都在努力奮鬥救中國，天下為公，什麼權勢地位都可以讓出去，也可以不做大總統，是典型的勞謙型領導，可是最後勞累過度，六十四歲就離世了。這就是謙卦、豫卦的比較，一個是為群眾服務，重視團隊；一個是凸顯中心人物，光芒四射，不容挑戰。

可見，謙卦跟豫卦是最值得重視的領導人的人格形態；而「勞謙」跟「由豫」的人格特質，都會影響整個謙卦、豫卦廣土眾民的吉凶禍福，因為它們都在人位。「勞謙」是謙卦「九三」，三多凶，所以「九三」在謙卦「天地人鬼神」的整個大氣場中必然會影響一切。「由豫」是豫卦的「九四」，四多懼，但他愛表現，是具有強大群眾魅力的人格形態。先透視核心領導人物的人格形態，再評估其他陰爻跟領導人之間的關係，以及整個卦跟這個爻之間的關係。這樣來看問題，才會更全面。

謙、豫、隨的卦序分析

〈序卦傳〉說：「有大者不可以盈，故受之以謙。有大而能謙，必豫，故受之以豫。豫必有隨，故受之以隨。」這段話的解釋有不少爭議。有一說認為，「有大者不可以盈」就是「有大者」絕不能驕傲自滿；一個人擁有那麼多還能這麼謙和，必能持盈保泰。若這樣看，意思雖然對，但顯得太膚淺了。所以「有大」，絕不等於「大有」，因為僅僅是一個人擁有大量財富，而不是大家都擁有。「豫必有隨」，是說豫卦必有一個風雲人物做領導，大量的追隨者跟隨其後。其實還有更豐富的意涵，豫卦後面接隨卦，是因為所有的預測未必能保證實現，最後發現事實跟預料有很大差距時，「隨」就要你面對當下真實的情況，要有彈性的對策，隨時隨地及時調整。如果一個上市公司跟股東提出明年要做多少多少業績，結果話沒講完就發生金融風暴了，明年的業績勢必要做調整。

這就是「豫」跟「隨」的關係。做任何事都要有預備、有計畫，但實際行動時，一定會有出入，這時就需要隨機應變、彈性調整。就像我們崇拜偶像明星，熱情一定會慢慢消失，少女時代迷「貓王」，等到變成老太婆，她自己都不大好意思迷「貓王」了；麥可・傑克遜也一樣。在舞台上魅力十足的人，真是你想的那樣嗎？像莎朗・史東，曾經是知名的性感女星，可是現在媒體公佈她沒有化妝的面孔，真嚇死人了！她自己一定也備感壓力，所以跟一個比她年輕十幾歲的男模特兒交往，試圖彌補自己的不安全感。這也很要命，一旦洗淨鉛華，如果還想利用「豫」的魅力，結果一定很淒涼。等到我們具體分析豫卦時，會有更深入的探討。豫卦有聲有色，很多人追求，但不能持久，等到熱情過去，反而是加倍的淒涼。所以人生要有謙的平衡。《金剛經》對「豫」的批判是很嚴厲的，它說：「若以色見我，以音聲求我，是人行邪道，不能見如來。」你們想見如來，要是以各種色相見我，以音聲見我，絕對是邪道，不能見如來。凡所有相皆是虛妄，對於豫卦裡面的色相，儒釋道都有深刻的警示：「五色令人目盲」，在豫卦的時候時常是盲目的；還有「五音令人耳聾，五味令人口爽」，人生追求名利，追求權色，馳騁田獵，令人心發狂。下場都很慘。

謙、豫二卦的身體《易》探析

謙、豫兩卦都是觀察身體或表現身體狀態極好的卦。如果兩者都是不變的卦象，身體就是處在和樂、平和的狀態。謙卦的「平樂」當然不在話下，心平氣和是身心平衡的象，當然健康。《黃帝內經》云：「人一呼脈再動，人一吸脈亦再動，命曰平人。平人者，不病也。醫不病，故為病人平息以論法也。」「平人」就是健康的正常人。豫卦有和樂的象，這一點也是毋庸置疑的。

謙卦上坤下艮，從身體來講，艮卦在內，下盤穩固，內心定靜專注，沒有被攪動；坤卦在外，柔順平和，所以內止外順、下止上順，整個身心狀態都非常好。練功練到謙的境界，下盤絕對是不動如山，任誰也推不倒，然後上身如風擺楊柳，靈活自如。下卦是艮，代表已經立於不敗之地，因為上卦坤的靈活順勢，還可以隨機反擊。謙卦上卦的反擊一定得利，因為「謙極轉豫」，按照卦序一定是要走向豫卦的「利建侯行師」。但謙卦一心謀和，有些人就是不上套，不跟你和，怎麼辦？為了更大的整體和諧，必須制裁害群之馬，就像聯合國的維和部隊。

謙卦是怎麼練出這種身體狀態，以致功力深厚呢？這跟錯卦履卦的長期苦修實踐有關，而且是根據履卦裡面的復卦如螺旋般盤桓向上的原理，長期積累，然後六爻全變，達到謙卦的境界，修到最後，連天地人鬼神都給他加持。

我在講履卦時講過，身體要一個階段一個階段地練，練到最後，「視履考祥，其旋元吉」，六爻全變為謙卦。而且履卦第三爻是修煉階段最大的弱點，就是胯骨；小畜卦最弱的是第四爻，就是腰部，所以我們強調鬆腰柔胯。從小畜到履的不穩定，需要勤修苦練，如果修成了，氣脈打通，就是「泰」，沒打通就是「否」。結果履卦六爻全變，變成謙卦，第三爻（胯）變成身體最強的部分，不動如山，支撐上半身柔和、靈活的操作，而且屹立不搖，攻守自如，支撐起整個謙卦的運作。

豫卦也是身心康泰、和樂的象。小畜卦六爻全變為豫卦，小畜卦第四爻（腰）變成支撐起整個豫卦（身體）旋轉的樞紐。所以，若把小畜第四爻最弱的部分修煉成功，便可以脫胎換骨，把「小畜」的悶變成「豫」的豫樂。

另外，豫卦還有一點值得注意，中醫強調「上醫治未病」，這就是預防醫學的概念，所以平時就要加強免疫機能。而人體的「營衛」之氣就是人體的第一層防衛系統，這也是豫卦的象，預防、保衛身體免受細菌、病毒或寒暑濕熱的傷害。

謙輕而豫怠也

〈雜卦傳〉云：「謙輕而豫怠也。」「豫」是倦怠，怎麼說呢？豫的時候歇斯底里，歡樂達到高潮，把所有生命熱情都燒光了。狂歡過後，發現一切成空，豫卦上爻身心虛脫的失落感是無法想像的；而這時候又往往是幻想破滅時，領導中心的大人物出狀況了，隨從者看到令人沮喪的真面目，難免一下失去重心，導致身心倦怠，對任何事都提不起勁，這就是「怠」。

像臺灣就有半個世紀的「豫」，老蔣時期一心想要反攻大陸，後來又擔心大陸攻打臺灣，於是幾十年都在發展軍備。結果台海自「金門炮戰」之後久無戰事，臺灣從最早的六十萬大軍逐年裁軍，後來發現不打仗了，早年種種鼓舞「士氣」的舉措都白搭了，整個臺灣社會就鬆懈下來；尤其很多老兵一生都在「豫」的狀態下準備投入，到最後就面臨強大的失落感，這就是「豫」之「怠」也。所以過度保持戰備，有時一下鬆懈下來，會導致鬥志潰散。所以說「豫」之樂不可極也。

謙卦就不同了。「謙輕」，孟子云「民為貴，君為輕」，領導人把自己和名利權色都看得很輕，因為他主要的目的是為百姓服務。就像佛菩薩布施，心中根本就沒有想著自己在「布施」的念頭，如果行善有目的，馬上被打回原形，因為有心行善不為善，只是沽名釣譽而已。「輕」就是看淡名利，做事沒有任何負擔，這樣的「輕」才能止之於下、止之於內，服務大眾而心安理得、愉快自在。不像豫卦那樣過份看重得失、名利、成敗、色相、音聲，一旦落空，生命失去目標，就整個懈怠下來。「謙輕」才是真正身心達到平衡時，無比輕鬆、舒服的狀態。像我們平時吃過大魚大肉，感覺身體不堪負荷，脹得好難受。那就不是「輕」的狀態。

由此可見，「豫」是過度動員、過度緊張、過度亢奮，緊接著就是失落的「怠」，所以豫卦是濁而重。「謙」是力行而不懈怠，始終如一，故身心輕快，可以保持一輩子的平和，所以謙卦是清而輕。從老子《道德經》中，我們更能看出兩者的區別：「聖人處上而民不重，處前而民不害」、「太上，下知有之」。理想中的領導人物是無為而治的，但他的治績很好，老百姓不會感覺他的存在，他也不會讓百姓有太大的壓力，所以人民生活自由自在。這是「謙」的境界。如果是豫的做法，天天強調國族主義、集體主義，人民壓力很大，一點都不自在，這就是過度動員，終致懈怠。

重門擊柝，以待暴客

〈繫辭傳〉云：「重門擊柝，以待暴客，蓋取諸豫。」這是〈繫辭下傳〉第二章講中國文明發展的十三個卦，後面就講到國防。「豫」就是國防，它是古代城防的象，以防衛中樞地帶不受侵犯。所以有內城、外城、城溝等重重防衛——「重門」，萬一外城被攻破了，還可以退守內城，進行巷戰。

在人生來說，如果你想捍衛個人資產，就必須「重門」，佈置好幾道防線；即使被一個一個突破，還有退守的餘地，而且在退的時候，尚可爭取援兵或拖垮敵人。要是只有一道防線，一被突破就是門戶大開，想抵抗都無立足之地。所以「重門」很有必要，一方面爭取時間，一方面拖垮對手。

但是，有了「重門」就能擔保防衛不會出問題嗎？未必如此。因為它只是靜態的固定防衛設施；還得配置「擊柝」——即機動性的遊走防衛，查看哪個地方有弱點、是死角，哪一個地方容易被突破。「擊柝」就是敲梆子示警。〈木蘭辭〉云「朔氣傳金柝，寒光照鐵衣。」「金柝」就是軍營巡更時所敲的東西，一是為了報時，二是遊走巡防，這種遊走巡查可以彌補固定防衛的死角。

任何預防措施都是「重門」、「擊柝」合一；一個是固定防衛，一個是遊走巡視。有了「重門」加上「擊柝」，再兇狠殘暴的敵人來犯都有恃無恐。從豫卦的象來看，上震下坤，上卦有震動的象，也是木頭的象，敲出響聲，可以警醒下卦坤卦的群眾。個人的防衛行為也是如此，就看你如何交叉配置，「以待暴客」。如果戰備夠強，那麼也有可能促成謙卦的和平大業，畢竟謙、豫二卦是一體的兩面。但關鍵是「重門」加「擊柝」，才能確保零風險，不會被敵突破，這一點很難百分之百做到，而且要防衛到滴水不漏，不知要花多少錢。因為所有的防衛都是「不怕一萬，只怕萬一」，要花一萬的精力防備萬一被突破，防不勝防，成本也太昂貴了。

美國就是如此，尤其在有錢的時候，財大氣粗，就天真的以為美國人的生命最寶貴。前蘇聯垮台之後，美國變成世界唯一寂寞的強權，更是趾高氣昂，自認是孫子全勝思想的發揚光大者。其實它全的只是自己，打了幾次局部戰爭，美軍的傷亡確實很少，甚至是零傷亡，但它完全沒有做到「全敵」。這是誤用《孫子兵法》的全勝思維，而且無形中養成傲慢自大的心態，不從基本面化解國際之間的文化衝突，不惜動用昂貴的防護設備保護自己，遲早會出問題；結果被「九一一」恐怖攻擊徹底打破狂妄。美國人難道沒聽過矛和盾的故事，不知道天下所有的盾牌都捅得破嗎？美國到現在還有這種落伍、缺乏智慧又最耗錢的防護思維；有時甚至還想介入兩岸關係、朝韓關係，加強美日同盟和北約東擴，企圖把所有地方納入它的保護傘下。這種「重門」和「擊柝」的方法其實不是最安全的，倘若不以「謙」的精神主導終極和平，再嚴密的防護網都會被突破。

人生沒有百分之百的安全，世事無全算，人情無完算，所以一定要承擔適度的風險。有六七成勝算就代表有三四成敗算，那就是風險。增加一成勝算，所投入的花費將不可估量。真正的終極和平，就是保全天地之間的所有東西；只求保全自己，一定防不勝防。

從卦象上看謙、豫

豫卦在物種演化上的意義是——生命開始登陸了。也就是說，直到《易經》第十六卦，生命才脫離海洋、湖泊，開始在陸地發展。豫卦的象（雷地豫）就是藉大象的行走活動，象徵生命開始脫離水而動於地上。屯卦是動於水底，生命是從最簡單的生命體開始，先在海洋繁衍，經過漫長的演化過程，從第三卦屯卦到第十六卦豫卦，生命才由海洋、湖泊進化到陸地。

到豫卦為止，六十四卦剛好過了四分之一，在所有文字都還沒出現時，《易經》的卦序真的是在講生命繁衍、地質變化、大陸漂移等自然演化的故事。但後來加上人文的意涵之後，卦象、卦序當中就蘊藏了更豐富的內容。例如謙卦的卦象是上地下山，山明明是應該凸起於地上的，怎麼會藏在地下呢？我們除了要看地理的象，還要把它看做是一個人的修為，就是明明有一定的高度，可是真人不露相，謙卑地壓低姿態，大隱於廣土眾民之間。不像豫卦是動之於上，要出頭，要得到生命的滿足感；謙卦是止之於下，把自己藏在民間默默行善，所以最終就會得到謙的福報。如果不做這種人為的修行，不把欲望降低，就會是山高過地的剝卦（䷖）之象。正常的造山運動，山是隆起於地面的，可是一天到晚受風吹雨打的沖蝕，成為眾矢之的，終有一天會剝落殆盡。如果山在地下，那麼任憑風吹雨打，依然長存。可見，光是這些象就給人很大的啟示，出頭的反而爛得快，如果剛開始就不出頭，怎麼會有事呢？所以「地中有山」與「山在地上」，一個是謙，一個是剝，一來一去不知差多少，不顯山、不露水，才是長存之理。

值得一提的還有遯卦（䷠）。遯卦是「天下有山」，山是看得見的，很多道觀、寺廟就蓋在這些「天下有山」的知名景點上，因為它確實是遁世、清修的好地方。但如今這些地方很多都變樣了。大家都想去遯，結果上山進香必須花大把鈔票，才能享受佛道的「福佑」，搞了一堆煩惱。謙卦就不一樣，謙卦的山是看不見的，沒有道場、沒有寺廟，而是在人心裡、在廣大群眾中；天地人鬼神都無法摧毀，並且還會加持照顧。天下有山的遯，可能是做官的終南捷徑，也可能是斂財中心，甚至可能是更大的憂悲煩惱來源。遯卦是造像，《金剛經》就痛斥造像；謙卦不造像，正所謂「真人才不露相，露相非真人」。

我之所以要在前頭講這一點，是為了凸顯謙卦的與眾不同，所以才會得到最後的善終。但是要得善終談何容易，像艮卦修到最後「敦艮，吉」，爻變為謙，如此才算登峰造極、面面俱到，但這可不是靠念咒就可以得到的。

謙卦卦辭

謙。亨，君子有終。

好，我們進入謙卦的卦辭：「亨，君子有終。」簡簡單單五個字，豫卦「利建侯行師」也是五個字，意思非常明確。豫卦沒有保證「有終」，謙卦保證得善終——圓善有終，但前提是「君子」，只有君子才能「有終」。像坤卦第三爻「含章可貞，无成有終」，爻變就是謙卦。坤卦是廣土眾民，如果第三爻的人位懂得「含章可貞」的謙德，最後「无成有終」，一定是亨通的。也就是說，謙卦當中沒有山頭，當然是一馬平川、暢通無阻了。因為他把自己壓到地下去、把自己化為虛無的存在，不肯冒出頭來。可見，「謙。亨，君子有終」的意義無窮，令人神往。

謙卦〈彖傳〉

〈彖〉曰：謙亨。天道下濟而光明，地道卑而上行。天道虧盈而益謙，地道變盈而流謙，鬼神害盈而福謙，人道惡盈而好謙。謙尊而光，卑而不可逾，君子之終也。

「謙亨」，這是直接從卦的結構看。謙卦為什麼亨呢？因為「天道下濟而光明，地道卑而上行」。這句話講的就是下卦與上卦所形成的結構。上卦是坤，地道卑而上行，是指眾生的福利往上提升。這裡出現一個問題了：為什麼地道卑可以上行呢？正如老子所說的「反者道之動」，物極必反。上卦是地道坤，本應該是卑的，結果上行，原因是「天道下濟而光明」；天道就是乾，謙卦中唯一能代表乾的就是唯一的陽爻「九三」。「九三」勞謙，代表大公無私的天道（乾道），它是下濟的，結果本來應該在上面的「九三」，卻帶動整個山往下去為百姓服務，解除眾生的悲苦。所以下卦艮卦會有菩薩的莊嚴法相，彷彿佛光再現。這就是「九三」帶動下卦救濟眾生悲苦，結果產生了光明，使眾生（地道）能卑而上行，離苦得樂。這是在說明下卦、上卦的因果關係，解釋光明從哪裡來？艮卦〈彖傳〉也說：「時止則止，時行則行，其道光明。」下卦的艮造就了「地道卑而上行」，最後一定有光有明。這就把乾卦的「大明終始」和坤卦的「含弘光大」融合為一了。

講完卦的結構，下面就講天地人鬼神，然後解釋為什麼「君子有終」？因為「謙」沒有敵人，所以天地人鬼神都得照顧你。首先是「天道虧盈而益謙」。虧與益都是動詞，盈與謙是受詞，「謙」就有不足之象。天道對於太滿的，一定會讓它「虧」；有不足的，一定會讓它獲益。就像劫富濟貧一樣，損有餘以補不足，這是很自然的原理。日月盈虧、消息盈虛也是如此。

「地道變盈而流謙」，這一點說得更具體了，水滿之後，就會由上游、中游往低窪處流到下游。社會財富的分配也是一樣，經過重新洗牌，不會永遠滿，所以滄海變桑田，桑田變滄海，時時刻刻都在變化中；北極熊原來住的地方很大，現在越來越小，所以牠也被迫瘦身減肥了。

「鬼神害盈而福謙」，你看它一點也不諱言，直接就點到鬼神了。「鬼神害盈」，是說如果你做了虧心事或是惹毛了鬼神，倘若還驕傲自大，他就會搞你一下，讓你諸事不順；可是他會造福謙和行善的人。這是鬼神的習性，冥冥中的力量都是如此。

「人道惡盈而好謙」，這是講人情好惡，大家都喜歡謙和，不喜歡驕傲自滿。至此，「天地人鬼神」都講完了，下面就要下總論：「謙尊而光，卑而不可踰。」謙卑者受到各方尊崇，又能展現光輝，雖然地位卑下，但他的尊貴是無人可以超越的。這就是不爭之爭的強大競爭力；那些好勇鬥狠的可能都粉身碎骨了，最後獲得圓滿善終的，反而是「卑而不可踰」的低調行善之人。因此，「卑而不可踰」才是真正的強者；拚命凸顯自己、打壓別人的人，最後落得一場空。「君子之終也」，默默推動大家往上提升的人，最後誰也無法超越他的成就。

謙卦〈大象傳〉

〈大象〉曰：地中有山，謙。君子以裒多益寡，稱物平施。

「地中有山」，這是謙卦的象。像孫中山、許地山，名字的取象大概都是從謙卦來的。「裒多益寡，稱物平施」這八個字太重要了。人世間難免有「多」、「寡」，「不患寡而患不均」；別人比你多，心裡就要爭，看到別人資產動輒上億，自己卻少得可憐，不平則鳴，這樣怎麼能心平氣和地「謙」呢？

謙卦既然要弭平人間和自然界的衝突，就一定要處理好「多」、「寡」的資源分配問題，而且不能講空話，要訂定制度，保障均平；所以他還得做「裒多益寡」的工作，用「裒多」來補益寡的人，使「鰥寡孤獨廢疾者」都能得到社會救助。

關於「裒」字，很多人都誤解了，包括《四庫全書》的註解也嫌單薄，甚至有觀念導向的錯誤。這些解釋是把「裒」、「益」相對來看，解釋成「損多益寡」。也就是說，對於無力為生的低收入階層，讓多的拿一點出去補貼少的。但這樣能真正均平嗎？富人可能因為勤勞致富，窮人可能是懶惰造成，憑什麼要以多補少，維持機械式的平衡？這是實質正義還是形式正義呢？會不會造成富人從此心灰意懶，窮人則樂得坐等救濟？所以這樣的損多益寡絕對是錯的，真正的謙追求分配的合理性，並不主張齊頭式的平等；要求大家都一樣，不但違反人性，而且不是真正的正義，會傷害實質上的謙；因為社會上一定有多有寡，就像大象就長那麼大，老鼠就那麼小，強要齊頭平等，反而違反自然。

所以，謙的精神就是讓積極奮發向上的人得到公平發展的機會，對於弱者也有完善的扶助方案。但是人畢竟不能永遠靠別人，得靠自己；社會的群體力量要益寡，但益寡的資源不能掠奪多的地方，那樣不可能解決任何問題，而且會引發新的不平。所以「裒」的解釋是「引聚」，吸引聚集。先把「餅」做大，擴大生產，把所有資源聚在一起，形成有機效應，增加社會總財富，慢慢造成均富社會。像中國大陸三十年來的改革開放就是明顯的例子，不管多的寡的都努力奮鬥，整體所得增多，水漲船高，本來不夠的人也被帶動起來，慢慢都有一定的生活水平。

接下來就要處理分配的問題。那就是「稱物平施」，公平、合理地做好分配工作，以免造成人心不平。「裒多益寡，稱物平施」這八個字其實就是經濟學生產、分配的「經世濟民」之道。所以「裒多益寡」應該是「聚多益寡」，至於怎麼聚財，就看招商引資的本事如何？聚集資源之後，還可以持續成長，讓資源越來越豐富。要注意分配的原則不是數人頭，而是有多少貢獻就給多少回報。標準可能不一樣，要看對象來決定最合理的分配方法。

「平」與「稱」不管是身體健康、組織的合理性，都是非常重要的關鍵字，不是畸形發展。要求「稱」、「平」，就不能套公式，要因時因地制宜。「裒」是引聚，想辦法創造財富；「寡」自然就受益，然後再考慮「稱」、考慮「平」，做最好的「雲行雨施，品物流形」。這就是謙卦最圓融的境界，有無窮的智慧在裡頭。

乾卦六個爻的放大說明

若把乾卦六個爻放大來看，每一個爻都可以看見一個具體的卦。乾卦初爻「潛龍勿用」放大來談，就是復卦；二爻「見龍在田」談的就是師卦；剝卦就是上爻「亢龍有悔」的擴大。這些卦的共同特點就是五陰一陽，把全部的陰爻淡化，陽爻就被凸顯出來了。乾卦三爻「君子終日乾乾，夕惕若，厲，无咎」就是謙卦的精神，表現在「勞謙君子」，日夜不懈地努力奮鬥。四爻「或躍在淵」就是豫卦的縮影，躍的時候意氣風發，足以影響整個時代，一不小心跳過頭了，就會摔得粉身碎骨；而且高處不勝寒，又因為功高震主、伴君如伴虎，跟老闆的關係一觸即發。等到正式講豫卦的時候，會發現「六五」與「九四」之間簡直是如坐針氈。

按這個方法把一卦一卦都學下來，解讀起來，就有觸類旁通、錯綜複雜、上下相交、內外相交的思考。《易經》之難，有時候不在一卦一爻，而是全面息息相關的整體觀，所以很多專家學者花了十年、二十年，甚至一輩子都沒有學通《易經》，就是因為沒有花工夫研究整體的關係；如果能「引而伸之，觸類而長之，天下之能事畢矣」（〈繫辭傳〉），境界絕對大有不同。不過，這也是一步一步日積月累的基本功；「韋編三絕」的工夫不可少，而且光學沒有用，要練習想，「學而不思則罔」；否則，一天到晚交學費，結果還是憂悲煩惱一堆，白費工夫。

同功而異位

至於「同功而異位」的關係，很多人很難掌握準確。一般來說，二與四同功而異位，「二多譽，四多懼」；三與五同功而異位，「三多凶，五多功」。透過互卦的排列組合，我們可以看到，一個卦裡面藏了五個卦，三爻、四爻的人位都是其中的組成分子，沒有人，這些關係都不會存在。

同功而異位就是一種不同位置的分工合作關係，五爻、四爻在高位，在外卦；二爻三爻在下卦，在低位；一在朝，一在野，一在外，一在內，一在上，一在下；可是二與四、三與五之間，可能有合作關係，也可能存在一種微妙的競爭關係。

要掌握他們的關係，最主要就是通過爻際的承乘應與，即近距離和遠距離的關係來考察。在以前君主時代，二與四之間，不論競爭或合作，都把關係鎖定在第五爻君位；第四爻是中央的高官大臣，他當然高度重視跟五爻的承乘關係，拚命想表現，爭功諉過可能都有。而二爻跟五爻是相應的關係，就像「見龍在田」與「飛龍在天」，是下卦民間的中流砥柱與上卦國家元首的關係；也是中央與地方、在朝與在野的呼應關係。在承乘關係上來講，四爻跟五爻的關係在中央，四爻對五爻負責。這就是二與四同功而異位，他們相同的「功」就是輔佐第五爻，可是位置不同，四爻在中央，二爻在地方，但他們一定有分工的關係，中央跟地方分權。如果搞不清楚就是互相推諉，中央推地方，地方推中央，然後第五爻都得承擔。「同功」，同有輔佐第五爻之功，可是「異位」，因為位置不同，所以權責不一樣，有時候也會互相競爭。構成這個關係是因為二爻與四爻既不承乘、也不應與，維繫他們的是第五爻。

二跟四直接對五爻負責，四爻因為離得近，伴君如伴虎，所以戒慎恐懼，多懼；二爻對五爻有距離的美感，又不構成威脅，所以多譽；一旦把他提到五爻身邊成為左右手，又會變成「多懼」。

那麼，三與五同功而異位呢？五爻本身就做主，三爻是下卦，都是一個派系當中的山頭地位。三爻與五爻都是陽位，本身就可以積極做為；二爻跟四爻是陰位，靠輔佐別人才能成事。所謂的「三多凶」，是說你只是一個區域老大，還沒有能力負責全國性事務；「五多功」，因為事關全局，握有龐大的權力與資源，所以容易建功。他們的同功，是因為都可以自己積極主導，可是「異位」，因為位置不同，就有「多凶」和「多功」的差別。事實上我們看很多卦，三與五都還有密切的整體關係。像謙卦三爻跟五爻，三爻做生產，五爻做分配，這也是三與五同功而異位，共同成就謙卦整體圓善有終的德行。還有師卦，五爻是政治領袖，三爻是他派出來的監軍，讓二爻的大將如坐針氈、芒刺在背；三爻是「師或輿尸，凶」，五爻是「弟子輿尸」，兩個「輿尸」就告訴你師卦的三跟五是有關聯的。這種表面上看不出來的關係，透過整個卦分工合作的關係，可以看出來他們是同功而異位。

關於三跟五、二跟四這種千絲萬縷的關係，對整個卦來講，若能觀象入微，對於我們深入理解卦爻就很有用了。這種表面上看不出來的關係，卻往往影響甚鉅。像二十一世紀積極提倡的生態平衡觀，很多人不知道人與自然互相依賴的關係之深，有些物種如果消失，就會威脅到人的生存。例如我們很討厭細菌，如果地球上沒有細菌，人就無法生存。正因為有許多不起眼的生物，才能共同構成完整的地球生態。這種表面看不出關係，實質卻唇齒相依的，大多就是同功而異位的關係。

謙卦六爻詳述

三爻：萬民景服

九三。勞謙君子，有終，吉。

〈小象〉曰：勞謙君子，萬民服也。

第三爻是謙卦之主，所有謙的精神、謙的盛德就表現在這一個爻。所以我們先講「九三」。「勞謙君子，有終，吉。」這個爻既然代表全卦的精神，自然是「謙。亨，君子有終」，爻辭就幾乎等同於卦辭。只是爻辭講得比較細膩。卦辭有「君子」，爻辭也有「君子」，君子才能體現「勞謙」的精神，他的謙表現在對社會付出勞心勞力的貢獻。像大禹治水十幾年，三過家門而不入，肯定是辛勞萬分的，所以他的貢獻受到後世的推崇。

「九三」的貢獻雖然受到高度肯定，但是有坎（☵）象。「九三」、「六四」、「六二」剛好構成局部的坎象，「九三」就在坎險深淵，可謂是在地獄中修煉，辛苦備至，終於獲得勞謙的成就。〈說卦傳〉說「坎，勞卦也」，因為坎卦的險難接連而至，生於憂患，備嚐艱險滋味，能夠不勞嗎？孟子云：「天將降大任於斯人也，必先苦其心志，勞其筋骨，餓其體膚。」可見，「九三」的大成就是在坎險中淬煉出來的。所以不要只看到人家的成就，還要看到人家的辛苦，才會知道人生不容易，不能坐享其成。

豫卦「九四」，跟「六五」、「六三」也構成一個坎卦；豫卦「九四」也在坎險深淵；所以「九四」的成就也是辛苦打拚來的，一樣也是勞。然後，豫卦到頂峰，也是坎險的最深淵，容易豫過頭，對身心健康都有害。所以「由豫」、「勞謙」都在坎險之中，太過了就會累死，像孫中山、曾國藩都因「勞謙」而死。曾國藩造成清朝的中興，但是勞累過頭，六十歲就死了。據說曾國藩過世時，天地之間出現風雨雷電等異象，因為國家的棟樑倒了。

「有終」，君子當然有終，他的成就是大家都肯定的，結果是「吉」。卦辭比較含蓄，只是「亨，君子有終」就夠了。爻涉及到個體，就有得失、輸贏的考量，所以才給你一個「吉」；肯定「勞謙」，不但「有終」，而且「吉」，甚至會福蔭子孫。〈小象傳〉說：「勞謙君子，萬民服也。」天下萬民自然而然心服口服，而且他還不是做官的，是民間英雄。「九三」爻變

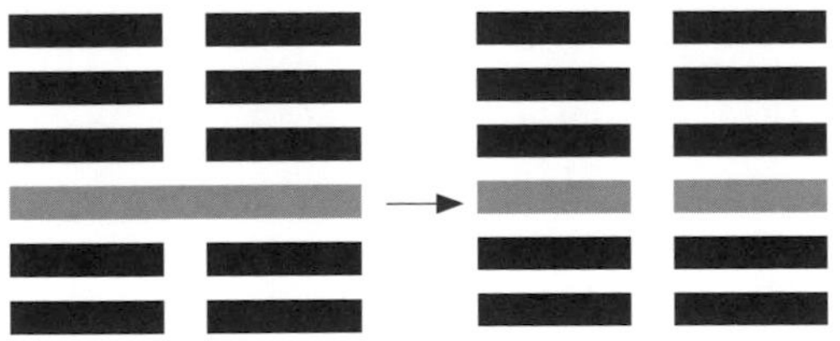

謙卦　　坤卦

是坤卦（上頁圖），真正體現了「厚德載物」、「至哉坤元」的坤德。

永恆的功德

孔子在〈繫辭傳〉中，對「九三」這一爻做了高度的評價。

「勞謙君子，有終，吉。」子曰：「勞而不伐，有功而不德，厚之至也。語以其功下人者也。德言盛，禮言恭，謙也者，致恭以存其位者也。」

「勞而不伐」，「伐」就是大張旗鼓、拚命宣傳。「勞而不伐」，正是孔子得意門生顏淵所說的「無伐善，無施勞」。顏淵可謂深得老師真傳，勉勵自己做到「行善而不張揚」。「勞而不伐」是任勞任怨，不欲人知，像很多默默行善的無名氏就是如此。「有功而不德」，對社會有大貢獻，但絲毫不認為自己有德，就如菩薩行布施卻沒有布施的想法，以無差別心、平等心自然去做，完全沒想到回報。《左傳》云：「太上有立德，其次有立功，其次有立言。」「勞謙君子，有終」這個爻，「功、德、言」三者具備，故可以不朽。一般人有功，就難免驕矜自滿，而且天天掛在嘴邊，自以為有德。如果能夠「勞而不伐，有功而不德」，這是「厚之至也」，因為有極高的生命厚度。膚淺的人才會拚命居功居德，唯恐天下不知。「厚」與「至」都是坤卦的德行。道家承繼坤卦之德，再進一步發揚光大。老子云：「生而不有，為而不恃，長而不宰，是為玄德。」「玄德深矣，遠矣，與物反矣，然後乃至大順。」都是這個境界。謙卦的上卦、外卦就是坤卦的象，平和，柔順、包容，所以「厚之至也」。

「語以其功下人者也」，有大功德卻甘居人下，而且很謙卑、很虛心，根本不認為自己做了什麼。這才是真正了不起。所以〈象傳〉說「天道下濟而光明」，正如諸神、佛、菩薩倒駕慈航，乘願再來，藉著娑婆世界的天道下凡來造就光明的世界。像葷腥不忌的濟公和尚，就是來救濟這個瘋狂亂世的「濟癲」，就是明顯形象化的「天道下濟而光明」；地藏菩薩的「地獄不空，誓不成佛」也一樣，都是「語以其功下人者也」，沒有一點驕狂之氣，不像凡人，有功就稱「上人」。

「德言盛，禮言恭」，德行要講求盛美，禮儀要講求恭敬。功德盛全，沒有一點身段。「謙也者，致恭以存其位者也」，謙卑正是使人恭敬而得以保存地位的坦途。這就是結論了。所以要注意，不是「在其位」，而是「存其位」。「在」與「存」的偏旁都是「才」，影響及於當下那塊土地，就是「在」，那麼只有在職、在位的時候可以發揮作用；一旦退職，甚至離開這個世界，其影響力就化為烏有。如果一個人的貢獻是謙卦的做法，那麼他的影響力就是「存」，不僅生前、死後，甚至可以影響後世千秋萬代。像美國如今欠下天價的國債，這一代還不完，下一代還得繼續還，這就是造孽、傷陰德。死後精神續存，這也是道家的思想。老子云：「死而不亡者壽。」真正的長壽是永恆的影響力，永遠會想到子孫後代的福祉，這就是存。

「存其位」是靠「致恭」做到的；也就是「厚之至」的「至」，「至哉坤元」的「至」，再加把勁，使盡渾身解數，就是「致」。王陽明所謂的「致良知」，就是從良知一點一點擴充到宇宙之間，發揮到飽滿極致。「致恭」就是把恭敬的心發揮到極致，這樣的人才能夠「存其位」，即使有多麼了不起的貢獻，還是謙恭有禮，那麼他的地位、他的影響力都是永恆的；不管是幾千年、幾萬年之後，他在後人心中還有一座「神龕」、「蓮花座」。政治人物也是如此，在其位時可以控制一切，等到不在其位時，你的權力、影響力立刻化為烏有，因為你沒有值得留下的東西可以造福後代，下一代人很快就把你忘了。只有真正給後世帶來正面影響的人，他的地位才能千秋萬世永存。

由謙卦「九三」說卦中卦

謙卦六爻皆吉，其卦中卦也很重要。首先我們看三、四、五、上爻構成的復卦（䷗）。謙卦「九三」就是復卦初爻，見「天地之心」，生命創造力的核心。所以「勞謙君子」一生辛苦，就是為了為天地立心，為生民立命，為往聖繼絕學，為萬世開太平。謙卦跟復卦的關係很明顯，復卦最主要的是一陽復始、萬象更新；「勞謙君子」，就是一陽復始，做為生命力的核心，體現出復卦生生不息的創造力，對社會就有創造性的貢獻。謙中有復，懂得行謙德，自然就擁有剝極而復、生生不息的力量。所以復卦初爻「不遠復」的能量，就體現在謙卦第三爻的「勞謙君子」。

其次是二、三、四、五、上這五個爻構成的師卦（䷆）。「勞謙」正是師卦第二爻「王三錫命」、「能以眾正，可以王矣」的大將。「九三」做為復卦初爻「一元復始」的核心創造力，又有師卦第二爻率領千萬大軍馳騁疆場的本領。正因為謙卦中有師卦的象，所以謙卦第五爻、第六爻就有「行師」的象，遙相呼應，這都不是偶然的。

再次是初、二、三、四爻構成的蹇卦（䷦）。為什麼要有謙卦來從事布施、救濟的菩薩行呢？因為「蹇」，眾生悲苦，寸步難行，唯有「勞謙」可使天道下濟，救濟眾生之蹇。蹇卦後面就是解卦（䷧），謙卦的二、三、四、五爻剛好構成第四個卦中卦解卦。解卦是遠離顛倒夢想，到達究竟涅槃，解除眾生倒懸之苦。這是從蹇的現狀往上推進就變成解。通常在謙卦裡頭，都是以其資源、能量發揮影響，而且它有復卦初爻和師卦二爻的本領，可以領袖群倫，組織慈善團隊，行善濟苦。所以謙卦中有蹇卦、解卦，還有師卦的組織動員、復卦的生生不息。此外，謙也是從漫長的痛苦中學習、修行，到最後才有「萬民服」的境界。人生學習的歷程本來就像小鳥練飛一樣，開始翅膀不硬，跌跌撞撞，那就是初、二、三、四、五爻構成的第五個卦中卦小過卦（䷽）。可見「勞謙」不是一天修成的，而且不斷修正，又不斷出錯，東扶西倒，慢慢修行，最後才功德圓滿。

小過卦的三、四爻就是勞謙的象，蹇卦的三爻、五爻也是勞謙的象；解卦的二爻、四爻還是勞謙的象。這樣去解剖「勞謙型」的人格類型，就可以看得更深、更清楚。謙中有蹇，人才會懂得和平，才能徹頭徹尾的從人世的紛爭中獲得大解脫；而且謙才能真正的解，就算剛開始有蹇，最後也能得到完滿的解，這就是謙。沒有後遺症、不會導致冤冤相報，因為他有天地之心，無罣礙，故無有恐怖，遠離顛倒夢想，就能渡一切苦厄。這都與「勞謙」實際的貢獻服務有關。

初爻：低調再低調

初六。謙謙君子，用涉大川，吉。

〈小象〉曰：謙謙君子，卑以自牧也。

講完第三爻這個主爻，我們再回頭看第一爻——謙卦的初發心，以服務為目的的人生，在最基層、最稚嫩的開始時刻。謙卦必須到「九三」才凝聚成龐大的資源，奮鬥有成，登峰造極；可是謙卦「初六」在山腳下開始修的時候，沒有任何資源。它是延續前面大有卦的「自天佑之，吉无不利」之後，開始擴大關懷，開始人與天地、鬼神的交流。功課變得更加沉重，於是就得更謙虛地學習、修行。爻辭曰「謙謙君子」，可謂是謙而又謙，一個謙不夠，也不是兩個謙，而是無數的謙；低調再低調，謙和再謙和，服務再服務。「謙謙」二字雖看似簡單的重疊，但強調的意味很濃。謙而又謙的君子，「用涉大川，吉」，用這種謙卑柔軟、無私奉獻服務的心，即使沒有任何資源，也不會妨礙他的態度；所以到了三爻就擁有龐大的資源，有實力、有見地、有突破，正因為初爻「用涉大川」。為什麼不講「利涉大川」，因為它沒有資源，只能「用柔」。

簡單提一下「利」與「用」的差別。《易經》有許多卦爻都講到「利涉大川」。從字面上看，「利」就是手上拿把刀，在稻麥成熟的時候去割取。就像自主創業，不必向銀行借錢，用自有資源去獲利。但前提是一定得有資源，就是爻本身是陽剛、有實力的。「用」是指剛開始所有資源都是籌借來的，然後所有功德大家分享。「用」字本身就是網狀的象，撒網出去，由群眾共同構成一個網路、一個服務社群。力量不夠，就加入網路或組織網路，大家有錢出錢、有力出力，用網的力量去網羅資源。也就是說，「用柔」的時候，獨力難行，眾力才可以成事，最後的成果就要與大家分享。這也是坤卦的做法，沒有資源，可以無中生有，就看自己怎麼發心。「用涉大川」，一樣過大河，因為懂得借力使力，懂得聚集有志一同的人，一起涉險過河。能渡過這條河，是大家共同的貢獻，不能獨佔，所以用眾、用柔一樣可以涉大川。無中生有是坤卦的智慧，還須包容力特別強，而且一定要低調，才可以眾志成城。老子對於「利」和「用」的差別更是一語道破：「有之以為利，無之以為用。」有資源，就做「利」的行動，自己就可以幹；資源不足的時候，就想辦法去組織團隊，發揮「用」的智慧。詞語「利用」就是剛柔互濟，用盡所有辦法，把握機會。

〈小象傳〉說：「謙謙君子，卑以自牧也。」「牧」就是修養。謙而又謙的君子，把自己擺在卑微的位置，從最沒有資源的地方慢慢做起，像上帝的僕人一樣服務大眾，絕不會自我誇耀、自我膨脹，藉此修養自己。如此累積到第三爻就可以大成了。「卑以自牧」，剛開始都是最低調、最謙虛的，從入門弟子開始學習。像西方的牧師，最重要的不是管別人，而是管自己；因為最大的敵人就是自己；所以老子說「自勝者強」，真正的強者是戰勝自己內心中最兇猛的情欲。謙卦第一爻就得這樣修，不要像豫卦第四爻那樣，眼看著要征服世界，卻被自己心中的欲望給征服。可見，「初六」的「謙謙君子」，剛開始確實很苦，故爻變為地火明夷（下圖），「利艱貞」。所以初爻有明夷的象，前途黯淡，只能靠著堅定的信念，低調再低調，和平再和平，謙虛再謙虛，將來就可以涉大川、渡彼岸而吉。這就是「初六」。

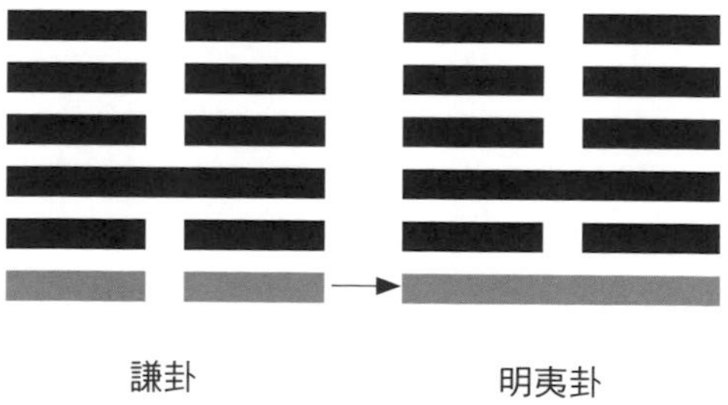

謙卦　　明夷卦

二爻：造勢之力

六二。鳴謙，貞吉。

〈小象〉曰：鳴謙貞吉，中心得也。

「初六」如果勤修苦練，謙虛沉潛，到第二爻就會引起別人由衷的共鳴。他覺得你聲勢太小，而他有資源，他就有錢出錢，有力出力，想辦法幫你搭台子。這就叫「鳴謙」。因為有些有錢有勢的人內心空虛，找不到人生目標，一發現「謙謙君子」，自然受到感動，進而幫忙敲鑼打鼓、灑掃庭除。於是「六二」的影響力慢慢形成，成為社會的中流砥柱。這就是鳴謙的作用。只要受到感動，他就會幫你宣傳、推廣。就像現在有些人受到好人好事的感動，就積極地宣揚這個謙謙君子所樹立的典範，這樣「六二」也有信徒了，很多社會資源都匯聚過來。值得注意的是，「鳴謙」不能假冒偽善，更不能居心叵測，因為「鳴謙」，善於薈萃力量，大家齊心合力把謙卦所象徵的和平、服務、慈善推廣開來，所以「貞吉」，大家一起幹，自然吉。我們看，初爻吉，二爻吉，三爻「有終吉」，下卦三爻全部吉，沒有任何負面結果。

〈小象傳〉說：「鳴謙君子，中心得也。」「鳴謙」沒有假，不是假冒偽善，因為「六二」居下卦之中，陰居陰位，既中且正，有潛在的開發性。那麼「六二」根據什麼起共鳴？從爻際關係上看，「九三」已經完全成為典範，致使萬民服，旁邊一定有大量的信眾和護法，那就是「六二」。因為陰承陽、柔承剛，「六二」看到「勞謙君子」的典範，他就起了共鳴，他也跟著「齋戒」、「捐款」，提供社會服務，還幫著做免費宣傳。「鳴謙」之舉，完全是由衷的信服——「中心得」，不求回報。也就是說，「鳴謙」是針對「勞謙」，而「勞謙」是從「謙謙」開始；一段時間後，「鳴謙」的資源適時進來，就像滾雪球一樣，開始擴大影響力。本來「九三」自身是「勞而不伐」的，但有人幫你「伐」，幫你「鳴謙」，媒體造勢推廣，於是內卦就成為不動如山的功德資源，屹立不搖，深受大眾肯定。可見，「鳴謙」的作用非常重要，在擴大影響力的時候，「六二」

爻變是升卦（下圖），有高度成長的象。因為有「鳴謙」這個力量加入，於是風起雲湧，最終造就了「勞謙君子，有終吉」這個「萬民服」的效應。故而，「鳴謙，貞吉」，對於推動宗教、藝術、文化的影響力不可低估。

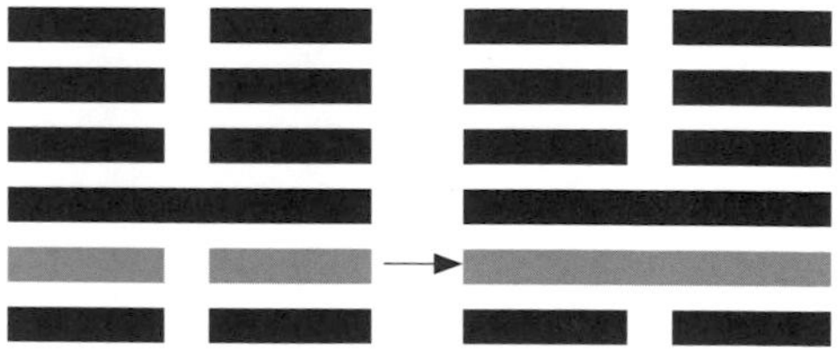

謙卦　　升卦

謙卦上卦三爻「无不利」

謙卦比較難理解的是上卦三個爻。歷代注家能講清楚的很少。其實沒有那麼難，只是有些人覺得上卦與下卦的氣象截然不同，搞不清楚它們之間的關聯，於是胡亂解釋。謙卦下卦三爻上文已經闡述過，應該不難掌握。上卦三爻就得多用心了，它到底在講什麼？其變化的原因在哪裡？

所謂的謙卦六爻全吉又是怎麼回事呢？其實六爻的「吉」還有細微的差別。下卦三爻都是「吉」，這一點很明顯，上卦則不是「利」就是「无不利」。上卦不用「吉」來形容，而是講「无不利」或「利」；所以籠統說上卦三爻「无不利」，也就是非常圓滿，沒有瑕疵、也沒有負面影響。由「吉」變成「无不利」，由內而外，由下而上，表現謙德的方式產生了變化，我們要理解這個變化。像第四爻：「无不利，撝謙。」不說「吉」，而說「无不利」，當然沒有凶、悔、吝。

我們再回頭看下卦三爻，全部都講君子，卦辭「君子有終」，下卦一個層次一個層次的修為，全部落實在君子身上。從經文看，第一爻「謙謙君子」，謙謙的人是君子，雖然資源有限，但還是君子。二爻「鳴謙」，這些贊助者本身可能開始不是君子，時間久了，因為是真心服務，又天天跟

「勞謙君子、謙謙君子」互動，〈小象傳〉就說「鳴謙」的人，最後本身也成為君子。下卦三爻全是君子之象，在六十四卦中是絕無僅有的，所以這就變成善德的充滿、福德的擴散，下卦變成君子國，人人皆有君子之行，「大有」的特色出來了。

還有不言之象。師卦最後一爻沒有「師」，因為打完仗了；需卦最後一爻沒有「需」，只有「不速之客三人來，入于穴」，因為需求平衡了。謙卦「六五」君位不言「謙」，「不富以其鄰，利用侵伐，无不利。」大張旗鼓，主動發動戰爭攻擊人家，結果「无不利」。裡面完全沒有謙的象，也沒有說要和平，這是怎麼回事？謙卦君位不言謙，其他每一個爻，不管怎麼講都有和平攻勢、都得呼籲和平，上爻甚至還「鳴謙」呢！五爻連「謙」的表象都看不見，而且是大張旗鼓、國際征伐的象，這就叫不言之象，我們在具體的爻中再做闡述。這種不言之象都有深刻的意義，一定要解得開，不然就看不懂，不能貫徹全卦。

謙卦的錯卦履卦，六個爻都有「履」，因為人生任何一個時位都得腳踏實地去修行。比卦六爻都言「比」，因為人不能遺世而獨立，必須互助合作；至於是否真的「比」，那又是另外一回事。同人卦的三爻、四爻就不稱「同人」，這也值得回味再三。《易經》中類似的例子很多，謙卦就是一個考驗認知的關口。

四爻：精神利用

六四。无不利，撝謙。

〈小象〉曰：无不利，撝謙，不違則也。

現在進入謙卦第四爻：「无不利，撝謙。」「撝」與「揮」的意思是一樣的。這個動作就是要把一個點的能量或資源擴散出去，讓更多人分享。要是細講的話，「撝」是從下面通過一個大動作（勞謙）而往上擴展。「勞謙」在下卦已經是萬民服了，現在進入上卦，他的成就能不能推廣到全世界呢？第四爻就是很重要的國際行銷，讓內卦的「勞謙」由內而外影響全世界；由一個點擴大成線，再擴大成面，最後變成一個體。所以三爻要藉著四爻的機緣，不然「勞謙」只能局限在一個範圍內，影響止於下卦、內卦或民間，不能影響政府，甚至影響到國外，那真是暴殄天物。這時，第四爻的推擴能力就很重要了。

在此，我提一下關於《易經》六爻與企業組織競爭的關係，亦即企業的價值鏈模型。任何一個產業，都是由內卦到外卦，從生產到行銷，也就是按照六個爻的六個環節，每一個環節都應創造一定程度的價值和利益，然後一環扣一環，推動整個行業的發展。內卦代表生產面，外卦代表行銷，包括從國內行銷到國外。初爻就是生產原料，潛藏在地底下，像石油、礦藏，都屬潛在的資源。第二爻在內卦之中，是最重要部分，即生產的核心技術。任何行業都有其核心技術，將初爻的生產原料做充分的開發利用，技術成熟後就進入第三爻的量產階段。生產階段完成了，要推廣產品，由內而外，就變成外卦市場面的考量。第一個碰到的就是第四爻，亦即產品通路；包括流通、配送，有時是店鋪行銷，有時是無店鋪行銷。如何讓產品推銷出去，需要種種行銷手法，把好的生產資源通過第四爻強大的行銷網路推出去。第四爻成功了，就樹立了君位的黃金品牌——任何一卦的第五爻君位對外代表的就是黃金品牌。樹立價值連城的品牌之後，一看到產品標記，就會聯想到你的產品，這就是從初爻到四爻凝聚打造的黃金品牌。有了品牌之後，也不要驕傲，第六爻就是無微不至的客戶服務，不管是營利不營利，第六爻的服務是任何一個現代組織最重要的部分。如果服務做得好，第五爻的品牌繼續發光，不會褪色，否則再好的品牌都是「亢龍有悔」，肯定垮下來。

謙卦也是如此，它就是以「謙」的超完美服務業來服務眾生。從「謙謙君子」幹起，到「鳴謙，貞吉」，慢慢到「勞謙」；現在面臨第四爻的考驗了，要由內而外擴大影響力；而且從謙卦全卦看，「六四」是中央執政高官，手上掌握大量資源。「六二」可能只是民間企業，它的贊助有限，要擴大推廣，非得藉助居高位的公權力第四爻不可。如果第四爻能夠熱心幫「九三」；「初六」、「六二」、「九三」所凝鑄成的「勞謙」成果，不但可以順利推廣出去，甚至可能一步一步走向國際化。但是，「六四」的官方力量介入，常常會「吉」或「不吉」，因為它不見得真正瞭解「九三」；不像二爻「鳴謙」，陰承陽、柔承剛的關係那麼密切。「六四」跟「九三」是陰乘陽、柔乘剛，「六四」願意幫「九三」的忙，可能多多少少都有一點對他也有利的想法；而且，所有的包裝都有可能過頭，所以他們的關係未必是和諧的。這跟「六二」對「九三」的信受奉行截然不同。所以「六四」爻變為小過卦（下圖）。這就說明，「六四」做得不好，不是「過」，就是「不及」，不會恰到好處；有時做得不對，有時做得過火，反正就是差一點，這些不足之處，都會造成小過錯。所以四爻要先確定「无不利」，再「撝謙」。先有「勞謙、萬民服」的成就，連高層都看到了，確定是「无不利」，穩賺不賠，於是他就要「撝」這個「謙」，由下而上，讓它發揚光大；但是在樹立「无不利」的基礎前，他一毛錢也沒幫，一直到最

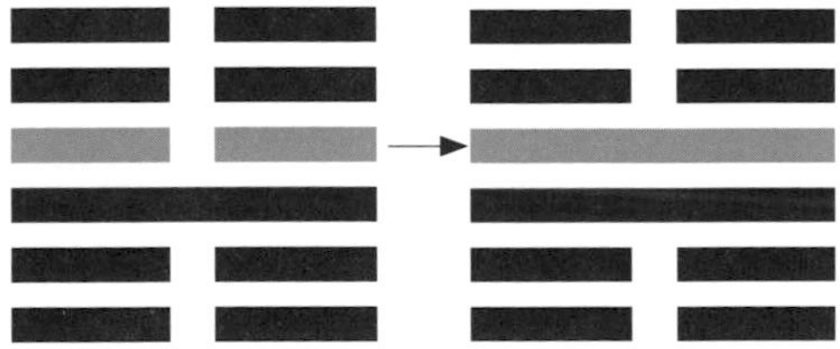

謙卦　　小過卦

後，看到你有成就了，他才要開始運用運用、發揮發揮。這也可以接受啦！畢竟他是能幫你站上國際舞台，或者發揮更大影響力的人。

但還要有一個監督，也就是〈小象傳〉所說的：「无不利，撝謙，不違則也。」不可以違反「勞謙」的基本法則。若有明顯的利益交換或置入性行銷，那就是「違則」了。也就是說，四爻介入的銷售、包裝、宣傳，不能違反、扭曲「勞謙」本身的內涵。像孔子創造的儒家學說，歷代封建帝王幫他「撝謙」，其實是利用它來為專制政權服務，那就明顯違則了。所以〈小象傳〉告誡我們，「无不利，撝謙」固然很好，但要尊重、保護他的原始精神。一旦扭曲了他的精神原貌，反而會產生負面效應，影響力擴大了，但真相也不見了。中國過去每個朝代都祭孔，但是，封建時代所推崇的孔子，是真的孔子嗎？釋迦牟尼佛創造了那麼了不起的教義，後世有那麼多僧侶、居士弘法，有沒有違則呢？為什麼現在去一趟五台山，就得多準備一點錢受騙，佛是要斂財的嗎？

「則」是天則、自然律。勞謙建立了「萬民服」的天則，就是復卦的天地之心，不可違，否則就是扭曲真相。同人卦第四爻就有類似概念：「乘其墉，弗克攻」，最後發現「大人世及以為禮，城郭溝池以為固」的小康思想不是天則，和同人、大有格格不入，所以「困而反則」才能吉；也就是說，發現錯了馬上回頭，回歸基本的天則。「則」不是哪一個人或政權訂定的，是乾卦〈文言傳〉所說的「乾元用九，乃見天則」的自然大法，人人都得遵守。就像復卦的天地之心，沒有儒釋道的差別，更不用因時因地制宜。所以，謙卦第四爻遇到有人要捐款、贊助「撝謙」，就要考量他會不會違則？很多卦都很重視「則」。像蠱卦第六爻〈小象傳〉的「志可則」；明夷卦第六爻〈小象傳〉的「失則」；第二爻〈小象傳〉的「順則」；震卦第一爻，經過一次大震撼的考驗之後「後有則」。這些卦所強調的「則」和「不違則」的「則」都是同一個「則」。也就是說，不管外面如何千變萬化，但有一個基本規則絕對不能違反。像復卦最後可能「迷復凶」，走火入魔，走到「天地之心」的對立面，被魔鬼帶走了。

所以謙卦「九三」進入「六四」，不管是誰願意幫他推廣發揚，都不能違反基本規則，這是最起碼的常識。「不違則也」，就是分寸的掌握。剛才講歷代封建帝王利用孔子，像漢武帝和董仲舒也是一樣。漢武帝真的完全相信董仲舒的主張嗎？不一定。他也不見得完全是儒家的信徒，他是因為政權需要，藉由推崇儒術達到互惠雙贏的目的。再有，現在很多政治人物也未必有「中心得」的信仰，可是很多宗教法會，不管大神、小神，只要有選票、有群眾聚集的地方他都去，因為他需要利用這些東西。

總之，「无不利，撝謙」，你有利用價值，他們才願意「撝謙」。不然，你還是「謙謙君子」時，「撝謙」會來呼應嗎？換句話說，我們想爭取更大的資源挹注，想藉它完成我們的目標理想，就得奮鬥到「无不利」，「撝謙」才會自然而然出現。但是總的前提是「不違則也」。

五爻：當仁不讓

六五。不富以其鄰，利用侵伐，无不利。

〈小象〉曰：利用侵伐，征不服也。

「六五」是比較難解的一爻，因為有豐富的不言之象，需要深入探討。謙卦君位不言謙，爻辭是：「不富以其鄰，利用侵伐，无不利。」「六四」的「无不利」在前，是從「謙謙」到「勞謙」經過長期奮鬥所樹立的形象，所以能吸引「六四」順風來插花。「六五」的「无不利」寫在後面，因為它是結果，是效應；是「不富以其鄰，利用侵伐」所創造的效應，沒有人會說他不對。然後〈小象傳〉是「利用侵伐，征不服也」，大軍出征，去征討那些不肯服從謙卦君位號令的人。雖然是侵略行為，可是國際輿論不但不制裁，反而認同、肯定，結果就是「无不利」。謙卦君位有侵伐之象，越到上卦，越是居於高位，他的行動、形象就慢慢由謙卦往「建侯行師」的豫卦轉，所以就越來越不和平了，甚至大打出手。

即使在謙卦，一旦地位越來越高，掌握的資源越來越多，慢慢就會由謙往豫的氣場發展，於是就出現了刀兵之象。五爻、六爻都是出兵的象，但人家還是接受，因為這兩個爻還在謙卦的範疇。原先是真心想要和平的，內卦也是玩真的，可是等到位置越來越高，由國內到國際，要考慮、權衡的層面更為複雜，而且，一味的忍讓未必能維持和平，就該施展遏惡揚善的手段；甚至「一家哭勝過一路哭」的時候，要考量的因素，就不是內卦、下卦那麼單純了。國內要謙、要和平，組織內要一團和氣，還容易辦得到；一旦離開國內到國外，和平的前景就更難了，衝突是難免的。為了維持整體的安全、平衡，如國際安全、國際和平，不得不主動出兵攻擊，結果是「无不利」。

另外，「侵」與「伐」不一樣，「侵」比較淺，只是警告，發幾枚導彈，以示震懾，使對方有所收斂；如果警告無效，就要登陸進行征服了，這就是「伐」。所以還是在危機一步一步加深的情況下出兵的。要是謙卦所象徵的國際和平出了問題，剛開始總希望能「不戰而屈人之兵」，先侵入邊界，迫使你盡快收斂、調整，否則就要全面出擊討伐。「利用侵伐，无不利」，這是國際戰爭，沒有謙的象。此外要思考的是，師卦說要採取正當防衛，「貞，丈人吉」，挨打了再還手都是對的，先動手的一定不對，為什麼謙卦認為對呢？像蒙卦上爻「擊蒙，利禦寇，不利為寇」，「為寇」就是不利，「禦寇」就是正當防衛。而侵略總是要找藉口，不然就不利；謙卦「六五」是主動攻擊，不跟任何人先打聲招呼，直接就「利用侵伐」，先侵再伐，結果「无不利」，大家都支持。這是因為卦不同，時位不同；條件就不同，關鍵就在他是主持國際正義，利用「不富以其鄰」，做為侵伐的合理、合法藉口，結果造成無不利。

「不富以其鄰」應該可以懂，我們之前學過兩個爻，一個是泰卦第四爻，曲線往下滑，快要崩盤的蝴蝶效應——「翩翩，不富以其鄰」。因為「不富」這個病灶會波及鄰人、導致全局潰爛，如果不及時出手堵住拚命下滑的趨勢，就有可能造成全局崩盤。在謙卦必須維持整體和平的要求下，一旦發現有禍源出現，就不能坐視其擴散，必須及時出面遏制。大有卦遏惡才能揚善，順天休命，主持正義；謙卦更是不打不行，為了維持整體和平，把害群之馬繩之以法，堵住禍源，不讓壞疽擴散。

富會以其鄰，不富也會以其鄰，我們當然希望正面的東西發揚光大，負面的東西一旦露出端倪，就要在大家的支持下，以強力的行動遏止。這種行為就是「无不利」。所以謙卦「六五」有刀兵之象，為了要維護整體的謙，必須義無反顧地採取強力手段，「利用侵伐」，免得「不富以其鄰」的傷害擴大。謙卦以謙讓為德，這時卻要當仁不讓；「仁」就是復卦的天地之心，這是更重要的考慮標準，該出手時就得當下承擔，免得禍國殃民，影響擴大。就像二戰時世界各國聯合打擊日本與德國，諾曼地登陸戰、太平洋戰爭，就是典型的「利用侵伐，无不利」。

「六五」不言謙，這個象還可以結合謙卦的卦中卦來看，如二、三、四、五爻構成的解卦（下右圖），這個爻就是解卦上爻：「公用射隼于高墉之上，獲之无不利。」這是除暴安良的爻，考慮整體和平穩定的社會秩序，制裁極少數的全民公敵。兩爻的精神完全相同。再如二、三、四、五、上爻構成的師卦（下左圖），謙卦的第五爻就是師卦的第五爻，「田有禽，利執言。」都是動兵的象，而且是非動手不可。如今很多國家對於自然資源的破壞還不很重視，像中美洲、南美洲的熱帶雨林是整個地球人共同的自然資產，是地球的肺臟，可是因為濫墾濫伐相當嚴重，根據聯合國與世界銀行的研究報告，目前每秒鐘約有一個足球場那麼大的熱帶雨林消失。就地球居民而言，假如是巴西主權範圍內的自然資源被破壞，聯合國要不要干預？要是不干預，生態破壞的影響是沒有國界的，這時候就得建立共識，以天下共擊之，聯合國必須強制執行，這才是負責任的做法。

所以我們也可以這樣看，三爻是生產線，要聚多益寡，君位五爻就要負責「稱物平施」，維持市場秩序。如果市場秩序被破壞，就是少數人掠奪「勞謙」的效果，使多數人受害，這時一點都不能鄉愿，要當仁不讓。可見，不要誤會謙就是一味忍讓，為了維持整體利益，一樣要有堅定的道德勇氣，當下承擔。

像《尚書》對堯舜有高度的稱頌，因為堯舜禪讓，連政權都可以讓；

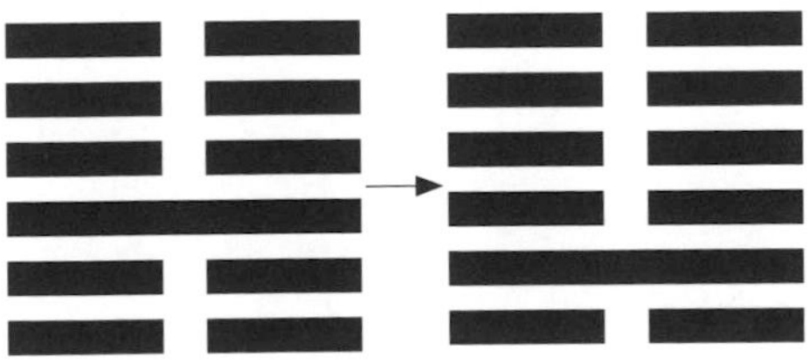

謙卦　師卦

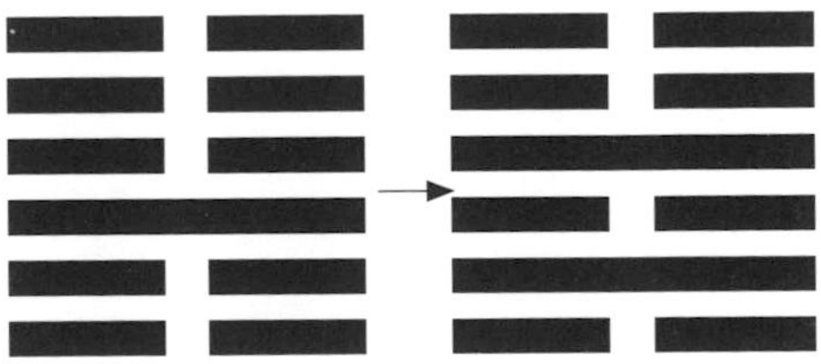

謙卦　解卦

《史記・伯夷叔齊列傳》是七十列傳之首，伯夷、叔齊也是讓出政權；《論語・泰伯》中的泰伯是吳國的祖先，他就是三以天下讓，孔子說這是至德。後來的政治人物最難讓的就是政權，唐太宗不讓，所以有「玄武門之變」；趙匡胤的弟弟不讓，以致「斧光燭影」；明成祖也不讓，以致「靖難之役」；雍正更是不肯讓，以致「九子奪嫡」。這些不讓都造成血流成河的結果，更是「積不善之家，必有餘殃」的鐵證。如果政權都能讓，這就是謙的精神。吳國公子季札在兄弟爭權時謙讓，這都是崇高的謙德。可是也有不能讓的時候，那就是當仁不讓，這就是第五爻的做法，這又是一個更高的觀點。

上爻：平亂之戰

上六。鳴謙，利用行師，征邑國。

〈小象〉曰：鳴謙，志未得也；可用行師，征邑國也。

「上六」是「謙」到最後，謙極要轉豫了，環境開始出現劇烈變化；但還有一個「謙」在，好說歹說，還是希望大家和平共存。可是世界上就是有人不開竅，想抗拒到底，不肯接受「謙」的天則。那怎麼辦？若到最後還不能勸他回頭，就先「鳴謙」，先打招呼；因為你不在君位，是謙卦最後一爻，雖然看起來不能善了，但未到最後關頭，絕不輕言放棄，所以還是出面號召和平。「鳴謙」就是最後通牒。先「鳴謙」呼籲和平，為最後的和平希望而努力。畢竟「上六」對「九三」的和平理念還是非常認同的；因為「上六」跟「九三」相應與，而「勞謙」的影響深遠，相應與的

「上六」也深受感動。「六二」是陰承陽、柔承剛，天天跟在「上人」身邊學習，所以他「鳴謙」。「上六」雖然離得遠，但也有這種想法，所以即使形勢嚴重，挽回的機會不大，他還是盡力「鳴謙」。如果如〈小象傳〉所說的「鳴謙，志未得也」，想要和平解決的志無法實現，得不到善意回應，爻變就是艮卦（下圖），業障如山，重重障礙在前，就是勸不回人家。這時還繼續鳴謙嗎？不了！這時候就要展示決心，敬酒不吃，只能給他吃罰酒，於是就「利用行師」，出兵「征邑國」。

注意，「征邑國」跟「利用侵伐」還是不同。先講「可用行師」。大家都覺得，既然已經先「鳴謙」照會他，他還不肯回頭，這時候就可以利用大家的支持「行師」，予以制裁。菩薩低眉的慈悲沒辦法解決問題，就得金剛怒目；「包蒙」不行，就得「擊蒙」。「邑國」的「邑」是一座城，比國要小；「國」是獨立國家。「邑國」就是城邦，明明只有一個邑，卻把自己當國，不服天下共主，不服聯合國。這時大家就形成共識，認為如果邑要稱國，天下就要鬧分裂，最後一定會招來「利用行師，征邑國」的結果；因為「謙」極轉「豫」，所有的讓都有限度，讓到一個程度，就是軍事行動。〈小象傳〉說：「可用行師，征邑國也。」就是征伐取得合法性。那麼，五爻打的是國際戰爭，是國與國之間的問題。「侵伐」當然是國際戰爭，起碼承認你是一個國，所以還要考慮國際輿論，因為你「不富以其鄰」破壞了國際和平，所以他的侵伐具有合法性。就像伊拉克戰爭，第一次美國取得聯合國授權，大家都認為伊拉克打科威特是「不富以其鄰」，於是聯軍「利用侵伐」，那當然「无不利」。第二

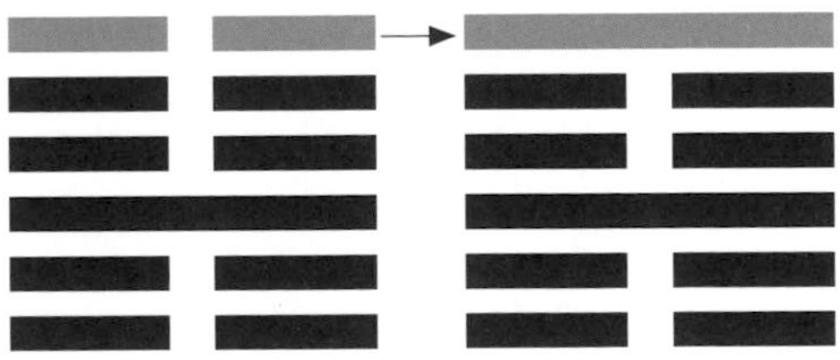

謙卦　　艮卦

次聯合國就不同意了，美國自己幹，而且安在海珊頭上的罪名都經不起考驗，那個侵伐就不是「无不利」了。上爻跟五爻不同，上爻根本就認為你是邑國，是他的一部分，就像總公司跟分公司的關係一樣；分公司想要獨立成立總公司，總公司能不管嗎？所以這是關門打孩子，誰都不能干預他國內政。換句話說，從五爻到六爻，是從國際戰爭變成國內平定內亂，這就糟糕了，而且可用行師，絕對不會有外援，所以形勢趨於惡化，本來是國際戰爭，還可以爭取輿論支持，到上爻卻變成內部問題。

「上六」既是師卦第六爻，也是復卦第六爻。復卦第六爻是「迷復凶，有災眚，至于十年不克征」，有元氣大喪的象。五爻的時候還有顧忌，一定要舉證他確有「不富以其鄰」的行為，才可以採取行動。上爻根本就是內部不和，別人不可以管，這時他的影響力更大了，然後前面還有虛情假意的「鳴謙」。大致來講，這就是謙卦的形勢變化。二爻跟上爻同樣是「鳴謙」，實質狀況已大相逕庭，此一時彼一時，完全不同。

人類必須共同面對越來越多的災難

災難是人類在二十一世紀共同面臨的問題，目前整個地球的生態環境已經失去平衡，任何人都不能心存僥倖；而且要挽救日益瀕臨破敗的環境，非個人、團體、國家之力所能為，必須尋求國際合作共同應付。因為生態環境不是孤立的，絕對是整體息息相關的。

二〇一二年地球末日的傳言甚囂塵上，雖然這幾年地球上的災難不曾停息，未必如傳言所說的會集中在二〇一二年冬至那一天；若在一天之間發生毀天滅地的事情，也確實難以置信。傳言也好，現實也罷，姑且不管，但眼前要做的是，面對這些年全球不斷的天災人禍，找到深層原因，並做出整體的考量。因為即使二〇一二年真有大災難，災難過後也必然還有繁雜的重建工作。

因此，我們必須把問題前後連貫起來看，假如以二〇一二年為中心，前後加起來十年之中，地球上是什麼樣子呢？二〇一二年的前五年，全球已是天災人禍不斷發生，這是大家有目共睹的。那麼，二〇一二年之後可能發生的天災人禍，我們又該如何面對呢？如今危言聳聽的言論比比皆是，很多人對未來十分悲觀，很多長遠的規劃就此擱淺。其實這根本是杞人憂天的舉動。

如果真如某些預言家所說的，二〇一二年是兩萬六千年一度的浩劫，我們能躬逢其盛，真是好運氣！連六千五百年前的《易經》始祖伏羲也沒遇到過，怎麼我們就碰到了？真是有意思。假如真讓我們遇到了兩萬六千年就有一次剝極而復的劫難，你不覺得與有榮焉嗎？這個經歷將是很珍貴的，如果能度過浩劫，我們的智慧肯定有大成長。然而很多人卻老是擔心那一日真的會發生，而不去探究今日種種人心不寧的現象是怎麼來的？像現在憂鬱加躁鬱的問題很嚴重，亂倫的事件也特別多，一位日本少年把母親殺了，還跑到網吧去玩一陣子，然後提著母親的頭去自首，這是怎麼回事？而且發生頻率那麼高，深層的原因是什麼？我們研究《易經》就是要思考這些問題，是不是有深層的因素在悄然變化中，影響到所有的人？如果影響到的是一般老百姓，影響還有限；如果是掌握公權力的人，譬如美國前總統布希，影響就大了。天人之間的問題顯然越來越複雜，更需要我們用更整體、更高的智慧去面對。所以，如何面對二〇一二年前後的問題？對學《易》的人來說，這一點至關重要。如何活學活用，以面對這個世紀全人類都得面對的文明浩劫，是我們迫切需要做的事情。例如學過謙卦，就要懂得「无不利，撝謙」，怎麼爭取公權力重視這些問題？如果我們對人類共同面臨的問題無法提出有用的主張，學《易》又有什麼用處？

像我們學到謙卦、豫卦，已經學到《易經》的四分之一了，我們會發現，每一卦裡面都充滿耐人尋味的智慧。伏羲可能沒有遭遇過當今這麼嚴重的自然生態與社會問題，但在文字出現以前一定有很多天災地變，先人面對災變而求得全勝的智慧，經過歷代口耳相傳，再經過他的整理、總結，就是我們今天讀到的《易經》。所以，面對二〇一二年前後十年所發生的大小事件，都要追究其深層原因，進而對症下藥，絕對不能掉以輕心。很多事情就像一石激起千層浪，都是慢慢擴散的，所有長期累積的財富都有可能在朝夕之間全部毀掉。就像我們曾經針對這個問題所占的否卦一樣（四爻、五爻動），這麼大的浩劫或危機，一定要居高位的否卦四爻、五爻有所覺醒，才有機會解決「否」的問題；即便如此，仍無法避免剝卦的象（下圖）。否卦五爻是「休否」，還要「大人」才能吉，而且要居安思危——「其亡其亡，繫于苞桑」，小心基礎動搖。否卦第四是執政高層，「有命，无咎，疇離祉」，團隊合作很重要。也就是說，四爻與五爻為執政高層，必須有所認知，而且要絕對的緊密合作，從國內到國際，才勉強可以共同面對危局；然而，令人擔心的是，不但看不到「傾否」的象，而且有剝卦的象。這就意味著，即便是政府高層通力合作，仍無法擔保「傾否」成功。換句話說，問題很嚴重，確實不能掉以輕心。

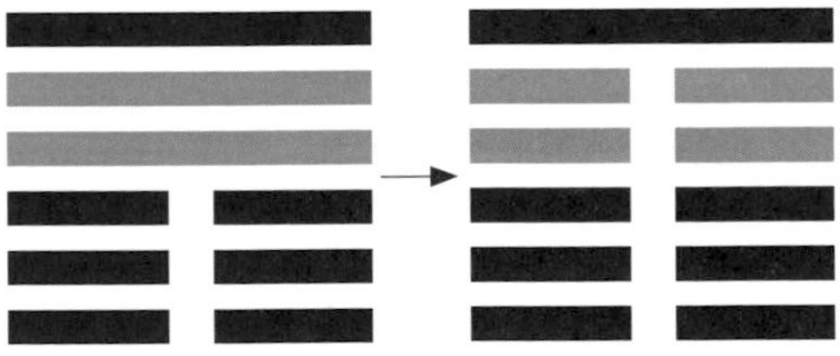

否卦　　剝卦

謙卦的全勝觀念

在二十一世紀，《孫子兵法》中有一個非常值得發揚光大的謙卦觀念——全勝思維。全勝的觀點我在大有卦闡述過，不是百戰百勝，而是保全自己也保全敵人；也就是所謂的「不戰而屈人之兵」，所有的資源，都要儘量減少破壞。「全」的另外一面就是破壞。每一場戰爭最起碼的要求就是儘量保全自己，減少生命、財產的犧牲，降低武器的消耗；可是談到保全敵人，西方兵法思想就沒有這一點。所以《孫子兵法》至今仍有不朽的價值。

「全己全敵」是針對人的範疇，還有「全天全地」，這就是從全勝思想延伸而來的謙卦思想了。關於這一點，《孫子兵法》並沒有直接闡述，畢竟那時人對自然環境的破壞不像我們現在這麼嚴重，尤其從前冷兵器時代，戰爭對自然環境的破壞程度相當輕，現在的核武器、生化戰，一旦破壞自然，可能就永遠不能復原。像美國在越戰時期採用生化戰，有些地方再也長不出植物來，這都是造孽。所以「全天全地」對於現代人來說十分可貴。還有「全鬼神」，就是說戰爭不可以破壞文物古蹟，一旦破壞，永久無法復原；像阿富汗神學士政權一炮打掉千年大佛，很快就遭到報應。像國共內戰時，據守北京的傅作義將軍最後投降，共軍兵不血刃進入北京城，就是考量到對北京古都文化遺跡的保護。

這就是《孫子兵法》全勝的概念，既針對人，又延伸到對天地鬼神；這也是謙卦的精神，也是二十一世紀兵法學可以引申發揮的。二十一世紀再也禁不起世界大戰，現在就連救災都來不及，遑論大規模的戰爭！所以不管是政府還是軍隊，全天全地、全己全彼、全鬼神是第一要務。因為維護整體資源的做法絕非個人可以負擔，況且大環境的問題息息相關，必須尋求國際合作。這正是從同人、大有二卦進入謙卦的重要觀念。進入講信修睦的社會之後，下面一定是制禮、作樂，謙以制禮，豫以作樂，禮樂教化的社會才是大家所期待的。

占卦實例1：天下為公的典範

二〇一五年七月中，我參加北京奉元書院主辦的「華夏始祖文化之旅」，行經山西臨汾堯帝陵參拜後，占問古聖對我們後生可有訓勉？得出謙卦「九三」爻動，爻辭稱：「勞謙，君子有終，吉。」真是一語中的！《尚書．堯典》讚堯：「允恭克讓，光被四表。」正是天下為公的典範啊！

占卦實例2：中醫的治療心法

二〇〇九年十一月中，臺灣周易文化研究會在臺北近郊烏來的台電訓練中心舉辦秋季研習營，主題為「利用安身以崇德：易經與養生」。我在會上發表論文：〈由頤觀復，養生有主——大易養生術初探〉。文末有占中醫治療的特色，得出謙卦初、三爻動，齊變有復卦之象。謙卦平和不爭，兼顧節氣等自然環境與人類身心的動態均衡，圓善有終。復卦卦辭稱「出入無疾」，培元固本，使病人徹底康復。「遇謙之復」，中醫有其高超的智慧。

建侯行師——豫卦第十六（䷏）

「豫」字解析

《說文解字》曰：「豫，象之大者。」「豫」也是河南省的簡稱。《周禮》曰：「河南曰豫州，豫州在九州之中，言常安逸。又云『稟中和之氣，性理安舒，故云豫也』。」在河南鄭州博物館內就立著兩頭大象雕塑，這是有原因的。據說河南在洪荒時代是千象之國，考古人員在地下發掘大量的大象遺骨，後來由於人類文明的開展，不斷開拓活動領域，大象於是瀕臨滅絕。這種人文開闢的精神，博物館的塑像是以「一個人推開兩頭象」來表現；意思就是以人為中心，大象讓開生活舞台，這就叫「豫」，是「我之象」。「豫」字說明了人生天地之中要自己找定位，看到周遭諸多天象循環、種種自然現象，就要弄清楚自己跟它們之間的關係是否可以預測。若有天災就要早做預備，這樣才能過著康樂的生活。這就是豫卦的本意。

老子云：「豫兮若冬涉川，猶兮若畏四鄰。」「豫」和「猶」都是古代的動物；「豫」是大象，「猶」是一種比較小的動物，猴屬，也叫猶猢，形似麂。大象笨重，不敢過冰河；猶猢膽小，懼怕四周的天敵。「猶豫」就是擔心風險，處處謹慎小心。

由豫卦說共通性

豫卦與謙卦相綜一體，一是熱情奮鬥，一是真誠服務。謙卦一般來講比較難，尤其進入上卦三爻開始轉守為攻，當仁不讓，一般初學者讀到這裡常感茫然不知所以；過去很多《易經》經文的註解也不很透徹。但比較起來，豫卦就比較輕鬆愉快了。

近二十年來，不論臺灣或大陸，乃至全世界的變化都非常大，很難像豫卦一樣精確預測；反而像豫卦的下一卦隨卦（䷐），必須隨機應變，隔一段時間就得調整、校正，不然就跟不上節拍。我這二十年教《易經》，幾乎沒有跟實際環境的重要變化脫鉤，也永遠不缺題材，總能幫大家把《易經》卦象、爻象的理氣象數與實際情況結合。在進入具體的豫卦之前，先以豫卦結合相關事例，大家會發現，很多問題確實有某些共通性。

首先是陳水扁的官司，這已是陳年往事了，但我覺得仍值得一提。二〇〇九年九月十一日，我剛好在山東孫武的故鄉。當天陳水扁及其家族涉及的四大弊案一審宣判結果。一個熱心的學生傳簡訊告訴我結果。其實之前一個星期，我還在臺灣上課，有些沉不住氣的學生就希望現場占卦問一問。結果可說是百分之百正確。其實若不占卦，光是從常識判斷，那種氛圍下肯定也是這個結果。當時我們在課堂上占了兩個卦，一是「九二一對陳案會是怎樣一個結果」？結果是險象環生的坎卦（䷜），在險中出不來，而且是二爻、五爻動。第五爻教人在坎險中的應對智慧；應對得當就无咎，但陳水扁不是這種人。坎是行險，一波未平，一波又起，險象環生，而且不得自由。第五爻如果要解脫，必須要有智慧與修為，行險而不失其信；坎卦卦辭就是強調「有孚」才會脫困，偏偏陳水扁就是沒有「信」。坎卦第五爻是主犯，二爻是從犯，二爻爻辭說「求小得」，沒辦法，在共犯結構中脫不了身，絕對在險中，最多只能求少賠一點，不可能得到大的寬宥。因為這是初審，二審、三審絕非短期能了結，不知還會有怎樣的變化？就當事者來講，當然希望以拖待變，這也跟豫卦有關，還有伏筆；但當時距二〇一二年的選舉還有兩年多，能不能拖到那個時候，也還是問題。

那麼二審呢？從二〇〇九年九月十一日到二〇一〇年二月還有近半年的時間，二審的結果會怎樣？算出來的卦象對當事者更糟，是旅卦（䷷）三爻、上爻動。旅卦失時、失勢、失位，飄飄蕩蕩。前面是如日中天的豐卦（䷶），掌握豐厚的執政資源，結果豐極轉旅，一下子失去權力、地位和掌控的資源，時不我予。所以說，這個人已經徹底邊緣化了，尤其他的一些言論讓民進黨大為尷尬；他居然說要告歐巴馬，希望美軍監管臺灣。歐巴馬除非吃了熊心豹子膽，在目前的形勢下，他怎麼敢接管臺灣！

從陳水扁的言論來看，可見他以前所宣導的「臺灣獨立」，虛幻、欺騙到什麼程度！這不是很好笑嗎？是典型的賣國賊，自私自利到極點。這就和豫卦第四爻有關了。這個爻基本上就把一個人的人格形態都看透了。一開始陳水扁就是利用臺灣本土化意識，打著「台獨」旗幟鼓動部分臺灣民眾，藉以獲取自身利益，所以在掌權過程中快速腐化。可是《易經》在你還沒展開行動時就可以看到最後結果。換句話說，它對一個人的真實意圖早就洞若觀火，我們要學的就是這個，所以不能感情用事，尤其不能被表象所迷惑。當時全力支持陳水扁的人，也有一些是我關係很不錯的朋友，陳水扁的事情發展到十分不堪的地步，這些人要怎麼重新思考、面對這個問題？這是沒辦法逃避的考驗。在不到十年之內，我們看到這麼多血淋淋的真相，陳水扁為了本身脫困，希望美國支持他，居然連臺灣都要交給美國，這不是沒大腦、沒小腦、沒延腦嗎？旅卦第六爻是覆巢之下無完卵。失勢之極，「鳥焚其巢」，多年經營的巢穴一把火燒光了，「先笑後號咷」。與同人卦第五爻的「先號咷而後笑」正好相反。人生永遠要看最後的結局，陳水扁就是做不到這一點。這也是謙卦寶貴的教訓。六十四卦只有謙卦保證善終，你就知道「有終」有多難；因為面對天地人鬼神有形無形這麼複雜的因素，你造的業、你的起心動念都記在賬簿上，所以人到最後能夠圓善有終很不容易。像日本一個老首相做不到一年，他算是有從政良心的，發現自己沒辦法力挽狂瀾，就引咎辭職、鞠躬下台。他下台的時候，幕僚給他寫了一篇文情並茂的演說稿，就引用《易經》謙卦的卦辭，讓有本事的人接棒。當時，報紙登出他下台一鞠躬的身影，就以「有終之美」為題。所以下台的身影很重要，鞠躬下台之後，身心皆自在，可以整個放鬆。像陳水扁這種耍賴的身影就太難看了！講得不客氣，這也是共業，把臺灣人最壞的方方面面集其大成表現在陳水扁一人之身，所有的劣根性全部表現出來，下面可能還有更難堪的戲碼。有權有勢的人很難做到「有終之美」。謙卦的寶貴就在這裡，天地人鬼神都在盯著你，看你是不是能真心始終如一。

旅卦上爻是非常慘烈的結局，但是這與命運完全沒關係，是自作孽。那麼三爻是指什麼？三爻是說暫時棲身在旅館裡，旅館卻被燒掉了，沒有容身之地；而且「喪其童僕」，跟班的，這不就是從犯嗎？像坎卦第五爻是主犯，身陷其中；第二爻是從犯，只求能夠減輕罪責。旅卦第六爻覆巢之下無完卵，這是主犯，第三爻是跟班的；「喪其童僕」，兒子、老婆都是「童」，大人出狀況了，小孩也會受到影響。「僕」是隨從，樹倒猢猻散。「喪其童僕」也代表主人失勢，現實人情就有出賣、背叛等事，像污點證人就是如此；主僕關係也隨著大難來時各自飛。

由司法審判案說豐、旅二卦

我們占陳水扁的案子，會占到旅卦，與《易經》的精密也是有關的，因為旅卦跟司法審判有關。旅卦的〈大象傳〉和豐卦的〈大象傳〉，都跟司法審判的行政權有關。豐卦〈大象傳〉說「君子以折獄致刑」，「折獄」就是司法審判，看你到底有罪沒罪？「致刑」就是假定你有罪，就要根據司法官的專業判斷量刑。旅卦〈大象傳〉則是說「君子以明慎用刑而不留獄」，是講怎樣執行審判的結果。這兩卦是一體的兩面，嚴格講是屬於政府權力的一部分。純粹的司法權就是各級法院的公正審判，不受任何政治因素或輿論影響；整體來說就是不受行政權的影響。如果說定讞後發交各獄所執行，那還是行政權的一部分，不是司法權力；所以在司法審判權的上游與下游都是行政權。既然有行政權跟司法審判銜接，就有可能被政治操弄，有政治考量。「留獄」就是政治考量，不按正常流程，故意拖延，希望以拖待變；跟豫卦第五爻講的一樣，希望哪天環境變好了，「而不留獄」，所以要「明慎用刑」。

旅卦指出政治人物面對司法審判的大原則，同時，對遭受司法審判的政治人物而言，「鳥焚其巢」、「旅焚其次」，就像森林火災，一把火燒光光，很難挽救。這說明政治人物要經營政治資本，從出道伊始，就要築巢穴、繁殖自己的勢力，到處都要有「旅館」；而要建構這盤根錯節如同一大片樹林的根基，是很不容易的；一旦出問題，便前功盡棄，一把火就燒光了。這就是「火山旅」的警示意義。所以對重要人物的判刑要「明慎用刑」，因為司法審判對一個長期奮鬥的政治人物來講，一旦定刑，殺傷力是非常高的；所以不管對他有什麼主觀好惡，都不要扭曲了司法的公正性，要「明慎用刑而不留獄」，不能有任何政治考量。

換句話說，《易經》這兩個卦也是提醒人千萬不要走到這一步，否則連菩薩也救不得你。陳水扁由豐轉旅，這都是因果。豐卦最後一爻為什麼會變成旅？因為「窮大者，必失其居」；窮奢極欲，什麼都敢做。豐卦裡面有日食的象，裡面黑得很。豐卦最後一爻就是退休大老有豪宅的象，叫「豐其屋」，房子特別大；然後怕跟群眾接觸，因為暗室虧心，所以「蔀其家」，把牆築得高高的，別人搞不清楚裡面在搞什麼。「闚其戶，闃其無人，三歲不覿」，一般小老百姓很好奇，就在那邊偷看；可是他三年都不敢跟群眾接觸，結果是「凶」。這是敗亡之象。豐卦上爻特別有警示意義，因為下面就是旅卦了，由豐變旅，失去一切，而且還有旅卦的種種變故。所以不能等到旅卦的時候才恍然大悟，人生在豐的時候就要看出敗亡之象。

豐卦最後一爻的「闃其無人」是很深刻的象徵，一片死寂，沒有人氣，房子再大都沒有溫暖。豐卦跟謙卦一樣要面對天地人鬼神的審判。人間的法庭審判要講證據，找不到證據就沒辦法審判，所以民間法庭不一定能彰顯正義；可是如果在豐、旅出狀況，天理昭彰，絕對逃不過天地、鬼神的法庭。如果造業太多，天地不容，冤親債主都會追魂索命，就算躲過了人間法庭，還有天地鬼神虎視眈眈。這就是所謂的「自作孽，不可活」，不是躲在碉堡、豪宅就可以躲得掉，這絕不是迷信。

總之，「豐其屋」是敗亡的象，從一住進豪宅就是滅亡的徵兆，下面一定就是接著「旅」；像

「九一一」事件，紐約的雙子星就是「豐其屋」，結果灰飛煙滅。樹大招風，一點好處都沒有，但是人就是想不開，拚命想住在裡頭。《易經》把這些都看透了，在幾千年前就把人的心理行為分析得如此清楚。眼看他起高樓，眼看他宴賓客，眼看他樓塌了，這是深入中國民間的智慧，逃不了的。只有做到「謙」的境界，天地人鬼神都挺你，才不會有事。我跟大家陳述這些，因為這跟謙、豫兩卦全部有關。豐卦就跟謙卦有關，陳水扁在最風光的時候就是豫卦第四爻，藉著群眾畫餅充饑，提供夢想騙得一大群人跟他走，結果一將功成萬骨枯，跟「勞謙」差太遠了。

「勞謙」與「由豫」的差異

豫卦第四爻「由豫」，謙卦第三爻「勞謙」，它們的不同，我在謙卦篇中略有提及。「勞謙」的人是菩薩心，是真正以服務布施大眾的，而且絕不標榜自己在做善事。這是一種領導人的類型。還有一種領導類型就是熱情的「由豫」，叱吒風雲，有群眾魅力，能說善道。對於這種人，我們學《易經》之後，多少要謹慎評估。這種人不一定是壞人，有可能是君子，也有可能是小人。這種人成功還好，一旦失敗，他自私自利的本性就會暴露無遺，甚至有超乎想像的不當言行。

關於「由豫」，我的一個學生曾在二〇〇四年就陳水扁能不能做完四年占問了一卦，《易經》就完全講老實話了，絕對做滿四年，因為結果是豫卦第四爻：「由豫，大有得。勿疑，朋盍簪。」結果卦象出來，一想日子還很長，大家都很不是滋味。這說明「由豫」這種人格類型如果是領袖群倫的人物，其奮鬥的人生觀和民粹的號召力很容易激起追隨者的熱情行動，你對這種人一定要有警惕性；不然就會隨著他的魔音起舞，把夢想和希望託付在他身上，到最後被騙得慘兮兮，沒法給自己交代。就像吹笛人的故事一樣，當時歐洲鼠疫橫行，一個小鎮上出來一個吹笛人，只要他一吹笛子，老鼠就統統跟在後面。他一直吹到河中央，老鼠也跟著一隻一隻全部掉到河裡，遭遇滅頂之災。陳水扁就是那個吹笛人，後面一堆人跟著，最後統統掉到河裡面。希特勒也是吹笛人，使得二戰後德意志民族元氣大傷。很多法西斯式領導人都是「由豫型」人物，很有群眾號召力，結果卻把國家和世界帶入水深火熱之中。

這就是「勞謙」跟「由豫」的不同。這種深度的人格分析太重要了，我們要學會不犯這種「由豫」的錯誤，不然代價太沉重了。

豫卦卦辭

䷏

豫。利建侯行師。

「豫」是預測、預備；如果預測準確，就要做種種預備。「凡事豫則立，不豫則廢。」豫卦也有備戰的象，跟師卦不同，師卦是實戰，豫卦是備戰，然後要列預算。如果預測夠精確，身心各方面的佈局準備調整也都到位，結果一定好，最後就是豫樂。而「樂」是整個組織的樂，不單是個人的「樂」。因為豫卦「利建侯行師」，需要勞師動眾，是整個組織的備戰，需要萬眾一心，鬥志高昂。

「豫」也是以個人——「我」，或者我們組織、我們國家做為中心輻射出去，去檢討環繞周遭的自然現象、社會現象；也就是「我」跟「象」之間的關係。我們根據日月星辰的週期性運轉，就可以預測日食月食，預測年、月、日、時、節氣，因為周遭的現象環繞著我們轉。自然現象如此，社會現象——眾生相都是「象」，這些象跟我們之間是什麼關聯，是不是可以預測呢？是怎麼互動的呢？趨吉避凶的法則是什麼？可不可以未雨綢繆呢？這都與「豫」有關。也就是人與宇宙萬象，以我為中心，把握周遭的現象，檢討、整理、研究、歸納。豫卦與謙卦本質上就不一樣，它容易有「我執」，以自我為中心，執著於自我的利益，很可能把別人當成是風景或舞台上的佈景，可有可無，隨時可以犧牲、拋棄。這一點集中表現在豫卦第四爻，所以才有畫餅充饑、望梅止渴的危險。在豫卦的環境中，如果大家走得順，就是一個戰鬥團隊，萬眾一心追隨在領袖左右（五個陰爻跟著「九四」那個陽爻走），甘願為組織奮鬥、犧牲，因為有明天會更好的願景。就像納粹興起時，希特勒就逮住機會，在短期內把整個德意志動員起來，因為大家都希望開創美好的未來。

「豫」說明人永遠不滿現實，怎麼辦呢？回到過去不可能，所以就會期待未來。這就是豫卦的魅力所在；所以是拍賣未來的期貨，可以開空頭支票，而不是馬上兌現的現貨。說要建立獨立共和國，要建立大東亞共榮圈，要建立日爾曼人主宰的第三帝國，要建立全球美國化的社會，這都是「豫」，都是很動人的願景。該怎麼實現呢？利用憧憬，使大家跟著他走，組織形成鋼鐵紀律的團隊，許諾只要奮鬥就可以完成，這樣萬眾一心的力量就很可怕；但這樣的預測結果可能是錯誤的，因為經過私欲的包裝。我們在追隨這種人的時候，多少還是要冷靜一點，別昏了頭。

「利建侯行師」，「利建侯」大家都知道，屯卦生命一開始，就要做「建侯」的事情。只不過屯卦才剛開始，只能做到「利建侯」；到比卦的時候要拓展人際、國際關係，「先王以建萬國親諸侯」；還是一種廣義的建侯，希望和親而不要對抗，希望能跟天下萬國「咸寧」，「親」的還是諸侯。那是第八卦。直到第十六卦豫卦，戰備成熟了，組織經過長期準備，就可以同仇敵愾打一仗了。

豫卦〈彖傳〉

〈彖〉曰：豫，剛應而志行，順以動，豫。豫順以動，故天地如之，而況建侯行師乎！天地以順動，故日月不過而四時不忒。聖人以順動，則刑罰清而民服。豫之時義大矣哉！

豫卦是第十六卦，陸地上有動物出現了。「震於坤上」，從屯卦水底產生生命，到生命登陸，這是一個演化的階段；直到《易經》第十六卦，才有大象在陸地上行走的繁衍之象。〈彖傳〉說：「豫，剛應而志行，順以動，豫。」「剛應」，「九四」是「剛」，是豫卦的主角，〈彖傳〉馬上把豫卦卦主第四爻點出來了。第四爻是唯一剛的爻，得到其他陰爻癡迷的、始終如一的擁護、配合、呼應。第一是「初六」跟「九四」相應與，很有群眾魅力的「九四」只要登高一呼，立馬叱吒風雲。「初六」則是廣大的、盲目衝動的群眾，不滿現實或者受了委屈，希望「九四」能帶領他們追求明天會更好的願景。「九四」提出願景，就能得到「初六」的支持，這是由它們相應與的關係所決定的。也就是說，「九四」就像一台吸票機，馬上就擄獲了「初六」基層群眾的支持。「九四」的權力欲望快速膨脹，就像希特勒的興起一樣，跟他呼應的「初六」有吃有喝、大鳴大放，所以「初六」爻辭是「鳴豫」；他們為未來歡呼，「剛應」就能「志行」。「九四」的野心、志向因為有了「初六」廣大群眾的支持，就有達成的可能。而且「志行」就是「九四」〈小象傳〉所說的「志大行也」，能夠捲起時代風雲，群眾都死心塌地跟著他走；把他們對現狀的不滿、對未來的想法統統寄託在「九四」身上。

還有一個是「六三」。「六三」對「九四」也是死心塌地地追隨。「六三」本身不中不正，內心空虛，「九四」剛好在他上面，代表時代未來的希望。「六三」是下卦坤卦廣土眾民中的高層人士，他看到「九四」登高一呼，靠著「陰承陽、柔承剛」的關係，「九四」得到「六三」毫無保留的支持，馬上掌控全局。這時「六五」（老闆）就變成了傀儡，權力被架空，就像希特勒起來時，那時的德國總統就是如此。曹操挾天子以令諸侯，漢獻帝就是被架空的「六五」。「六五」跟「九四」是典型的功高震主的關係，「陰乘陽、柔乘剛」，「六五」駕馭不了「九四」，如坐針氈，這是「六五」的苦處，雖在君位卻沒有君權。因為全局的中心不是君位，反而是權臣之位的「九四」；充滿活力，群眾都跟隨他。「九四」能抓到那個時代人心最深處的期盼，給他們勾勒美好的未來，這就是「順以動」。「順」是指內卦、下卦坤。「九四」順著民心、民意而動，進而攫取權力；「動」是指外卦、上卦震，積極主動的象徵。事功型的英雄人物，如企業、政治強人，都是按照這個原則。一個是「剛應而志行」，確實有本事，「順以動」，順應民心積極主動。這就是豫卦的象。

「豫順以動，故天地如之，而況建侯行師乎」，豫卦既然是順以動（坤順震動），順著時勢、民心向背與時代趨勢而動，這必定是聰明人；因為水漲船高，不是硬碰硬，懂得撿時代的便宜。

其實豫的意義很廣泛，不單指這種領袖人物，像是要做出精準的預測，就要觀察形勢、順著趨勢行動；能夠掌握時代趨勢，就能做好預測，並順勢做準備。像「天行健」，日月星辰的運轉，都是「順以動」，順著自然規律運轉。這和謙卦的「勞謙」如果是一個服務的「則」，「撝謙」就得「不違則」一樣；豫卦的「人則」就是按照群眾運動的規律、按照建功立業的規則去辦事，才會「順以動」；豫卦的「天則」就是整個自然界按規律運轉，也是「順以動」。誰要是敢「逆以動」，就一定會出狀況。「故天地如之」，只要掌握規律，千變萬化都不怕，永遠站在風口浪尖，成為時代的弄潮兒。自然界如此，人是自然的一部分，也必須如此。

「而況建侯行師乎」，整個天地都是「順以動」；運用這種規律「建侯行師」，也是「順以動」，這就是豫卦的象。這種宗教狂熱、政治軍事狂熱、群眾運動的狂熱，野心家一旦掌握到其中的規律，他就能夠做「豫」的事情。因為他是「順以動」，正好填補人們內心的空虛，為人們描繪一個美麗的未來。

「天地以順動，故日月不過而四時不忒。」「忒」就是誤差，「不忒」即沒有任何誤差，百分之百準確。整個自然界是按照規律運行的，日月的運行不會有差錯，所以才能準確預測春夏秋冬、天文曆法。天地因為是「以順動」，表現的天文現象，就是「日月不過」、「四時不忒」。正如〈文言傳〉所說的「大人與天地合其德，與日月合其明，與四時合其序」。《易經》有兩個卦特別強調百分之百準確的零誤差，那就是強調觀察、預測的豫卦和觀卦（䷓），它們都提到「不忒」二字。自然界的運行是可以精確到零誤差的地步，因為天體自有其運行軌道。我們觀察之後就可以做預測。人類要是運用這種規律，卻不見得能零誤差，說明人類就做不到「不忒」；只有深入觀察，才能慢慢提高預測的準確度。豫卦後面是隨卦，表示要隨時根據觀察做調整，才能提高預測能力。因此，人就要學天地、通天道，縮短天人之間的距離，儘量減少欲望私心的感情用事，效法自然，大公無私。等到差距減少，就能準確預測未來，觀察事情就會很深入。豫、觀二卦強調「不忒」，就是對人、對組織的期待，要我們順著自然之道，好好跟老天爺學習。

「聖人以順動，則刑罰清而民服。」聖人能夠以順動，所有的行動都是順自然、順天理。如果做到這一點，運用在組織管理、群眾管理、政治管理上，就有很好的績效，也就是「刑罰清而民服」。老百姓順服，監獄都空了，沒有人犯罪。這就是坤卦的功夫，順人心，順人情。如此一來，大大降低管理成本。管理工具一是賞，一是罰；一是胡蘿蔔，一是木棒。聖人完全不用木棒刑罰強迫人順從，只要用胡蘿蔔的感召誘因，就可以讓老百姓服從。謙卦的「勞謙」固然能讓「萬民服」，豫卦的「刑罰清」同樣也能使民服；就是懂得運用豫卦的「順以動」，像聖人一樣以順動，就可以不必嚴刑峻法。自秦始皇到漢武帝那段時間都是嚴刑峻法，管理成本很高不說，老百姓即使口服心也不服，民怨成為定時炸彈。「刑罰清而民服」，管理起來很輕鬆，這正是豫卦的魅力所在。這樣大家就會願意跟隨，願意為整個組織的未來犧牲奮鬥。

「豫之時義大矣哉！」豫卦依時而行的意義真是偉大啊！「時」是指客觀的環境，「義」就是在客觀環境的「時」，人之所當為。在這個時間點，怎麼做到恰到好處，產生最高的效益，就是「時義」。整個豫卦所代表的預測、預備、豫樂，也要很精準，所以前面強調「不忒」；一旦能夠引爆群眾參與的熱情，在恰當的時間點做正確的事情，那樣的智慧太重要了。

時不同，義就不同，預測時機、時勢的準確性很重要。《易經》談「時、義」的卦，豫卦是第一卦，第二個是隨卦的「隨時之義大矣哉」，兩者不完全一樣。第三個是旅卦的「旅之時義大矣哉」，人一旦到旅的時候，出門在外，在人屋簷下，不能不低頭，因為已經不是「豐」了。第四個是遯卦的「遯之時義大矣哉」，人生的退場時機也很重要，退得太早會吃虧，退得太晚會被罵老賊；在恰當時間急流勇退，才能了無罣礙，那就是遯卦的智慧。這是「豫之時義、隨時之義、旅之時義、遯之時義」，統統「大矣哉」，還有第五個是姤卦的「姤之時義大矣哉」，人生的機緣不期而遇，稍縱即逝，如果沒做好危機管理，慢了一步就回不來了，人生就是這樣。《易經》很看重時機，預測時機、早做準備，不然會手忙腳亂。

豫卦〈大象傳〉

〈大象〉曰：雷出地奮，豫。先王以作樂崇德，殷薦之上帝，以配祖考。

豫卦〈大象傳〉的修辭高明之極，既傳神，又有韻味。「雷出地奮」，春雷一動，大家都開始積極行動，為了美好的未來努力奮鬥。「奮」字上「奞」下「田」，意思是鳥在田中準備展翅奮飛。就像老鷹想捕擊獵物，它就得做好準備；但這個準備不能讓獵物覺察，所以要很低調。「不飛則已，一飛衝天；不鳴則已，一鳴驚人」。這是春秋五霸之一的楚莊王有名的故事；剛開始很低調，其實他是在佈局，麻痺敵人，等到他一出手，絕對成功。這其實都是奮鬥的象，先擺出「謙」的象，就是「豫」的準備工夫。你看田中一隻鳥，它要準備起飛時，它的翅膀是收斂的，但它身上所有的氣都已準備妥當，只須一個退步，取得反彈空間，下一步就直衝上天。這就是以退為進，一出招就有雷霆萬鈞之勢。可見，「奮」字得自自然觀察，是鳥起飛前低調沉潛的象。鳥都懂得這樣能夠達到目的，人的奮鬥更需如此。

「奮」字的意義跟乾卦「或躍在淵」之「躍」有異曲同工之妙。「飛龍在天」之前要躍，好像很低調，其實是為了飛做準備。可見真正的奮鬥不是一開始就張牙舞爪，還沒行動就讓所有人都知道你的下一步，那不是「豫」的備戰姿態。

比卦之後，豫卦是出現「先王」的第二個卦：「先王以作樂崇德。」「先王」指的是天下共主——天子，是天下萬國最高的領導。自比卦之後的第八個卦又出現「先王」，可見非同小可。先王有主導全局的能力，豫卦〈大象傳〉下面要做的事，非要這種身份地位的人才能做得到。先王既然是最高的地位，他的行事也是最高規格的，譬如「作樂崇德」。「謙以制禮，豫以作樂」，在同人、大有之後，經過改朝換代的重大革命成功之後，「先王以作樂」，首先要制定國歌、雅樂，還要「崇德」，對革命先烈的德行寄予最高的敬意，把他們的神主牌列入宗廟，和列祖列宗一起享受後人祀奉；同時也要祭天祭地。如此才有豫卦這麼安和樂利的社會。

現代社會亦然。每當國家重大慶典和祭祀活動中都要播放國歌；在國際重要場合，例如在奧運會播放獲獎選手的國歌，就是最高規格的禮儀。典雅莊重的國歌，因為具有深刻的紀念意義，可以讓人們在奏樂時自然想起開創者的艱難，然後對整個組織激發認同感。藉音樂表彰個人、團體、組織的奮鬥精神，早在堯、舜之時與夏、商、周三朝就各有代表性的音樂。舜的國樂叫〈韶〉，孔子就覺得韶樂和平雍容、盡美盡善，充分展現堯舜那個時代的精神。武王伐紂成功，國樂叫〈武〉，就有殺伐之音，所以孔子說「盡美矣」，但是「未盡善也」。

制禮作樂之後，最高規格的活動就是宗廟祭祀；除了祭祀祖先，更要祭祀天地鬼神。像太廟、天壇、地壇，就是專門用來進行祭祀活動的地方。所以，「作樂崇德」之後，就要開始祭祀——「殷薦之上帝」。《說文解字》曰：「作樂之盛稱殷。」商朝也稱殷朝。與「殷」有關的詞語大多比較正面，像男生談戀愛的時候向女朋友獻殷勤，只要他的態度「殷切」，女朋友就很容易受感動。音樂的感染力也是如此，動人的音樂往往能激發人深摯的情懷，所以不能小看音樂的力量。「豫」跟「樂」有關，豫卦完全像進行曲，它能產生百分之兩百的身心動員力量，讓群眾維持高昂的鬥志，甚至願意為之獻身。這就是「殷」。那麼「薦之上帝」呢？以人對天為「薦」，把好東西獻給上帝，以恭敬之心，對宇宙的主宰上供祭祀。《易經》的上帝並不是指基督教的上帝，而是指整個宇宙的主宰。「帝出乎震，萬物出乎震」，不管上帝是什麼形態，它是普遍存在的。用好的供品表達心意，讓人與上帝自然之間溝通無礙，而且情真意切，這就是「殷薦之上帝」。

「以配祖考」，是說不能只祭祀上帝，還有列祖列宗、歷代先王。因為我們的生命是從祖先而來，我們的功業是祖先所開創，所以要慎終追遠、感念祖先。上帝是至尊，祖考在旁邊陪祀，人若懂得在「豫」之中，把歷史、生命的發展跟整個族群、團隊融為一體，人就不會驕傲。這也是音樂的教化功能。

音樂的教化作用：金聲玉振，集大成

豫卦的理氣象數之中有深刻的音樂理論，所以豫卦能「以作樂」，「順以動」，喚起人心深處的認同。流行歌曲〈我的未來不是夢〉，就是豫卦的主旨，大家有一個共同的夢想。「禮、樂、射、御、書、數」六藝是先秦時期知識分子必須掌握的技能，其中音樂是很重要的一部分，但是《樂經》據說已經亡於秦火，現在只有其名，而無內容流傳。

如果《樂經》曾真實存在，中國古代音樂理論尤其在教化上的功能，確實不能小看。至少在孔子那個時代，有很多知識份子都擁有相當高的音樂造詣。相傳〈幽蘭操〉就是孔子自作的古琴曲。孔子云：「興於詩，立於禮，成於樂。」人一生的修養成就，必須藉由音樂的調和而推到巔峰。如果說豫卦是時間的藝術，音樂也是時間的藝術，它對人情的洗滌、激勵、鼓舞，具有非常大的功能。像豫卦最後一爻，曲終人散時，是「冥豫，成有渝，无咎」。最後一個爻出現「成」字，代表豫卦所譜的時代樂章已到結束之時，曲終就叫「成」。像在重要祭奠慶典上，都以禮樂互相搭配，「禮成」之後，一般就是「奏樂」，這都是古代文化的遺緒。「成」字的本意就是曲終，不管什麼樣的曲子，總有曲終人散時，不能一直活在夢想中，要面對現實。豫卦下面是隨卦，表示任何事情若有好的開始，也要有美好的結束，千萬不要弄到有始無終，因為下台的身影更重要；「終」的表現更能考驗一個人的修為、智慧、品行。〈說卦傳〉也強調艮卦是「成言乎艮」，止欲修行，能否清除如山的業障？出處進退的方寸拿捏，就關乎你的「成」。人總有結束退場的時候，處理不好，就是「成」的反面——敗。

曲終就要成，所以孟子盛讚孔子：「孔子，聖之時者也。孔子之謂集大成。集大成也者，金聲而玉振之也。金聲也者，始條理也。玉振之也者，終條理也。」他用「金聲玉振」的音樂境界來形容孔子的思想境界。金聲就是叩鐘，玉振就是擊磬。古代的雅樂是以叩鐘開始，以擊磬結束；有好的開始，也有好的結束。思想、事業的境界都可以用「金聲玉振」和「集大成」比擬；故而後世稱孔子「大成至聖先師」，就是從音樂的境界來的。人生在世，就如樂章一般跌宕起伏，即使在錯綜複雜的變化之中，也有一定的規律。所以一個完整的人格教育，必先「興于詩，立于禮」，然後「成于樂」，音樂是最後「成」的境界；所以，人格的圓滿成熟，實乃音樂教化的成功。可惜現在不管是大陸、臺灣或其他華人世界，禮、樂教育的實施，跟這個境界不知相差多遠。

《論語》之中記載孔子一段非常簡短、但是很完整的音樂理論：「樂其可知也。始作，翕如也；從之，純如也，皦如也，繹如也，以成。」這是孔子向魯國大樂官陳述音樂的原理。看來孔子對音樂的了解也是很有自信的，簡單幾句話就可以清楚表述音樂的基本精髓。「始作」，像交響曲一樣，音樂剛開始的時候「翕如也」；「如」是語尾副詞，「翕」就是羽毛合起來。「從之」，音樂要進行下去，「純如也」，這是剛健中正純粹精的境界。「皦如也」，「皦」就是皎潔的月光，多樣樂器齊鳴，可是每一種樂器不同的音色清清楚楚，絲毫不亂；雖然是合奏，但是個性在群性之中依然保有其特色，正如「各正性命，保合太和，乃利貞」一樣，好的音樂就須如此。「繹如也」，「繹」即演繹，音樂從頭到尾一氣連貫，既豐富，又和諧；最後「以成」，一曲終了，讓人有餘音繞樑、回味無窮的美好結束。這種音樂就像《尚書・舜典》中所說的：「八音克諧，無相奪倫，神人以和，百獸率舞。」這是太平盛世、歌舞昇平的象。「八音克諧」，是以各種音樂諧奏的象寓示昇平的象；一個好的組織、群體、時代，雖然有各種聲音，但是很和諧；「無相奪倫」，不會只准我發聲、不准你發聲；「神人以和」，神與人和諧相處，然後是「百獸率舞」。這都是用音樂的境界來講政治教化或行雲流水般的集體行動。豫卦六個爻上下內外呼應接軌的爻際關係，就如同樂團各個不同的音色之間的配合關係。

豫卦六爻詳述

四爻：整合強力

九四。由豫。大有得。勿疑，朋盍簪。

〈小象〉曰：由豫大有得，志大行也。

下面進入豫卦具體的六個爻。首先還是看第四爻，因為它是豫卦的主爻，又是唯一的陽爻，充滿了活力和渲染力，而且動之於上，能讓下卦坤所代表的廣土眾民順從追隨。「由豫」的「由」是自由自在的「由」，大家環繞著一個中心，順著時代的主調，就像魔法師的魔杖一樣，大家都跟著他轉。「九四」就是叱吒風雲的時代主調，正因為有「九四」，整個豫卦就活了起來，所有人都跟著它進入豫的狂歡與激情，充滿高昂的鬥志。換句話說，「九四」就是靈魂、核心，如果沒有「九四」，就不會出現「豫」；因為「九四」在上面振臂一呼，下面就群起響應，跟著「九四」的節拍起舞。

而且這種追隨「九四」的行為，是在不知不覺間手舞足蹈地跟著轉，完全出自個人自由意願。我們在坤卦講過，「由」是地裡的幼苗自然而然鑽出來，然後一直往上伸展。換言之，「九四」對群眾有一套特殊的感染力，能讓大家不由自主地跟隨他的節拍起舞，這就是「由豫」的意義。這種群眾魅力，就像耶穌基督當年傳教，最後釘在十字架上，還是有那麼多人願意把自己的心靈、精神交由他帶領。

「由」這個字還出現在頤卦上爻的「由頤」。頤卦是講養生的卦，養生最重要的就是順自然，千萬不要揠苗助長。「由豫」也是順著自然的趨勢，所以是「順以動，故天地如之」。我們對大趨勢的預測，就要學「由豫」，順其自然，不能一廂情願。順自然養生是中國養生學的心法，否則必有後遺症。什麼叫順自然？該睡覺的時候睡覺，該吃的時候吃，該喝的時候喝；春夏秋冬，每個節氣不一樣，飲食有節，起居有常。頤卦講的其實是很平常的道理，「易簡而天下之理得」，可是越是簡單的道理越難做到；許多人總是晝夜顛倒，或者是飲食失節、縱欲無度，那就適得其反了。

接著看豫卦第四爻的「大有得」。因為做到「由豫」了，群眾被帶動起來，朝向共同的願景奮鬥，力量就會很強大。而大家在參加「建侯行師」的行動時，都會因為投身在這樣的神聖任務中，覺得生命很充實、很有使命感。可見，「九四」的「由豫」會散播熱情、樂觀的氣息，自然而然會吸引大家跟隨；而跟隨他、環繞在他身邊的這些人，都會覺得「大有得」。在「由豫」這種充滿煽動力的領導中心出現之前，大家覺得生活欲振乏力，社會有大量對現狀不滿的人；一旦「由豫」引導大家投身在神聖的社會行動中，整個就不一樣了。所以「大有得」是「九四」的感染力所創造出來的神秘力量；在成敗未定時，讓大家覺得參與這個行動很有意義。就像謙卦「九三」的「勞謙」，只要教主、上人、領導者登高一呼，底下的人紛紛「鳴謙」，喜悅追隨。

「由豫」是一種社會行動、群眾運動。「大有得」之後，接著「勿疑」，一方面是指追隨者不必懷疑、也不可懷疑你的上帝和領袖；另一方面對「九四」來講，他對自己要有信心，一旦他站在創造時代風雲的中心時，有這麼多人跟隨，他也要責無旁貸地帶領大家走上正確的路子。一旦

「由豫」、「大有得」的氣侯已然形成，就要「勿疑」了，不要再猶豫，這麼多人都聚集在一起，就是「朋盍簪」。「簪」是髮簪，可以把長而散亂的頭髮聚攏起來，使頭髮整齊光亮，人也顯得雍容華貴。就像「九四」對「初六」、「六三」那些陰爻具有強大的整合力，可以像簪子一樣「陰陽合為朋」，把這些不遠千里而來的朋友整合成一個有戰鬥力、競爭力的團隊。「盍」字就是合作的「合」，四方風起雲湧的朋友都來響應號召，領導中心的人物就要整合他們，遵守紀律，一致行動。「盍簪」就是整合之後有秩序、有紀律，可以進入戰鬥狀況。「由豫」這一爻跟謙卦「勞謙」那一爻都很有意思，一堆陰爻裡面進入一個陽爻，產生所謂的磁吸效應，把散兵游勇全部聚在一起。很多媒體英雄、民意領袖，也是「朋盍簪」；他在台上動一下，下面就如癡如狂。但是與「勞謙」不同的是，「朋盍簪」的問題在於到底有多少是真相？〈小象傳〉說：「由豫大有得，志大行也。」他所建立的規模是超乎想像的，就像成吉思汗開拓疆土的氣勢一樣，是開創的帝王型人物。「九四」爻變是坤卦（下圖），有廣土眾民順勢追隨之象。

「朋盍簪」這是一種行動中的高潮，表現在聚光燈下的人物，就是這種風采。豫卦型的人物確實有值得學的地方，但它畢竟無法像謙卦「勞謙，有終」，這也值得細細玩味。轟轟烈烈開始，淒淒慘慘結束的人多的是。人生有始無終的人太多了。老子講「飄風不終朝，驟雨不終日」，狂風暴雨強度很大，但一下子就過去了。在舞台上活慣了，一旦下台，整個光環就沒了，要怎麼過下去？這才是考驗。

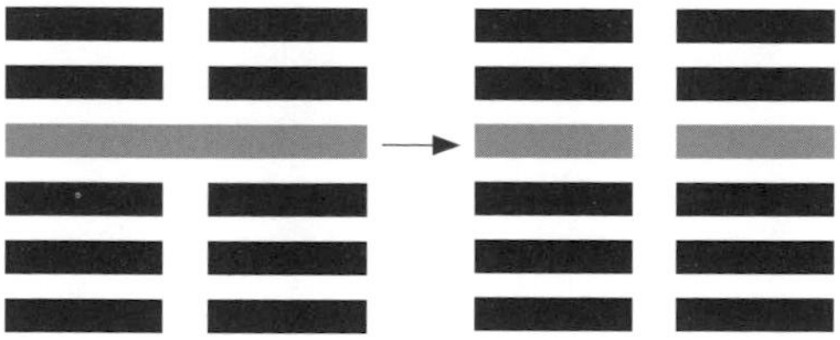

豫卦　　坤卦

豫卦「九四」暗含剝卦上爻和比卦五爻特質

另外，豫卦有一個卦中卦，「九四」剛好是剝卦（䷖）的上爻，即初、二、三、四爻組成的「山地剝」。「豫」中有「剝」象，亦即在「利建侯行師」的狂熱行動中有慢慢剝落、甚至是一將功成萬骨枯的刀兵之象。爻辭這麼爽，其實只爽到「九四」一個人，跟隨的人沒一個得善終，不跟隨的反而得以保全。「六三」跟「初六」因為始終盲目跟從，結果都很糟；「六五」是「九四」的老闆，也過得極不舒服。換句話說，跟「九四」產生承乘應與關係的「六三」、「六五」、「初六」，有的心裡不舒坦，有的不得善終，有的直接就做了炮灰。「九四」的爻辭之燦爛，因為犧牲很多人來建樹他的個人功業。這就是絕對自我中心的「九四」，備受群眾喜愛，心中卻未必有群眾。從佛教的立場看，就是「我執」強得不得了。可見，「九四」剛好是豫卦含藏的剝卦上爻，所以「九四」雖然可以成大功，但他的修為會決定他自己以及跟隨者的命運。剝卦上爻的結果就看是君子還是小人，所以「由豫」的下場不一定壞，若真的對得起群眾，也成功帶領群眾，到最後弱點沒有暴露出來，那麼「九四」是君子，就得輿；如果是小人，就是剝廬，到最後連住的棚子都沒有。從這一點看，「由豫」不如「勞謙」，「勞謙」是百分之百絕對好，「君子有終吉」，「萬民服」。

英雄事業有很多不可知的因素，如果成功還好，失敗就很可怕。企業英雄也是一樣。二十多年前有一本暢銷書《反敗為勝》，作者是艾科卡（Lee Iacocca），當年艾科卡被福特汽車開除之後，轉任克萊斯勒總裁，創造了美國第三大汽車公司的奇蹟，他也是「由豫型」的領導人，在逆境中奮鬥，反敗為勝，創造奇蹟。那時候大美國人最仰慕這種英雄，甚至希望推他競選美國總統。第一次波灣戰爭的美軍將領史瓦茲柯夫將軍在贏得戰爭後，美國人英雄崇拜的觀念作祟，認為他能統帥大軍、取得輝煌勝利，應該也可以勝任美國總統，不過幸好他沒參選。麥克阿瑟也絕對是有魅力的軍事領導人，他適合做美國總統嗎？恐怕也是「武人為于大君」！商業英雄或戰爭英雄不見得是政治領袖，像艾森豪既是軍人又是政治家的例子極為罕見。

盲目的英雄崇拜常會搞錯方向，這在不夠成熟的社會常常出現。所以，我們要小心豫卦「九四」有剝卦上爻的特質。那麼豫卦下卦這些坤卦的廣土眾民對「九四」要深具戒心嗎？也未必，因為他可能是「君子得輿」，也可能是「小人剝廬」。

另外，環繞「九四」的初、二、三、四、五這五個爻，是藏在豫卦中的「水地比」（䷇）。「由豫」的「九四」是比卦中的「九五」「顯比」。很明顯，就是它最突出，然後是「王用三驅」，群眾如飛蛾撲火般非得靠近它不可。所以「由豫」就是「顯比」。透過卦中卦的分析，我們就可以把「由豫」型的人格特質看得更透澈。

「豫」中有「剝」與「謙」中有「復」之比較

豫卦第四爻相當於剝卦上爻，弄得不好，在歡樂激情之後，可能就是慘烈的下場。反過來，謙卦的「勞謙」則可大可久，值得懷念，因為謙卦中有「復」卦的象。謙卦的三、四、五、上爻四個爻所構成的卦中卦就是復卦（下圖）。謙卦之所以那麼圓滿，是因為有復卦的核心創造力，所以志願者

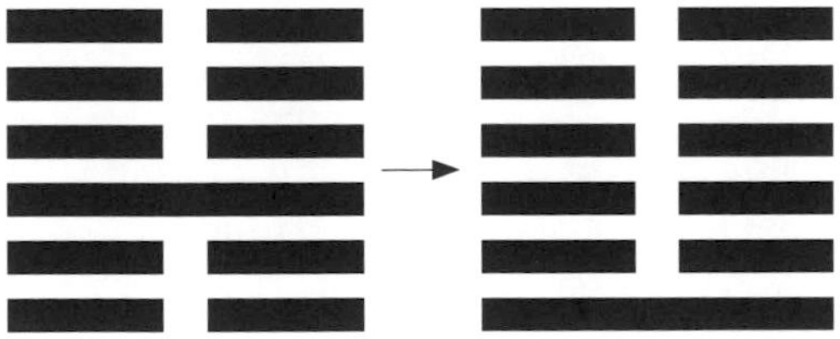

謙卦　　　　復卦

或宗教布施都是充滿創造性的人類行為。中山先生曾說：「人生以服務為目的。」假如你有本事為千萬人服務，而你卻只為四百人服務，那就沒有盡到本分。「勞謙君子」會有「終吉」，「勞謙」就是復卦初爻的「不遠復」，正是天地之心一元復始，萬象更新。一些表面上好像很卑微的謙卑服務，其實是充滿著創造性的菩薩心；但「由豫」的英雄事業表面上很了不起，搞不好結果是「剝」。

從五行生剋看謙卦與豫卦之差異

我們再用五行生剋的角度分析謙卦、豫卦的差別。豫卦下卦的坤最可憐，被人蹂躪、利用，然後棄之如敝屣。為什麼會這樣？因為上卦是震卦，震為足，下卦坤是土，是被踩在腳下蹂躪的。震在五行為木，坤屬土，在五行生剋上，木剋土。豫卦下卦坤的命中剋星，就是上卦的震。你要知道，你心目中的英雄是專門剋你的。謙卦就沒這回事了，絕對是上下打成一片。因為謙卦的坤，地位高高在上，群眾的福祉擺第一；下卦為艮卦，艮為山，也屬土；而艮卦的土和坤卦的土合作無間；而且它也不驕傲，山藏在土中，上下內外融成一片，這就是謙卦。不像豫卦會有那麼多盲目的追隨者呆呆的去被木頭剋。

初爻：失去自我

䷏

初六。鳴豫，凶。

〈小象〉曰：初六鳴豫，志窮凶也。

「初六」是跟隨「九四」的鐵桿粉絲，一開始就「鳴豫」。救世主、領導人出現了，廣大民眾立刻群起共鳴，然後幫著他做宣傳。大鳴大放，不鳴則已，一鳴驚人；寧鳴而死，不默而生。這和謙卦「六二」的「鳴謙」有點類似；但「鳴謙」不管怎麼講都不會有事，因為是為和平服務的理想引起身心共鳴，然後幫著做文宣推廣；甚至上爻「鳴謙」可以「利用行師，征邑國」。而「鳴豫」一開始就「凶」。為什麼呢？「豫」是準備打仗，充滿殺伐之氣；如果還自鳴得意，積極宣傳備戰，當然凶，因為你很快就會成為炮灰。因此，「鳴」的內容如果是「謙」的和平理念，結果絕對是吉；「鳴」的內容如果是「備戰」，不管有什麼冠冕堂皇的理由，結果一定凶。「初六」被「九四」吸引，他就跟著「鳴豫」，搞不清楚為何而戰、為誰而戰，太盲目了！結果自然凶。

〈小象傳〉說：「初六鳴豫，志窮凶也。」志窮且凶，完全是無知盲目造成的。這和「九四」的「由豫，大有得，志大行也」完全相反。你去幫他做炮灰，幫他鼓掌，結果你「志窮凶」，他「志大行」，多划不來！「初六」之所以會這樣，也是因為下卦坤的特性所致，自己全無主張，不像「九四」居上卦震之中，心中有主。坤只能順服人家的主張、全力配合，人窮志短，馬瘦毛長，當然只能被人主宰。

「初六」爻一變是震卦（下圖），真的有「鳴」的象，幫著用高音喇叭宣傳。就像臺灣的群眾運動，不管是哪個陣營贏了或輸了，都要上街遊行，街上到處是噪音，那就是「鳴豫」；因為要發洩心中的苦悶或快樂，尤其是基層百姓，他沒想那麼多，心中不爽就要發洩一下。鳴豫是凶，顯現「初

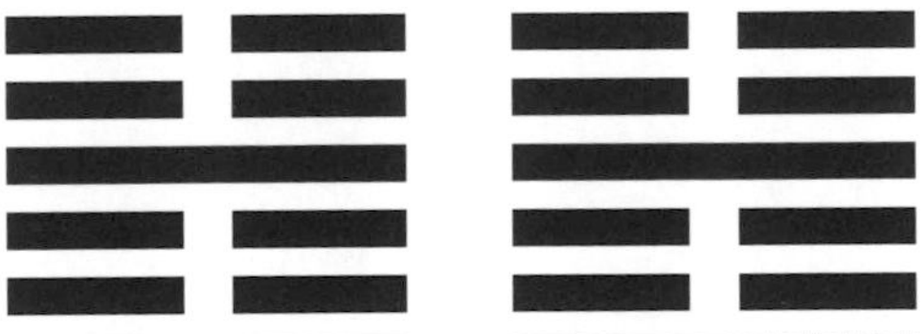

豫卦　震卦

六」的膚淺、感情用事，而且於事無補，只能助長「九四」的氣焰，讓一個社會從祥和的「謙」往劍拔弩張的「豫」發展。從兵法來講，「豫」假定是預測、預備，「鳴豫」當然凶。因為戰鬥團隊的預定計畫是機密，怎麼可以鳴出來呢？那不是洩密嗎？「豫」如果是豫樂，也不應該「鳴」；要知道，假如你自己很快樂，你身邊還有很多不快樂的人，聽到你用擴音器大聲嚷嚷，他心中就更不爽了，你不是給自己製造敵人嗎？人生得意，千萬別盡歡，像豫卦一點也不含蓄，就把自己的得意、快樂「鳴」出來了，一定會成為眾矢之的。

另外，如果要用核心幹部，千萬別用「鳴豫型」的，因為「豫」宜於含蓄、隱藏，就像「奮」一樣，發動之前的蓄勢功夫很重要。鼓動戰爭衝突的戰爭販子、鼓吹歡樂等，都是「鳴豫」，一定凶。謙卦、豫卦都涉及到群眾，一個上卦是坤，一個下卦是坤。把「豫」字包含的所有意思（預測、預備、豫樂）套進去，會發現不論如何都不能鳴，鳴了就凶。「初六」會這麼失態，是因為他對「九四」完全失去自我控制力，「九四」的一顰一笑，他都覺得是天上聖母下凡，神聖不可侵犯。邪教的狂熱分子也是「鳴豫，凶」。《金剛經》說有人以「音聲」求我，這人就是行邪道，絕對見不到本性，因為不能從聲音笑貌瞭解真實的內心。「鳴豫」就是缺乏這樣的辨識力，瘋狂迷戀外在的表演作秀，見不到真相、失去自我。

三爻：盱衡失當

䷏

六三。盱豫悔。遲有悔。

〈小象〉曰：盱豫有悔，位不當也。

再看「六三」：「盱豫悔。遲有悔。」「有」通「又」。「六三」同樣是參與「由豫」狂歡派對的人之一，但他用了另外一個動作——「盱」，亦即瞪大眼睛往上、往外、往遠處看。「初六」用耳朵聽，但聽不到真相。「六三」是人位，三多凶，且陰居陽位，不中不正，先天就虛；與「九四」的關係是陰承陽、柔承剛，看到「九四」就想拍馬屁、討他的歡心，人前人後都跟著偶像轉。這是典型的小人物的悲哀。

在「九四」震卦的大腳下，「六三」為了迎合、揣摩上意，一直跑來跑去，就怕萬一看錯時勢。「盱」字用得很形象，雖然「六三」的視野、智慧有限，但他瞪大眼睛緊盯著「九四」，仔細揣摩「九四」的心意，好搶先拍馬屁、贏得「九四」的歡心，光榮投入「九四」的戰鬥團隊，甚至成為「九四」的代言人。可是結果是「悔」，馬屁拍到馬腿上，還惹得「九四」一肚子懊惱，因為「六三」自以為是的所作所為根本就不是他的意思；就算是他的意思，也因效果不佳、反應不好而否認。「六三」沒討到便宜也很懊悔，但他畢竟離不開「九四」，還得人前人後的繼續跟著轉。所以我們看到很多時代風雲人物、影視明星或政治明星身邊，總有一堆隨時伺機巴結逢迎的「六三」跟著轉，這就是「盱」。

這是「盱豫悔」。那麼「遲有悔」呢？「六三」第一次拍馬屁遭到挫敗，後悔表態太早，錯在自己，所以繼續瞪大眼睛觀察「九四」的一舉一動，好伺機表現。可能因為先前判斷失誤，怕又一次自討沒趣，所以這一次表態就遲疑了一下，結果反應太慢，還是錯過時機，搞得悔恨不已。我們看，「六三」為了迎合「九四」，是典型的「過猶不及」。因為自己沒有主見，專門去研究、揣摩上意，不是過早表態而後悔，就是不敢表態而失去機會。所以「六三」爻變為小過卦（下頁圖），

「過」猶「不及」，終究討不到歡心，不能掌握「豫之時義大矣哉」的時機，做到「馬屁之時義大矣哉」。因為期待長官關愛的眼神，「盱豫悔」、「遲有悔」，時間的掌握總是出錯，怎麼做都不合心，真是可憐！難怪〈小象傳〉說：「盱豫有悔，位不當也。」「六三」不當位，情緒起伏、成敗得失完全被人家掌控，還不見得能討到歡心。但「六三」也沒有別的技能，這就是「六三」的處境。

我們平常講「猶豫」，「六三」就是這樣。「遲有悔」，悔之又悔。換句話說，「豫」也真不容易，拍馬屁都不容易，要拍得恰到好處，火候要足，而且時間太早或太晚都是滿頭包。老子講「豫兮若冬涉川，猶兮若畏四鄰」，「猶」和「豫」這兩種動物的小心謹慎，就是「猶豫」的本意。人的「猶豫」除了像大象一樣小心翼翼，還像「猶」這種小動物一樣瞻前顧後。何必活得這麼辛苦呢？可是「六三」完全被「九四」宰制，即使瞪大眼睛也不一定能看到真相。〈般若心經〉云「無眼耳鼻舌身意」，才能「無有恐怖，遠離顛倒夢想」；可是「初六」和「六三」被感官欲望牽著跑，只能整天戰戰兢兢地隨著「九四」轉，完全失去自己的主體性，難怪都沒好結果。

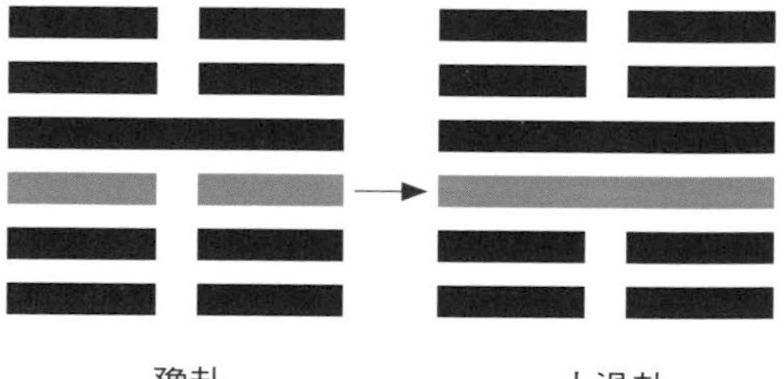

豫卦　小過卦

豫卦的錯卦是小畜卦（䷈），豫卦第三爻「盱豫悔」，瞪大眼睛緊盯著一個目標，就怕失去，結果悔之又悔，最終還是得不到。小畜卦第三爻夫妻反目，這是因愛生恨。履卦第三爻「眇能視」，少了一個眼睛，「獨眼龍」看世界，可能會被老虎咬死。可見，不同的眼光會看到不同的世界，對事件也有不同的解讀。而人常常是有眼無珠的，修為不夠，要做到百分之百的精確判斷當然很困難；而「六三」、「初六」的修為是當然不夠的。

五爻：忍辱偷生

六五。貞疾，恒不死。

〈小象〉曰：六五貞疾，乘剛也。恒不死，中未亡也。

「六五」是「九四」的老闆，陰乘陽、柔乘剛，關係非常不和諧。「九四」功高震主，搶走一切風采；「六五」是名義上的老闆，卻完全被架空，像漢獻帝，當然痛苦死了！「貞疾，恒不死」，爻辭很值得琢磨，可從各個角度去體會。「疾」是一種病態，也是心腹大患。「九四」就是「六五」的「疾」；「九四」不是君位，卻有實際的君權，所以「九四」是「六五」的心腹大患，但他完全沒有制裁「九四」的能力，只能忍辱偷生，配合演出；很多政策並不是他的想法，但他還要負終極責任。這就是「疾」，不僅是身體的病，還是精神、心靈的病。

既然「九四」是「六五」的「疾」，又沒有辦法對付，怎麼辦？不能硬碰硬，只能以拖待變、帶病延年。在中醫疾病養生中，這個爻很有妙用。病因病原沒辦法以毒攻毒或用特效藥處理，那就用「貞」，用人體的正氣；「貞者，事之幹也」，不能用剛就用柔，固守正道，採取守勢，練習跟死對頭和平共存。人身上總有輕重不等的「疾」，病因發作時，西醫一般採用化療或開刀，風險都非常高，而且痛苦得要命；倘若不開刀，憑著體內的正氣，培元固本，說不定還可能「恒不死」。「恒不死」就是活得久。學會與無法強力對付的「疾」和平共存，就像太極圖的思維一樣，取得平衡。因為你永遠沒法排除異己，外面的排除完，裡面又會長出新的異己。「六五」比較弱勢，「九四」之疾那麼強，就不能硬碰硬。曹操為什麼要挾天子以令諸侯，而不乾脆直接奪權做皇帝呢？因為漢獻帝這個天子還可以廢物利用。老闆被架空當然很不舒服，可是要讓位給「九四」，「九四」又不願意，因為他想要的是實權，而不是虛位。實權的人不願落「實位」，就是怕輿論批評，一旦佔據最高位，就會變成眾矢之的。「六五」既然知道自己是傀儡，就該好好利用傀儡的角色；就像漢獻帝，曹操很多時候也需要他，既然被需要，那就用「貞」的態度來震住心腹大患；時日一久，說不定雙方都不會有進一步的動作，「恒不死」。「恒不死」的好處不是你有實力對付他，而是說不定哪一天「九四」突然心臟病發，那不是上帝幫你解決問題了嗎？我們以前學的訟卦、師卦都是如此，人一旦落入敗部，「不克訟」、「師左次」的時候，永遠要敗而不潰，只要活著就有希望，好死不如賴活，這就是「恒不死」的思維。不見得消極，而是在充滿無奈的實際形勢下，不失為一策。只要以柔克剛，以小事大，最後就看誰活得長。

「恒不死」，非常有韌性，明明有病，可就不死，這個爻既可用在政治鬥爭，也可用在醫藥養生，尤其是東方醫學這一套。豫卦「六五」爻變為萃卦（下圖），就像中醫所講的，不能靠藥物，更不能開刀切除，必須把體內所有的中氣、正氣、元氣調度起來，那麼非「萃」不為功。

〈小象傳〉說：「六五貞疾，乘剛也。」「六五」下面是「九四」，陰乘陽、柔乘剛，怎麼對付得了他？只能用柔、用軟招慢慢拖，只要一時還死不了，活著就有機會。「恒不死，中未亡也」，「六五」居上卦震動的生命

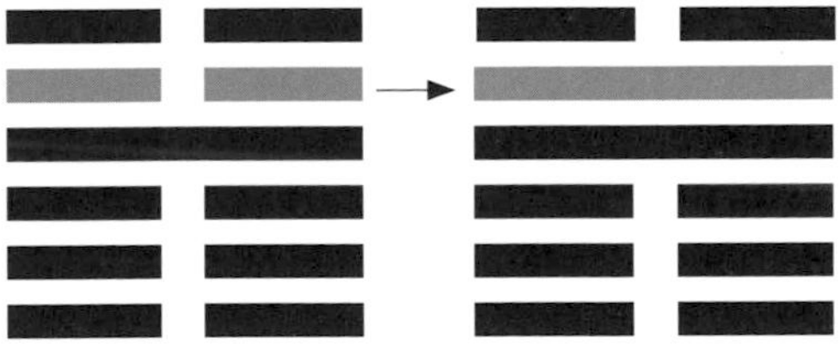

主宰之中，只要中氣未亡，就有生機。陰陽和曰「中」，表示和得恰到好處。就像老人家已經八、九十了，得了癌症，只要每天歡歡喜喜帶著癌細胞去散步，說不定還能活很久；癌症細胞都會感應到，這個老頭不消滅我，我就不消滅他。所以「中未亡」就是希望，可以培元固本、好好調度體內真氣。另外，「九四」能活多久還是未知數，他熱情地揮灑生命，總有一天會燃燒完畢；「六五」若活得長一點，還可以去參加「九四」的告別式，自然贏得最後的勝利。「九四」和「六五」就好比政治上的死對頭，鬥了一輩子，就看誰死得比較晚。如果你想得長壽，一定要有幾個眼中釘、肉中刺、恨入骨髓的敵人。孟子講：「生於憂患，死於安樂。」一個國家如果沒有「敵國外患者，國恒亡」，這也是「中未亡」、「恒不死」，因為大敵當前，要全心對付，就什麼病都沒有了。所以如果沒有敵國外患，只有準備亡國。就像金庸小說中的西毒、北丐，洪七公一定要找歐陽鋒做對手，所以他們最後是哈哈大笑抱在一起死，這才過癮。

關於「中未亡」還有一種說法。中國人對寡婦稱為「未亡人」，丈夫死在前頭，女人的生命力有時很可怕。像老蔣死了之後，蔣夫人（宋美齡）過了好久才死，這個女人的生命力太可怕了！所以爭強鬥勝的都是那些笨男人（「九四」），忍辱負重的都是小女人（「六五」）；「貞疾，恒不死」，最後往往是「六五」給「九四」送終。這就是《易經》奇妙的地方，「六五」這一爻的運用，堪稱忍功之最。當然，「六五」對付「疾」的辦法，也是沒辦法中的辦法，裡面有深厚的處世哲學。下面要講的第二爻，也是一種對付疾病的辦法。豫卦的疾病禍源就是「九四」，他一心要為天下蒼生解決問題，沒想到自己卻是製造麻煩的人。所以「六三」悔之又悔，「初六」當炮灰，「六五」做他的長官，被他氣個半死。到底誰才可以做未亡人？

二爻：復興力量

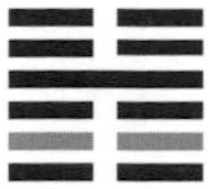

六二。介于石，不終日，貞吉。

〈小象〉曰：不終日，貞吉，以中正也。

「六二」與「九四」，二與四同功而異位，但是沒有直接的承乘應與關係。「六二」有優良的潛在品質，有智慧、有修為，因為「六二」中正。蔣介石（字中正）的名字就是由這個爻而來。這個爻很好，〈繫辭傳〉也做為重點提及。「介于石，不終日，貞吉。」爻辭的結果是吉。

在「九四」稱雄爭霸、叱吒風雲的豫卦格局中，眼看著「初六」、「六三」，被「九四」牢牢掌控，到最後一起跟著倒楣；既中且正的「六二」卻超級冷靜，他不會跟著「九四」的魔音起舞，不會隨著「九四」的節奏亦步亦趨。他就懂得跟「九四」保持距離、以策安全。這就叫「介」。中間有一個介面把我們隔開了，你傷不到我，我也不貼著你。

跟著「九四」成功的機率大概是一半——「君子得輿」；失敗的機率也有一半——「小人剝廬」。「六二」看得很清楚，別看「九四」這麼了不起，其實「九四」陽居陰位不中不正，跟隨的「六三」和「初六」也是陰居陽位不中不正；就連「六五」也不正。在這麼多不正的瘋子之中，「六二」就懂得正，眾人皆醉我獨醒。「六二」在廣土眾民的坤卦之中，目前是陰爻，所以他就忍著，不隨「九四」起舞；也不配合、不做官，不替「九四」瘋狂的行為背書，遠離未來可能的敗亡。可見，「六二」就是在野的中道勢力，是真正的清流，腦袋特別清醒；而且「介于石」，有強硬的外殼保護，外界也傷不到他。所以「六二」耐得住寂寞，默默地做該做的事。「介于石」的

「于」是「如」的意思，好像石材一劈兩半，介面非常光滑，沒有一點委屈或彎曲；也絕不沾染像「九四」這樣的細菌病毒，堅定得像石頭一樣，絕不動搖。所以後來人稱「其介如石」，就是說這個人非常堅定，不受誘惑。

既然沉得住氣，堅持原則，等到「九四」垮了，「六二」就該出手善後了。正因為他沒有跟著「九四」胡搞瞎搞，「六二」不但為自己保存了完整的實力，也替豫卦的社會保存了遠期的力量，可以及時出手挽救「九四」所造成的潰爛之局。不隨著起舞時，他「靜如處子」；到了該出手時，他又「動如脫兔」，當機立斷，扛起善後的責任。爻辭說：「不終日」，出手又快又狠又準，一點也不猶豫。不像「六三」那樣連拍馬屁也搞得猶豫不決，悔之又悔。

由「介如石」的安靜，到出手救助、善後，就是「不終日」；馬上下決定，解決「九四」留下來的問題，目的是尋求和解，所以「六二」爻變是解卦（下圖）。豫卦中有解卦的象，「豫」是備戰，殺氣騰騰，對立抗爭；可是始終保持冷靜，最後促成和平的，是「六二」。

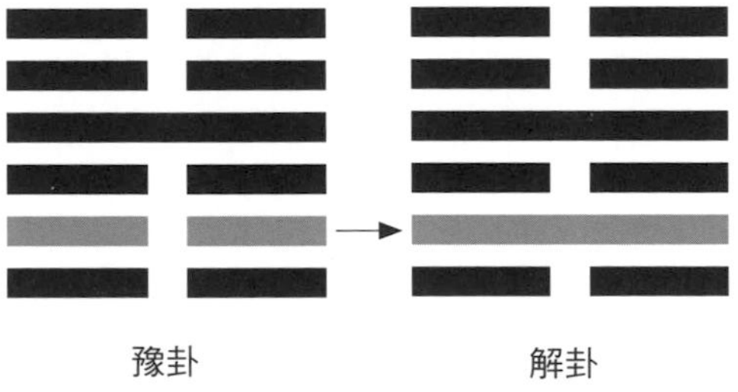

豫卦　解卦

介石知機：〈繫辭傳〉說「六二」

「六二」當機立斷，「貞吉」，固守正道，而且合乎整體利益，就會吉。〈小象傳〉說：「不終日，貞吉，以中正也。」還是強調「六二」的「中正」。孔子在〈繫辭傳〉中為什麼選「六二」不選「九四」？原因就在這裡。「九四」是枱面上的風雲人物，孔子對此深感疑慮，不知道他要把群眾帶向何方？反而對沉默、堅守原則的「六二」寄予厚望，認為他才是豫卦真正的領袖，能真正解決問題。孔子說：

> 知機其神乎！君子上交不諂，下交不瀆，其知機乎？機者，動之微，吉之先見者也。君子見機而作，不俟終日。《易》曰：「介于石，不終日，貞吉。」介如石焉，寧用終日？斷可識矣。君子知微知彰，知柔知剛，萬夫之望。

孔子沒選「由豫」，有其深刻的眼光。他認為「介石」「知機」，能見機而作，有前瞻的智慧。像希特勒變成德國的民族救星時，不知有多少人隨之起舞，包括很多因為愛國情操而失去理智判斷力的熱血青年。可是德國在二戰中還有很多至死不願意跟希特勒合作的，反而是戰後德國復興的元氣所在。「知機其神乎」，學《易經》就是為了「知機」，在一剎那間看出未來的徵兆。不知機，怎麼能看透「由豫型」的災星就是被下面的人驕縱出來的？搞得他欲望無限膨脹，讓整個社會跟著葬送。「神乎」說明知機不容易，誰能看得這麼遠？「君子上交不諂，下交不瀆，其知機乎」，「六二」對上司不諂媚，對下屬也不隨便。也就是說，他上下都交，但不失分寸，所以他到處是朋友；因為懂得「機」，可以保存自己的資源實力，在亂世生存。

「機者，動之微，吉之先見者也」，社會的種種變動或吉祥的徵兆，剛開始一定是隱微不顯、看不出來的；唯有先見之明的人能看出。吉有吉兆，凶有凶兆，就像「豐其屋」，絕對是滅亡的徵兆。「君子見機而作，不俟終日」，「俟」就是等待，絕不等一天過完，一旦機會來了，該出手時立刻採取強勢有力的行動。這都是實際本領。像泰卦初爻、否卦初爻都吉，就是有先見之明；「君子見機而作」，而且出手快。人生最難得是看得準，看準了之後還要當機立斷、趕快行動。

「介如石焉」，「介」是隔絕病毒，保存自己的完整，像石頭一樣絕不輕易改變。「寧用終日」，這麼一個有原則的人，等到他要出手時，哪需要考慮那麼久呢？「斷可識也」，只要機會一出現，就可以當機立斷。「君子知微知彰」，「微」就是不明顯、沒有警覺時；「彰」就是顯現。在「微」的時候就知道會發展成「彰」。「知柔知剛」，人生的方法策略不見得自己要有雄厚的資源，而是柔，以柔克剛。什麼時候該用柔，暫時退卻、保持圓融？什麼時候該堅持到底？這都不一定，這就是「知柔知剛」。「萬夫之望」，這樣的一個人才是真正的領袖，是千萬人仰望的對象，可以把命運託付給他。所以，誰才是真正的領袖呢？是「介于石」，還是「由豫」？這就很清楚了。真正的領袖跟「勞謙」一樣，是真人不露相，藏在下卦坤卦的廣土眾民之中。

上爻：破碎之夢

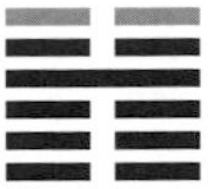

上六。冥豫，成有渝，无咎。

〈小象〉曰：冥豫在上，何可長也？

「上六」是豫卦六爻最後的結果。「九四」闖的禍，樂極生悲，得意忘形，以致冥頑不靈，到現在還沒醒過來。豫卦最後一爻曲終人散，歌唱完了，才被澆了一盆冷水；原先所有美好的願景，付出這麼多能量，結果卻是一個大騙局。「謙輕而豫怠也」，激情過後，原先拚命鼓舞起來的鬥志反而癱了，一蹶不振；就像極度狂歡後，身心極度空虛。因為幻夢成空，你的「豫」沒有「不忒」，群眾運動一下失去目標，熱情消失，心也寒了；而下面是必須面對現實、隨時調整的隨卦，必須活在當下，不能活在編織的夢想中。可是有些人就是不願醒來，還活在夢裡，自己騙自己，這就是「冥豫」。「冥」字用得真好，是幽冥地府、地獄深處的象，也有智慧不開的象。

「成」是曲終謝幕，戲唱完了，現在該下台換人了。可是有些人在台上站久了，尤其「由豫」久了，鎂光燈照得好過癮，下台談何容易！於是賴著不肯下台。想做的事沒做成，你這一段交了白卷、結束了，曲終之後還不願意醒來的，都是這個象。「有渝」的「有」是「又」的意思，歷史這一頁揭過去了，身心都得大調整。接下來就是隨機應變的隨卦，要面對現實趕快調整，不要活在已經落空的夢想中，這樣才能「无咎」。接下來的隨卦第一爻「官有渝」，也叫你要改變。所以人生到該變的時候非變不可，千萬不要冥頑不靈、固執不改，抗拒時代的變化。〈小象傳〉說：「冥豫在上，何可長也？」直接點破上爻的處境，硬是霸著舞台不走，「何可長也」，最後搞得自己被人厭煩。

「冥」字所描繪的鬼迷心竅、冥頑不靈，形象鮮明得很！「冥」字在升卦最後一爻是「冥升」。高度成長的「升」已經泡沫化了，還活在泡沫中不願醒來，自己騙自己，繼續做「升」的夢，最後就是「升而不已必困」。從升卦上爻通到困卦，整個泡沫徹底破碎。與時代脫節，不敢面對現實，那就叫「冥」。「豫」的氛圍會讓人「冥」；「升」的高度成長也會讓人「冥」，最後就一步一步走向閻羅王。

豫卦中不言「豫」的「六二」、「六五」

再回頭看看「六五」跟「六二」。《易經》有不言之象，需卦最後一爻不言「需」，師卦最後一爻不言「師」。豫卦四個爻都言「豫」。「初六」「鳴豫」，藉著鳴來表達它的「豫」，爭取到他的快樂；「盱豫悔」，瞪大眼睛去找快樂；「由豫」，透過操縱大家而得到他的快樂；「冥豫」，已經不快樂了，卻假裝自己很快樂，但願常醉不願醒。獨獨二爻跟五爻沒有「豫」。假如「豫」是快樂，或者追求快樂近乎瘋狂的狀態，有兩個爻卻不快樂，不參與狂歡派對。一個是「六五」，「九四」是他的病根，怎麼會跟著「九四」快樂呢？所以「六五」不「豫」，但只要「貞疾」，就可以活很久，「恒不死」。從前帝王生病就叫「不豫」，「今上不豫」，這個說法就從豫卦第五爻來的。豫卦第五爻不快樂，他必須虛與委蛇。

「六二」超級冷靜，他沒有參與豫卦的狂歡，因為狂歡會讓人身心麻痹。老子說「五色令人目盲，五音令人耳聾，五味令人口爽，馳騁田獵令人心發狂」。追逐感官聲色的「豫」，智慧一定會出問題。不管是治病或者是處理社會亂源，「六五」跟「六二」採用兩種不同的方式。「六五」用「貞」對抗「疾」，所以「恒不死」，與疾病共存。「六二」用「介」隔離病源，堅持不配合「九四」的行動；「介于石」，絕對保持距離。一個是已經沾上而要用治療的方式；一是還未沾上，所以要用預防的方式。

占卦實例1：十年、二十年後的日本

二〇〇九年日本內閣大換血，能不能振衰起弊呢？十年後、二十年後的日本將會是什麼樣子？卦象都不樂觀。十年後的日本是謙卦第五爻，「不富以其鄰」，結果狗急跳牆，「利用侵伐，无不利」。「謙」本來是和平的國際環境，可是因為「不富」，十年內不能脫困，他就利用「不富以其鄰」來「侵伐」。不過這個「侵伐」絕對不是二戰時期日本軍國主義的復活。戰爭的形式有很多種，如貨幣戰、外交戰、文化戰、貿易戰等等。假如日本從第二大經濟大國衰退到第三還起不來，這個民族可能會在謙卦的時候出現「利用侵伐，无不利」的行為。但絕不是軍事戰，有可能是其他更為複雜的戰爭形式。所以要小心，因為爻變是水山蹇（下圖），可能會把大家都拖進來，因為日本內部的問題，絕對會影響對外的輸出。

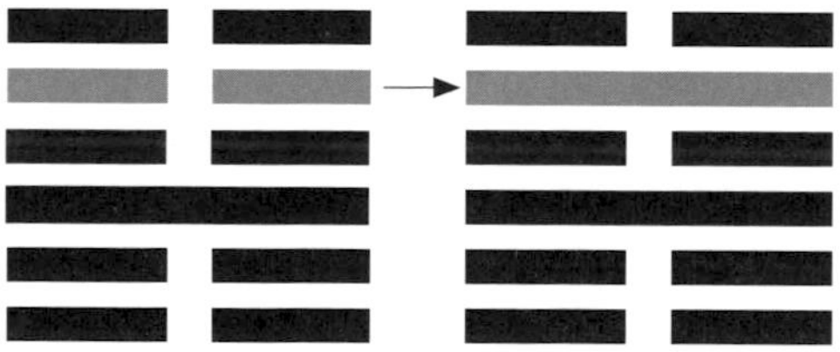

那麼二十年後的日本又會是什麼樣子呢？整個日本的發展是不變的需卦（䷄）。「需，不進也」，國計民生的發展停滯不前。若這樣看，日本的前景並不看好。十年後可能會試圖用別的戰爭形式鋌而走險；二十年後還是停滯不前的象，飲食的問題不能充分解決。《焦氏易林》就說過，「需」就是沒法填飽肚子，這當然有點誇張，但至少日本在經濟上的優勢已經一去不復返，生存發展都有問題，民生的瓶頸很難突破。在古代社會，政府除了要讓老百姓吃飽，還要祭天、祭地，需要豐盛的供品，可是在「需」的情況下，連祭祀的供品都得打折扣。可見情況有多糟！

我占到這個卦象時，心裡好高興，也許是典型的狹隘民族主義在作祟。以前還算過釣魚台什麼時候收回來？結果是革卦（䷰），二爻、四爻動。釣魚台一定收回來，說不定日本還會雙手奉送回來。因為「革」象徵重大變更，二爻、四爻兩爻變是需卦，所以現在擱置釣魚台主權問題是對的，因為「需」就是需要一段時間耐心等待，「有孚，光亨，貞吉，利涉大川。」何必現在就處理這個棘手的問題？等到時機成熟再攤牌不遲。所以有些事就得以拖待變，特別在弱勢時更要以拖待變；等到將來變成強勢，形勢一轉，就水到渠成。

占卦實例2：身體狀況

我有一個大弟子在二〇〇六年農曆七月因心臟病去世，不到四十歲，事業剛要進入高潮時。他過世的那一年七月是午月，午屬火，跟心火有關。而且那一年剛好所有的火都集中在一起，所以心臟在那個時候出事，看起來好像是氣數。那一年年初，他占自己那年的氣運，就是豫卦第四爻。乍看以為這一年一定可以搞得風風火火，不是「由豫，大有得。勿疑，朋盍簪」嗎？是各方面都積極奮發、開始要上軌道的象。可是那一年他卻過世了！因為這個爻爻變是坤卦，歸陰入土、陽氣盡消，好像蠟燭的火一下子燒完了。所以斷卦難不難？很難，判準「不可為典要，唯變所適」，要多累積一些案例，還要輔佐對於一個問題的常識判斷，不能拘泥。

占卦實例3：總統候選人的賢內助

二〇〇八年三月總統大選前幾天，學生們合占馬英九勝算為履卦初、五爻動，「九五」君位宜變，極有希望。此占例已於本書履卦末論證。當時還有學生預占：周美青會不會是第一夫人？得出豫卦「九四」爻動，爻辭稱：「由豫，大有得。勿疑，朋合簪。」〈小象傳〉稱：「志大行也。」當然是！由此自可推論馬英九必然當選，周樸實無華的風格夙有民望，「酷酷嫂」的魅力驚人啊！

占卦實例4：老總統的反擊

二〇〇八年元月，受陳水扁貪瀆案情拖累，民進黨立委選舉大潰敗。當時我問選舉勝負，國民黨為豫卦「六二」爻動，爻辭稱：「介于石，不終日，貞吉。」〈小象傳〉稱：「以中正也。」

真是妙啊！之前正是兩黨在中正紀念堂的對立抗爭火熱之際，綠營操作過度，激起藍營民眾同仇敵愾的反彈，遂獲大勝。另外，不免讓人想到蔣老先生是不是顯靈相助了？謙、豫二卦都通天地人鬼神，其然乎？豈其然乎？

劉君祖易經世界3

易經六十四卦的全方位導覽

易經密碼　第二輯

作　者：劉君祖
責任編輯：李濰美
封面設計：張士勇
文字校對：趙曼如、李昧、鄧美玲、劉君祖
法律顧問：董安丹律師、顧慕堯律師
出　版：大塊文化出版股份有限公司
地　址：台北市105南京東路四段二十五號十一樓
網　址：www.locuspublishing.com
讀者服務專線：0800-006689
電　話：(02) 87123898　傳眞：(02) 87123897
郵撥帳號：18955675　戶名：大塊文化出版股份有限公司
總經銷：大和書報圖書股份有限公司
地　址：新北市新莊區五工五路2號
電　話：(02) 89902588（代表號）　傳眞：(02) 22901658
初版一刷：二〇一五年十一月
初版五刷：二〇一八年八月
ISBN 978-986-213-649-2
定　價：新台幣四〇〇元
Printed in Taiwan

易經密碼：易經六十四卦的全方位導覽 / 劉君祖著.
-- 初版. -- 臺北市：大塊文化, 2015.11
冊；　公分. --（劉君祖易經世界；3）

ISBN 978-986-213-649-2（第二輯：平裝）

1. 易經　2. 研究

121.17　104020591

《易經》是民族智庫，文字發明前的集體創作

易經是群經之首，相傳6500年前從伏羲畫卦開始，
經周文王修訂卦爻辭，到孔子的集大成。經文雖然只有四千多字，
卻歷經時代的檢驗，裡面含納了歷代聖賢豐富的生活經驗和深沉的智慧。

《易經》是天人之學，蘊涵天地人的應對關係

《易經》對於中國文化的影響非常深遠，
幾乎所有的學問和技藝均受其啟發。
尤其神秘的易占，是中國術數之學的具體應用，
精確推演人生世事盛衰榮枯的變化，
而且隨著時代演變，以及個人的生命閱歷，
可不斷發現新的詮釋角度，令人讚嘆不已。

《易經》是憂患之書，經得起時間的考驗證明

64卦、384爻就是教人面對人生的種種橫逆，
找到化解的方法。
它的神機妙算和決策智慧，
自古以來被廣泛運用於政治、經濟及軍事領域，
面對全球化的今日，不僅有極大的發展空間，
更能給予高度的啟發。

《易經》的陰陽和合，為宇宙的生命基因解碼

《易經》卦爻符號表意系統所提供的信息和剖析豐富而精確，
它將陰陽互變的所有可能都考慮進去，
還可透過時間驗證預測結果。
易經64卦是宇宙的資訊網、信息庫，
想要探究生命的奧秘，就得參透其中的意義。

《易經》的古老智慧，能為21世紀的瓶頸解套

《易經》總合了不同時代的人生經驗與處世智慧，它是古代帝王學，
因為它不是一家之言，會不斷湧現新的創意構思，
具有未來趨勢的前瞻性，可以解決每個時代所面臨的困境。

易經世界
劉君祖

劉君祖將古代易學
與現代生活緊密結合，
深入淺出、迭出新意，
讓人大開眼界。
他積累數十年的學思匯萃，
將義理與象數融合無間，
引領大家進入易經玄妙而
豐富的世界！

深入淺出、循序漸進
教你一次讀懂易經

入門

《天道驚險人驚艷—易經的第一堂課》

進階

《易經密碼》第一輯
《易經密碼》第二輯
《易經密碼》第三輯
《易經密碼》第四輯
《易經密碼》第五輯
《易經密碼》第六輯
《易經密碼》第七輯
《易經密碼》第八輯

高階

《易經之歌—易經繫辭傳》